泰安老城述记

顾川泰山 著

华夏出版社
HUAXIA PUBLISHING HOUSE

图书在版编目（CIP）数据

泰安老城述记 / 顾川泰山著. -- 北京 : 华夏出版社有限公司, 2025. -- ISBN 978-7-5222-0878-7

Ⅰ. K295.23

中国国家版本馆CIP数据核字第2025C5P517号

泰安老城述记

作　　者	顾川泰山
责任编辑	龚　雪
责任印制	周　然

出版发行	华夏出版社有限公司
经　　销	新华书店
印　　装	泰安市恒彩印务有限公司
版　　次	2025年6月北京第1版 2025年6月北京第1次印刷
开　　本	787mm×1092mm　1/16 开
印　　张	24.75
字　　数	484千字
定　　价	78.00元

华夏出版社有限公司　地址：北京市东直门外香河园北里4号　邮编：100028
　　　　　　　　　　网址：www.hxph.com.cn　　电话：（010）64618981
若发现本版图书有印装质量问题，请与我社营销中心联系调换。

编审委员会

主　　审：周　郢
策　　划：李　鹏　高　明
通　　校：刘兴顺　温兆金　李建蔚　贾福英
图片校订：王　凯
航拍插图：徐　勇

支持单位：
泰安市档案馆
泰安市齐鲁文化促进会
泰安市泰山摄影俱乐部

序 一

王雷亭

什么样的城才能与泰山相称？这是我常常思考的问题，特别是走在曾为老城古城墙的青年路和虎山路上的时候。

一涉及老城，就经常翻阅相关志书，但多数时候并不十分满足——文字艰涩倒不是问题，关键是在时空维度上往往是凝固的，多是一个个的断面——当然，这已经很难得了。六月初拿到校友修东同志编著的《泰安老城述记》一书，迫不及待地阅读下去，又把所有插图要来一一翻阅。可以说，这部著述已经极大地满足了我对老城的求索之心，也很好地慰藉了一个久居泰城人的心灵。

纵览全书，图文并茂、信息量大，最大的特点是对"时空"两轴的得当把握和对相关人物的细致爬梳。全书除综述外，主要是以空间为轴展开，把老城分为25个空间区域，各区之间无缝衔接，实现了对整个老城的全覆盖，且非常便于检索。时间上的追索自古延续至今，非常好地把各个区域的功能、主要建筑（群）、道路、古树等的流变进行了交代，让人清楚来龙去脉。在人物的描述上，汇集了各类史书、石刻、谱牒、访谈、最新研究等资料，让所述人物的形象更为丰满、立体。

还值得一提的是该书的叙述风格。无论是大量一手资料的运用，还是对既往资料的采纳，以及对其所进行的考证，包括传说、演绎的穿插，在叙述上都做到了平实简练，显示出不凡的文字素养和文史功底。同时，该书也发挥了"述记"比志书更为自由的体裁优势，有不少不乏妙趣的夹叙夹议。如，说到老城"八大香客店"之一的张大山香客店客人尽情唱戏、舞狮、玩灯时，"虽然这些还要以'朝山进香'的名义进行，但平日倍受生活煎熬的人们，也将这几天变成了放松的过程、狂欢的过程、宣泄的过程"，古人苦中求乐、娱神娱己、向往美好的朝山心理被一语道破。

修东同志编著该书的方法也特别值得一提，不仅拉网式遍览相关书籍，更是深入调研，到现场实测摸排，并进行了大量的采访与座谈，还附上了他或别人在不同时期所撰写的35篇相关资料，使得前后呼应，交代清晰明白。同时，他还请了资深研究者组成编审委员会共同探讨把关。这一切是非常劳神费力的。作为政府公务人员，他利用了全部业余时间，几十年如一日聚焦老城研究，这是何等的毅力和定力，的确让人肃然起敬。

以上特点使得这部书资料性、可读性强，在读者面上会有广谱性——既可为学者在涉及老城议题时作参考，又能满足大众对老城的好奇心，还能为城市管理者在城市规划建设与保护方面提供历史线索；相信它也会成为老城人家族聚会时共同翻阅、讨论甚或争论的读物；对游客而言，它也是静心全面了解泰山泰城这一中华优秀传统文化重镇的佳作。

书中最后"附述"的两部分——"泰安城老街老巷（桥）统计""泰安城古建名胜统计"，面对"现状"一栏，不忍卒读；而"综述"部分最后的一段话就更引起了我的强烈共鸣——"每每穿行于大街小巷，偶见一隅一垣、一扉一窗、一砖一瓦，又会牵动那遥远的记忆，仿佛看见老城渐行渐远的背影，而心里生出些许惆怅和一缕幽幽的叹息"。泰城因山而建，又因山而兴，她是一位泰山封禅祭祀朝山史的见证者和忠实记录者，是泰城人的心灵老家，更演变为华夏子孙的精神家园。今天，泰城是国家级历史文化名城，也是中国优秀旅游城市，城中又有世界遗产，从国际国内的期望可以看出我们的优势与问题所在。都说泰山"留不住人"，其实，最根本的问题就出在泰城。泰山作为华夏子孙的圣山圣地，是倾诉衷肠私密、净化安抚心灵、获取美好希望的地方。但其环境容量有限，不可能容留游客过多、过久。泰山脚下的泰城才是游客驻留的大本营：登山前的知识补充、情感酝酿、后勤准备，登山之后的劳顿缓解、旅程回顾、心得与感悟的梳理，都需要在山脚下消化与升华。回到城中再仰望泰山，与泰山对饮，"相看两不厌"，感受当更为深刻抵心。这就是泰山的魅力，更是文化旅游、慢调生活的本质。我经常在不同场合宣讲"旅游即城市，城市即旅游"的理念，就是希望泰城真正成为泰山游客的大本营，讲出泰山泰安的精彩故事，从而能更好地弘扬泰山文化，把"山城一体"的理念真正落到实处。人说，功夫在诗外，我说，泰山旅游的最大支点在泰城。

一切美好回忆仅仅停留在书中是非常可惜的，它需要唤起人的行动来维护和实现。仔细审视人类对古城、老城乃至历史文化关注的深层心理，这是人类对自己过往历史的思考与辨正、认同与赓续，其实质当是对人类种族延续的无意识关注，成为刻在基因上的习惯。泰山能成为全球首个世界自然与文化双重遗产，且若干遗产要素又延续至泰城，可见泰山泰城的分量，已经超越了地域，超越了国界，也让人面对泰山泰城时生出更多的敬畏。从这个意义上看，与其说这是一部书，不如说这是一块山与城的镜子——照见了老城的变迁，记录了美好回忆，更让人在求高、求大、求新、求洋的当下，对老城一草一木的变动三思而后行。这也是该书给人的最大启示。

2024 年 6 月 15 日

序 二

闻 一

对过去的事情怀有好奇心是人类的天性。面对生于斯、长于斯并且大多数人将终了于斯的这座古城，我们也同样存有好奇：这座古城因何而兴建？如何走过来？未来将怎样？这种对古城历史的追问，承载了我们对古城成长过程探究的期待，同时更承载了我们对古城人命运的关切。

顾川先生的《泰安老城述记》为我们打开了古城寻根的一扇大门。顾川先生以严谨的治学态度、科学的研究方法、晓畅的语言表达，从历史演进的多个维度，描绘了他心中的这座具有独特风貌、独特气质、独特魅力的时间之城、空间之城、生命之城："时间之城"，着眼古与今，考辨泰城历史的承继沿革；"空间之城"，着眼纵与横，探究泰城、泰山的互生互动；"生命之城"，着眼人与事，言说泰城世象的悲欢兴替。盛夏展卷，抚思古今，深感这是一部关于泰山、通览泰城的厚重之书，是一部精心描摹泰城物象及人文情愫的细腻之书，是一部启迪人们反思既往、比照当下、思考未来的心鉴之书。

时间之城：历史是泰城的根脉

城市是人类的伟大发明。汉语中的"城""市"两字精要概括了城市的两大功能：用于防御与保护的"城"池，用作贸易与交换的"市"场。作为人类聚居的经济社会综合体，城市的形成与发展经历了漫长的历史过程。有专家分析，泰山南侧的大汶口文化遗址（堡头遗址）很可能已经出现了城市雏形。

泰城之兴，源远流长。传说上古之时，泰山便是帝王的封禅之地。春秋时代，齐国即设立泰山治所。此后的两千多年间，泰山治所于泰山南侧"面稳定，点多变"。泰山治所的性质亦先由分属不同辖区，再名为军事机构，后独成行政建制。顾川先生对泰山治所的变迁进行了梳理分析：春秋以降，在泰山主峰以南、大汶河以北方圆10公里范围内，至少有今泰山区邱家店镇旧县村、今岱岳区范镇故县村、今泰山区财源办事处旧镇社区、今位于泰山区区域内的岱庙四个地点曾经作为泰城治所。今天的旧镇社区、岱庙两处治所已融入泰城。故民间及学者有"三迁定泰城"之说。现在人们一般将公元1136年（金天会十四年）泰安军的设立作为泰安建城之始。

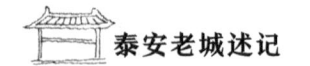

空间之城：泰山是泰城的依归

泰城因泰山兴，因泰山建。泰城与泰山，山为城之因，城为山之果。理清这种"山为城依，城伴山生"的关系，是理解泰城空间格局、发展布局的"金钥匙"。

顾川先生曾费数年之功，为宋宝绪先生的《界画泰山》作"图说"。"图说"以图为鉴，按图索骥，对泰山泰城的自然胜迹、建筑遗存进行了详实记叙。在此基础上，顾川先生立足泰山"大视野"，聚焦泰城"大中心"，对泰城、泰山关系进行了全面概括与梳理。顾川先生将泰城之兴概括为"天时""地利""人和"三种条件和"皇封""神威""祥瑞"三大契机。泰山离天近，泰城距山近。得天独厚的人文与自然合力成为泰城、泰山"山城一体"格局形成的源头。大汶口文化是泰山信仰形成的基础，帝王封禅是泰山由地域之山成为国家之山的动因。如果说泰山是中国东方的大"天坛"的话，那么泰城乃至泰安则是一个与泰山呼应联动的大"地坛"。《泰安老城述记》"北关一至北关四"部分详尽叙述了山城结合区域的历史人文、地理风貌及城市沿革，勾勒了你中有我、我中有你的城山融合脉络，描绘出一幅生动斑斓的城山关系图卷。

泰城北依与天界相接的山，南接与冥府相连的地。《泰安老城述记》"西关三"及"西关九"部分围绕奈河与蒿里山的人文功能，重点阐释了人间与冥府的关系。顾川先生把奈河称作"一条纽带"，"通连神、鬼、人三界"，为泰山、泰城"构筑起地狱、人间、天堂三重空间"：奈河西为以蒿里山为核心的鬼境，奈河东为以老城为中心的人境，从泰山一天门起始入仙境。顾川先生对历代与蒿里山相关的史实与遗迹进行细致考证，同时将泰城水系统而观之，原创性地指出了泰城梳洗河、奈河一东一西、一道一佛的文化特征。有学者称泰山为"天人合一哲学思想的形象化载体"。顾川先生从地理、宗教、民俗的视角，对泰城天、地、人关系提出了自己的真知灼见。

生命之城：人是泰城的灵魂

城市因人而存在。我们之所以去探寻那些老城中的老街、老巷，是因为我们想知道，在那些尚未消失或已经消失的老街巷里，曾经住过什么样的人，曾经发生过什么样的故事，以及通过这些人和这些人的故事，我们能跨时空地与先人发生什么样的精神会通，能从中得到什么样的鉴古知今的生命启悟。

顾川先生曾长期从事地名管理工作。他充分占有文献资料，同时又特别注重实地考察。泰山一带素为兵家纷争之地。宋金时期，建于今泰城南部的奉符新城即损毁于济南府农民耿京的反金起义。此后定址于岱庙附近的泰城治所由土而石，损而复建，渐成规模。及至近代，历经北伐战争、抗日战争、解放战争的泰安老城又在战乱中屡遭重创。据顾川先生考证，泰城文物古建的损毁以民国期间特别是1928—1938年间为甚。

  要在日新月异的城市中根据文献资料的记载描述或长者宿儒的口口相传，在名存实亡的蛛丝马迹中或实存名新的楼宇丛林中，寻找老街巷的踪迹并对其进行准确定位，实在不是一件容易的事情。十几年来，顾川先生利用节假日，冒酷暑，历严寒，经风雨，赶晨昏，不辞辛劳地比对资料，串街走巷，访古问今，辨景识物，最终汇总收集梳理出泰城192处街巷资料。这些资料涉及面广、准确度高，具有很强的代表性和权威性。顾川先生将这些街巷命名的主要方式概括为八大类：因人工建筑命名，如教场街；因族群姓氏命名，如施家胡同；因地形地貌命名，如顺河街；因生产生活命名，如运粮街；因历史名人命名，如傅公街；因古语嘉言命名，如永福街；因住所居点命名，如娄家园；因方位距离命名，如三里庄。

  街巷是城市的框架骨骼，居民是城市的生命脉动。顾川先生以城隅定方位、以方位找街巷、以街巷记人物、以人物述事件，索引钩沉出蕴积在泰城街巷里的厚重历史。

  千百年来，泰城规模由点至面、由小到大。但由于地理及人文诸方面的原因，泰城总体上尚难被称为以某种产业著称的经济重地、以宗教学术著称的文化要地、以名人巨匠著称的人才高地。泰城的自身实力和社会影响力与浙江杭州、河南开封等古城名镇相比尚显不足。虽然帝王之外的诸如李白、杜甫、苏轼等众多名人先后到过泰山、泰城，但他们要么是隐士，要么是旅人，并不是长期生活在这座城市里的居民。宋元之后，伴随城市及社会的逐步发展，泰城相继形成诸多名门望族。顾川先生对萧大亨萧氏家族（城中）、范惟粹范氏家族（城东）、封尚章封氏家族（城东）、赵国麟赵氏家族（城东）、赵尔巽赵氏家族（城南）等进行了详实的考证叙述。正是这些人丁兴旺的高门大户以及市井间肆的三教九流，加之朝拜祈福的善男信女、访古寄情的文人墨客，才真正让城市的街巷活起来、城市的节奏动起来、城市的形象立起来！

  知之深，爱之切。从好奇开始的探寻最终归结于热爱！跟随《泰安老城述记》的街巷寻找"看得见的历史"，让我们寻访到这座城市的成长足迹，触摸到这座城市的生命脉搏，感知到这座城市的肌体温度，收获到对这座城市的情感认同。

  了解这座城，更爱这个家！

  是为序。

2024年8月9日

奉題《泰安老城述記》

天風吹我墮名州，

几許韶華巷陌留。

卅載城闉人事改，

憑君書做夢中遊。

泰安周郢敬識

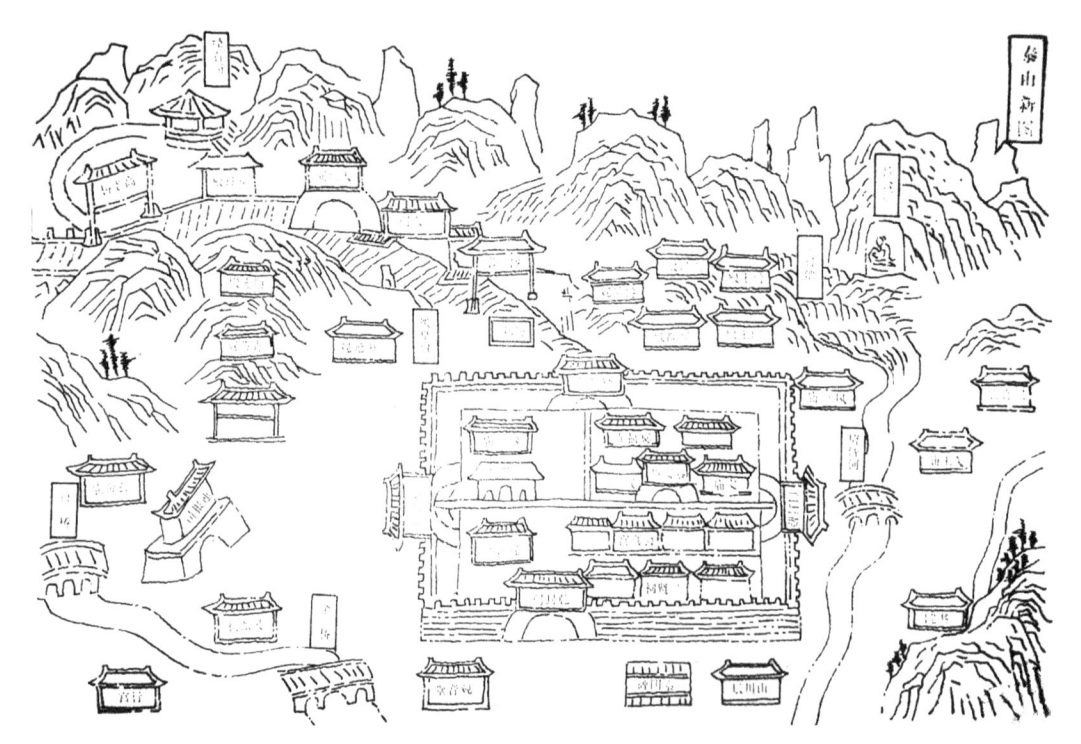

明万历年间泰山及泰安城图考，见[明]查志隆《岱史》

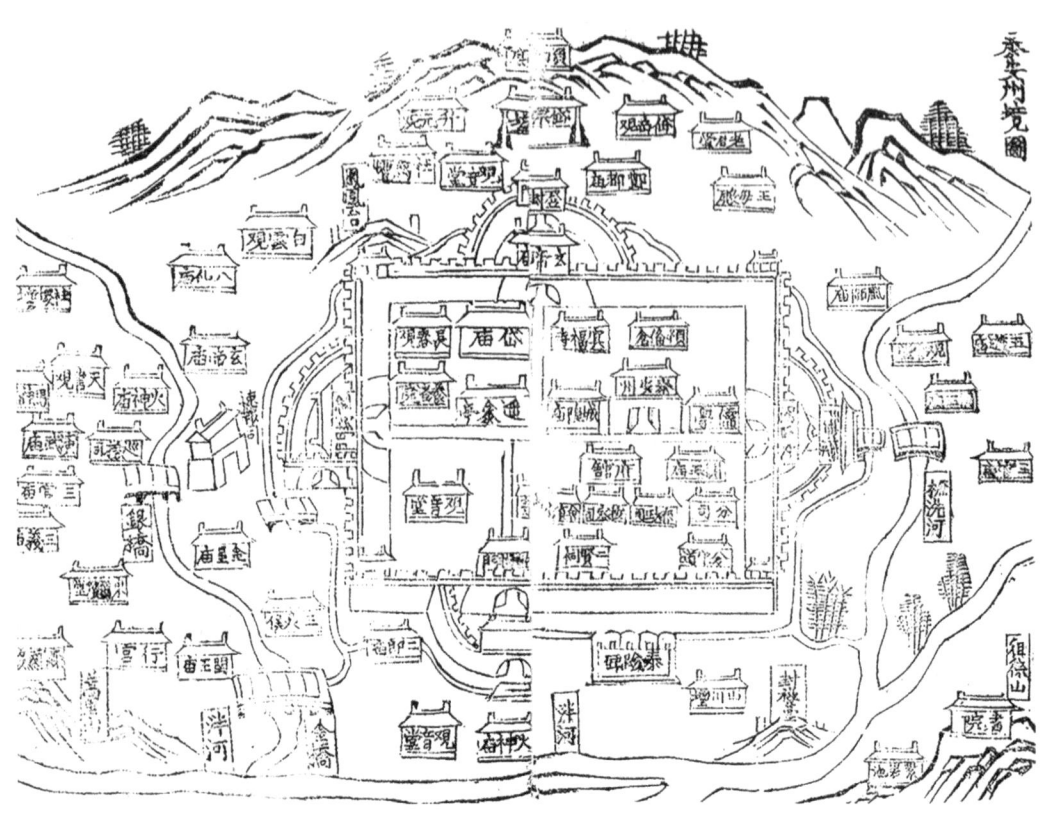

清康熙年间泰安州境图，见康熙十年《泰安州志》

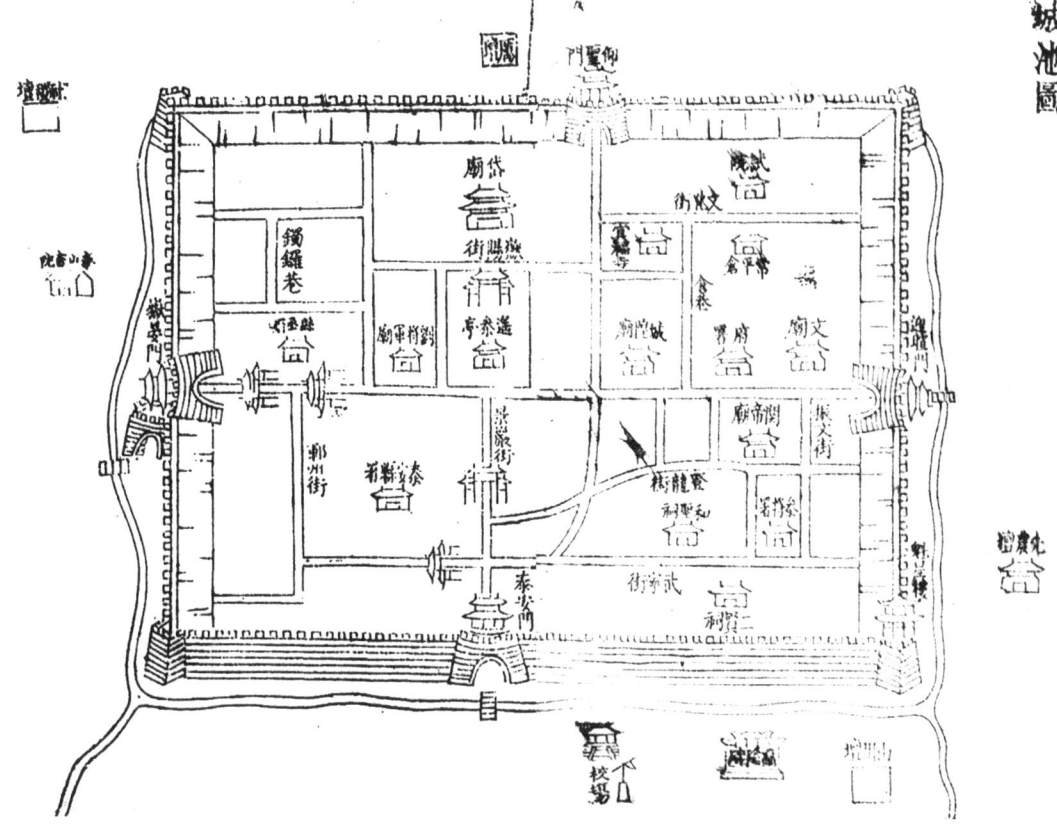

清乾隆年间泰安城池图，见乾隆四十七年《泰安县志》

20 世纪 30 年代泰安城风貌（火车站片区） 佚名摄影

泰安城新貌（火车站片区） 泰山摄影俱乐部摄影

1986年的泰安城（老城片区），泰安市档案馆提供

泰安城新貌（老城片区），泰山摄影俱乐部提供

泰安老城示意图

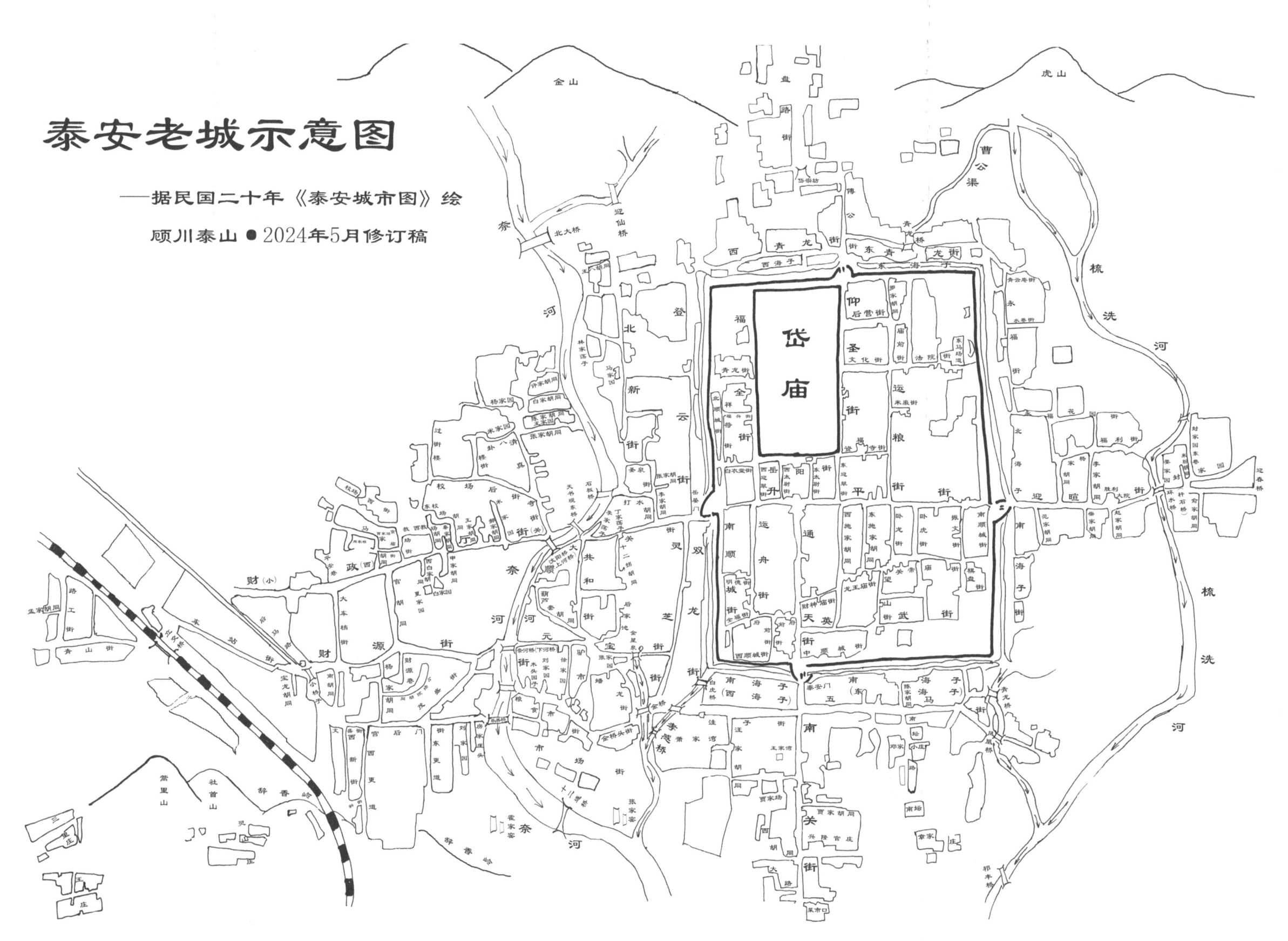

——据民国二十年《泰安城市图》绘

顾川泰山 ● 2024年5月修订稿

说　明

1. 文中以路为纲，缀以古建名胜、人文历史、经济社会、民俗风情等。

2. 文中所述以中华人民共和国成立前为主，同时对中华人民共和国成立后变化及现状进行说明。

3. 文中纪年，中华人民共和国成立前以历史纪年为主，并在"（　）"中加注公元纪年；根据所述事件和人物，部分直接采用公元纪年。

4. 文中"北关"部分，鉴于城市建设现状，上延至红门以下诸景。

5. 为方便查阅，在"分述"目录中罗列街巷桥梁、自然实体、建筑单位等名称，并在"附录"中编列"附文"索引。

6. 对于古今文献引用中的部分通假字以"（　）"标注，错讹字以"[　]"标注，缺字用"□"。

7. 文中新拍摄图片未标明来源的，由作者拍摄。

致　谢

　　2020年，应报社友人之邀，提供一些有关泰安老城的材料。当时正值疫情肆虐，我便利用居家隔离的那段时间，整理了十余万字的专题。后来在报纸上陆续刊载出来，专栏名曰"城记"。重审这些文字，错讹繁多。之后，在原稿的基础上，再三校勘修订，终有这部《泰安老城述记》。周郢教授数审其稿，有言"宜刊版矣"。车锡伦教授接力于再审，先是信函往来，再是北京垂询，后又抱病专程来泰面授。只是笔者学力浅薄，错漏仍存，一时难以精进。

　　如果说此著还有一点意义的话，则是"众人拾柴"的结果。在调查写作过程中，众多专家学者、乡贤邑老解疑释惑、指点帮助。更有王中华、李鹏、李继生、李玉民、贾民浦诸君一同调查走访，温兆金、李建蔚、鲍秀文、高洁、贾福英诸君全文通校，李武刚、夏志庭诸君示以珍贵族谱，泰山摄影俱乐部徐勇诸君航拍老城，步兵专绘油画（惜因版面未能采用），王凯对老图片给予校订，更有泰安市档案馆、泰山区档案馆同仁鼎力相助，等等。老泰安城是我们共有的精神家园，冀以此书唤起人们更多的爱心与责任！

目录

- 综述 -

一、宗庙泰山 002

二、奉山建制 006

三、嘉瑞泰安 010

四、古韵老城 013

- 分述 -

城内一 020

　　升平街 | 迎暄门 | 东门里 | 文庙 | 府署 | 侯公祠 | 赵公祠 | 鲁家公馆/鲁家胡同 |
　　城隍庙 | 昭忠祠 | 二公祠 | 朱公祠 | 徐公书院 | 岳晏门 | 西门里 | 瓮城 | 包公祠 |
　　泰济印刷局 | 中西医大药房 |

城内二 042

　　岳阳街 | 东太尉街/西太尉街 | 遥参亭 | 岱庙 | 岱庙坊

城内三 068

　　东迎翠街 | 仰圣街 | 张于陛孝行坊 | 仰圣门 | 北门里 | 运粮街 | 米廒街 | 常平仓 /

001

米廒庙 | 庙前街 | 罗家胡同 | 资福寺 | 岱麓书院 | 泰安府中学堂 | 普济堂 | 訾家花园 | 法院街 / 考棚街 | 泰安府初级师范学堂 | 泰安地方法院 | 下崖子街 / 驯马场 | 文化街 | 后营街 | 关帝庙

城内四 ·· 085
　　西迎翠街 | 县丞署 | 福全街 | 白衣堂街 / 白衣堂 | 福兴街 | 青龙街 | 祥符街 | 北顺城街 | 育婴堂 | 永春堂药店 | 关帝庙 | 莲花庵 | 法华寺 | 长春观 | 养济院

城内五 ·· 092
　　通天街 | 双龙池 | 五三惨案纪念碑 | 萧大亨故居 / 县署 | 州前女子小学堂 | 梅花馆 | 马神祠 | 安科科第坊 | 泰安门 | 南门里

城内六 ·· 104
　　南顺城街 | 振文街 | 张仙庙 | 棋盘街 | 卧虎街 / 卧龙街 | 东施家胡同 / 西施家胡同 | 交涉署 | 德天主教堂 / 育德小学 | 关帝庙街 | 龙王庙街 | 财神庙街 | 关帝庙 | 会真宫 | 参府署 | 龙王庙 | 刘将军庙 | 阅报所 | 县立第二高等小学校 | 财神庙 / 英武街 | 英武庙 | 白氏私立小学 | 和圣祠 | 萧公生祠 | 二贤祠 | 崔公祠 | 观音堂 | 望山街 | 中顺城街

城内七 ·· 119
　　府前街 | 运舟街 | 王公祠 | 南顺城街 | 明德街 | 全福街 | 邵氏义塾

北关一 ·· 123
　　杨氏大药房 | 傅公街 | 东青龙街 | 张大山香客店 | 唐家香客店 | 西青龙街 | 普慈庵 | 厉坛 | 张瑞福孝行坊 | 红门路 / 盘路街 | 玄帝庙 | 白衣堂 | 浙江公所 | 酆都庙 | 慈善院 / 县立师范讲习所 | 岱宗坊 | 凤凰台 | 乾隆行宫 | 农桑会

北关二 ·· 140
　　白鹤泉 / 封家池 | 玉皇阁 / 玉皇阁坊 | 金母殿 | 痘神殿 / 人祖殿 | 北斗殿 | 大王庙 | 三皇庙 | 八腊庙 | 先医庙 | 升元观 / 建封院 | 施天裔祖茔 | 后土殿 | 涤尘泉 | 关帝庙 | 山西会馆 | 同善堂 | 憩亭 / 露井

北关三 ·· 154
　　虎山 | 眼光殿 / 乾隆射虎处 | 虬仙洞 | 飞虬岭 | 小蓬莱 | 中溪 | 岩岩亭 | 王母池 | 虬在湾 | 群玉庵 | 梳洗楼 | 朝阳桥 | 吕祖洞 | 高子羔祠 | 朝阳泉 | 梳洗河 | 岱岳观 / 老君堂 | 香井 | 范希贤墓 | 高岳墓 | 高霖墓

北关四 ·· 169
　　金山 | 眼光殿 | 眼光泉 | 青帝观 | 清静轩 | 真君殿 | 骆驼石 | 广生泉

南关一 ·· 176
　　南关街 | 南海子街 | 泰阴碑 | 泰阴亭 | 关帝庙 | 隅头 | 五马庄 / 五马街 | 陈家胡同 | 青龙桥 / 凤凰桥 | 邓家小庄 | 章家庄 | 章氏私塾 | 营院子 | 先农坛

目 录

南关二 ··· 183

唐封祀坛 | 白骡冢 | 宋封祀坛 | 九宫贵神坛 | 宋朝觐坛 | 瑞云亭 | 风云雷雨山川坛 | 南坛路 | 奉符县新城 | 演武厅 | 兴隆官庄/兴隆街 | 茶白 | 火神庙 | 大路 | 滇池 | 西胡同 | 贾家场 | 贾鹤斋府第 | 武举宅 | 贾家胡同 | 感恩亭 | 观音堂/武氏贞节坊

南关三 ··· 192

洼子街 | 会丰镖局 | 赵家花园 | 赵家林 | 马家公馆 | 二郎庙 | 范一双故里 | 汪家胡同 | 土地庙/关帝庙 | 萧家湾 | 孝感桥 | 酝檀馆 | 卢公馆 | 王家湾 | 准提庵 | 塔林/义地

东关一 ··· 202

东关街/东关村 | 海子街 | 永福街 | 永福阁 | 白衣阁学堂 | 风伯雨师庙 | 文昌阁 | 关帝阁 | 青云庵街/青云庵 | 关帝庙 | 水巷 | 李家胡同/杨家胡同 | 泰山孤贫院 | 永福花园街 | 王家大院 | 国家湾

东关二 ··· 213

范家胡同/范氏祠堂 | 范希贤孝行坊 | 蔡氏贞节坊/张氏贞节坊 | 柴家胡同 | 环水桥 | 观音堂 | 关帝庙 | 封家园 | 娄家园 | 封尚章科第坊 | 俞家胡同 | 迎春庙 | 东皋桥/迎春桥 | 义地

西关一 ··· 223

大关街 | 大关街商号 | 宋焘仕宦坊 | 速报司阁

西关二 ··· 231

登云街 | 博济医院/美国基督教堂/萃英中学 | 打水胡同 | 圣泉街 | 北新街 | 清真寺 | 李家胡同/张家胡同 | 林家荡子/丁家荡子 | 马家园 | 王八胡同 | 迎仙桥 | 清虚观 | 关帝庙/孔雀庵 | 火神阁 | 梳妆楼 | 御座

西关三 ··· 243

奈河 | 奈河桥

西关四 ··· 251

双龙街 | 白虎桥 | 观音堂/关帝庙 | 泰安道院 | 高四分院 | 致用学塾 | 灵芝街 | 青岩居/青岩书院 | 基督教堂/育英中学 | 迎旭观 | 通俗教育社 | 灵派侯庙 | 关帝庙

西关五 ··· 265

太平胡同 | 元宝街 | 后家池 | 十二拐胡同 | 钱氏公馆 | 金星庙 | 金星泉 | 浸信会教堂/崇贞学校 | 文曲街/瘟神街 | 瘟神庙 | 观音堂 | 广生泉浴池 | 葫芦套胡同 | 电灯房 | 玉皇庙 | 顺河街/铁匠铺 | 杨玉成故居 | 驴市 | 张家园/徐家园/刘家园 | 万寿宫 | 碧霞宫 | 盘龙街 | 金桥头街 | 粮食市街/市场街 | 木园街 | 南湖 | 霍家窑胡同/张家窑胡同

003

西关六 ·· 278
财政厅街 | 天书观 / 天庆宫 | 官立高等小学堂 | 翠阴亭 | 泰山书院 | 醴泉义塾

西关七 ·· 288
清真寺街 | 八卦楼街 | 过街楼街 | 米家胡同 | 杨家园 | 教场后街 | 清真寺街 / 清真寺 | 米家园 | 张培荣公馆 | 白家园 / 夏家园 | 官胡同 | 教场街 | 演武厅 | 旗纛庙 | 马神庙 | 博罗欢墓 | 博罗欢祠堂 | 财西街 | 三官庙 / 三义庙 | 宣讲所 | 平安巷 | 教场西街 | 桃花庵 | 元君行宫 | 社稷坛 | 雷神庙

西关八 ·· 299
财源街 | 大车档街 | 大众剧院 | 王耀武叔父宅第 | 铭德池澡堂 | 关帝庙 / 火神庙 | 感恩坊 / 接官亭 | 南胡同 | 后马路 | 小桥子 | 车站街 | 宝龙胡同 | 泰安火车站 | 青山街 | 路工街 | 孟家胡同 | 茂盛街 | 王耀武故居 | 弥陀寺 | 官后门街 | 刘家园 | 观音堂 / 炼魔堂 | 杨家胡同 / 小场园胡同 | 东更道 / 西更道 | 西新街 | 斜街 | 灵应宫 / 驻跸亭

西关九 ·· 315
蒿里山 | 社首山 | 禅地遗迹 | 蒿里山神祠 | 环翠亭 | 望乡台 | 文峰塔 | 对岱亭 | 古仙洞 | 相公庙 | 碑林 | 戏台 | 辞香岭 | 灵山庄 | 聂氏贞节坊 | 道士林 | 三里庄 / 三里街 | 老王庄 | 仪宾府

- 附录 -

泰安城老街老巷（桥）统计 ·· 338
泰安城古建名胜（部分）统计 ·· 349
索　引 ·· 362
泰安老城及周边待考地名 ·· 364
主要受访及参审人简介 ·· 365
主要参考书目 ·· 369

综述

泰安老城

迤逦回抱的流水，崇丽俨然的庙宇，光亮古朴的街巷，临街虚掩的门楼，老树婆娑，浓荫遮蔽岁月斑驳的墙院，老井、石碾、牌坊，泰山、祥云、鸣禽……

这是泰安老城留给我们的记忆。

一、宗庙泰山

"山莫大于泰山，史亦莫古于泰山。"（[清]金棨《泰山志》卷一《阮元序文》，第1页）泰山乃"群山之祖，五岳之宗"（《绘图三教源流搜神大全》，第46页）。

泰山，《尚书·虞书》谓之"岱宗"，《禹贡》谓之"岱"，《周礼》谓之"岱山"，《尔雅》《论语》谓之"太（泰）山"[1]。东汉应劭《风俗通义》云："岱者，长也。万物之始，阴阳交代。云触石而出，肤寸而合，不崇朝而遍雨天下，其惟泰山乎？故为五岳之长。"（卷十《山泽·五岳》，第69页）其形成于24亿年前，盘亘于山东省中部，东凭大海，西临黄河，南望江淮，北依济水，结体巨厚，雄峙天东。清人唐仲冕《岱览》云："岱宗立海上，西向而揖群山，汶、洸、沂、泗[2]出其支麓，旋之如带以入于海，若负扆然。"（卷一《原岱上》，第6页）主峰海拔1545米，在泰安市泰山区境内。周围知名山峰112座、崖岭98座、溪谷102条（统计数据见《泰安历史文化遗迹志》，第14页），群峰拱岱、连绵起伏，气势磅礴。因其东北向西南倾斜的地势，汶河西流，支脉贯穿泰安全境，最终入黄归海，成独特景观。正是这片古老的山水林田，孕育了最初的华夏文明，是"古代中国的文化中心""原始民族的摇篮"（吴金鼎《山东人与山东》）。

泰山地区为上古先民生息的乐土。"天地之产物也，云雨之宣气也，五行之含魄也，皆于是乎始。"（《岱览》卷一《原岱上》，第3页）首先是天然的地理优势。据地质学研究，整个华北包括鲁西经历过一次漫长的海陆演化过程，时陆时海。随着陆地不断抬升，泰山沿山前的大断裂带（泰前断裂带）不断隆起，始有海陆山川之分。又据古地理资料记载，华夏文明初期，鲁西南、西北仍为湖海，时常海水倒灌，洪水泛滥，地势较高的泰山一带成为"生命岛""安全岛"，一度被先民认为是天地的中心，直到后来随着先民活动范围的扩展，中心得以西移。其次是适宜的气候环境。远古时期的泰山，气候温暖湿润，草木蕃茂荣华。6000年前，这里正处大西洋期，并含少量亚热带成分。约在4000年前，尚有原始森林和野象等大型食草动物。再次有丰富的自然资源。泰山周围物华天宝，"中央之美者，有岱岳，以生五谷桑麻，鱼盐出焉（原注：岱岳，泰山也；王者禅代所祠，因曰岱岳也；五谷桑麻鱼盐，所养人者；'出'犹

'生'也)"(《淮南子》卷四《坠形训》,第6页)。草木生焉,禽兽居焉,宝藏兴焉,人类生产生活必需皆可供给,足以养育群生,自然也就成为远古先民最早活动的中心地带。

大汶口文化开启中华文明的进程。"文明时代是继蒙昧时代、野蛮时代之后的人类社会发展的第三个时期,以文字的发明和使用为其始点。"([美]摩尔根《古代社会》,第47页)文明经历了一个从文明起源到文明形成的漫长过程。"中国文明从起源到文明社会的诞生,经历了从仰韶时代晚期到龙山时代,大约3000余年的时间。"(徐苹芳《中国历史考古学论集》,上海古籍出版社2012年版,第17页)。大汶口文化正处于这个衔接期。1959年考古学家在泰山南麓、汶河两岸的大汶口镇和宁阳县堡头村,发掘距今约6400~4600年前的古文化遗址,之后又在江苏北部、安徽东部及山东半岛、辽宁半岛等发现了同类文化遗存,被考古界命名为"大汶口文化"。文化遗址分为3层,下层为与仰韶文化同期的北辛文化层,中层为大汶口文化层,上面则呈现龙山文化层,见证了人类从野蛮步入文明的历程。根据人类进化序列,迄今为止,据称中国境内发现的最早的人类是巫山猿人,距今约200万年;山东地区最早发现的猿人是沂源猿人,距今约50万~40万年,与北京猿人同期;但真正现代意义上的"人"却是距今约5万~2万年的"新泰人",被称为"智人"或"新人",开启了泰山地区乃至中国"人"演进的新篇章。新泰智人是东夷人的祖先。东夷人在泰山周围创造了后李文化(距今约8500~7500年;1989年在山东临淄后李家官庄发掘)、北辛文化(距今约7500~6100年;1964年在山东滕州官桥镇北辛村发掘)、大汶口文化、龙山文化(距今约4600~4000年;1928年在山东章丘龙山镇城子崖村发掘)、岳石文化(距今约4000~3500年,与二里头文化基本同期;1959年在山东平度县东岳石村发掘)为代表的海岱文化,也即东夷文化。按照中国社科院考古学家邵望平的观点,大汶口人在大汶口文化时代和龙山文化时代,大量地向西方迁移,顺着淮河和颍水西去,把海岱文化的基因带往中原,促进了中原早期文化的繁荣和发展。这些基因又作为遗传因素流到了夏文化、商文化里头。

华夏古祖源起泰山一带。"任何一个民族古史的开端必然是和神话结合在一起的,而神话里必然也包含着真实的历史内容。"(《女娲传说与其在文化史上的意义》,见李学勤《文物中的古文明》,商务印书馆2008年版,第42页)泰山文化博大精深,源远流长,神话传说时代的"三皇五帝"及国家出现后的夏商周三代均与泰山有千丝万缕的关联。"三皇五帝"诸说不一,按较常见的解释,"三皇"即燧人氏(燧皇)、伏羲氏(羲皇)、神农氏(农皇),五帝即黄帝、颛顼、帝喾、尧、舜。在时序上,"三皇"相当于母系氏族社会的后李文化和北辛文化时期,五帝相当于父系氏族社会至国家形成之前(邦国)的大汶口文化、龙山文化时期。

燧人氏列"三皇"之首，钻木取火，炮生为熟，是"茹毛饮血"时代的终结者。神话传说其降生于泰山西南一线神童山一带，其后裔一支发展为斧燧氏。史学家苏廷光认为："其国都可能在今大汶口两岸的大汶口遗址。"（王尹成主编《杞文化与新泰》，中国文联出版社2000年版，第492页）遂国（即燧国）在今泰山前宁阳县西北汶水南岸，向东为大汶口文化遗址堡头村，建都后继迁至今东平县的遂城村。

伏羲氏又称太昊氏、庖牺氏。"太昊帝庖牺氏，风姓也，母曰华胥。遂人之世，有巨人迹出于雷泽，华胥以足履之，有娠，生伏羲，长于成纪，蛇身人首，有圣德。"（[晋]皇甫谧《帝王世纪》，第2页）。华胥生男为伏羲，生女为女娲；两者又结为夫妻，被尊为"人文初祖"。华胥氏则被认为中华民族的始祖母，是"中华""华夏"之"华"的源出。有专家考华胥氏祖居的华胥国位于今新泰市南境的华胥山，今称黄山寨，属泰山区域。华胥所履"大人迹"之雷泽在今平邑县境，向北向东被泰山东南一脉蒙山环绕，向南向西为泰山南线尼山山脉的历山和凤凰山环绕；中为湖泊干涸后的天然盆地沃洲；南部舜帝庙村北巨石上有"雷泽湖"摩崖，据传出自明代。（据李继生《中华文明起源与发展百问揭秘》）一说伏羲氏便是开天辟地的盘古。盘古的创世精神恰与泰山生化万物的功能相一致。南朝梁人任昉《述异志》载盘古死后头颅化为泰山，两者合为一体，泰山便是盘古，盘古便是泰山，也即伏羲氏。

神农氏称炎帝，又称大庭氏。"炎帝神农氏，姜姓也。母曰任姒，有蟜氏之女，名女登，为少典正妃。游于华山之阳，有神龙首感女登于常羊，生炎帝。"（[晋]皇甫谧《帝王世纪》，第3页）有专家认为华阳即华胥山之阳，神农氏降生于雷泽西北方的常羊之山（在今新泰市境内）。"炎帝遗说实始东方，后乃随姜姓之西迁，流传至荆豫，且入于冀方也……神农居鲁，鲁邻泰山，古代农业，多始山林之间，神农号烈山。"（吕思勉《中国历史的7张面孔》，成都时代出版社2020年版，第18-19页）

轩辕黄帝为"五帝"之首。"黄帝者，少典之子，姓公孙，名曰轩辕。"（《史记·五帝本纪》，第1页）"昔少典氏娶于有蟜氏，生黄帝、炎帝。"（《国语》卷十《晋语四》，同治己巳年湖北崇文书局重雕版，下册）炎、黄之母同为有蟜氏之女，两人为兄弟关系。皇甫谧《帝王世纪》称黄帝生于寿丘。《史记正义》云："寿丘在鲁城东门之北……黄帝自穷桑登帝位，后徙曲阜。"穷桑又作空桑，即现在的寿丘，在泰山南脉曲阜旧县村东。黄帝氏族以龟为图腾，泰山南新泰市刘杜镇有龟山，泰山区省庄镇原也有龟山（俗名龟阴埠，今无），其名久远，或言源出黄帝氏族。黄帝与泰山关系密切，曾"合鬼神于泰山之上"（《韩非子·十过》），得兵法于泰山九天玄女，建岱岳观于泰山，遣七女（玉女为其一，即后来的碧霞元君）以迎西王母（[宋]李谔《重修王母瑶池记》），升封泰山而乘龙升仙。

颛顼为黄帝之孙，昌意之子。"昌意娶蜀山氏女，曰昌仆，生高阳。高阳有圣德焉。黄帝崩，葬桥山，其孙昌意之子高阳立，是为帝颛顼也。"(《史记·五帝本纪》，第8页)"生颛顼于若水（原按：《易疏》曰'弱水'），首戴干戈，有圣德。"（[晋]皇甫谧《帝王世纪》，第8页）清人顾祖禹等考证蜀山在今泰安市宁阳县境内，若水则指汶水，颛顼之母祖居泰山西南脉之宁阳。

帝喾是黄帝的曾孙，颛顼之"族子"。帝喾虽定都于亳（山东曹县，一说河南商丘，一说河南偃师），但"年十五而佐颛顼"（所引同上），亦应降于汶水一带。

尧为帝喾之子、黄帝玄孙，20岁立都于平阳（今新泰境）。

舜是黄帝第九世孙，颛顼第七世孙，尧的族玄孙。约前21世纪，建都于今肥城市石横镇之都君庄（衡鱼村）。"帝尧、帝喾、帝舜葬于岳山（原注：即狄山也）。"（《山海经》第十五《大荒南经》，第29页）狄山即崇山，与岳山同为泰山别名。帝喾具体葬处难详。传尧葬于泰山西南脉东平县梯门乡芦泉村之尧陵；又新泰楼德与泗水间有尧山与尧王坟。传舜葬于今衡鱼村东南，当地人称舜王冢，2004年被发掘，出土有同时期的陶片及贝壳币等。

至于国家产生后的最初几代，亦与泰山一脉相承。夏朝开国之君大禹，史称其出于"崇山"，生于"石纽"，据考其地即泰山之"禹石汶"（今山口镇境）。商之先世，亦活动于泰山附近。商王汤第十一世祖相土，曾于泰山下建立东都（故址在今岱岳区祖徕镇北望村，古名商王庄），势力拓展至海岱广大地区。周的始祖为后稷（弃），帝喾正妃姜源所出，最初在汶水一带。据称秦始皇的先祖嬴姓氏族也在泰山境内，济南市莱芜区（原属泰安县级市）羊里镇城子县村"嬴城遗址"，即古嬴之都。商周时嬴族陆续西迁陇中，成为秦国的前身。

"三皇五帝"皆封禅过泰山。"管仲曰：'古者封泰山禅梁父者七十二家，而夷吾（管仲自称）所记者十有二焉。昔无怀氏封泰山，禅云云；虙羲（伏羲）封泰山，禅云云；神农封泰山，禅云云；炎帝封泰山，禅云云；黄帝封泰山，禅亭亭；颛顼封泰山，禅云云；帝俈（喾）封泰山，禅云云；尧封泰山，禅云云；舜封泰山，禅云云；禹封泰山，禅会稽；汤封泰山，禅云云；周成王封泰山，禅社首。皆受命然后得封禅。'"（《史记·封禅书》，第1165页）

基于华夏先祖们与泰山的关系，考古学者通过对泰山周围文化遗址的发掘，发现泰山之所以被视为神山，源于对发祥祖地的记忆和追念。学者王献唐在《炎黄氏族文化考》中指出："伏羲生于雷泽，神农都曲阜，黄帝生于寿丘，少昊邑于穷桑，颛顼生于若水，帝喾都亳，尧生于丹陵，舜生于姚虚，禹生于石纽，契生于玄丘，稷生于扶桑等，均在山东。"又言："古代羲族实居泰山一带的高耸之地，为中国东方古族发源之乡。""往古先民，生聚于斯；万代诸皇，建业于斯。伏羲号称泰皇，亦以为泰山之皇，犹今言祖国也。盖中国原始民族起于东方，东方尤以泰岱一带为其故土。木本水源,血统所出,泰山巍然,同族仰镜。故凡得天下者,易姓(改朝换代)而后,必告泰宗,亦不忘本也,犹其告祭宗庙之义。泰山者若祖若宗,之所自出,亦犹宗庙也。"(王献唐《炎黄氏族文化》,青岛出版社2006年版,第362页)民国易君左、王德林在《定泰山为国山刍议》中感慨道:"求能气魄伟大、形态庄严、傲首嶙峋、丰姿华灿,而又与吾国历史文化及固有道德有密切悠远之关系,且确能代表中华民族精神者,舍泰山而外,将何所求!"(载民国二十二年《江苏教育》第二卷,第1-2合期;该文首发于民国二十一年十月《山东民国日报》)

注　　[1] 泰山又有大山、太山、岱、岱山、岱宗、岱岳、东岳、泰岳、岳山、乔岳、昆仑山、群玉山、崇山、羽山诸称谓。"岱"即"大山",区域范围内最大山。"太","凡言大而以为形容未尽则作太"([清]段玉裁《说文解字注》)。古"大、太、泰"互通。"岳"古字作"岊",象高形。所以关于泰山的称谓,自古集中在"高大"的表达。

　　[2] 汶、洸、沂、泗,汶即汶水,又称大汶河,大汶口文化发祥地;洸即洸水,又称洸河,古为汶水支流;沂即沂水,汇入泗水;泗水又称泗河,源自山东泗水县陪尾山。四水所经,合称"汶泗流域"。

二、奉山建制

"岱宗,古巡守地,昉于《虞书》,见诸周制。"(《泰山道里记·高怡序》,第1页)源自远古的泰山崇拜,"王者膺受符命,报告成功,必秩而祭之……日月之所隐避,云雨之所郁蒸,帝王之所升封,圣哲之所钟孕,亿兆之所奔走,品彙(同"汇")万有之所蕃滋,功化宏矣,胜槩(同'概')具焉"([明]苏志乾《泰山赋》,见《岱览》卷一《原岱上》,第21页)。正是泰山的这种影响,泰安古地的建制与沿革,因泰山而设,因泰山而名。清人宋思仁《泰山述记》云:"泰安之为郡、为州、为县,实以泰山故也。"(卷之一《泰山疆域考》,第1页)

夏商时期此地属古九州中的青州(大致自渤海至泰山,涉及河北、山东半岛大片区域)、徐州(大致在今淮海地区)之地。"岱南为徐,岱北为青。"(《岱览》卷一《原岱上》,第10页)

周时改属兖州。《周礼》云:"河东曰兖州,其山镇曰岱山。"《尔雅》云:"济、河间曰兖州。"[1] 域境分属齐、鲁、宿、障等国。泰山为齐、鲁两国界山,主峰在鲁境,为鲁国望山。山阳设有博（故址在今泰山区邱家店镇旧县村一带）、嬴（故址在今莱芜西北城子村一带）、红（故址在今泰山区省庄镇红庙村一带）、阳关（故址在今岱岳区房村镇阳关村一带）、龙乡（故址在今徂徕山南乡城村一带）、巢丘（今岱岳区境）等邑。周敬王二十年（前500）夏，鲁定公与齐景公会于夹谷（今新泰谷里），孔子相礼，齐人将所侵之讙（故址在今肥城安驾庄南夏辉村至泰安一带）、郓（今东平县境）、龟阴（今泰山区旧县村北）之田归还鲁国。鲁于汶中筑城，名谢过城（故址在今泰安市区东郊东城村），以旌孔子之功。春秋之末，齐国不断南侵，并领有泰山及博、嬴二邑。至战国间，泰山境曾一度被吴、燕、楚领有。秦王政二十四年（前223），秦灭楚，泰山南皆入秦境。

秦时泰山属济北郡（秦时全国划为36郡），改博为博阳，为济北郡郡治，相当于省府的位置。领博阳、嬴、东平阳（今新泰）、卢（今长清区南）、谷城（今东平县旧县）、漯阴（今临邑县南）、著（今临邑县东南）、平原（今平原县西南）、鬲（今德州北）9县。秦亡后项羽置济北国，封田安为济北王，建都博阳，此为都邑。

汉高祖四年（前203）泰山归汉。六年（前201）析济北郡东南地置博阳郡（治今泰山区旧县村）。汉文帝前元二年（前178）又以两郡地置济北国。汉武帝元狩元年（前122）十月，济北王刘胡（一说刘勃，胡之父）闻武帝将封禅泰山，上书献封国境内泰山及附近城邑。泰山遂改隶济南郡。旋即析置泰山郡，郡治博县。又于嬴、博二县共界，割置一县，赐名"奉高"，辖岳东北四十里，以供泰山。元封二年（前109）将泰山郡治从博县迁至奉高（今泰安市岱岳区范镇故县村）。时泰山郡领有24县[2]。后元二年（前87），济北王刘宽自杀，济北国除，封地纳入泰山郡。

新始建国元年（公元9年），王莽废汉立新，沿置泰山郡，泰山太守改称泰山大尹，都尉改称大尉[3]。

东汉建武五年（29）泰山再归汉廷。光武帝以兵燹户减，撤并全国郡县，泰山郡撤并为12县。永元二年（90）汉和帝析泰山郡置济北国，封皇弟刘寿为济北王，至晋代废。东汉末年，泰山一带归属曹操势力范围。

魏、晋时期仍沿置泰山郡。东晋乱世，泰山郡在不同政权中交替轮换，先后被东晋—后赵—东晋—前燕—前秦—东晋—后燕—南燕—东晋—北魏据有。南北朝时，又先后被南朝宋—北魏—东魏—北齐—北周领有，建制变换频繁。北魏迁郡治于钜平县（遗址在今宁阳县磁窑镇北），改博为博平县。北齐天保七年（556）改泰山郡为东平郡，博平复称博县，领博、梁父（治今新泰市天宝镇古城村）、岱山（治今新泰市宫里镇镇里村）3县（钜平县并入博县，废奉高县，改北魏梁父县为岱山县），郡治设博县。东平郡名至北周时仍被使用。

隋初，废东平郡，属县改隶兖州（大业三年改称鲁郡），将梁父县由故治（今新泰天宝镇古城村）西迁新城（今岱岳区房村镇东梁父村）。开皇三年（583）岱山县改为奉高县。六年（586）恢复岱山县旧名。十六年（596）改博县为汶阳县，不久又更名博城县（隋文帝曾在博城置泰州，至大业初废）。大业元年（605），隋炀帝"迁岱入博"，将岱山县省入博城县，改原奉高县治为玉注镇。至此，"奉高"之名弃用。

唐武德五年（622）唐廷于博城置东泰州，领博城、梁父、嬴、肥城、岱（本年新置，治所在今泰安市区东南）5县。唐贞观元年（627），太宗李世民以民少吏多，大加并省。遂废东泰州，将梁父、嬴、肥城、岱4县并入博城县，隶于兖州。唐乾封元年（666）高宗李治封禅泰山，改年号为乾封，改博城县名为乾封县，不久复博城旧名。神龙二年（706）再改为乾封县。

五代期间（907—960），半世纪内泰山一带先后隶于后梁—后唐—后晋—后汉—后周，乾封等县仍因旧制。唐末至五代间，泰山南麓已有岱岳镇（今泰安城址）设置。镇，在唐代原指军事机构，至此已演变为地域性经济文化中心。岱岳镇因东岳庙（岱庙）而兴，后唐时建有寨墙四门，后晋置岱岳镇使及都虞候等官职，以掌镇事，此为老泰安城雏形。

宋开宝五年（972），太祖赵匡胤诏令"县近庙者，迁治所就之"，将乾封县治所迁至岱岳镇（今泰安城址），以本县令、尉兼庙令、丞，掌管祀事。大中祥符元年（1008）十月，宋真宗封禅泰山，改年号曰祥符，改乾封县名奉符县，仍属兖州。后筑新城于县南3里，而以原乾封城（岱岳镇）为旧城。宋靖康二年（1127，金天会五年），金灭北宋，康王赵构即位于南京，史称南宋。翌年，泰山被金廷所据。

金天会六年（1128，南宋建炎二年），宋臣刘豫（时任济南知府）降金，充任东平府知府，京东西、潍南等路安抚使等职，黄河以南，任其辖制。天会八年（1130）九月在金廷策立下，刘豫僭号称帝，国号大齐，年号阜昌，改元阜昌元年。始建都大名（今属河北省），后迁东平府须城（今东平州城），称"东京"。泰山一带入齐境。刘豫在奉符置泰安军，"泰安"之名始此。阜昌八年（1137，金天会十五年），刘豫被废，泰安复隶于金廷。因泰安军城（即宋奉符新城）毁于兵燹，金大定二年（1162），金廷将泰安军、奉符县两级治所迁回原乾封城（岱岳镇故址），并环筑土城，始创泰安城。大定二十二年（1182）改泰安军为州，辖奉符、莱芜、新泰3县。同时创建泰安州署，重修东岳庙、文庙等，泰安城规模渐具。

元廷领有泰安后，沿置泰安州，隶于东平路，领奉符、长清、莱芜、新泰4县，治奉符县，并设司侯司。至元二年（1265）省奉符县。三年（1266）复置奉符县。五年（1268）泰安州直隶于中书省。元末至正二十七年（1367），朱元璋所部据有泰山。

朱元璋称帝后，于洪武二年（1369）将奉符县并入泰安州。时泰安州领莱芜、新泰二县，改隶于济南府（废直隶州）。洪武三年（1370），朱元璋封第七子朱榑为齐王，泰山由齐藩主之。

泰安归清廷后，仍沿制不变。雍正二年（1724）升泰安州为直隶州，领新泰、莱芜、长清3县。十三年（1735）七月升泰安直隶州为泰安府，附设泰安县，隶于山东布政司，"共领州一县六"，即东平州（由直隶州改为散州）及泰安、莱芜、新泰、肥城、东阿、平阴6县。泰安县之名始此。乾隆四年（1739），泰安知县李松就前明萧大亨故宅创建县署。此建制，一直延至民国初。

民国二年（1913），北京临时政府废府、州、县制，行省、道、县制。泰安府遂被裁撤，所领州县分属济南道（初名岱南道）、济宁道、东临道（东平改州为县，初隶济西道，后隶东临道）。民国十四年（1925），山东军务督办张宗昌将山东改设为11道，在泰安设泰安道，置泰安道尹公署，辖泰安、莱芜、新泰、宁阳、肥城、平阴、东平7县，治所在泰安城。民国十七年（1928）四月，国民革命军北伐抵鲁，撤销泰安道，境内各县直属于省。同年五月，南京国民政府在泰安组建山东省政府，泰安为山东省临时省会。十八年（1929）五月，山东省政府由泰安迁至济南。抗日战争前后，山东省政府在境内置行政督察专员公区，设督察专署。日军设伪泰安道，置伪道尹公署。中国共产党领导民众创建抗日根据地，组建抗日民主政权。1948年7月，泰安全境解放，人民民主政权完全行使管理权，泰安辖境分属泰山专区（专署驻泰安）和泰西专区（专署驻肥城）。

中华人民共和国成立后，泰山、泰西两区合并成立泰安专区，再改为泰安地区，辖县调整频繁。1985年撤销泰安地区，设地级泰安市至今。泰安市辖泰山、岱岳2区，宁阳、东平2县，代管新泰、肥城2市，并增设功能区。

注　［1］泰山一带在夏商属青、徐之地，至周因兖州覆青、徐之地而改属兖州。"故凡岱南州县今属兖者，皆古徐域。"（丁昭《明清宁阳县志汇释》，山东地图出版社2003年版，第36页）

［2］时泰山郡领有奉高、牟（治今济南市钢城区辛庄镇赵泉村）、嬴（治今济南市莱芜区羊里镇城子庄）、莱芜（治今淄博市淄川区淄河镇城子村）、盖（治今沂源县中庄乡盖冶村）、东平阳（治今新泰市区）、蒙阴（治今蒙阴县联城乡大城子村）、华（治今费县方城镇古城里村）、南武阳（治今平邑县南）、梁父（治今新泰市天宝镇古城村）、柴（治今新泰市楼德镇柴城村）、钜平（治今泰安市岱岳区大汶口镇送驾庄村）、虵（蛇）丘（治今肥城市东南）、刚（治今宁阳县堽城镇堽城里村）、博（治今泰安市泰山区邱家店镇旧县村）、宁阳（治今宁阳县泗店镇古城村）、乘丘（治今兖州区新驿镇东顿村）、桃乡（治今汶上县军屯乡南陶村）、肥成（治今肥城市老城镇）、卢（治今济南市长清区孝里街道东障村）、式（治今

宁阳县境）、富阳（治今肥城市境）、桃山（治今宁阳县石集镇石集村）、茌（治今济南市长清区张夏街道张夏村），计24县（据《泰山编年通史》卷上，第154-155页）。

[3] 王莽新朝期间，泰山郡奉高、博、茌、卢、肥成、蚳（蛇）丘、柴、盖、梁父、东平阳、莱芜、钜平、嬴、牟、乘丘、富阳、式等仍沿用原名，改刚名柔，改南武阳名桓宣，改蒙阴名蒙恩，改华名翼阴，改宁阳名宁顺，改桃山名哀鲁，改桃乡名鄣亭（据《汉书》卷二十八上《地理志·第八上》，第1271页）。

三、嘉瑞泰安

泰安老城，"有岳祠以壮观其中，有岱宗、徂徕、泮、汶、漕、济以环抱其外，实为周公之封境、孔子之乡国、帝王封禅之所也"（金《大定重修宣圣庙记碑》，1973年移置岱庙）。当地有"三迁而定泰安城"之说，揭示了古郡县治在博邑、奉高、岱岳镇之间的切换，最终确于今址的过程。

博邑（故址在今泰山区邱家店镇旧县村）置于春秋，先后为济北郡、博阳郡、济北国、泰山郡、东平郡、东泰州等治所，至宋开宝五年（972）县治迁至岱岳镇止，前后历1700余年。古城东西约2000米，南北约1200米，黄土夯筑，部分遗址尚存。奉高古城（故址在今岱岳区范镇故县村）因汉武帝封禅设立，至北齐天保七年（556）废止，在近700年的时间内作为泰山郡治和奉高县治，与古博城呈此消彼长的演化。古城东西长约800米，南北宽约600米。岱岳镇即今老泰安城址。三古城被普遍认为是泰安城的前身。

所谓"三迁"，并无很严格的标准，是结合郡治或县治的迁移给出的结论。汉元封二年（前109），泰山郡治由博县迁至奉高为第一迁；北齐天保七年（556），郡治从奉高迁回博县为第二迁；北魏时曾迁郡治至钜平县为第三迁；北齐迁东平郡（时泰山郡改为东平郡）治回博县为第四迁；宋开宝五年（972），乾封县（唐时改博城县为乾封县）治继迁至岱岳镇为第五迁；之后，大中祥符元年（1008）更乾封县名为奉符，迁县治于城南3里新城（今泰安市区南部旧镇村一带），为第六迁；金大定二年（1162）将泰安军治复还原址岱岳镇，为第七迁。以过程论，则为"七迁定泰安城"。

"今日泰安城，旧为岱岳镇。"古人最终将泰安城确址于此，并非偶然。既是关乎"天时、地利、人和"的考量，也是基于"皇封、神威、祥瑞"的选择。

"天时"是帝王封禅祭祀泰山线路的西移。秦、汉帝王封禅，走的是泰山东麓。如汉武帝经今范镇、山口、省庄入山，由泰山东麓大直沟，沿柴草河河谷，抵中天门附近，再沿盘路环道至顶。东汉以后登山线路渐次西移至红门一线。"(隋开皇)十五年（595）春，行幸兖州，遂次岱岳。为坛如南郊，又壝外为柴坛。饬神庙，展宫悬于庭，为埋坎二于南门外。又陈乐设位于青帝坛，如南郊。帝服衮冕，乘金辂，备法驾而行，礼毕，遂诣青帝坛而祭焉。"(《隋书》卷七《志第二·礼仪二》，第97页）此行，文帝并未升至山顶，而是于泰山南麓柴燎祭天，建醮于青帝坛，祭罢而还。此后，唐高宗、玄宗，宋真宗均沿红门中溪登封，并于社首山举行禅地仪式。东路一线渐废，与之对应的县治西移自是必然。

"地利"是指此处优越的地理形势。老泰安城"岱岳奠其后，汶水经其前，溪山峻嶐壮东南之襟带，陵谷崎岖扼西北之咽喉"（民国《重修泰安县志》卷一《舆地志》，第7页）。《曹公渠碑》亦云："（泰安城）北依岱岳，南彰徂徕，汶水远抱，泮水近环，西峪、东峪映带左右，号为名胜矣。"此处在传统的堪舆文化中为"金城环带"格局，左青龙（梳洗河），右白虎（奈河），前朱雀（徂徕山），后玄武（泰山），山、水、城呼应一体，体现了古人在选址上的讲究与智慧。明人查志隆云："堪舆家曰：泰山之麓，水交流，孔林独茂，盖指泮、漯、梳洗、汶渐而言。吾夫子之生也，岂偶然哉。是故其终也，曳杖之歌，泰山自任。公姓振振，世禄罔替，则岳灵之笃于孔氏者其有穷乎！"（《岱史校注》卷三《形胜考》，第31-32页）泰山岳中之孔子，孔子圣中之泰山。泰安山水的影响竟可远涉孔氏，可见地利之胜。

"人和"是指其深奥的人文底蕴。寺庙是旧时民众聚集的中心。唐前，此处已规模初具。岱庙秦既作畤，汉亦起宫。岱庙东南有会真宫（今军分区院内），旧称奉高宫，一说创建于汉，原有李白及吕洞宾诗刻。岱庙西北出土有隋开皇十一年（591）《张子初造像记碑》，此处或为隋岱岳祠故址（后改长春观）。再北金山青帝宫，隋前已有肇建。岱庙东又有资福寺（今资福寺街泰安六中址），旧称冥福禅院、崇法禅院，初创于唐开元年间（713—741）。奈河东涘则有灵派侯祠，创建不晚于五代后唐时期。伴随着民众朝山和东岳庙会的兴起，岱岳镇以东岳庙（岱庙）为中心，四方辐辏，日趋繁华。后唐长兴四年（933）《冥福院地土牒碑》中记有"大郓州街""小郓州街""北街""南街""西街""寨城""寨西门""李子园""灵派侯庙""地藏院""雍家庄""西斛市""清酒务""昭告亭"等地名文字，部分地名一直沿用下来，可见那时的布局与繁盛。据此，宋时迁治以就岳庙为顺理成章的决策。

"皇封"是指帝王对古城建设的推动。宋开宝五年（972），太祖赵匡胤迁治以就岳庙的诏令，可谓确址岱岳镇的顶层设计，主导了城址的迁移。而在此前后几代天子的游踪，也直接推动了古城的形成。隋文帝代周自立后，曾诏令将泰山庙正式纳入国家祭祀体系，成为政府管理的祠宇。后又令使者奉石像于泰山神祠。其所建醮之青帝观即在古城北、泰山南麓的金山上。唐龙朔元年（661），高宗李治及皇后武则天，遣使在古城东北岱岳观建醮造像，并于观中立双束碑（鸳鸯碑），以纪其事（之后又有中宗、睿宗、玄宗、代宗、德宗均建醮于此）。乾封元年（666）、开元十三年（725），高宗、玄宗相继封泰山，禅社首山，所建社首坛（又名降禅台、景云台）、封祀坛（又名舞鹤台）皆在城南郊一带。宋大中祥符元年（1008）真宗封禅期间，于城西建天书观；于城北金山设坛祭青帝，懿号为"广生帝君"；于城南设封祀坛、九宫贵神坛、朝觐坛，建瑞云亭，立泰阴碑等，并于会真宫（原奉高宫）大宴群臣父老。天子临幸，使泰山令天下瞩目，古老的岱岳镇成为皇恩浩荡的圣地热土。乾封县更名奉符县后，曾筑新城于县南3里，以岱岳镇为旧城。然仅30余年后（金大定二年，1162），新城被耿京诸军所破。奉符县及伪齐阜昌所置泰安军迁回岱岳镇，并环筑土城。自此，泰安城盘踞于泰山主峰南麓，山城一体，任历史飘摇，县治再未改变。

"神威"是指天、地、人的三重空间和神、鬼、人的多维向度。古代先民对泰山的信仰，源于其大，"太""岱""泰"均寓大山之义。战国时期，齐人邹衍提出"五德始终论"，将五岳信仰纳入其中。泰山属"木德"，代表东方、春季、青色，被赋予"万物之始"的含义；进而"岱岳者，主于世界人民官职及定生死之期，兼注贵贱之分，长短之事"（《五岳真形图之碑》，今存岱庙东碑廊）。明人朱之蕃《供祀泰山高里祠记碑》云："泰山奠位东方，立万物之始，阴阳交代，称五岳长。《福地记》谓其下有洞天，周回三千里，有鬼神之府。高里有祠，为绾幽冥之府，而召人精魂。"（碑原在蒿里神祠旧址，今存于岱庙配天门西侧）泰山毕竟是一座神山，神仙爱居之所。泰山神虽有治鬼之权，但并没有将"鬼务"放至主山，而是在山下另寻他地，分而治之。清人俞樾云："神道属天，王者既封泰山以报天，则泰山有神道矣；鬼道属地，王者既禅泰山下小山，如云云、亭亭、梁父、高里诸山以报地，则云云、亭亭、梁父、高里诸山有鬼道矣。"（［清］俞樾《茶香室丛钞》卷一十六，中华书局1996年版，第324-325页）

"祥瑞"是指人们所赋予古城的美好意愿。周代将天下九州各确立一座名山为其山镇。"乃辨九州之国，使同贯利……河东曰兖州，其山镇曰岱山。"（《周礼·夏官司马下》，第161页）。"镇"有安定之意，是神圣祥瑞的象征。祥瑞又称福瑞，是盛世吉兆，也是帝王封禅的天意表达。"一拳之石，钟灵秀而毓化机；一掬之泉，润济汶而衍洙泗。"（《岱史校注》卷四《山水表》，第34页）历史上的祥瑞迭出于泰安城故地。汉宣帝元康元年（前65），凤凰集于泰山，翔落于今岱宗坊西、林校操场处。之后数年，又有神爵数集泰山。凤凰为五灵嘉瑞。宣帝因之大赦天下，遍赏群臣吏民。后以其地为台，台上覆亭，名凤凰台。宋真宗是历史上最后一位封禅泰山的帝王。泰安城为迎接这位天子的到来，可谓福瑞频现、遍地开花。先是得天书于城西北，宋廷因建天书观。各处灵液竞出,天书观"有涌泉二十四眼,味极甘美。又枯石河复有涌泉二十五眼。又一眼出层阜之上,经宿势浸盛。又别引数派,双鱼跃其中,有果实流出,似李而小,味甚甘,及古今钱百余。封禅制置使王钦若贮水驰驿以献。分赐近臣,诏设栏格谨护之。六月诏建亭,以'灵液'为额"(《泰山道里记》,第38页)。城北王母池醴泉出,水变红紫色。奈河东浜之奈河将军庙,原本干涸的泉眼"俄而涌涨,嘉其神异而封之也"(《岱史校注》卷九《灵派侯庙》,第162页),真宗封其神作灵派侯,庙名改称灵派侯庙。还得灵芝草38250本,形状各异,陈放灵芝的地方称灵芝街,街名沿用至今。真宗将登封泰山,斋戒于会真宫穆清殿,忽见泰山太平顶处有黄白云升起,如幢盖,似龙凤;又见云变五色,紫云覆其上,久而不散。遂建瑞云亭。伴随迭出的祥瑞,大中祥符元年(1008),真宗封泰山,禅社首,得以完成封禅大典。"往还四十七日,未尝遇风雪严冬之候,景气怡和,祥应纷委。"([宋]李焘《续资治通鉴长编》卷四十九,《真宗皇帝纪》十一之二)故泰安城这片土地是福祥之地、嘉瑞之城。

泰安之名起于金代,其称谓亦有祥瑞之意。"泰,安也。"(《字汇》)"泰"除表"大"外,还有"安"意。"天下之安,犹泰山而四维之。"(淮南王《上武帝书》)"履而泰,然后安。故受之以泰,履得其所,则舒泰。泰则安矣。""阴阳和畅,则万物生遂,天地之泰也。""泰,通也。""天地通泰,则万物茂遂。"(《周易传义》卷之五《兑下乾上》,程颐著,朱熹撰义,明崇祯四年贻经堂藏版,第6-8页)泰安,取"安益求安",寓"泰山安四海则安""国泰民安"之意。明邑人萧大亨云:"抑汉人称天下之安,若泰山而四维之,我国家以'泰安'名州,不为无意。维是赫赫巨灵,实长群岳。泰岱安则四岳之神举安。五岳奠安,其海内无弗安者。"([明]萧大亨《新修泰安州志序》,见清康熙《泰安州志》,民国二十五年重刊本)若是将国家看作一个共同体形式,或者一个概念的话,泰山则是国家的象征和代表。泰山象征着国家统一昌盛、坚如磐石;而泰山下的这座城市,则象征着吉瑞祥和、安民乐业。"愿天下人泰,泰山始是泰。愿天下人安,泰安始是安。若是一人不安,便是泰安不安。若是一人不泰,便是泰山不泰。"([清]元玉《国泰民安铭》)。这也是泰山、泰安的精神内涵。正如美国学者威廉·埃德加·盖洛(William Edgar Geil)所言:"古东方有两座以平安之意命名的名城,一座是中东的耶路撒冷,另一座便是泰安。"

四、古韵老城

泰安老城在岱岳镇的基础上不断拓展构建,功能日趋完善。

金大定二十二年（1182）设泰安州署于岱庙东，故址在今泰山区委、区政府院内。在之后300余年的时间内，州城皆为土城，疏松易颓。明嘉靖年间（1522—1566），济南通判王云兴奉檄修筑城池，易土以石，即"石埔"（《岱览》卷十三《岱阳下》，第1页）。彼时规模，清乾隆《泰安府志》云："（城）周七里六十步，高二丈五尺，厚二丈。池阔三丈，深二丈。四门：东曰静封、西曰望封、南曰乾封、北曰登封。郡人马经有记，刻石登封门内。"（卷六《建置志》，第182页）对于之后的扩建重修，《府志》亦有详细记载："（嘉靖）三十二年（1553），沂州兵备任希祖檄知州郑聚东重修。崇祯十二年（1639），守道蔡懋德增修四隅，各出棱角，周围三丈许，创四楼。今东南角楼尚存，祀魁星其上。城以岱麓为基，城外东北皆旷野。国朝顺治十一年（1654），知州傅镇邦、张锡怿相继招徕营房舍以卫之，遂成市巷。乾隆十三年（1748）春，知县汤任奉旨重修，培以土石，高厚方广如故。改四门名：东迎暄、西岳晏、南泰安、北仰圣。又各建敌楼并石桥四座。"（所引同上）再据民国《重修泰安县志》云："乾隆三十九年（1774），知府朱孝纯以垣堞多圮，率士民捐资重修。咸丰三年（1853），知县张延龄奉上谕劝捐重修。民国十二年（1923），邑人李恩泰（今范镇沟头村人）等筹捐泰安盐商公业隆洋一万二千元重修，十三年（1924）秋竣事。"（卷二《城池》，第44页）至此，老城双面石墙内加夯土，上设女墙、垛口，外城门凸出城墙，内外门间设瓮城，并重修四门石桥及护城河，结构严整，固若金汤，时称"鲁中第一"。至民国年间，四城门平常在夜间9点关闭，仍能起到一定防护作用（胡君复《泰山指南》，第40页）。

北伐战争、抗日战争和解放战争期间，老城屡经战火。北伐之役后，邑人多认为城为战争焦点，曾群议拆除，又以地方不靖，需资城为保障。（据民国《泰山游览志》，第144页）之后虽有修缮，仅以乱石杂土仓促补就。至中华人民共和国成立前夕，旧城门楼、角楼毁圮，残垣断壁，仅剩城墙根基。从1957年拆西城墙建青年路始，相继拆南、东、北各墙，填城壕，建马路，千年古城，至此荡然矣。

老泰安城的规模，东城墙旧址在今虎山路，西城墙旧址在今青年路，南城墙旧址在今财源大街，北城墙旧址在今岱北街。据《泰安历史文化遗迹志》测准，范围在北纬36°11′16″至36°11′47″之间，东经117°7′23″至117°7′54″之间；北门处海拔157米，南门处海拔147米；南北长约1000米，东西宽约800米，面积约80公顷。（据《古代人类遗迹》，第133-134页）整个老泰安城的框架，东西以升平街为轴，南北以通天街及岱庙内甬道为轴，呈"十"字格局，而府、县衙署及重要建筑，集中在轴线两侧。

清末民初，因津浦铁路的开通，老泰安城格局被迅速打破，中心西移，城区扩大，街道向西拓延至火车站一带，"人民顿形饶裕"（民国《重修泰安县志》卷一《疆域》，第 11 页）。"建国初，城区建成面积 2.5 平方公里，城市人口 2.4 万。主要街道车站街、财源街、大关街、升平街，总长 2 公里，连贯东西，均为石板路，沿街商号百余家。"（《泰安地区志》第四章《城乡建设》，第 290 页）

街巷是一座城市的骨架和脉络。街，《辞海》释为城市的大道；巷，释为小于街的屋间道，类似于胡同。同样是行人通过的地方，但与"路"的区别在于：街、巷、胡同处于人类聚居区内，路则偏重指道路。两地之间几百上千里，谓之道路而非街巷。

古之街巷与今天的称谓又有所差异。旧时对一座城市的经营，除几条主要街道有所规划外，多数街巷是自然形成的。人们结邻而居，或同族聚集，或异姓杂处，或生产经营，或生活祭祀，随着人口渐众，规模渐大，则街巷渐具。所以古时的街巷实际上是一个片区，一个面，类似于现在的村居（社区）。现在的街巷则更关注于道路的特征，是一条线。在调查走访过程中，提起某条老街老巷，老户居民则以手画圈："喏，这片都是。"概缘于此。

街巷是历史的时光机。它连接古今，沟通未来，是一座城市经济历史文化的见证。街巷演变的过程就是一座城市的发展史。清乾隆四十七年（1782）《泰安县志》对当时街落有生动描摹，反映彼时兴盛繁荣的景象："遥参亭前四民辐凑，炊釜蒸沸，在城中最称浩穰。东隅迎暄门外环水萦绕，士农与逐末者半。南隅泰安门外为京省东西通衢，冠盖往来，废著繁集。西隅岳晏门外，自旧校场南抵社首，烟火数千家，大街百货杂陈，循河一带粟蔬鱼果薪炭器物，无不备具。北隅仰圣门外，西通新街，东连铜器行，市肆鳞次，每当香客云集，铙鼓喧阗，直达红门以上。半夜灯火如繁星罗布，亦岱麓奇观也。"（卷之二《形胜》，第 8 页）

街巷名称以其独特的地域特征和内涵，承载着经济社会、政治文化、地理风情等深深的印记，成为我们这座城市极其宝贵的非物质文化遗产。结合查阅文献资料和实地走访，初步得出与街道相关的地名 192 处，其中街 85，胡同 41，桥 20，园（院、馆、第、楼）24，庄 5，道 3，路 4，荡子 3，巷 2，湾 2，场 1，池 1，崖头 1。在命名使用上有不少为约定俗成，并无统一的原则和标准，却恰恰较好地反映了当时的自然和人文风貌。

泰安老街老巷，按命名特征，大致可以归纳为以下几个方面：

按人工建筑命名。泰安城因泰山而兴。神多、庙多、古建多是旧城的重要特征。诸古迹作为当时的标志性地理建筑，便成了街巷命名的参照依据。如迎暄街、仰圣街、关帝庙街、龙王庙街、府前街、资福寺街、教场街、清真寺街等，均因建筑物命名，是泰安街巷最常用的命名方式。

按族群姓氏命名。族聚是旧时重要的安居方式。一个族群就有可能聚而为片区街巷，或某街巷的居民主体。地名命名时，很自然地便以家族姓氏作为专名。在泰安城中如东施家胡同、西施家胡同、范家胡同、李家胡同、柴家胡同、徐家园等。

按地形地貌命名。泰安城依山环水，地貌丰富，自然实体名也成为街巷名的重要来源。如顺河街、圣泉街、青山街、运舟街、北海子、南海子、洼子街、葫芦套等。

按生产生活命名。有人的地方便有生产经营、有日常生活。随着社会发展和经济繁荣，在老城及周围按照经营分类，还出现了许多专业街市。如柴火市街（东迎翠街）、运粮街、丝市街（白衣堂街）、铜器行街（永福街）、镯锣巷（祥符街）、粮食市街、大车档、驴市等。基于生活需要，人们又随手命名了打水胡同、米粉胡同等，它们也作为老地名留在当地居民的记忆中。

按历史人文命名。泰安历史悠久，人文荟萃。有些历史人物或历史事件以街巷名的形式传承下来，如傅公街、萧家湾、赵家花园、英武街、胜利大院、共和街、灵芝街、祥符街等，成为当时历史文化的载体和反映。

按吉祥嘉言命名。社会安定有序、生活幸福安康是历代百姓一致的愿望。这种祝愿用之于街巷名称，寄托美好的寓意。如升平街、福全街、全福街、永福街、明德街、太平胡同、平安巷、财源街、茂盛街等，成为一种传统的命名方式。

按住所居点命名。有些聚落或偏僻或零散，还不完全具备城市街巷意义。作为一种过渡形式，其用名也随意。如娄家园、贾家场、后家池、张家园、林家荡子、丁家荡子等。

其他还有以方位命名，如三里庄（街）、北新街、东太尉街、西太尉街等；以特定人群命名，如路工街、贫民巷等。还有一些命名方式，因多种因素特征叠加在一起呈现，需要具体街巷具体分析。

伴随着城市的发展，各种建筑设施遍布于旧城内外。"济南泉多，泰安神多。""鬼神谓天神地祇人鬼也。有神而后有郊社，有鬼而后有宗庙……人死为鬼，圣人不忍忘其亲，事死如事生，故有祭祀之礼。"（《日知录集释》上册，民国二十三年商务印书馆发行本，第22页）神鬼之祀，是旧时代不可忽略的文化现象。有神便有庙，历史上的泰安城有多少庙宇，多不胜数。据实地勘查统计，泰安城红门以下区域现存1949年以前古遗迹共计293处，其中庙（寺、观、庵、宫、殿等）108，坊26，祠（堂）18，学校（书院）18，亭14，阁10，慈善机构9，坛8，教堂8，其他74，占到城区面积的半数以上。

历史上的名门望族也纷纷迁至泰安城定居。"余居泰山久，见其地繁华，多豪家巨族。"（[清]刘其旋《刘节妇传》，见清乾隆二十五年《泰安县志》卷十三《艺文四》）。自明朝以来，便有萧大亨萧氏家族（城中）、范惟粹范氏家族（城东）、封尚章封氏家族（城东）、施天裔施氏家族（城中）、赵国麟赵氏家族（城东）、赵尔巽赵氏家族（城南）等，在当时广有影响，成为旧城特有的文化现象。

综 述

不同的地域滋育着特色的区域文化。泰安居鲁之北境,千百年来,周公之遗泽、孔孟之教思,其风流余韵浸乎人心,赓续不泯。古老的泰安城,张从仁《文庙记》曰"风俗淳朴而尚俭素",马端临《舆地图》曰"人情朴厚,俗有儒学",明李锦撰《州志》曰"士尚诗书,民执常业"。"万历三十年郡守任弘烈纂《志》则曰'风移俗易,浸滛(淫)于贸易之场,竞争于锥刀之末,民且不自知,其习于浮而风斯下也。以余耳目所闻睹,学士大夫循循笃行古风者,什(十)之二三,而庶民之家莫不骛纷华,美冠履,以相矜诩,且也劲悍负气,甚者以屑越细故,酿成大祸而不知悔云。'"(清康熙《泰安州志》卷之一,第4页)至民国,所业虽异,善俗则同,朴诚尚义的民风未变。城内普通居民,性情和蔼,不欺生,善相处;对外来定居者,可相安,无嫉忌猜嫌之风习。士绅仍重骨气名节,寒畯不肯舍素业而事他途。女子也逐渐得到尊重,可学习就业,从事社会活动。然"自岱岳祠庙起,黠者利祈禳者之易与,争以神为市,不耕织而衣食者既众矣。而巫祝杂糅,又以汨其波而扬其流。于是神道设教之遗意,遂易而为游手好闲之先导。此其不可讳言者也"(民国《泰山游览志·古迹》,第155页)。靠山吃山,借神寄生,以泰山盘路索钱的山民乞丐可见一斑。有些风俗一直延续至今,短长互现,铺垫成泰山文化的丰厚底蕴。

革故鼎新是社会发展的必然。老泰安这座千年古城,因泰山而置、而址、而兴。建而圮,圮而建,几多轮回。中华人民共和国成立后,特别是改革开放以来,泰安城的发展可谓日新月异,城区空间得到巨大拓展。围绕国家级历史文化名城建设,山东省政府《关于泰安历史文化名城保护规划的批复》(鲁政字〔2023〕207号)重新明确,泰安历史城区范围为东至虎山路、南至灵山大街、西至龙潭路、北至环山路以北约250米,总面积约3平方公里,并将红门路—岱庙—通天街作为历史文化街区核心保护范围。当下,这方热土正以"登高望远、奋力争先"的昂扬姿态,奋力谱写高质量发展新篇章,开创新时代现代化强市建设新局面,迸发出无限生机与活力。

伴随着城市的建设与发展、旧区的改造与扩建,老城设施慢慢淡出人们的视线,有的地名也被弃用或变更,代之以新的姿态和内涵展示着时代变迁。但文化依然,风情依旧。每每穿行于大街小巷,偶见一隅一垣、一扉一窗、一砖一瓦,又会牵动那遥远的记忆,仿佛看见老城渐行渐远的背影,而心里又会生出些许惆怅和一缕幽幽的叹息。

分述

泰安老城

城内一

升平街是老泰安城的一条千年古街。中华人民共和国成立后，此街属和平村，"文革"间属东风村，今属东岳大街一部分。

后唐长兴四年（933），朝廷宣赐冥福禅院产权的《冥福院地土牒碑》记载："（禅院）在岳庙东，其地南至街，北至马司徒，东至姜二郎李子园为隔，东南至槐树，东北至张中舍。"文中"南至街"或指此街（资福寺街先寺后街，因寺而设，又毗邻寺庙，应非所指）。宋时此街称御街，为宋真宗东封泰山时警跸之地。明嘉靖年间，济南通判王云兴奉檄修筑城池，易土以石，重定四门。再至乾隆十三年（1748）春，知县汤任奉旨重修，改四门名：东迎暄、西岳晏、南泰安、北仰圣。伴随着城市发展，此街拓展延伸，功能日趋完善。

"升平街"命名时间难考，疑为明代以后。《泰山区地名志》（1995）考："逢元宵灯会，盛况冠于附近州县，'升平'源此。"（《行政区划居民地名称》，第13页）此为一解。历代帝王封禅，到达岱顶举行禅礼称升中（岱顶天街有升中坊）。升平又意"太平"，是升中的目的和愿望，寓意国泰民安、祥和宁靖，以吉祥嘉言命名，诠释了"泰山"和"泰安"的精神内涵，寄托了朝野一致的祈盼。

升平街是旧城内唯一一条横贯泰安城的主街、官街。其东至迎暄门，外接迎暄街；西至岳晏门，外接大关街；路南与南顺城街（东城门内南）、振文街、卧虎街、卧龙街、东施家胡同、西施家胡同、通天街、运舟街、南顺城街（西城门内南）等相接；路北与运粮街、东迎翠街、东太尉街、西太尉街、西迎翠街、北顺城街（西城门内北）等相接，长约800米。因其长，以遥参亭为界，分为东、西升平街。中华人民共和国成立前后，东升平街有孙、鲁、李、王、赵、张、徐、景、陈、范、燕、

东岳大街俯瞰　徐勇摄影

原升平街东段（今属东岳大街）今貌

董、胡、刘、许、吕、戚等众多姓氏人家，西升平街有刘、徐、黄、谷、王、孙、乔、李、劳、范、贾、梁、陈、江、柏、樊等众多姓氏人家。

升平街以其泰安城首街的优势，引得群贤毕至、群仙荟萃，几乎汇聚了泰安城最经典的人文建筑和名胜。

街东首接**迎暄门**，即老泰安城的东城门。此门原名"静封"，清乾隆十三年（1748）重修扩建时改称"迎暄"。"暄"，温暖和畅，气清景明，被赋予"东方、春季、青色"的内涵特质，"迎暄"犹如"迎春"，东向旭日，迎仰光明，孕育生机，与泰山"位居东方，主万物生发"有文化上的一致性。城东有迎春庙，正是对这一方位的诠释。

迎暄门向里一段称**东门里**。老城东、西、南、北四门向里一段习惯上以"东门里""西门里""南门里""北门里"作为地名。

东门里设有**文庙**，位于升平街北侧，今泰安市泰山区委、区政府东机关宿舍一带。清乾隆《泰安府志》云"泰安府儒学，在府治东，本泰安州学"（卷九《学校志》，第253页），民国《重修泰安县志》云"文庙，在治东门内"（卷二《城池》，第49页）即此。

"东汉而后，学与庙俱有以也。"（卷二《城池》，第50页）文庙又名宣圣庙（宋、金），因庙、学一体也称庙学、儒学、学宫、州学（泰安州时期）、府学（泰安府时期）

等，还有孔庙、孔子庙等称谓，是旧时祭祠、教化、肄业共之的重要场所。

泰安文庙至迟创建于宋开宝初年（968）。"泰安学宫及先圣庙之设置可考者自宋开宝始。"（所引同上）之后历代屡建扩修，洋洋大观，殿阁堂庑百余楹，俨然一处规模宏大的古建筑群。根据旧志及今人文献，其格局大致可归纳如下：

整个建筑群坐北向南，分左、中、右三部分。中为主体，两侧为附设。三部分自南而北又各具若干院落。中部各院分别有门与东、西部各院相通。

中部：南为照壁（屏墙），建于明隆庆六年（1572），沿升平街设，上嵌"太和元气"题刻。东、西各设一坊：东坊曰"德配天地"坊，西坊曰"道冠古今"坊。四周缭以周垣。坊外各有下马碑一。向北为棂星门3间（为文庙中轴线上的牌楼式木质或石质建筑，也是文庙的标志性建筑）。再北入前院。前院东南有斋宿更衣之所。院中有泮池，上建泮池桥，3桥并列。桥西为碑林，历代碑刻，多立于此。泮桥西北有井，名曰驱狼井。院正北为戟门，又名大成门，是前院主体建筑。戟门面阔5楹，门前两侧立有宋《大观圣作之碑》、乾隆二十年（1755）《御制平定准噶尔告成太学碑》、金《重修宣圣庙碑》等。过戟门入中院。这里是整个建筑群的主体所在，建有祭祀孔圣人的大成殿，又名至圣殿。大殿面阔5楹，形制巍峨，气度恢廓，为最高规格的庑殿式建筑。大殿悬康熙二十三年（1684）御书"万世师表"匾、雍正五年（1727）御书"生民未有"匾、乾隆二年（1737）御书"与天地参"匾、嘉庆三年（1798）御书"圣集大成"匾、道光元年（1821）御书"圣协时中"匾。殿内祀至圣先师孔子，并四配

文庙旧影　[法]沙畹摄于1907年

（复圣颜子、宗圣曾子、述圣子思子、亚圣孟子），十二哲（闵子名损字子骞、冉子名耕字伯牛、冉子名雍字仲弓、宰子名予字子我、端木子名赐字子贡、冉子名求字子有、仲子名由字子路、言子名偃字子游、卜子名商字子夏、颛孙子名师字子张、有子名若字子若、朱子名熹字元晦）。殿前有露台，台前设甬道，两旁列康熙御制《孔子四配赞碑》。院东、西两庑（廊房）各有7楹，分祀先贤先儒。

按　　唐太宗贞观四年（630）诏州县学皆立孔子庙致祭，代有封号，服王者衮冕。宋真宗大中祥符二年（1009）封十哲为公，七十二弟子为侯，先儒为伯。元仁宗延祐三年（1316）诏春秋释奠先圣，以颜子、曾子、子思、孟子配，称复圣颜子、宗圣曾子、述圣子思子、亚圣孟子。嘉靖九年（1530）尊孔子为"至圣先师"，四配称谓不变，十哲以下弟子皆称先贤，左丘明以下皆称先儒。至清顺治二年（1645）又加孔子谥号为"大成至圣文宣先师"（清乾隆四十七年《泰安县志》卷六《庙志》，第21页）。

再北入后院。院中有明伦堂3楹。古代每年以尊贤养老为主旨的乡饮之礼便于此堂举行。堂上列清顺治九年（1652）颁行卧碑，左、右各列科贡题名。堂门外有指南碑。堂阶下有明科贡题名碑二：王华《岁贡题名记》、杨守阯《进士题名记》，明成化间知州胡瑄立。东、西斋房各5楹。迤东有义礼门，前为义路、礼门坊。明伦堂后，旧有明代敬一亭，后改尊经阁，至清代已无迹可寻。其址或为射圃亭，3楹。明伦堂北左（东北址）为崇圣祠，旧称启圣祠，自明嘉靖九年（1530）建祠通祀，清雍正九年（1731）改是名。祠内祀孔子五代先祖，东、西配复圣颜子、宗圣曾子、述圣子思子、亚圣孟子之父，东、西从祀程颢、程颐、朱熹、蔡沉（一作"沈"）、周敦颐、张载之父。此祠原在大成殿西南，后改建于此。

东部：前有文昌阁宫。宫北为奎文阁，明景泰五年（1454）始祀。再北为书舍院。

西部：前有节烈祠（节孝祠），旧在学宫西，清时移建于此。北有忠义孝弟（悌）祠，亦称忠义祠，旧在奎文阁南，清代移建于此；祀范希贤、高桂、萧协中等历代忠义孝悌之士。再北为名宦祠，旧在明伦堂东，后移建于明伦堂西；祀李固（东汉）、皇甫规（东汉）、包拯（宋）等历代名宦。名宦祠西为乡贤祠，旧在明伦堂西，后移建于此；祀柳下惠（春秋）、王章（西汉）、羊续（东汉）等历代乡贤。二祠前有《篑为山碑》。

文庙历代重修情况如下：

宋：开宝初创建文庙。泮桥西立有宋大观二年（1108）《大观圣作之碑》。宋大观元年（1107），资政殿学士兼侍读郑居中向宋徽宗"乞以御笔八行诏旨摹刻于石，立之宫学"（据碑文），由通直郎、书学博士李时雍摹宋徽宗"瘦金体"书写，太师蔡京题额。圆首龟趺，制象宏伟。碑通高570厘米、宽155厘米、厚41厘米，1973年移置岱庙天贶殿前。碑文的主要内容是徽宗赵佶亲自为入学者制定的"八行八刑"行为准则。"八行"：孝（善父母）、悌（善兄弟）、睦（善内亲）、姻（善外亲）、任（信于朋友）、恤（仁于州里）、忠（知君臣之义）、和（达义利之分）。反之为"八刑"：不孝、不悌、不睦、不姻、不任、不恤、不忠、不和。每条后面均列相应的奖惩规定。今存世的《大观圣作之碑》尚有6通，此为其一。（参考陶莉《岱庙碑刻研究》，齐鲁书社2015年版，第75-81页）

金：大定间（1161—1189）既置泰安州，刺史徐伟重建。泮桥西立有大定二十三年（1183）《大定重修宣圣庙记碑》，李守纯撰文，进士刘礼书丹并篆额。碑高237厘米、宽82厘米、厚25厘米，碑文正书13行，满行69字，字径2厘米。额篆书"大定重修宣圣庙记"，4行8字。此碑于1972年移置岱庙炳灵门北。碑文中记述："亡宋开宝五年（972）徙乾封县于此，大中祥符元年（1008）改曰奉符，废齐阜昌之初（1130）改军曰泰安，本朝开国六十有八年（1182）升之为州。"佐证了泰安历史沿革。（据《山东省志·泰山志》，第325页）

元：至元十二年（1275），知州马骧重修。先是重建大成殿，次及贤庑、神门、讲堂、斋舍、像舍之类，又绘七十子暨先儒于两庑。州之监司暾撒、令尹孙民献、判官郭敏相继踵成之。（[元]李谦《重修文庙碑记》，碑佚；碑文见乾隆四十七年《泰安县志》卷之六《学校》，第2页）至正二年（1342），知州靳文用重修。至正九年（1349），孔子五十二代孙、泰安郡判官孔之严重修，并创塑州学七十子。泮桥西立有《创塑州学七十子记碑》。碑高303厘米、宽108厘米、厚23厘米，张从仁撰文，孔克坚书。碑文正书25行，满行36字，共793字，字径3厘米。碑首浮雕二龙戏珠，高1米；额篆书"创塑州学七十子记"，2行8字，字径3厘米。碑阴正书诸官吏名16行，字径3厘米。此碑于1972年移置配天门东侧。（据《山东省志·泰山志》，第330页）

明：洪武初州同知陈文佑重修。正统

宋《大观圣作之碑》，今存岱庙

金《大定重修宣圣庙记碑》，今存岱庙

六年（1441），知州石守正（清乾隆《泰安府志》又作"施守正"，此注）重修。天顺六年（1462），知州李琪重修，并建楼3楹。张玘（qǐ）继之，置书舍30间。成化十五年（1479），学正任式移学路于庙东。成化十八年（1482），知州贾宣增修，又建射圃亭3楹，似在学宫南，又或在明伦堂后，灭没不详。成化二十二年（1486），知州胡瑄拓地重建。弘治七年（1494）重修扩建。此次大修，先市东北民地二十余丈，以扩其基，外缭以垣；院中营建两庑、戟门等43楹，师生斋舍等计54楹；又于堂之左、右列科贡题名碑亭；其余大门、公厅、馔堂、榭、圃、库、廪、庖厨等，秩秩咸俱。"其功倍于创建"（明弘治七年《泰安州重修庙学记碑》，致仕吏部尚书尹旻撰，吏部尚书耿裕书，泰安知州曹镐等镌立，碑今置于岱庙天贶殿前西侧）。嘉靖间，诏颁敬一亭，镌石并刊程子四箴、范氏心箴，改楼（即李琪所建之楼）为敬一亭。嘉靖十年（1531），知州李旼重修。三十一年（1552），参议张旦重修。四十二年（1563），代理知州翟涛建名宦祠（明伦堂东旧址），奉泰安历代先贤。同年建乡贤祠（明伦堂西旧址）。隆庆六年（1572），知州杨山以学宫地址北低而南隘，于是购置民屋四所筑山于学后，建屏于学前，中建绰楔（亦作"绰削"，古时用以表彰孝义或警示的木柱），曰"见大心泰"；又东引流水由坊南而西，邹善为之撰《泰安儒学辟路建坊记》。万历间，萧

元《创塑州学七十子碑》，今存岱庙

大亨以学宫缺尊经阁，非制，乃于敬一亭旧址捐赀饬材，构阁5楹。工未竣，其子虞部君续成之。阁废，无从得。（据民国《重修泰安县志》卷二《庙学》，第52页）"虞部"，旧官职名，属尚书省工部，萧大亨长子萧和中曾任工部都水司郎中。以此，继大亨续建尊经阁者应为萧和中。

清：顺治六年（1649），郡人侍御赵弘文重修。康熙十三年（1674），知州朱麟兆重修：先至圣殿，次两庑及明伦堂，悉为鼎新；孔贞瑄为之记。十七年（1678），学正孔贞瑄重修奎文阁。五十二年（1713），知州张五福同张奇逢重修。康熙间邑人武举张所存重修名宦祠，并易棂星门以石。训导王玑（今岱庙存其《泰安州儒学王师爷德政碑》，立于清康熙四十七年）重修乡贤祠。雍正四年（1726），知州吴曙建忠义祠（奎文阁南旧址）、节孝祠（学宫西旧址）。七年（1729），知州王一夔、纪迈宜重修。九年（1731），陈之枌（fén）重建明伦堂。十三年（1735），泰安州改府设县，祭祀、肄业，府、县共之；此处既为府学，又为县学。乾隆十六年（1751），知府宋谔、知县刘朝宗重修，有碑记。十八年（1753），知县冯光宿重修崇圣祠（大成殿西南旧址）。四十五年（1780），知府胡德琳、知县黄钤缘先令张鸣铎兴修未就，亟捐廉俸重修文庙。邑人、原任训导赵浣首事，鸠工庀材，殚力藉以讫工。此次重修，拓新明伦堂、奎文阁等，将崇圣祠改建于明伦堂东北，名宦祠改建于明伦堂西，乡贤祠改建于名宦祠西，忠义祠改建于名宦祠南，节孝祠改建于忠义祠南。整个重修工程计费白金三千五百余两，金钱二百六十三万三千六百有奇。胡德琳为之碑记。四十六年（1781），易学路为义路，建礼门坊。道光四年（1824），重修崇圣祠，并修忠义、节孝等祠。十一年（1831），新建文昌宫。"唯文昌附奉于学宫之奎文阁……宫墙不肃，疏且亵焉。爰相度基址，建正殿三楹。"（［清］杨惠元《新建文昌宫碑记》）十四年（1834），知县萧榘重修明伦堂。三十年（1850），知府法丰阿率泰安、新泰知县重修，有碑记。同治二年（1863），重修乡贤祠。光绪十六年（1890），知府康牧（mǐ）重修。

民国二年（1913）正月，县公署于文庙旧址创设县立师范讲习所。四年（1915），知县冯汝骥重修文庙，赵尔萃为之碑记。又有实业局（初名劝业所）设于文昌宫内。20世纪60年代拆除残垣，改建为机关和宿舍，遗址荡然。

"庙以事神，学以教人。""自清季停科举、兴学堂，于是庙与学分，使人人各自发展其思想，不复使出于一之旧规矣。"惟岱庙所存碑刻，仍可作为那段"郁郁乎文哉"的历史见证。（据乾隆四十七年《泰安县志》卷之六《学校》，第1—26页；道光《泰安县志》卷之六《学校》，第1—26页；民国《重修泰安县志》卷二《庙学》，第48—52页）

泰安古代教育小记

泰安是古代教育的发祥地之一。

中国古代教育可追溯至夏，彼时便有了专门从事教育的机构和人员。"（周明堂）于山之东北阯……古引水为辟雍处，基渎存焉。世谓此水为石汶。"（《水经注》卷二十四《汶水》，第84-85页）辟雍为周天子所设大学，基址圆形，四围环水，周朝已建于泰山。《孟子·滕文公上》云："夏曰校，殷曰序，周曰庠，学则三代共之，皆所以明人伦也。"孔子实行"有教无类"，首开私人讲学之先河。泰山作为夫子向往和重要的活动区域，较早便得到儒学的浸润教化，并成为儒学向后世传播的重要源地。秦代"焚书坑儒"，使儒家学说几近断传。汉重尊儒术后，正是泰山伏生及其女羲娥（济南人）、高堂生（新泰人）等使《尚书》《礼》得以传续。隋唐科举取士，文化大兴，在各地方州、县普遍设立学校，还"许百姓任立私学"（《唐会要》）。彼时泰山一带也有官、私学校的设立。至宋，理学先驱孙复、石介于宋仁宗景祐年间创设泰山书院，四方士子闻风趋至，其影响"能使鲁人皆好学"（欧阳修语）。之后的金、元、明、清历代，或官学，或私学，前赴后继，泰山精英士子学人以弘扬教化为己任，将泰山学派的精神传承下来。

明、清时代的泰安，除了府、县官学，还有社学、义学、书院、义塾、私塾等多种教育形式。

社学，是古代启蒙教育的组织形式，有府、县官学预科的性质，多就于文庙。始创于元代，明、清各府、州、县皆立社学（清代延至乡一级）。官办或社会绅士贤达筹资办学，兼有义学性质。凡近乡子弟有志于学者，皆可入学肄业。泰安城附近社学，一处在文庙前，明万历年间由知州任宏烈捐建。时规模有堂5楹，东、西厦房各3间，门楼1座，额曰"聚星堂"，四周缭以石墙。乾隆十九年（1754）移至徐公书院继续开办，原址清末尚余房基堌。一处在城南灌庄，有学田18亩，学舍32间，规模较大。一处在城南满庄，学舍7间，规模较小。

书院，多由地方官员或当地精英士子倡办或直接举办，经费除举办者自付外，还来自官方资助或社会捐助。明清时期较著名者有青岩书院（原名青岩居、青岩义社）、育英书院（明"海岱儒宗"李汝桂在泰山东麓其家乡崖下村创办）、泰山书院（下书院）、岱麓书院（也称泰山书院）、徐公书院等。义塾，属于启蒙教育，城内乡间多有设立。一般由地方官员、绅士或族长召集，发起者自任或延请塾师授课，经费来自官员捐俸、绅士捐助或地方自筹等。泰安城及周边有影响的义塾主要有：醴泉义塾、邵氏义塾、赵氏义塾（邑人赵化南捐建）、梁父义塾（上高人蒋大庆举办)、杨氏义塾、汤氏义塾(城南夏村,江西人刘汤氏捐建)、城子寨义塾等。

私塾,私人举办的启蒙学馆,办学经费多从学童"束脩"筹集而来。如城南章家庄章氏私塾等。

文庙西即**府署**。

金大定二十二年(1182)改泰安军为泰安州,设州署于此,为府署前身。清雍正十三年(1735)升州为府,改设府署于此。其面积"地周一十六亩四分有奇"(清乾隆《泰安府志》卷之六《建置志》,第184页)。南起有照屏、大门、仪门、土地祠(仪门东)、戒石亭、大堂、六曹吏舍及班房、箭亭等。再北为二堂。堂东有仓库、官厅,堂西有柬房、承发房等。再北为三堂。院东、西为书舍,东南为庖厨,堂后为寝室,寝室东、西为厢房。寝室后有楼,附以厅、房。署内偏东为经历司署,偏西为司狱司署。

明弘治十四年(1501),知州顾景祥曾刊刻山东巡抚年富所制官箴于州署,曰:"吏不畏吾严而畏吾廉,民不服吾能而服吾公。公则民不敢慢,廉则吏不敢欺。公生明,廉生威。"([清]重刊官箴刻石(西安碑林),司雁《公廉定律》,中国社会科学出版社2003年版,第5页)

明人萧协中有"龙窝"之记:"在州堂东壁上,一日云雾微生,如鳣如鳝,蜿蜒飞出,至半空,电掣雷轰,云腾雨注,始知为神龙。嗟呼!泰山久无虎矣,而今乃有龙也。太守扁其处,曰龙窝。"(民国《新刻泰山小史》,正文第47页)

民国二年(1913)裁府后,府署遂被弃用。民国三年(1914),于涵、王价藩于署内西偏创办县立第一女子学校(高等小学)。五年(1916)拍卖府署官产。女子小学所占西偏一隅经呈准划归该校;其余经拍卖,用地方款买作公有,警察署由遥参亭迁入办公。十年(1921),鲁圣泉、王克兑于此创办县立女子师范讲习所,至十八年(1929)有在校女生23名。十七年(1928)五月,南京国民政府在泰安组建山东省政府,第二集团军第一方面军总指挥孙良诚任主席,同为冯玉祥部属的姚冠廷任泰安县县长。十一月,孙良诚令驻泰部队会同县公安局(民国十七年五月份起,原巡警局更名为公安局)开展拆庙毁神破除迷信运动,泰安城文物遭受灭顶之灾,府署亦难逃此浩劫。先是被推倒大门,后全部被拆毁。中华人民共和国成立后,此处一度作为泰安县人民体育运动场。1961年起改建为泰安县机关大院,今仍为泰山区委、区政府办公住所。

府署西有侯公祠、赵公祠旧址。

侯公祠创建于明万历至天启年间,祀明州守侯应瑜。

侯应瑜,字佩之,河南杞县举人,万历四十四年(1616)至天启三年(1623)任泰安知州，后升刑部员外郎，史称良吏。其于任间"心切民瘼，改漕米民解为官解。凡差役不以纤毫累里甲。设养济院，务使孤贫得所。每躬阅郊原，劝栽树垦田，力不能者给以牛种。尤加意学校，重修文庙、三贤祠，创建和圣祠，捐俸置田九十亩以养寒畯"（民国《重修泰安县志》卷六《政教志·吏迹》，第60—61页）。明天启二年（1622），刘三才在泰山响应巨野徐鸿儒发动的白莲教起义，侯应瑜派兵予以镇压。

赵公祠位于侯公祠北，创建于清顺治年间（1644—1661），祀郡人侍御赵弘文。"曾祖祠创自顺治年间，在泰安城里城隍庙东。本支敛钱盖大门、左右瓦铺四间，每年值房价钱，春秋致祭，择吉举行。"（［清］赵浣《祠堂考》，见《泰安赵氏家谱》卷一，第104页）月朔以香茶致祭，后增春、秋二季猪羊大祭，一直延续至"文革"方止。

赵弘文（1591—1673），又作赵宏文，字东渊，号朴庵，明崇祯十年（1637）丁丑科进士，世称"赵巡按""赵侍御"，为明、清之际泰安籍著名人物。其故里在城东五十里谷家庄（今泰安市岱岳区范镇谷家庄），祖籍河北枣强县野鹊巢，据考为宋太祖赵匡胤四弟魏王赵廷美之后裔。赵弘文少年曾与友人"同受知于对亭吴夫子之门"（赵弘文《光碧堂稿》卷一）。据赵兴彬《两朝宦游物外逍遥——试论赵弘文思想的儒道情结》考，"对亭"，即对岱亭；吴夫子，当为宋焘门人吴迓或宋焘眷亲吴希孔，他们应是宋焘之后青岩义社的继办者。弘文入州学前（明万历四十三年始入州学）曾与范惟粹同窗就读于此。

明崇祯十七年（1644，清顺治元年）四至五月，甲申泰安事变，李自成大顺军攻入泰安城。赵弘文与其弟赵圣文密结高唐营游击高桂及乡民等，杀死大顺军防御史及其部属十余人，夺回泰安城。旋即城又被攻克，赵圣文、高桂身死，赵弘文被俘。在押解北上途中，赵弘文"六日弗食不死，万马践履不死，自到刀缺又不死"，几欲求死而不能，一腔忠义，鲜血迸流。后因李自成败亡，清兵入关，大顺军溃散，侥幸脱逃返泰。时泰山无主，邑众推其主事，弘文匿迹石子涧中不出。同年七月，在少司农王鳌永，同科进士、山东巡抚方大猷等屡次招请举荐下，于翌年（1645）出任清廷。（据《泰安赵氏家谱》卷一《蒙难记事》及跋文）

赵弘文一生两历宦游。一为明廷，明崇祯

清道光三十年《泰安赵氏家谱》

十四年（1641）初，复职为礼部行人司行人（赵弘文1637年中进士，1638年起为母服丧3年），前后供职4年左右。二为清廷，顺治二年（1645）起任广东道监察御史、巡按苏松等处兼督沿海综核将领等，翌年谪退，历时1年左右。之后再未出仕，也即弘文一生为官两朝的时间仅5年左右。任间，其刚正不阿，整顿吏治，减免赋税，平息患乱，名动江南。任满返京，惟文卷书童，两袖清风。《清世祖实录·卷十七》中称其"为三吴父老所称颂"，后人尊其为"开国名御"。据传，中华人民共和国成立后赵氏后人赵和阎去徐州探亲时，曾亲见闻当地艺人在传唱赵弘文当年巡按江南的曲目。一年的政绩，竟然在民间称颂流芳数百年，这是非常难得的。今谷家庄仍有一块立石，传为赵弘文卸任时带回，世称"清廉石"。

清顺治三年（1646），赵弘文被谗奏，以"荐举太滥"降二级调用。其旋即辞归故里，居泰安城梅花坡，三聘而不出。然其仍不忘民生疾苦。因见泰安民众苦于漕米解运德州，遂请当局改拨东平安山，每年省民财千余金。顺治间苦雨为灾，城堞颓败，乃捐金八百两以修之，使其固若金汤。又以地方文化建设为自任。其保护《岱史》刻版，使之得以传承；独出私囊修葺至圣庙及两庑；重修泰安学宫与鲁两先生祠；倡议将遥参亭金阙移至灵应宫中保存。赵弘文一生多著述，有《光碧堂书稿》《蒙难记（纪）事》等传世。

康熙十二年（1673）三月十五日，赵弘文偶病，危坐而卒于第，享年83岁。

赵弘文墓有两处。一处实葬于岱岳区祝阳镇祝山南赵家祖林；另处在泰山东谷的山林深处，为其衣冠冢，或为其对独恋岱东密林山水的表达。

赵弘文泰山诗文情怀

"用之则行，舍之则藏。"（《论语·述而篇》）弘文"赋性渊深，天真未散"（[清]元玉《泰山石堂老人文集》），出仕清廷本非其本意。归隐故里后，其修身养性，亦儒亦道，将自己的情感与关切寄托于文字之中。

"顿解愁千缕，群蛰分一官。博观游物外，小憩寄人中。春径花方艳，秋林叶又红。玄珠隐赤水，前路思无穷。"（《闲中有感》）"回首芳华梦里过，闲愁不道晚来多。梅花几欲传春信，微骨严寒奈若何。"（《寄潭西石明经》）诗中所表达，既有闲适与逍遥，也有孤独与落寞，还有关乎生命的追问与思索。诗文中也不乏对民生的关切与忧虑："穷檐几处炊新火，宝镜何人理靓妆。"（《箴拾遗穗妇》）其道德文章得到世人，诸如施闰章、卢绋、元玉等人推重，被誉为"真儒""儒之公祖"等。

"片片云霞随破衲，霏霏花雨点丹丘。"弘文流连徜徉于泰山林泉之间，白杨坊、黄花洞、丈人峰留下他的足迹。他一生尤喜泰山东谷山水诸景，常竹杖芒鞋，访幽探胜。先有同族赵会昌（字子文）在艾洼置别墅，"疏泉凿石，修竹种花，宛然竹溪桃源"。弘文宿其家，咏诗《艾滩庄》（[清]赵廷策《子文公传》，见《泰安赵氏家谱》卷一，第1-2页）。晚年更在艾洼买山地一隅，草屋数间，以为别居，再赋诗《艾滩山庄志感》。这也是两诗之所以雷同的原因。后诗有序云："戊申岁，余买山一区，水可种鱼，竹堪听雨，稍厪匠石，饶有生趣，乃逡巡不果。余年八十有一矣，漫赋俚言，聊以志感。"其诗更写尽世外情怀："春衣典尽买山泉，坐对清流兴杳然。茅屋数椽风雨老，桃花几片水云鲜。争言捷足凌喧市，谁解幽人结静缘。何日相将尘外侣，竹溪共醉一壶天。"以故，有称艾洼为弘文第二故乡。

明清之际的泰安城小记

明清交替之际，天灾人祸，内忧外患，泰山一隅在风雨飘摇中亦难独善其身。先是自崇祯十一年（1638）起连续4年的大旱、十五年（1642）的大疫，饿殍遍野，居民死徙大半。一时民变四起，聚众起事，攻城拔寨，转战于泰安州县。与此同时，入关清军及李自成大顺军如洪水猛兽，狂飙突至。

崇祯十一年（1638）十二月，清军一度攻陷泰安州，垂鞭立马于泰山，生民惨遭杀戮。后清兵退去，州境仍陷于内乱之中。十五年（1642）十一月，清军卷土重来，先陷宁阳城，知县李之庚被俘遇害；再陷莱芜城，知县冯守礼与二子自杀殉国。十六年（1643）正月，清兵又侵入泰安。先攻新泰，新泰生员张遇留等率义兵御敌于城南，遇留及所部皆战死；旋即攻泰安城，城内军民同心，合力击退清兵；又攻东平，城内丁健出城发炮重挫清军。后清兵稍退，泰安暂得粗安。

崇祯十七年（1644）三月，李自成大顺军攻克北京，崇祯帝自缢于煤山。消息传至泰安，知州朱万钦挂印窜归故里。四月，大顺朝所任泰安州牧史可保、防御使郭都相继到任泰安。士民伏道远迎，各州县相继归附。史、郭一入泰安城，即捕邑中大绅严刑拷俹，"而荐绅巨室，拘系周内，无得脱者。先宦子若孙皆按祖父爵级，征累万千；有贫而丐几委瘠矣，亦弗克免。且剥及里甲鸡犬，攫良民妇女、娈童供贼欢淫，多以窘辱死。瓦解愚民，始憬然贼之暴，谓先声尽假仁也"（赵弘文《蒙难纪事》，见《岱粹抄存合编》上卷一《记述》，第10页）。"军至军妻，军去民妻。"（[清]王度《伪官据城记》，见清康熙《泰安州志》卷四《艺文志》，第14页）大顺军的胡为，招致城内哗变。"余（赵弘文）乃密结忠义绅士，擒逆伪，数其罪，磔之于市。"（所引同上）时明廷礼部行人司行人赵弘文、高唐营游击武举高桂等纠集部属乡党百余人，于五月三日凌晨在泰安城南门发动兵变，闯入府署，擒获郭都及其部众十余人，斩杀于遥参亭前。

正自兖州北进的大顺将军郭昇闻讯后，即率三千余铁骑，回军四面围攻泰安。高桂等虽据城死守，然寡不敌众。又有"萧启濬（萧大亨曾孙，时任锦衣卫堂上佥书管卫事，大顺军攻城时正居泰安家中，清顺治四年以谋叛罪被清廷处决）潜至北门，延贼登城"（[清]王度《伪官据城记》），城遂失守。高桂阵亡，同时赴死者有十余人。如举人徐柟（nán），被捕后怒骂不止，赴火而死；诸生房伯龙、刘孔训、胡会隆、萧献吉、杨应荐、黄应瑞、王德昌，乡民许来春等皆因城破骂贼死。（据民国《重修泰安县志》卷八《人物志·忠节》，第16—17页）赵弘文及其弟赵圣文被捕，与萧启濬同缚而东（圣文途中被害，弘文及启濬得脱还归）。萧大亨之子萧协中及生员国铉闻城破，投井自尽殉明。乡民冯魁轩聚集妻子儿女于一室，阖家自焚。城内百姓死不计数，余者皆遁入山中避乱。史称此役为"甲申泰安之变"。同期，大顺新泰县令周祚鼎入驻县城后，由于安抚得当，并未发生变乱事件。

大顺军立足未稳，清军便加紧了对泰安州县的争夺。顺治元年（1644）六月，清廷山东巡抚方大猷派兵进剿，大顺泰安州牧史可保闻讯弃城西走，至肥城被土兵所杀。泰安、莱芜、东平等城相继陷落，惟大顺新泰县令周祚鼎据城坚守，拒不降清，成为大顺朝在山东的最后一支孤军。八月，方大猷一面密遣官兵星夜赶往新泰攻剿，一面大张榜文瓦解城内士绅百姓，又委派降清的原明廷抚院吏目、新泰人牛文自历城日夜疾驰三百余里，射书城中，策动城内地主士绅起事。城终告破。至此，山东境内大顺政权全部剔除。之后，不断有地方义军起事抗清，意图收复旧地，均以失败告终。至顺治六年（1649），境内基本平稳。

王朝更替愈加彰显出泰山的独尊地位。无论是已"受命于天"的将亡之君，还是"易姓受命"的新朝天子，都要及时告祭于泰山，以期得到泰山神庇佑，得到天下认同。崇祯十七年（1644）3月，大厦将覆，明思宗仍不忘在泰山下建圣慈天庆宫，"国将亡而听于神"。李自成初入北京，便派遣太常寺丞项煜祭祀泰山；仪式未结束，李自成兵败山海关，项煜变服仓皇南遁。顺治八年（1651）四月，局势稍定，清廷便遣工部侍郎刘昌致祭泰山，清政权由此昭告于天下。雍正四年（1726），前述不屈赴死者入祀或从祀于忠义祠。

城隍庙旧影 [法]沙畹摄于1907年

赵公祠西有**鲁家公馆**，也称鲁家大院。大院南向升平街，北临资福寺街。院中间设南北过道，将大院分作东、西两部分。过道东为四进四出的院落，过道西置南、北两院。民国年间大院渐颓，又有族外人迁居其内，遂称**鲁家胡同**。这里曾是泰安革命先烈鲁宝琪家族旧宅。

鲁宝琪（1913—1943），1931年加入中国共产党，为泰安早期中共党员，1934年在冯玉祥创办的武训小学任教。1937年10月与夏天庚、武冠英、夏振秋等成立中共泰安临时县委，鲁宝琪任书记；同时发动爱国志士成立"抗敌自卫团"。1938年1月1日和县委成员一起参加徂徕山抗日武装起义，后调任鲁中军区任敌工部长。1943年10月在泰山东南水牛埠遭日伪军包围被捕，同年10月20日壮烈牺牲。

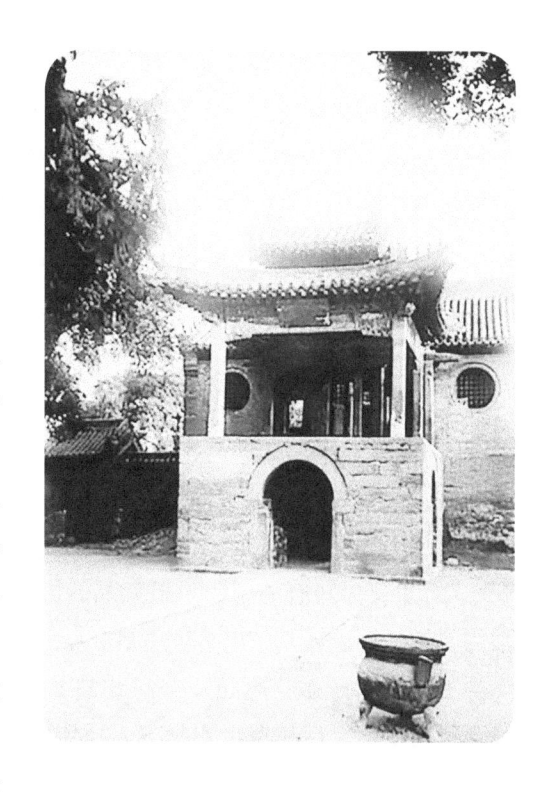

再西为**城隍庙**，在今军分区教导队院址，与鲁家公馆西院仅一墙之隔。

城隍庙创建于宋，与老城同建。"泰安自宋开宝间，移治于岱岳之麓，神庙并建。"（[清]宋思仁《重修城隍庙碑记》，见《岱粹抄存合编》上卷一《记述》，第23页）明万历十五年（1587）重修，邑人李汝桂为记。清乾隆二十四年（1759）扩建，知县程志隆为记。时有大殿、寝殿、两庑、露台、戏楼、斋堂、道院等。清乾隆五十三年（1788）重修，郡守宋思仁为之记。据《大清会典》，各府、州、县建城隍庙，令有司岁时致祭。民国年间祀黜，改作和圣小学。民国十七年（1928）时此处曾为国民党泰安县党部住所，西廊神像尽毁，年底又将庙门改建为房屋使用。二十九年（1940）日伪政府期间，曾于庙内设华北道教总会泰安分会，道士宋纪昌任会长。

"城隍庙之设，曷昉乎尔？昉乎周制。建官设都，先立城隍庙，后代因之，而增祀焉。"（[清]宋思仁《重修城隍庙碑记》）城隍是民间信仰中的重要神祇，发端于《礼记》中的水庸神。水庸即沟渠。古代城邑多有护城河，故城隍先以城市保护神的名义出现，后职能不断强化，对于治安、旱涝、凶吉、功名甚至冥事等均能定夺。李汝桂《重修城隍庙记碑》中有"徒步恳祷于神，天乃雨""螟蝗卒不为灾"的记载（[清]王价藩《退轩杂抄》，见《岱粹抄存合编》下，第44页）。宋思仁在《重修碑》中，也有祈于神庙，不数日甘霖大沛，郡属邑县喜沾雨露的记述，"自此五风十雨，百室盈而妇子宁，神贶实多颖焉"。明代敕令各级官员赴任时，要在城隍庙前宣誓祷祝，有的甚至要宿于庙内，于夜深人静之时，聆神之教谕。官惧城隍神，城隍庙便成为老百姓心中惩恶扬善、伸张正义的地方，且多诡谲之事。明邑人宋焘《泰山纪事》有"城隍灵异"纪事，且云："郡城隍祠最灵显，祠旁居民常于夜半闻拷讯之声。"（卷三《人集》，第20-21页）着实让人悚然。仰荷神功，幽明协赞，不愧为古代社会治理的一大特色。

城隍庙大殿东原有**昭忠祠**。祠敕建于清嘉庆八年（1803），祀三年（1798）出师川陕等处阵亡的泰安籍将士（川陕白莲教起事，清廷调派泰安营兵随军征剿）。道光十年（1830）重修，知县徐宗干为撰碑记。至民国已圮。

再西为**二公祠**，位于升平街北，东迎翠街、东太尉街之间。祠内同祀济南同知翟涛、青州同知王简二公。今祠址改建为公园。

"同知"为知府的副职，正五品，因事而设，无定员。二人以副职得以立祠享祀，很为罕见。旧志云其"以佐职权政，能遗甘棠之爱，为可贵矣"。

王简，字子敬，赵州（今河北赵县）人，曾督征泰山香税，革除店户支应积弊，民众得其实惠。后权署泰安州事，减免群众摊派之苦。

原升平街西段今貌，由岱庙向西

翟涛，号弘斋，河南安阳人，曾于嘉靖四十二年（1563）起受巡抚朱衡委派重修东岳庙、酆都庙，创建岱宗坊并山上石坊。李钦《重修酆都庙记》中记此盛事："庙西登岳之路，复建岱宗坊三楹。自此以至岳顶，地方凡八，又皆立坊以表其名，而各揭联以壮其景，金碧煌伟，映照山河，由是泰山之伟观愈益增矣。"泰山入口处"登高必自"碑即出自翟氏。然其亦有一事有损光彩。岱顶大观峰唐摩崖东原有宋摩崖，镌有宋真宗东封泰山时《御制功德铭》，翟氏于其上大书"德星岩"，将原刻镵毁，为历代诟病。

再西为遥参亭，其前为双龙池，其北即岱庙，与南面的通天街共处一条轴线上。另详。

遥参亭西为**朱公祠**。祠创建于清康熙年间，祀州守朱麟兆。

朱麟兆，字石安，盛京人，清康熙十年（1671）任泰安州知州。其任间多惠政，且廉洁严正，人不敢干以私，时有"包龙图"之誉。离任后，泰安士民建祠祀之。后祠颓圮，移奉于徐公祠内，遗址由商民租赁。今祠址改建为公园。

朱公祠西为**徐公书院**。书院创建于清康熙五十一年（1712），初为徐公祠，祀州守徐肇显。清康熙四十七年（1708），肇显知泰安州，至五十一年（1712）于任间擢部员外郎。"郡耆老子弟缙绅弁盖皆曰公内召以日计，相与合谋，卜地公所立义学之侧建祠，思肖像而□祝之。"（[清] 赵国麟《泰山刺史徐公书院记》，见道光《泰安县志》卷六《学校》，第26页）徐公固辞，遂以祠改为徐公书院。有邑人赵国麟《泰山刺史徐公书院记》，主要记述了徐公在泰事迹。清末民初，徐公书院旧址为徐鹤亭购作住宅，再后来成为一家锡壶店，今改建为公园。

徐肇显，字长人，号宜菴，浙江山阴人。民国《重修泰安县志》云其"多惠政，尤留心学校，设义塾以训良秀，贫士辄捐俸给之"（卷六《政教志》，第61-62页）。其于任间，兴利除弊，深得民心。针对徭粮征收过程中户册错杂、诡弊百出、百姓不堪其苦的问题，寻计于邑人张鐩、董睿、张云行等，将州境划分为108个区域，"顺庄改造，赤书粮催正户，积弊永除"（清《泰安县乡土志·政绩录》，第3页）。徐公去职后（擢部员外郎），邑人合立《泰安徐老夫子赞碑》。有云："（徐肇显）以仁慈之心，施宽大之政，夙兴夜寐，兢兢以爱人为任，真不啻火烈之后，而继以阳春也……无不欣欣乐我夫子之仁。"碑今仍存岱庙天貺殿院内。泰山有其"与天地参"（对松山）、"古莲花洞"（后石坞）等题刻。

徐鹤亭，字寿轩，民国泰安名绅，曾任城区乡长等职。民国十七年（1928）四、五月间，第二次北伐之泰安战役（泰安人习称"第二次南北军打仗"）爆发。国民革命军（南军）以大炮攻城甚烈，张宗昌所属徐海春旅据城顽守。城内外百姓深受其害，岌岌可危。鹤亭冒险乘筐缒城，为两军斡旋调停。最终徐部缴枪退出，国民革命军占领泰安城。徐公于危难之际救民于水火。（据高宗岳《光阴志》第五十七卷，五月七日

的日记手稿）

徐鹤亭子徐守揆（字芝房）、孙徐北文皆为著名学者。徐守揆为"国山论"的倡导者，所提"定泰山为国山"议案（向民国二十五年国民大会拟提议案，大会因"七七事变"未能召开）将泰山研究推向新的高度。

徐北文为徐守揆之子，幼承家学，致力于"泰山学"的研究，为当代泰山文化研究的大家。

沿升平街再西为**岳晏门**，即老泰安城西城门。

清乾隆十三年（1748）将西城门名由望封门改为岳晏门。"晏"，既与东门"暄"对，表日暮将晚；又取天清气朗、安乐祥和之意。从"迎暄"至"岳晏"，沿升平街自东而西，由阳转阴，与泰山"主阴阳交代"相呼应。

从朱公祠至西城门一带，习称**西门里**。

西门里在民国时期以银行业为盛，大小银号林立。如久大成银号，创设于民国四年（1915），创办人满广益，以久大成货栈为依托，附设银钱业务。协昌银号，创设于民国二十四年（1935），张华南发起，经理刘德甫，地址在泰安城西门里路北。另有志诚银号（西门里路北）、泰茂银号（西门里路南）、裕和银号（西门里）等。各银号均因日本入侵泰安城而关闭停业。

满广益，字子谦，民国回族名绅。所创办久大成货栈、钱庄为泰安著名商号。民国元年（1912）五月，泰安城设立商会，其为首任会长；二年（1913）九月连任；之后又多次被推举为该会会长或副会长。广益素性好善，诚信感人。民国二十四年（1935）年初岁尾之际，其在火车站庆记粮栈购存小米数千斤，委清真寺董事米青仁等散发给回汉乏食者。著有《回教教规浅说》，县长唐柯三、宿儒范明枢作序，免费向教众赠阅。因其办赈灾，岱北观察使奖以"卜式遗风"匾，并颁给奖章；因办理会务成效卓著，县长奖以"屏障泰宗"匾；因其善举，回教人士赠以"乐道好施"匾。（据民国二十四年《月华》第七卷第一期，第23页，民国《重修泰安县志》卷四《政教志·实业》，第36-37页）

西门里一带旧影 ［德］女摄影家赫达·莫里逊摄于1942年

《月华》中关于满子谦的记载　　　　《月华》书影

西城门外设**瓮城**，即依城墙修建的半圆形护门小城，也可视为城墙的一部分，为旧城防御设施之一。瓮城向南设门，西城门至瓮城门路段呈"┳"走向，出城需南折出瓮城门过护城河。民国十九年（1930），蒋、阎中原大战，蒋军马鸿逵部于八月二十四日攻陷西门，将瓮城炸毁，当地人改称此片为"西门脸"。至中华人民共和国成立前瓮城址北侧自东而西有包公祠、泰济印刷局等；南侧自东而西有魏家、张家、毕家铁匠铺，胡家（绰号"胡啰啰"）碑帖字画店，车氏中西大药房（与包公祠错对）等。折南路东则有马家包子铺（二层小楼）、刘家肉铺、铁匠铺、煎饼铺等。

瓮城内**包公祠**又称三公祠，始建不详。初祀宋孝肃公包拯。清雍正元年（1723），州同知张奇逢重建，增阔其制，增祀傅镇邦（另详）、张迎芳。民国年间又置贪官冯汝骥铁像于祠外。民国十八年（1929），时任泰安县县长姚冠廷又立《冯总司令训词》碑。

包拯，字希仁，合肥人，宋仁宗时为京东转运使，旧志云其曾为奉符令。其性峭直而行事敦厚，有苛刻者必痛绝之，政声卓著。民畏而知感，为其建祠于此。（据乾隆四十七年《泰安县志》卷之八《宦迹》，第25页）

张迎芳，湖北应城县人，清康熙间任泰安知州，为官自律且廉明。"康熙二十一年（1682）知泰安州，事必躬亲，不假手胥役，偶有误，即追悔自批其颊。二十八年（1689），仁宗东巡，迎芳恪体帝意，清宫除道外丝毫不以扰民。数载卒于官室，无长物，惟图籍数笥。"（民国《重修泰安县志》卷六《政教志》，第61页）清人蒲松龄《聊斋志异》卷十二《一员官》所记"张公"即指此人。云："是时泰安知州张公，人以其木强，号之'橛子'。凡贵官大僚登岱者，夫马兜舆之类，需索烦多，州民苦于供亿。公一切罢之。或索羊豕，公曰：'我即一羊也，一豕也，请杀之以犒驺从。'大僚亦无奈之。"（[清]蒲松龄《聊斋志异》，时代文艺出版社2000年版，第602页）。民国泰安名士赵新儒记其逸事一则:"(张迎芳)随身一狗皮,铺而卧,早起即卷而悬之。时乘驴赴乡间,系驴树下,即呼乡民:'汝州官来矣。'老幼妇孺群集,即询问苦,有冤事即为处断。旋又去一村,亦如之。至衙,同系驴堂柱。终日坐堂上。不数年,胥役皆逃。"(赵新儒《新儒联语录》卷下《泰安西门外包公祠联》,民国泰山赵氏刊本,第2页)

冯汝骥,河南开封府祥符县(今祥符区)人,民国三年(1914)至四年(1915)任泰安县知事(县长),是民国以来泰安第三任县长。其为官任性且贪腐,任间敛占民财,刮地三尺,搜刮民脂不计其数,仅"白契换红契"(又称验契,老百姓民国以前的房产、土地等契约,需重新报官府验讫,方为合法凭证)一项便贪污"四五十万金",被民众称作"刮皮县长"。时有民谣:"冯汝骥,坐泰安,土地加税房扣捐。"又传:"冯汝骥来泰安两年多,刮走地皮几火车。"可见民愤之大、民恨之切。时有名士葛延瑛挺身而出,先是联合众乡绅向省对其弹劾无效,遂只身赴京举报,终使冯被褫职。又可见泰安民众不畏强暴、鞭挞邪恶的正义民风。冯氏后来遁居天津租界,以至身无分文,流落街头,于民国十七年(1928)病死,落得尸骨无人收殓的下场。

葛延瑛(1857—1928),字云庵,泰安东江庄(今肥城市安驾庄镇东江庄村)人。清光绪二十七年(1901)举人,民国时曾任山东参议员、泰安县财政处长等职,民国《重修泰安县志》监修。"夫云庵先生官阶不过一命,科名不过孝廉,其足迹未出里门,其行谊仅限一邑,绝无伟烈丰功,耀人耳目,而其德行感人如是之深,其果安在哉?盖内诚而外信,言行相顾,公而忘私,古人所谓'心存利物,于物必有所济'者,其信然欤!"(李星坡《葛云庵追思纪念碑》,见《岱粹抄存合编》上卷六《墓表墓志铭》,第216—217页)其爱憎分明,对贪官冯汝骥横眉冷对,只身赴京,为民请命。而对曾经四任泰安的良吏毛澂,颂赞有加。毛氏卒后,葛氏曾禀请时任当局在天书观高等小学堂中设立毛公神位,以寄哀思,有"隆千秋之俎豆,公道在人"之感慨。民国六、七年间,汶水涨溢,百姓受损,延瑛倡筑河堤,往返督工,水患始息。十年(1921),明家滩周明堂文物被盗,延瑛为之奔走呼号,督促时任当局追查。诸如此类,皆是民心之举、正义之举。以故其以疾卒于里第,阖邑为之凄伤,"上自达官贵绅,下至贩夫走卒,罔不汲汲遑遑,若失所倚"(所引同上)。两年后,邑人为之作《葛云庵追思纪念碑》,以寄追悼哀思。

冯汝骥去后,民国六年(1917)初,由绅士王衡斋倡议,泰安民众自动集资,每人出钱一文,为冯氏铸铁像以述其罪。丑像由泰安城东关德兴炉房掌柜许凤德(一名"许逢德")承制,高约120厘米,腿跪地,手高举,各托一只元宝,全身上下铸有金钱花纹,喻其贪婪。此像于民国六年(1917)先置于双龙池前,面向通天街。新任县令曹光楷(河南固始人)为冯氏老乡,逮捕王衡斋、许凤德。王衡斋在狱中急愤而死,许凤斋被亲友凑钱保释。曹光楷又命人将铁像埋于地下(开始被扔在关帝庙街关帝庙大殿后的夹道里,曹氏知悉后又安排亲信埋于地下)。曹光楷本为泰安良吏,因此一事失色不少。十二年(1923),铁像被民众掘出复立原处。后来据说是冯汝骥本人又出面雇人将铁像偷埋于地下。十七年(1928),铁像再次被民众掘出立于原处。二十年(1931),经士民公议,置铁像于包公祠前,一廉一贪,流芳遗臭,以警世人。其右则是晚清知县何毓福的德政碑(何氏任泰安知县间,公正廉明,生擒太监安德海,民众于此竖碑以颂其名)。时邑人赵新儒撰联曰:"这里是包老祠堂,愿我贤长官,后来者与古人齐美;门前即秦桧铁像,劝他害民贼,何苦在无佛处称尊。"

关于铁像去向,一说民国三十六年(1947)第二次解放泰安战役期间,铁像在炸西城门时被翻埋于地下;一说铁像卧埋于包公祠瓦砾中,后被人砸成铁块,卖给了许家铸铁厂。王润身的考证较为确凿可信。他认为铁像并非毁于民国三十六年,三十七年(1948)夏仍有人在遥参亭东南角的茅房里见之。据说由冯氏后人花钱买通一泰安城人将铁像砸毁,于是年秋至翌年春分块卖给许凤德的铁匠铺(时铁匠铺在房家崖头道南)化掉。也就是说,冯汝骥铁像成于许氏,也毁于许氏(许凤德1965年左右去世),铁像存世31年。(据王润身《贪官冯汝骥及其铸像始末》,见《泰山区文史资料》,1990年第二辑,第41-45页)

今岱庙仍存有民国二十年(1931)赵新儒撰、韩玉田书《冯汝骥铁像记碑》。此碑原在遥参亭前,中华人民共和国成立前佚,1988年5月发现于通天街中段路东居民院内。

千年老城,为州为府为县。守丞牧佐,既有像冯汝骥之流行私掊克之徒,也有如张迎芳一般公廉循良之吏。公道自在人心。有的官员在泰安城任职时间并不长,甚至很短,却被称誉为贤良名宦,能与泰山共久远。如明正德间戴经。

戴经,浙江嘉兴双湖人(祖籍河南),字孟常,自号双湖,举乡试,膺选福建延平府推官。在九江任职时,"民歌之有'一轮月'之谣"([明]吴鹏《戴双湖墓志铭》,见明万历二十二年吴惟贞《飞鸿亭集》卷之十八《墓志》,国家图书馆藏本,善本书号:00685)。正德十三年(1518)至十四年(1519)守泰安。只身莅任,不携妻孥。任间"廉而仁爱,政公平,无私恩,重惜民财"(民国《重修泰安县志》卷六《政教志·官吏》,第58页)。逢明武宗(朱厚照)诏旨将南巡祀泰山。其倅贰(佐吏)建议敛民以备南巡之费,戴经不允。后御史谕示索金民间,戴断然拒绝:"吾宁死以济之,弗忍虐吾民。"其他州县皆按谕照办,独泰安不索民之分毫。御史又委官至泰山备行幄,金泥栋梁,费用钜万,戴公"力拒以为不可"。因上官恶其耿介,戴经被中伤弹劾罢官。公曰:"吾始得志矣。"遂拂衣归。当时送别的场面:"百姓追呼拥道不得行。曰:'天乎!君侯奈何去吾也!'众皆哭,公亦哭,裴回(徘徊)道左者久之乃去。"

(以上据《戴双湖墓志铭》)来时携二箧,归时如旧。有官员张达,因为捕盗有功,原定以帑缣奖赏未及。去之时,戴公以自己的俸金补全。

任间,戴公并未留下土木之类的"形象工程",反衬出其与众不同的政治觉悟,在历代名宦中熠熠生辉。其《泰山八景》诗作为历代诗文中不可多得的经典。其一《徂徕夕照》云:"徂徕犹种鲁人松,落日苍苍万古风。龙挟云还岩石润,蟾随霞上海天空。也知虎豹潜林外,自喜芝兰满谷中。两眼簿书真俗吏,山灵不语笑吴侬。"

其他诸如韩韶(东汉颍川舞阳人,灵帝时为嬴长)、马永伯(宋宝元间奉符令)、董积躬(金青城人,奉符令)、赵玉(元燕人,至元间奉符令)、陈以忠(明宛平人,知泰安州)、许应元(明钱塘人,嘉靖十一年知泰安州)、郑聚东(明广安人,嘉靖三十一年知泰安州)、袁稹(明怀远人,万历五年知泰安州)、任宏烈(明长治人,万历三十年知泰安州)、侯应瑜(明杞县人,万历四十四年知泰安州)、林杭学(清江宁人,康熙五年知泰安州)、朱麟兆(清盛京人,康熙十年知泰安州)、祁国祚(清泾阳人,康熙四十一年知泰安州)、徐肇显(清山阴人,康熙四十七年知泰安州)、张奇逢(清石门人,康熙五十一年任泰安同知)、王一夔(清大兴人,雍正二年知泰安州)、蒋因培(清常熟人,嘉庆间任泰安令)、徐宗干(清江南通州人,在泰安任十年)、何毓福(汉军镶红旗人,清同治八年知泰安县)、曹钟彝(江苏江阴人,光绪七年知泰安县)、毛澂(四川仁寿人,四任泰安县令)等循良名吏,增色岱史。插笔书之,卷留余香。

包公祠西侧为**泰济印刷局**。该局由东平人耿静吾于民国八年(1919)创办,初建在通天街,十一年(1922)迁至西门外路北,门头3间。该局曾刊印王连儒著《泰山指南》,二十一年(1932)增订重版,易书名为《泰山游览志》。20世纪40年代初,该局在洼子街、大汶口、楼德南泉设分支,中华人民共和国成立前先后停业。

包公祠对面是**中西医大药房**,在"T"交会点西南位置,由民国医学家车贵轩创建(车锡伦先严)。

■ 泰济印刷局版《泰山游览志》书影

车贵轩,字惠民,早年于齐鲁大学读医科。适逢民国十四年(1925)"五卅"反帝爱国运动爆发，车贵轩在校内组织罢课"闹学潮"，受到重点监控。后得其舅父柏学勤先生（安家庄红庙村人，中国第一代留美医学生，归国后为美国基督教美以美会建北京同仁医院时在院的几位中国医生之一）之助，得以3年"结业"处理。民国十七年（1928）济南"五三惨案"后，车贵轩返回泰安，在西门瓮城内租二衙街李姓平房开设中西大药房。民国十九年（1930），蒋、阎中原大战，蒋部将西门瓮城炸掉。战后，车贵轩在原址另建二层三间小楼，仍称中西大药房。冯玉祥在泰安期间，车贵轩被聘为冯玉祥保健医生。第一次解放泰城战役时，药房因内有通往城外的地道被拆毁（据车锡伦先生信函）。

旧时的升平街还有不少石牌坊。除今天还能见到的遥参亭坊，在街东首文庙前原有文庙坊，街道东段府署前原有明孝廉举人吴僖科第坊，街西首原有明萧大亨进士坊、恩褒坊等，民国年间已圮。牌坊也称牌楼，既可跨街而立，表彰功勋、科第、德政以及忠孝节义等，也可立于宫观寺庙前，彰显地名属性等，不失为古泰安城的一大建筑特色。

城内二

老泰安城千年古街众多，但非要分出一个之最来，窃以为岳阳街或然。街因庙起，本属岱庙，从秦汉初创演化至今。

岳阳街又名庙前街，均因北临岱庙（东岳庙）而名。其东起岱庙东南角楼，西至岱庙西南角楼，长约240米。中华人民共和国成立初曾更名为朝阳街，今街西口岱庙城墙上仍标注为此名。中华人民共和国成立前后，街面仍有张、杨、马、宋、李、姚、周、韩、国等姓业户人家。

岳阳街今貌

岳阳街南，有南北向的**东太尉街/西太尉街**。两街分列遥参亭及岱庙正阳门左右，北起岳阳街，南至升平街，长约百米，因岱庙配天门西太尉殿名。中华人民共和国成立前，两街面排布着高低错落的商号店铺、瓦房草舍。其中东太尉街以蔡、王姓业户

东太尉街今貌　泰山摄影俱乐部摄影

较多，另有杜、白、张、杨、赵、于等姓。西太尉街则以乔姓为众，另有徐、马、李、宋等姓业户。至20世纪90年代前，两街及北面岳阳街业户全部搬迁，街面改建为岱庙前广场（双龙公园）。

遥参亭及岱庙，犹如鲁殿灵光，岿然独存，至今仍是这座城市的灵魂。

遥参亭又名遥参门、草参亭、草参门，"凡有事于岱岳，必先于此瞻拜而后入，实岱庙中央之门户也"（清咸丰八年《重修遥参亭碑记》，碑今存遥参亭院内），为古帝王及遣吏祭祀泰山之前举行简易参拜之所。

遥参亭初创不详，唐代建门，宋代建亭，明代建成庭院式建筑，明嘉靖十三年（1534）更今名。清康熙十五年（1676）重修。乾隆三十五年（1770）重修，增建遥参亭坊。咸丰八年（1858）、光绪十二年（1886）重修。遥参亭于民国年间曾为警察署住所（后迁至旧府署）。民国十七年（1928）五月北伐军占领泰安后，在亭内成立国民党泰安县党部。同年起山东省政府驻泰安期间，开展拆庙毁神破除迷信运动。这场轰轰烈烈的毁神运动从遥参亭首启，捣毁神像，砸断碑碣，驱逐道士，改设民众剧场，演出话剧、歌剧。昔日帝王瞻拜之所，一变为平民嬉乐之场。后又用作图书馆使用。中华人民共和国成立后部分恢复。1983年进行恢复重修。2003年进行揭顶大修。

遥参亭坊俗呼亭子门首，四柱三门，柱头雕刻神兽，柱下置滚墩石。坊额正面楷书题刻"遥参亭"，题款"乾隆岁次庚寅年冬月敬镌"。坊两侧铁狮并蹲，旗杆高耸，古色古香。无心张扬自招摇，愈增泰安城之古韵。

坊后为二进院。院南北长60余米、东西宽50余米，以南山门、仪门、正殿、方

遥参亭今貌

亭、后山门为中轴，两侧置配殿及厢房。

南山门 3 间，歇山顶，前后门；前门上悬"泰山第一行宫"横匾。后门上悬"登泰山起点"竖额。山门左右各设一掖门。山门北设仪门，卷棚顶。门上横联："有求必应"。门两侧题联："倚山踞城无双地，奉神祈福第一宫"。过仪门进前院。前院北设正殿 5 间，建于半米多高的月台上。正殿黄瓦九脊歇山顶，前后廊式。正门悬清乾隆皇帝御书"资生普润"匾（复制），廊柱悬抱柱联："碧落高居金台传妙诀，苍生溥佑木德仰慈恩"。殿内正祀碧霞元君，东、西祀眼光奶奶、送子娘娘。遥参亭祀碧霞元君自明代始。大殿前有石刻"泰山天仙圣母碧霞元君之印"。大殿两侧有东、西配殿各 3 间，分祀观音娘娘和王母娘娘。两配殿北各有厢房 3 间。经大殿后门和院东、西月门可入后院。后院庭中有四角亭，亭南有甬道与前殿后门相接，亭北为北山门。出北山门即岱庙。

前院南山门东侧仍存清康熙四十年（1701）"洪恩碑"，为泰安民众感念泰安知州"章老爷"（章履成）、山东布政使司"刘老爷"（刘暄）、分守济东道"朱老爷"（朱雯）停征香税钱的德政碑（有刻文计 5 行 72 字）。清康熙五十九年（1720）张奇逢《禁止舍身碑》，镌于前碑碑阴。南山门西侧有咸丰九年（1859）《泰邑合山会姓氏碑》，餐菊道人王子翔撰文，汶阳居士张锡唐敬书；碑计 4 石，有碑序及信众姓名千余；曾被掩埋地下，1998 年复得。正殿前廊东侧壁间嵌有咸丰八年（1858）《重修遥参亭碑记》，赐同进士出身、知泰安府事伍尧氏来秀敬撰并书。西配殿北侧存《五三惨案纪念碑》。后院北山门东侧立 1990 年《李白游泰山诗碑》，北山门西侧有 1993 年《中日友好亲善之碑》、1990 年"史家绝唱"及"龙"字题刻等。

《禁止舍身碑》曾被埋于院内地下，1983 年驻泰部队在院内挖树穴时复得。为张奇逢任泰安知州时因岱顶"舍身"恶俗所制"禁令"碑。

泰山之巅日观峰南旧称舍身崖。其崖三面陡深，怪石嵯峨，如剑戟森列。"不知作俑者何人，假南朝梁武帝舍身同泰寺之说，立名舍身崖，哄动香客。为游山计，世人不察，误传圣母登仙之处，谓一投崖，可以成仙，可以报亲。"（清《禁止舍身碑》）旧时常有人为祛父母病灾，以身誓代，于泰山许愿，若亲人病愈则在还愿时跳崖赴死。此恶俗流毒，至元、明更甚。宋焘《泰山纪事》"舍身崖纪异"有异事一则："独东平州人，抱周岁子，因母病笃，祷元君，愿以儿代母死，抛其子于崖中。是日大风，尘砂障天，云雾迷漫，观者如堵，皆为泣下。此人若醉如痴，下山，返馆舍。其子稳眠床上，莫知所从来。仍抱而归。此儿后有成立且富于财，年年来谒元君，且拜店主徐翁为再生之父也。徐讳大用，为同社徐楚和祖。故余聆之最真，真神异事矣！"（卷三《人集》，第 20-21 页）

岂不知这舍身一掷，登时残骸零碎，何来成仙或报亲一说。所谓"纪异"，不过为"舍身"鼓呼的歪理邪说。当然这并非指宋公,他本人还是反对"舍身"的。"(舍身崖)乃毒蛇猛兽盘踞之窟,而愚民误以为善地……匹夫沟壑,可为慨叹!"(所引同上)。其作为文化学者,仅是对听闻的传说予以记述。

为遏此恶俗,明清官府多次发布谕令或设置障碍,严禁舍身。明成化间,吏部尚书尹旻命有司设藩篱以防不测。万历七年(1579),巡抚何起鸣在崖侧筑墙禁止,碣曰"爱身",并更崖名为爱身崖,规劝世人。明人钟宇淳(松江人,参议)游泰山时,于其上曰:"舍本无舍,何况爱缘,非舍非爱,作如是观。"(《泰山纪游》,见《岱史校注》卷十八《登览志》,第381页)万历二十一年(1593),山东布政使司右参政、分守济南道汪应蛟镌《孝经》《礼记》语句于崖上,警人"不登高,不临深"(《泰山编年通史》卷中,第768页)。

清康熙五十九年(1720),泰安知州张奇逢重修围墙,加派更夫守护,并于遥参亭立《禁止舍身碑》。借康熙四十年(1701)"洪恩碑"碑阴制文,以图匡谬警愚绝痴,挽回世道人心。然愚民仍不能止,甚至到了民国时期仍有舍身一跃者。如民国二十六年(1937),泰山舍身崖曾发生两起坠崖事件:一起是一热河少年从旅店内跑上山跳了崖;另起则是一母亲抱着孩子在崖边好奇探望,结果双双殒命。(据鲁客《泰山香市杂写》,载民国二十六年《中兴》第二卷,第3-4合期)

张奇逢,字禹玉,石门人,康熙五十一年(1712)为泰安同知。任间,率众重修学宫,经费不足,典衣以助。五十三(1714)、五十五年(1716),泰安大饥,开仓平粜,按户散赈,无一漏冒。有盐贩在徂徕山前聚众掠民,张氏率众弹压,捕其魁首,余党予以招抚(清《泰安县乡土志·政绩录》,第5页)。

遥参亭北便是**岱庙**,为城中之城,犹如北京城中之紫禁城。

北魏郦道元《水经注》引《从征记》云:"泰山有下、中、上三庙。"(卷二十四《汶水》,第84页)上庙为东岳庙,在岱顶大观峰下,早圮。岱岳观为中庙,位于泰山南麓王母池西,"去下庙五里,屋宇又崇丽于下庙,庙东西夹涧"(所引同上)。今部分重建。岱庙为下庙,为保存最完整者,规模列泰安诸庙之最。

岱庙又名东岳庙、岱岳庙、泰山庙、岳祠、岳庙、泰庙等,明季始称岱庙,位于旧城内西北部,居南起通天街,北至岱宗坊的中轴线上。

庙肇建于秦汉时期,历代扩建重修。《汉书》云:"博,有泰山庙。"(卷二十八上《地理志·第八上》,第1271页)东汉应劭《风俗通义》云:"岱宗庙在博县西北三十里,山虞长守之。"(第十卷《山泽·五岳》,第69页)"辉景下烛,秦既作畤;珍瑞云获,汉亦起宫。其后因轨迹而增崇,建名称而不朽者,非可以悉数也。"([宋]杨亿《大宋天贶殿碑》,碑今存岱庙天贶殿院西南碑台)北魏郦道元《水经注》云:"(环)水出泰山南溪,南流历中下两庙间(原案:'下'近刻讹作'阶')。《从征记》曰'泰山有下中上三庙'。(下庙)墙阙严整,庙中柏树夹两阶,大二十余围,盖汉武所植也。赤眉尝斫一树,见血而止,今斧创犹存。门阁三重,楼榭四所,三层坛一所,高丈余,广八丈。树前有大井,极香冷,异于凡水,不知何代所掘,不常浚渫而水旱不减。"(卷二十四《汶水》,第84-85页)唐开元十三年(725)诏曰:"宜封泰山神为天齐王,礼秩加三公一等,宜令所管崇饰祠庙,去十里禁其樵采,给近山二十户以奉祠神。"([宋]王钦若等辑《册府元龟》卷三十六《帝王部·封禅第二》,明崇祯十五年刻本,第20页)。宋大中祥符元年(1008),真宗东封泰山,先加号泰山神"仁圣天齐王",再加号"天齐仁圣帝"(祥符五年),"栋宇加宏丽之状,像设贲端庄之容"([宋]晁迥《大宋东岳天齐仁圣帝碑》,碑今存岱庙延禧门外北侧)。宋哲宗绍圣四年(1097)至徽宗建中靖国元年(1101)大规模增修,建"嘉宁""蕃祉""储佑"三大殿。"总为屋七百九十有三区,缭以崇墉,表以双阙。"([宋]曾肇《东岳庙碑》,原碑无存,碑文见《岱览》卷六)不久再次增修扩建。《宋宣和重修泰岳庙记碑》载宣和四年(1122)岱庙重修后的规模:"凡为殿、寝、堂、阁、门、亭、库、馆、楼、观、廊、庑合八百一十有三楹……缭墙外围,罘罳分翼,岿然如御都紫极,望之者知为神灵所宅。"([宋]宇文粹撰,碑今存岱庙汉柏院外北侧)金大定十八年(1178),庙遭火灾,堂室荡然。次年重修,历三年告成,并更正殿嘉宁殿名仁安殿。(据《大金集礼》卷三四《岳镇海渎·杂录》)金贞祐四年(1216),庙再毁于兵燹。元至元三年(1266)复构仁安殿。元至正十三年(1353)重修,"殿堂廊庑灿烂一新,又创为新堂五楹"([元]杜翱《东岳别殿重修堂庑碑》,原碑无存,碑文见《岱览》卷六)。明宣德三年(1428),庙毁于火灾。明天顺四年(1460)奉旨修葺,"殿宇、周廊、门观、缭垣,悉皆完备"([明]薛瑄《东岳泰山之神庙重修碑》,碑今存岱庙天贶殿院西南)。明弘治十六年(1503)大修,"金碧辉映,庙貌森严"。明嘉靖二十六年(1547),庙又毁于火灾,仅存寝宫及炳灵、延禧二殿。嘉靖三十三年(1554)、四十一年(1562)两次重修,毁者以举,倾者以

宋宣和《重修泰岳庙记碑》

易,圮者以完,漫漶者以鲜以洁。明万历十二年(1584)、四十二年(1614)重修,其间更仁安殿名峻极殿。清康熙七年(1668),庙毁于地震。震后由山东布政使施天裔主持、张所存经理重修,至清康熙十六年(1677)重修工程历十年告竣,"自殿、庑、斋、寝、门、塾、堂、□以至垣堞、楼观,一为更新。迨夫榜题、铭刻、庭植之属,咸厘整涤濯,俯仰瞻顾,耳目为易"([清]施天裔《重修东岳庙记碑》,碑今存岱庙阁老池西侧),并创建岱庙坊。清乾隆三十五年(1770)再次重修,"爰诹将作扩而新之"(清乾隆《重修岱庙碑记》,碑今存岱庙天贶殿东侧台基上),并于正阳门悬"岱庙"额。

清季至民国年间,岱庙屡遭毁坏。环咏亭在民国五年(1916)设感化院,民国九年(1920)更名为贫民工厂(后亦称平民工厂)。民国十七年(1928),山东省政府驻地泰安,省主席孙良诚警备司令部驻扎于岱庙唐槐院,养马、烧火,致千年古槐几近枯死。随之而来的破除迷信运动,于庙内文物更是一场浩劫。省财政拨10万元专款,对岱庙进行大规模改造。时任泰安县长的姚冠廷按省政府决定,亲自部署,先拆后建,边拆边建,将岱庙前部改为中山市场,后部改为中山公园。成立中山市场、中山公园保管委员会,名为保护,实则破坏。配天门、仁安门下高近8米的巨大神像被拉倒,配殿神像被抬出;城墙四角楼被拆除;炳灵宫大殿被削平改为杂耍场所;西华门被封闭改为茶室;峻极殿(天贶殿)改为人民大会场及剧场,神像被移除,西壁搭建为戏台,壁画毁去数尺;在后寝宫设讲演所;配天门改为民众餐馆;仁安门改为货品陈列厅;三灵侯殿、太尉殿及西部环咏亭、雨花道院等改建为民众旅馆和澡堂、饭店;历代祭告碑被推倒,古刻石碣任意散落,甚至被凿为石料。前厄未消,后劫难逃。民国十九年(1930)中原大战期间,岱庙成为驻军兵营,受炮火伤20余处;抗日战争期间,伪泰安道尹公署驻于岱庙前部;解放战争期间,国民党军队驻于庙内,历代文物屡遭摧折。

在岱庙历次浩劫中,仍见有识之士为之奔呼,于庙内文物保护稍有补益。如中原大战之后,邑人赵新儒(时任职于山东赈务委员会)奉省政府主席韩复榘令,"以工代赈"修复岱庙等泰山古迹,并对大殿内壁画加以铁

民国时期的峻极殿,殿额已改为"人民大会场"。由泰安市档案馆提供

护栏（然西壁刮毁之处，东壁弹伤之处及粘贴标语模糊之处，则无法收拾矣）。"廿年（1931）省主席韩复榘补葺之，丹腹藻丽，额曰'宋天贶殿'。"（耿静吾《说岱》，见赵祥明《浅析泰安岱庙天贶殿彩画的文物价值和科学保护》，《古建园林技术》，2007年6月）由此，改峻极殿名宋天贶殿。

又有庙内道士尚士廉为文物倾力保护。

尚士廉（1893—1970），字子洁，又字志洁，泰安县尚家寨（今泰山区徐家楼街道尚家寨）人，11岁入道，师从岱庙住持宋纪昌。师父去世后，其任岱庙、岱顶碧霞祠住持。面对庙内乱象，尚士廉联合道众，竭力周旋，并将珍贵文物装箱封存于岱庙东御座北殿内。日军占据泰安城期间，其曾两次被逮捕审讯，其中一次与乾隆御赐葫芦瓶失窃有关。日军预谋将庙内铜亭偷运回日本，其联络社会各界加强文物保护，使铜亭得以幸免。抗日战争结束后，国民党宁春霖部驻军岱庙，尚士廉对军兵砍伐古木、损毁文物的行径进行谴责，并因此被关押，幸得地方人士联名具保开释。泰安城解放前，国民党山东省政府派员与尚士廉商谈庙内文物"南迁"事宜，他以庙内没有"古物"只有"祭品"予以抵制，使庙内文物得以拖延保存。他还加意文献著述保护，重新刊印清人聂鈫《泰山道里记》（增瑞补足本）。中华人民共和国成立后，其被选为县人大代表、县政协常委、省政协委员，全国道教协会常务理事等。后其被逐出岱庙，寄住于胞弟家，1970年10月因脑出血去世。

中华人民共和国成立后，对岱庙内旧有集市迁移拆除，使岱庙于1978年再获新生。现岱庙修复保存基本完整，规模宏大，总面积计96222平方米，约占了旧城规模的八分之一。（据《泰安历史文化遗迹志》第四章《古代建筑》，第252页）其建筑坐北朝南，仿效宫廷营造法式，朱堞金扉，龙楹螭殿，罘罳象魏，俨然帝居。1988年1月13日，其被国务院公布为第三批国家重点文物保护单位。

中华人民共和国成立初期岱庙　佚名摄于20世纪50年代

岱庙今貌俯瞰　徐勇摄影

庙内名胜按中、东、西纵向三条轴线布局。

中轴线上主要有正阳门、配天门、仁安门、天贶殿、后寝宫、后花园、厚载门等，由南向北依次排列。

正阳门上有五凤楼，面阔5间。清光绪三十二年（1906），肥城人徐树人（留日学生、山东高等农业学堂教员、泰安图书社成员）在门楼上创办东安博物馆，为省内首创；宣统元年（1909）取消停办。门两侧设2掖门。掖门两侧又设东、西门；东门名"仰高"，西门名"见大"（庙墙对外共计8门。除此5门，另3门，东庙墙门名"东华"，又称"青阳"；西庙墙门名"西华"，又称"素景"；北庙墙门名"厚载"，又称"后宰""鲁瞻"）。配天门面阔5间，穿堂式，原祀青龙、白虎、朱雀、玄武四方星宿，今为展厅。配天门前两侧有铜狮一对，明代万历年间铸造。配天门东为三灵侯殿，面阔3间，祀周谏官唐宸、葛雍、周武；西为太尉殿，面阔3间，祀唐武宗时邠公杜琮。两殿于1968年被拆除后曾改为科技展馆，1998年恢复重建。仁安门有东、西神门，祀天聋、地哑，1968年改为平顶展馆，1998年恢复重建。宋天贶殿为岱庙主体建筑，面阔9间，进深4间，与北京故宫太和殿、曲阜孔庙大成殿并称古代"三大宫殿"。神龛内祀东岳泰山之神，原像毁于20世纪六七十年代，1984年重塑。神龛上方中悬清康熙二十三年（1684）"配天作镇"匾，左悬雍正九年（1731）"岱封锡福"匾，右悬乾隆十三年（1748）"大德曰生"匾，皆重修后复制。《泰山神启跸回銮图》壁画即于此殿，"传为宋人手笔"（民国《新刻泰山小史·图画》），现存为清康熙十七年（1678）泰安城地震后所绘（有专家考为大汶口刘志学手绘）。大殿两侧原有游廊与仁安门两侧的东、西神门相接。"当时殿外游廊八百余间，绘画鬼神各形状，工巧奇丽。后游廊毁，殿独存。明清重修，仍增游廊，壁画鬼神，朝东岳状。民国初尚存数十丈，今皆拆除矣。"（所引同上）原游廊址今改建为文物展室。东游廊中段为鼓楼，楼后原有东斋房。西游廊中段为钟楼，楼后原有神器库，库北为西斋房。大殿前露台有宋代大铁桶（灭火用）和明代铁铸大香炉。露台两侧各有香井一眼。露台南有孤忠柏，传为唐代忠臣安金藏化身。再南有扶桑石，又称介石，俗称迷糊石。另有阁老池，池内及周围有玲珑石9块，为金大安元年（1209）奉符县令吴衍同母王氏所献。后寝宫中为正宫，两侧为配宫，祀泰山神淑明后。后花园在后寝宫北，今改为东、西两处花园。其东南隅有鎏金铜亭1座，名"金阙"，铜铸仿木结构。此亭铸于明万历四十二年（1614），为万历皇帝朱翊钧为其母所立；李自成大顺军攻占泰安城后移至山下；先在城内遥参亭，后在灵应宫大殿前，1972年移置此处。原亭柱间有门、窗、隔扇，并雕有各类图案及题刻，均于抗日战争期间被毁。西南隅有铁塔1座，原在城西天书观，13级，铸于明嘉靖年间，民国年间毁，今余3级。厚载门为岱庙后门，门上有望云阁。出此门可直上红门。

东路轴线有汉柏院、东御座等。汉柏院因汉柏名，院门西向。院中有汉柏5株，

岱庙正阳门旧影
[德]建筑学家恩斯特·伯施曼摄于1906—1909

岱庙正阳门今貌

传为汉武帝所植，扭结上耸、肤剥心枯，却又古木新枝，葱郁苍古，列旧时"泰安八景"之一，誉为"汉柏凌寒"。柏旁有乾隆帝《御制汉柏图碑》。树间有 1961 年新建八角映翠池。院北部为炳灵殿旧址，又称炳灵宫、东宫，清置，祀泰山三郎炳灵王；民国十八年（1929）殁；1959 年于其址新建汉碑亭，内置《汉衡方碑》及汉画像石；1967 年撤汉碑易为毛泽东诗词碑，遂改称汉柏亭。院南部为泰山书院旧址，初名信道堂（另详）。东御座居汉柏院北，元、明时为迎宾堂，为官吏贵宾休息之所；清康熙间增置三茅殿，祀茅盈、茅固、茅衷三兄弟，共号"三茅真君"；乾隆三十五年（1770）改为驻跸亭，移三茅殿至延禧殿，院内有垂花门、仪门、大门、正殿、厢房等。民国五年（1916）曾在此创设通俗图书馆，由天书观高等小学校移来各种图书 300 余种，并附设阅报所，对社会开放；民国八年（1919）于图书馆内设通俗讲演所，十五年（1926）于图书馆内成立县志局，讲演所移至岱庙后宫之东配殿；1985 年改为文物展室，正殿 5 间按清宫室复原陈列。院内存有秦泰山刻石、宋真宗《青帝广生帝君之赞碑》等珍贵石刻。

西路轴线有唐槐院、雨花道院等。唐槐院内有古槐 1 株，传植于唐永徽年间，中华人民共和国成立前因兵燹摧折，中华人民共和国成立后内植小槐，俗称"唐槐抱子"。槐下有明人甘一骥"唐槐"题刻。树南有槐香池。树北为延禧殿旧址，旧称延禧

民国时期岱庙汉柏，
泰安市档案馆提供

岱庙汉柏今貌

宫、西宫。原有御香亭、环咏亭（清光绪三十一年，赵新儒等在亭址设立泰安图书社，为省内首创；宣统元年移至天书观高等小学校）、诚明堂、鲁班殿、藏经堂等古迹。今除鲁班殿重修外，其余无存。1983年于旧址新建文物库房1座，藏历代文物。其中乾隆帝御赐沉香狮子、温凉玉、黄蓝釉瓷葫芦瓶，并称"泰山三宝"。唐槐院北为雨花道院，今改建为碑刻园及展馆。

岱庙内现存历代碑刻229通，汉画像石64块，石雕49块，古树212株。（据《泰安文物大典》，第63页）

民国时期岱庙唐槐，泰安市档案馆提供

岱庙唐槐今貌

秦泰山刻石小记

秦泰山刻石又称李斯碑、李斯篆刻石、秦篆碑、斯篆碑、秦断碑等，系秦始皇二十八年（前219）东封泰山时所立。初在岱顶原玉女池畔，石高1.3米，四周广狭不一，文镌四面，分两部分：一为秦始皇颂辞144字；二为秦二世诏书79字，合计223字。

宋庆历年间（1041—1048），江休复（字邻几）任奉符令时曾至山顶视秦刻，"石顽不可镌凿，不知当时何以刻也。然而四面皆无草木，而野火不及，故能若此之久。然风雨所剥，其存者才此数十字而已。本邻几遗余也，比今俗传峄山碑本，特为真者尔"（[宋]欧阳修《秦泰山刻石跋》，见民国《重修泰安县志》卷十二《艺文志选注》，第10页）。刻文镌石之四面，欧阳修未亲见刻石，所见拓本，仅为向南稍平一面，字数不足采信。宋代金石学家刘跂于大观二年（1108）、四年（1110）两次登岱考察，刮磨垢蚀，得四面刻字计222字，可读者146字。（据[宋]刘跂《秦篆谱序》，见民国《重修泰安县志》卷十二《金石二上》，第1-5页）明永乐二十二年（1424）洪顺（山东按察司佥事）探访时有46字。明万历十七年（1589），吴同春游岱读秦碑，"令力士出诸壁，乃知仅存刘（跂）所云之半"，多数已隐隐莫辨（其三面在嵌入石壁安置时被凿削）。观其石质，与无字碑"莹泽无异"，复令藏诸壁。（据[明]吴同春《游泰山记》）明万历间又有北京人许延祥觅之于玉女池榛莽间（其所见为29字，崇祯间池显方所见亦29字，或为依许氏跋文识记，此注），移置碧霞祠东庑。（据《泰山编年通史》卷中，第776页）清康熙六十年（1721），进士孙嘉淦游岱，曾于东庑檐下亲见此碑，尚余李斯篆38字，"笔法高古秀劲，非汉晋人所能及"（[清]孙嘉淦《南游记》）。乾隆五年（1740），李斯篆刻石在碧霞祠火灾中佚失。世人所见惟县署土地祠聂鈊摹刻（之前岱庙有摹刻碑，亦失）。清嘉庆十九年（1814），泰安知县汪汝弼闻岱顶有赵老年九十余，数十年前曾于岱顶玉女池前见秦刻残石，告于前县令蒋因培。二十年（1815），蒋因培与邑文人柴兰皋在玉女池中寻得泰山秦篆刻石两块，残存10字，遂嵌于岱顶东岳庙西壁，并建宝斯亭护之。宝斯亭又称读碑亭（徐宗干更名），残碑又称秦断碑。道光十二年（1832），东岳庙坍塌，宝斯亭随之倾圮。时泰安知县徐宗干在瓦砾中寻得秦篆刻石，委派道士刘传业移往山下，嵌于岱庙雨花道院西庑壁间，并亲为题跋，以纪其事（碑今存）。清光绪十六年（1890），李斯碑被盗。"时邑令为毛蜀云（毛澂），大索十日，石不得出境。盗弃石北门桥下。"（民国《新刻泰山小史》，正文第20页）

刻石失而复得，仍置于原处。宣统二年（1910），泰安知县俞庆澜于环咏亭前凿石为屋，周以铁楯，将碑刻嵌置其中，并亲为题跋（碑今存）。民国十八年（1929），环咏亭被毁，遂移置东御座院。民国三十七年（1948）建亭保存。今存10字，完整者7字"臣去疾臣请矣臣"，另3残字"斯昧请"，已为国宝文物。

泰山三官庙北有《琅琊刻石》摩崖，清光绪十二年（1886）吴大澂临本。为吴氏仿秦代李斯小篆《琅琊台二世诏书》所制。刻文："五夫杨樛。皇帝曰：'金石刻尽始皇帝所为也。今袭号而金石刻辞不称始皇帝，其于久远也，如后嗣为之者，不称成功盛德。'丞相臣斯、臣去疾、御史大夫臣德昧死言：'臣请具刻诏书金石刻，因明白矣。臣昧死请。'制曰：'可。'吴大澂临本。"1993年又于岱顶复建《泰山秦刻石》，拱以碑坛，缭以石栏，可稍补泰山秦刻石残缺之憾。

民国十八年李斯碑及拓文

岱庙乾隆御赐葫芦瓶历险记

黄蓝釉瓷葫芦瓶又称黄釉青花缠枝莲纹瓷葫芦瓶，"泰山三宝"之一，明嘉靖年间官窑制品。原物一对，口径3.1厘米，上腹径7.3厘米，下腹径10.9厘米，底径6.3厘米，高22.5厘米，为清乾隆五十二年（1787）御赐岱庙之物，是帝王祭祀泰山的见证，弥足珍贵。（据王新民主编《泰安馆藏文物精品集》，第126页）

民国三十一年（1942）冬，葫芦瓶被通天街盗犯杨安一（泰安县情报员）盗出。后因现于济南、北平文物市场方被曝出。岱庙住持尚士廉因掌管文物库房的钥匙被时任当局诬作通匪罪，关押20余天，受尽严刑拷打。经省、县严查，杨安一被捕获，但古瓶已转手他人。经查，两瓶初落于济南鸿宝斋，又被北平萃珍斋的店员徐少山购去，并转售给北平冀东银行监事赵汝珍。鸿宝斋向赵氏追索无果。在社会各界的压力下，伪山东省公署商请伪北平市公署协办。赵氏虽百般掩饰抵赖，在几方对质下，最终噤口招认，宝瓶遂重归岱庙。伪泰安道尹杜仲因此被免职。一说宝瓶失窃乃杜仲与杨安一合谋作案。时有伪山东省省长唐仰杜《泰安岱庙明嘉靖磁瓶被盗还庋记碑》（民国三十四年二月穀旦），立于岱庙阁老池侧，详记此案始末。该碑于1966年"破四旧"中被拆除，后被砸毁。

中华人民共和国成立前夕，宝瓶再遭一劫。一夕文物库房倒塌，宝瓶被砸碎1个。故今存其一。

（上述据翟所淦《葫芦瓶失盗追归记碑》，见《泰安文史资料》1987年第二辑，第171-172页；李继璟《爱国道士——尚士廉》，见《泰山区文史资料》1989第一辑）

岱庙前有**岱庙坊**，又称玲珑坊，位于岱庙正阳门与遥参亭之间。

岱庙坊创建于清康熙十六年（1677）岱庙重修期间。坊为四柱三间三楼歇山式结构，置于两组台基之上；脊饰龙吻，中间置圆雕葫芦，额面分别雕刻丹凤朝阳、二龙戏珠图案，前后设抱鼓石和蹲狮；通体浮雕，玲珑精致而又宏伟壮丽。坊柱有题联。其中施天裔题云："峻极于天，赞化体元生万物；帝出乎震，赫声濯灵镇东方。"又赵祥星题云："为众岳之统宗，万国具瞻，巍巍乎德何可尚；掺群灵之总摄，九州待命，荡荡乎功孰与京。"坊板为题记，刻建坊人官衔及姓名。刻文云："巡抚山东等处地方、督理营田、兼理军务、兵部右侍郎、兼都察院右副都御史、加六级赵祥星，提督山东等处地方军务、阿思哈尼哈番柯永蓁，山东等处承宣布政使司布政使施天裔，山东等处提刑按察使司按察使何毓秀，督粮道官、通省税粮事务参议迟自巽，山东通省驿传道参议丹达礼，分守济南道参议常明扬，提督山东通省学

岱庙坊及庙前广场旧影　［法］沙畹摄于1907年

政、按察司佥事劳之辨,济南府知府王勤民、同知马遇伯、通判程可用,泰安州知州朱麟兆,泰安营守备李复持,泰安州儒学学政孔贞瑄、州同知金应彪、吏目陈五典。督工:武举人张所存。"

岱庙及庙前广场是古城内最重要的祭祀、贸易、娱乐、集散场所。"遥参亭前四民辐凑,炊釜鼎沸,在城中最称浩穰。"(清乾隆四十七年《泰安县志》卷之二《形胜》,第8页)又以东岳庙会为盛,也称泰山庙会。

岱庙坊今貌

泰山庙会小记

庙会又称"庙市",是在寺庙及其附近定期举行的一种融宗教文化、商业贸易、休闲娱乐为一体的综合性民俗活动。庙会至少具备五个方面的特征或要素:一是有一定的民众信仰;二是有一定的活动场所,即庙;三是有一定的群众基础,有人才有会;四是有一定的商贸娱乐活动,亦会亦市;五是有一定的集会日期。

东岳庙会的形式源自"赛"。赛又称报赛、岁赛、祈赛等,是答谢神庥的祭祀活动,一般在农事结束后举行。其源起可上溯远古。"农人耕稼,岁几无休时,递得余闲,则有报赛,举酒自劳,洁牲酬神,精神体质,两愉悦也。"(鲁迅《集外集拾遗补编·破恶声论》)与古老的报赛相比,东岳庙会又有自己特殊的规定,必然与东岳大帝相关,是基于泰山神信仰举办的集会活动。

"神农朝赐天符,都官号,名府君。至汉明帝封泰山元帅。"([明]阙名《三教源流搜神大全》)。泰山崇拜及泰山封神伴随人类文明的曙光,沉淀成华夏文明的基因。有神便有祀。从远古起,关于泰山神的祭祀始终都在进行。随着生产发展和社会进化,设庙而祀成为一种普遍的祭祀方式,赋予神更多人格化特征和世俗的人文关怀。在泰山上、中、下三庙中,以中庙最古,传"昔者黄帝建观于是(王母池),名曰岱岳"([宋]李谔)。泰山下庙也是"秦既作畤,汉亦起宫"([宋]杨亿)。在秦始皇、汉武帝、光武帝封禅祭祀的直接推动下,朝廷和地方加大对下庙的投入,不断增修扩建,"(泰山)庙门阁三重;楼榭四所;三层坛一所,高丈余，广八尺"（《水经注》卷二十四《汶水》，第85页）。此时的岱庙，仅作为朝廷祭祀的场所，普通百姓没有参与的资格和机会。至唐，宫廷崇道设教，建醮场所设在中庙，使其规模得以迅速扩张，崇丽已是胜于下庙。唐代143年间，有六帝一后（高宗、中宗、睿宗、玄宗、代宗、德宗及武则天）皆派遣道士于此修斋建醮。每逢道场，便会有众多道士参加；在时间上少则数日，多则数十日。虽然这也是朝廷专利，但由于时间长、人数多，所遣人员并非官方显贵，道士们也宣传教义、争取群众，应该吸引了至少是当地群众聚集围观。泰山神信仰得到迅速普及，群众参与意愿进一步加强。大约在武则天当政后，其将泰山的祭祀由中庙移至下庙。明人萧协中《泰山小史·东岳庙》云："唐武则天时改于今地（即岱庙），或云宋改今地，未详。"清人唐仲冕《岱览·岱庙》亦云："则天改今地，或云宋改，盖建徙亦靡不可考矣。"开元十三年（725），唐玄宗诏"封泰山神为天齐王，礼秩加三公一等，仍令所管崇饰祠庙，环山十里禁其樵采"（《旧唐书》卷二十三《礼仪三》，第15页）。至此，泰山神之祀至少在制度设计上仍专属于朝廷，远没有达到群众广泛参与的程度。这种情况在宋代得以改观。

大宋在政治上是很开明的一代王朝。宋大中祥符元年（1008），真宗东封，加泰山神为"仁圣天齐王"。二年（1009）"诏兖州长使，以天书降太山日，诣天贶殿建道场设醮，以其日为天贶节，令诸州皆设醮"，每年这时举行盛大祭祀。三年（1010），真宗降敕："越以东岳地遥，晋人然备蒸尝，难得躬祈介福，今敕下从民所欲，任建祠祀。"四年（1011）又诏加泰山神"天齐仁圣帝"，并扩修岱庙。再后又以三月二十八日为东岳大帝降诞之辰，岁以献祝。天贶节没能推开，圣诞节却深入民心。"天书降泰山之醴泉为六月甲午，今以三月，盖不用宋天贶节也。"（《岱览》）这几条政策的制定对于泰山庙会具有实质性意义。特别是"从民所欲，任建祠祀"的开放政策，极大地满足了平民的精神需求，激发了群众参与的热情。而"圣诞"的提出，明确了一个时间点，进而成为每年泰山庙会的固定日期。宋人王昕《道山清话》记有每年三月二十八日，人们到东岳祠集会，称为"朝拜"。南宋人陈淳《北溪字义》记东岳圣帝生辰这天信众"朝岳"的情形："世俗鄙俚以三月二十八日为东岳圣帝生朝，阖郡男女于前期，彻昼夜就通衢礼拜，会于岳庙，谓之'朝岳'。为父母亡人拔罪，及至是日必献香烛上寿，不特此尔。"（下卷《鬼神》，明弘治三年重刊刻本，第34页）可见，传统意义上的泰山庙会在宋代正式确立下来，成为定制。

综上分析，东岳庙会以泰山信仰为源动力，发轫于原始报赛，承起于历代封禅祭祀，从宫廷至四野，从中央到地方，从朝廷专持到全民参与，经历了从官方走向民间的普及过程。而真正意义上的东岳庙会，则始于宋代，从确定东岳大帝圣诞日开始。

得益于宋代宽松的政治环境、优越的社会生活，加之泰山信仰与帝王封禅祭祀的深厚积淀、岱庙"天下第一"的广泛美誉，泰山庙会一经兴起，便达到了相当高的高度。这在历代文献及文艺作品中都有非常细致传神的描摹刻画。金元时期，泰山庙会经历一波三折。金初，为防地方借庙会发生民变，朝廷颁布"迎赛神佛禁令"。庙会一度禁绝。金世宗大定二年（1162）颁"除迎赛神佛禁令"，并于大定四年（1164）诏以立春祭东岳于泰安州，其封仍唐宋之旧。庙会又得以迅速恢复和发展。元代金后，世祖忽必烈也仿汉制，于中统元年（1260）诏令"五岳四渎、名山大川，历代圣帝明王、忠臣烈士，载在祀典者，所在官司，岁时致祭"。至元二十八年（1291）又在前代基础上诏封泰山神为"天齐大生仁圣帝"。同样出于对汉人的防戒，官方对民间信仰和东岳庙会加以限制。至元十六年（1279）8月，世祖诏曰："汉儿田地里祈仙、祷圣、赛神、赛社，都交罢了者。"（[元]拜柱等《通制条格》）。至元二十八年（1291），东平人赵天麟谏书："东岳泰山，本为天子封禅、藩侯当祀之地，现在有倡优戏谑之流，货殖屠沽之子，每年春季，四方云聚，有不远千里而来者，有提挈全家而来者，干越邦典，渫渎神明，停废产业，耗损食货亦已甚矣。"（[元]赵天麟《太平金镜策》）。元皇庆二年（1313）泰安东岳庙会期间，香客刘信在火池焚死其幼子。山东东西道廉访司报称："泰山东岳，已有皇朝颁降祀典，岁时致祭，殊非细民谄渎之事。今士农工商，至于走卒、相扑、俳优、娼妓之徒，不谙礼体，每至三月，多以祈福赛还口愿，废弃生理，敛聚钱物、金银、器皿、鞍马、衣服、匹缎，不以远近，四方辐辏，百万余人，连日纷闹……令有司岁时致祭，民间一切赛祈，并宜禁绝。"元廷遂令将庙会全面禁绝。明洪武三年（1370），太祖朱元璋实施"祀典复古"政策，不但取消历代加于泰山神的各种封号，更将泰山神祭祀之权收至官方，"庶人祭里社、乡厉及祖父母父母，并得祀灶，余俱禁止"（洪武三年《禁淫祠制》，[明]俞汝楫《礼部志稿》）。从明正德年间起，官府还要向香客征缴香税钱。"自是神人同爱国，岁输百万佐升平。"（[明]陶允宜《碧霞元君》诗，见《全泰山诗》明代卷，第945页）这种情况一直延续至清雍正年间（雍正十三年，朝廷诏令永禁香税）。但通过资料可以发现，明、清两代的泰山庙会非但没歇顿，反而以朝野互动的方式达到新的高度。一个非常重要的原因，则是碧霞元君信仰的迅速普及和深入人心。

明代之前，碧霞元君称泰山玉女，可上溯至黄帝，"泰山玉女者，天仙神女也。黄帝时始见，汉明帝时再见焉"（[明]王之纲《玉女传》）。毕竟是郢书燕说。又东汉曹操《气出唱》句："行四海外，东到泰山。仙人玉女，下来翱游，骖驾六龙饮玉浆。"可知彼时已有"玉女"称谓。真正将这位泰山女神发掘出的，则是宋真宗。大中祥符元年（1008），宋真宗东封泰山，于岱顶池中见一石人浮出水面，乃得玉女石像。遂易以玉像，砻石为龛。之后又建玉女祠，专奉泰山玉女。其间，泰山玉女虽具有了一定的社会影响，但由于泰山的政治取向和泰山神的巨大影响，在很长一段时期内，玉女并未引起大反响，也未被列入官方祀典。金元之际，一方面是国家对泰山神祭祀的垄断和对泰山庙会的压制，一方面是大众对泰山信仰和祭拜的强烈需求。在此背景下，泰山玉女再次引起世人瞩目，不仅被赋予各种高贵的出身，还被纳入道教正统，得以正名和推介。元太宗期间，道士张志纯主持重修玉女祠，并改称昭真观，"自绝顶大新玉女祠，倍于故殿三之二；取东海白玉石，为像如人然，一称殿之广袤"（[元]杜仁杰《泰安阜上张氏先茔碑》）。不仅将原殿规模扩大了三分之二，还取东海白玉石，雕刻出如真人一般的玉女形象。随着玉女信仰的迅速普及和道家的接连打造升级，元明之际，泰山玉女完成向"碧霞元君"的华丽转身，祥居岱顶，"灵光长绕碧霞宫"（[明]宋濂《登岱》诗）。"元君者，泰山玉女，元君其封号也。"（[清]韩锡胙《元君记》，见民国《重修泰安县志》卷十二《艺文志·选著》，第18页）而在民间，人们又习惯尊其为泰山娘娘、泰山奶奶、泰山老奶奶等。

碧霞元君信仰主要来自道教的倡树和民间世俗的推动，其影响力也得到官廷的关注、认同和参与。明洪武、正统、天顺、成化年间多次对昭真观重修扩建，并赐额"碧霞灵应宫"。万历年间，郑贵妃先后四次遣中官致祭元君，以求庇佑。明神宗朱翊钧更是尊其母为九莲菩萨，思宗朱由检尊其母为智上菩萨，"宜与元君在帝左右"（明神宗《敕建泰山金阙记碑》）。及清，自乾隆二十四年（1759）起，每年派员在岱庙告祀泰山神的同时，还要在四月十八元君圣诞之日，到岱顶碧霞祠例行告祭之礼。官廷祭祀元君已成定制。

碧霞元君信仰虽出现较晚，但其形象设计、职能设置更贴近社会公众的认知和需求。"饮我食我，福我寿我，惟神降祥，岂敢祷昧以忘大惠！"（清道光十五年《重修泰山碧霞元君祠记碑》，山东巡抚、南丰刘斯嵋撰文）其影响力很快便超过了国家正祀的东岳泰山神。"古之祠泰山者为岳也，而今之祠泰山者为元君也。"（[明]谢肇淛《五杂俎》卷四《地部二》）"统古今天下神祇，首东岳；而东岳祀事之盛，首碧霞元君。"（[清]韩锡胙《元君记》）时至今日，碧霞元君甚至已取代了东岳大帝，提起泰山神，世人皆以为碧霞元君,而不知有东岳大帝。每年上山许愿的香客游人,无不是向着泰山老奶奶去的。碧霞元君的加入,使与祭祀同举的泰山庙会再次掀起热潮,成为政社共襄的一场盛会。当然山上、山下有所不同。岱顶碧霞祠,是主祀元君的场所;山下岱庙,则根据民众的需求,在祭祀泰山神的同时,增加了向碧霞元君祷祝的内容。"万民朝拜碧霞君,四远归依仁圣帝。"(《水浒传·第七十四回》)每年一度,远近咸至,场面极盛,成为旧时民众最重要的民间活动。

泰山庙会之盛,从六个方面可见一斑。

一是会期之盛。东岳大帝的诞辰是三月二十八日,碧霞元君的诞辰是四月十八日,民间为避开官方当日祭祀之禁(自乾隆四十五年,朝廷遣使于四月十八日在岱顶碧霞祠祭祀元君,届时将封山管理),又将三月十五作为老奶奶生日(泰山奶奶换袍日)。三日期相互连属,都在春季,为四季之首,合乎泰山主东方、春时、万物始发的五行原理。而且庙会与春节并举,同样作为世俗中最重要的庆典。每年的正月初一,岱庙的道士们便将描有"长春会"字样的大红灯笼挂在各城门上。之所以有此称谓,因从这天开始,泰山庙会便算拉开了序幕,一直延续到四月中旬元君圣诞以后方止,山上山下,排满了整个春季。"每当祈赛云集,布幕连肆,百剧杂陈,儡(sè)盏喧豗(huī),肩摩错者数月。旧传三月廿八日为岳帝诞辰,是日尤盛。"(《岱览·岱庙》)

二是市肆之盛。《水浒传·第七十四回》描写宋时的街市景象:"原来庙上好生热闹,不算一百二十行经商买卖,只客店也有一千四五百家,延接天下香官。到菩萨圣节之时,也没安着人处,许多客店都歇满了。"此说虽有夸张成分,但也说明那时商业之盛。里间街巷、城内城外,到处张灯结彩,布满了香客店。较著名者,有"八大香客店"。至清末,专供朝山拜庙的香客店主要集中在西关和北关一带。香客多自城西进城,此一带便成首选。除了提供食宿外,还向香客们提供各式祭品、跟班、导游、雇轿等"一条龙服务",也因此在城池外出现了诸如元宝街(专门制售元宝香烛等祭祀供品)的专门贸易街。

三是信众之盛。每逢东岳帝君诞辰,"天下之人远数千百里,名有香帛牲牢来献"([明]许彬《重修蒿里山祠记》)。一旦到了东岳大帝和碧霞元君寿诞这天,"烧香的人,真乃亚肩叠背。偌大一个东岳庙,一涌便满了。屋脊梁上,都是看的人"(《水浒传·第七十四回》)。香客们既有省内的,也有来自河南、河北、江苏、安徽等省份的,更多的是泰山周边四里八乡的,身份以农民为主。民国傅振伦《重游泰山记》对赴会信众有较为细致的描摹:"时值夏历三月中旬,为泰山庙会之期,善男信女,远道而来朝山进香者,相望于途。妇女皆缠足,头梳长髻,衣裳博大，不着裙衫，腿带宽可四寸，多深红艳绿色，盖犹有数年前内地古装之遗风。捧香合手，喃喃不绝于口。至于男子朝山，则随僧道鼓吹而已。有手持直角三角形之黄旗者，其上大书'朝山进香'四大字，右侧书'莱邑义峪庄'诸小字，是殆来自山东东部莱州者。"文中除提到女子朝山，记录了当时的服饰风俗外，还提到一个极富特色的民俗文化现象——香社。香社又称香会，是基于进香祈福的共同目的结成的地方性信众团体。有的一个庄子，有的几个庄子，甚至十几个、几十个庄子，岁晚务闲，成群结队，费用均摊，一起吃住行，有一定的约定和规矩。主事人被称为会首、社首、社头、香首、香头、香主等。无论是组团还是个人，香客一般都会打出前述那样的小旗子。色彩不一，或执在手上，或插在颈后。一来表示心诚，二来也有通行证的作用。因为泰山老奶奶的影响，过路客店会主动提供方便，也少遭抢劫，省去诸多麻烦。每年庙会期间，各路香众，如百溪归川，汇入庙会的洪流中来，在泰山上留下许多碑刻足迹。五代间澶州（今河南濮阳县一带）乡民结为"岳社"，召集人称"社头"，集资在奈河东岸建奈河将军堂。岱庙天贶殿前有两只大铁桶，为消防器物，每只可盛水3立方米左右，其上铭文有："大宋国兖州奉符县献铁桶，会首李谅。"此桶铸于北宋建中靖国元年（1101），为宋代香社所献。香社于泰山历史久远，是泰山信仰发展的重要标志，至清乾隆朝大盛，民国时仍长盛不衰。原来的香社信众要步行，远途跋涉；随着津浦铁路的开通，不少香社省去了徒步的艰苦迟缓。民国鲁客《泰山香市杂写》中描述："像现下你要到泰安车站上去看看，没有一次有津浦车、平浦车不另外加挂三两个车厢，专为送走香客。"而且还可以享受团队半价以上的票价优惠。（载民国二十六年《中办》第二卷，第3-4合期）

　　四是祷祝之盛。打醮祝寿是东岳庙会最隆重的场面。"三更前后，听得一派鼓乐响，乃是庙上众香官与圣帝上寿。"（《水浒传·第七十四回》）众人击鼓鸣金奏乐，打旗擎幢招幡，抬楼阁绣辇彩亭，为东岳大帝举行盛大的游行仪式。两旁万人拥塞，观者夹路，好一番折腾。对于民间信众而言，贫者求其富，疾者求其安，耕者求其岁，资者求其息，衍生者求其年，求子者求其嗣，祈愿还愿是他们最主要的任务，也是最不可麻痹大意的地方。朝拜者依内心的愿望和信仰，向东岳大帝和泰山老奶奶做出最虔诚的表达。在朝拜途中，他们便要合手捧香，祷祝颂辞。更有甚者，要头顶神像，背负格锭，一步一叩拜，三日而至。还有五步、十步、二十步拜的，一日而至。（据[明]刘侗《南京景物略》）及至庙中，则"奉牲牢香币，喃喃泥首阶下"（[清]韩锡胙《元君记》）。明人萧协中亦云："四方奔走香火者，不胜万计，佛声鼎沸，香烟缭绕，摩肩接踵，竟日夜不辍，若此祇事之诚，岳庙与元君当并享亿万年矣！"并诗云："经声帝号炉烟里，膜拜嵩呼玉殿前。"（民国《新刻泰山小史·东岳庙》，正文第45—46页）

五是贸易之盛。庙会如集市，是重要的展览会、促销会。每逢庙会期间，各路商贩或搭铺子，或摆地摊，除祭祀供品外，各类生活用品、生产工具、孩童玩具，奇巧百样，琳琅满目。"货郎掮客错杂其间，交易者多女人、稚子。"（[明]张岱《岱志》）在岱庙里面挤满了大大小小的店铺，"这些店铺排列在用棚板铺架的规则小街上。开阔地被小吃摊、西洋镜摊、江湖郎中、唱戏和说书的所占据"。岱庙外同样店铺贸易活跃，"尤其在郊区，这种繁荣景象将持续三个月，随后这些店铺都进入关门状态……一个奇怪的特点是，这些店铺和一些常年店铺一样，都用木雕，比如猴子、蝎子、双公鸡、双牛和其他动物，作为店铺的标志"（英国传教士慕阿德1908年见闻录，见《泰山编年通史》卷下，第1341页）。冯玉祥"丘八诗"中对庙会也有较真实的描写："赶庙会，开市场，各种货物来四方。有洋货，有土产，还有大喝小吃馆。这一边，摆面摊，台凳板桌都齐全。爹揉面，娘烧炉，生意买卖儿照顾。那一边，更热闹，汉子张口大声叫：酸梅汤，荷兰水，价钱便宜味鲜美。有老少，有男女，杂乱拥挤来复去。买者少，看者多，腰里无钱没奈何。乡民苦，乡民穷，金钱日日外国送。说缘由，话根底，生产赶早用机器。"（《庙会的市面》）还有一种不雅的"贸易"：职业乞丐，反复念叨"千舍千有，万舍得福""步步升高""积德吧、掏钱吧"等职业用语，逢人索物，不给不让走。这种情况在民国期间更甚，时傅振伦、鲁客等游记中均有描述。

六是娱乐之盛。在更多人的印象里，庙会最大的特点是"热闹"，是休闲娱乐的难得时节和去处。所以一直到今天仍有"逛庙会"一说，道出那份闲情与自在。更多的娱乐在庙会上，"其余空地，斗鸡蹴鞠，走解说书，相扑台四五，戏台四五，数千人如蜂如蚁，各占一方，锣鼓讴唱，相隔甚远，各不相溷也"（[明]张岱《岱志》，《泰山文献集成》第二卷，第404页）。高跷龙灯狮子舞，弦子渔鼓对台戏。每至庙会，各路艺人云集于此，亮相献艺，将庙会变作文艺盛会。有两样人气最旺。一是曲艺。据《泰安地区志》记载，泰山庙会成为各路曲艺艺人献艺竞技之地。有许多著名艺人在泰安成名，如山东快书艺人于传宾、周同宾，以说唱山东大鼓自成一派的谢大玉，以说唱西河大鼓闻名的刘泰清，以演唱山东琴书成名的李鸿贞等。（据《泰安地区志》第十一编《文化·文化艺术》，第579页）二是打擂。《水浒传》第七十四回"燕青智扑擎天柱"便发生在这里。所谓燕青的打擂比赛，实际上是以相扑为主的武术比赛，又称争跤、角力、角抵，类似于现代的摔跤或散打。"小乙（燕青）自幼跟着卢员外，学得这身相扑，江湖上不曾逢着对手。"(《水浒传》)也因小乙哥这次比赛,泰山打擂更是尽人皆知,成为传统武术项目。

泰山庙会跨越千年的历史,在清季民国年间因战乱凋敝下来。岱庙也成了驻军营地和商贸市场。中华人民共和国成立后,庙会一度成为物资交流会,"文革"期间停办,1986年在岱岳观旧址一带重启。之后东岳庙会得以渐次恢复和发展。

历史上的帝王泰山封禅与祭祀小记

"凡治人之道,莫急于礼。礼有五经,莫重于祭。夫祭者,非物自外至者也,自中出生于心者也。心怵而奉之以礼,是故唯贤者能尽祭之义。"(《礼记集注》卷之八《祭统·第二十五》,明万历二十五年唐氏富春堂刻本,第62-63页)

祭祀源于崇拜。泰山崇拜除具有一般自然山川崇拜的共性外,更被赋予独特的政治和社会意义。在大汶口文化遗址出土的"☉"象形符号至今仍引起学界的广泛关注。从文字的角度,于省吾先生释为"旦"(上为日、中为云、下为山),唐兰先生释为"炅"(上为日、中为火、下为山);汤贵仁先生从图形的角度,解释为先民太阳崇拜和山岳崇拜的综合体;另外还有多种推考。归纳起来,可视为对自然实体和社会活动的形象展示;又因其于陶尊等器具上,很可能为早期使用的祭礼符号。

作为原始东夷部落生息之地,泰山崇拜祭祀与人类文明同步。《史记》引管子语云"古者封泰山禅梁父者七十二家"(《史记·封禅书》,第1165页),虽涉荒诞不经,却也说明泰山在远古时代的影响。随着文明的

■ 大汶口文化象形符号

发展,先民们,特别是那个时代的英雄们很快便超越对泰山的自然认知,上升至政治意识形态领域,将泰山祭祀作为权威和特权的象征。"昔者黄帝合鬼神于西泰山(原注:有小泰山称东泰山,故泰山为西泰山)之上,驾象车而六蛟龙,毕方并辖。蚩尤居前,风伯进扫,雨师洒道。虎狼在前,鬼神在后,腾蛇伏地,凤皇覆上。大合鬼神,作为《清角》。"(《韩非子集解》卷三《十过第十》,清光绪二十一年王先慎集注;民国二十二年商务印书馆版,第43页)"黄帝出游,驾龙乘凤,东上太山,南游齐、鲁,邦国咸喜。"(《绎史·卷五》

引《易林》)"岁二月,(舜)东巡狩,至于岱宗。柴,望秩于山川。肆觐东后。"(《尚书·舜典》)"柴"即燔柴祭天,"望"即望秩山川,"东后"即东方之诸侯,也即东夷各部落。此时的泰山,既渲染了古帝王的权威,巡狩四方诸侯甚至神鬼百灵;又成为燔柴告祭的最高点,召见集会的联络点。这种仪式,也就催生了后来的封禅大典。

确凿可考的泰山封禅第一帝王为秦始皇。始皇东征西伐,"六王毕,四海一"([唐]杜牧《阿房宫赋》),但与六国贵族及平民的对峙远未结束。"秦始皇帝常曰'东南有天子气',于是因东游以厌之。"(《史记·高祖本纪》,第247页)借此炫耀武力,威服四海。所以才有二十八年(前219)封禅望祭山川之事:"(始皇)乃遂上泰山,立石,封,祠祀。"还有一种说法,言始皇的远祖为嬴姓氏族,最早兴起于泰山一带,商周时西迁陇中,成为秦国国君前身。始皇此行,有"寻根"之意。汉武帝刘彻将战争与封禅结合在一起,既要"择兵振旅,躬秉武节,置十二部将军,亲帅师焉"(《汉书》卷六《武帝纪》,第135页),借封禅的强大阵势,震慑匈奴;又要学黄帝,且战且学仙。武帝从元封元年(前110)至征和四年(前89)22年间,曾九次亲临泰山,八次进行封禅或修封祭祀。之所以如此频繁,求仙的意味更浓一些。其曾云:"嗟乎!诚得如黄帝,吾视妻子如脱屣耳。"光武帝刘秀在封禅的问题上曾经彷徨过。建武三十年(54),张纯陈请光武帝封禅:"自古受命而帝,治世之隆,必有封禅,以告成功焉……臣伏见陛下受中兴之命,平海内之乱,修复祖宗,抚存万姓,天下旷然,咸蒙更生,恩德云行,惠泽雨施,黎元安宁,夷狄慕义。"(《后汉书》卷三十五《张纯列传》,第801页)面对群臣的上言,光武帝断然拒绝,并下诏固辞:"即位三十年,百姓怨气满腹,吾谁欺?欺天乎!曾谓泰山不如林放,何事污七十二代之编录……若郡县远遣吏上寿,盛称虚美,必髡,兼令屯田。"(《后汉书》志第七《祭祀上·封禅》,第2146-2147页)话虽如此,光武帝立刻便开始了东巡,派泰山太守承诏祭泰山及梁父山。或大臣们惊惧于被剃光头的髡刑,无人再敢上书请愿封禅。光武帝便自己找理由。"三十二(56)正月,上斋,夜读《河图会昌符》,曰:'赤刘之九,会命岱宗。不慎克用,何益于承。诚善用之,奸伪不萌。'感此言,乃召松等复案索《河洛》谶文,言九世封禅事者。松等列奏,乃许焉。"(所引同上,第2147页)光武帝泰山封禅乃成。度其封禅用意有三:一是修复祖宗。汉室继王莽之后得以接续。二是九世正名。光武帝不厌其烦地称自己为"赤刘之九",刘邦的九世孙,借此封禅,进一步宣明自己为正统。既为正名,常理应该在登基之初,为何要等到30年以后呢?有传刘秀非皇室嫡亲。或许其内心另有隐情。三是非刘不王。惮于前汉吕氏、王莽祸乱的教训，筹划自己身后事宜。唐高宗李治和武则天所为是封禅大典中的一次创举。帝、后同献，更多的是武后的主张，"密赞"之。作为李治仅是大唐盛世下的一次炫耀，远迈古光，告成功于天下，有显号觊名之嫌。武氏则用意极深，在高宗于社首山降禅坛行"初献"之礼后，自己由宫官执帷，行"亚献"之礼，借泰山之力步步登阶，最终成为一代女皇。唐玄宗李隆基封禅也颇费周折。继武则天执政之后，又经韦后（中宗李显之皇后）之乱、太平公主（武则天之女）之乱，玄宗终于再接统绪，再创李唐"开元盛世"。其封禅的重要目的之一，是对以上事件的回应。"大驾百里，烟尘一色……行如动地，止若屯云。"（[唐]张说《大唐开元十三年陇右监牧颂德碑》）此次封禅，他采纳张说、贺知章等大臣的建议，"事资革正"，取消了皇后参与的前例；同时还效仿高宗，将秘而不宣的玉牒内容昭示天下。"朕令此行，皆为苍生祈福，更无私请，宜将玉牒出示百僚，使知朕意。"（[宋]王钦若等辑《册府元龟》）能以天下苍生为念，是帝制思想的一大飞跃。宋真宗赵恒封禅，则是因为景德元年（1004）"澶渊之盟"、国家蒙耻之后，其欲镇服四海，夸示外国，提振国威。这才有了其大中祥符元年（1008）十月泰山之行。真宗也成为泰山封禅的最后一位帝王。

除以上六帝一后亲至封禅外，秦二世胡亥、汉章帝刘炟（dá）、汉安帝刘祜、隋文帝杨坚以及后来的清圣祖玄烨、清高宗弘历等亲至泰山祭祀。康熙大帝曾3次到泰山（1684、1689、1703），乾隆帝专程或过路泰山更是有11次之多，创下历代帝王之最。汉明帝刘庄于永平十五年（72）三月东巡至东平，虽没有登上泰山，也以"望祀"的方式祭祀泰山。

还有不少帝王已经做好封禅的打算或准备，但因故未能成行。如周襄王元

▌清乾隆御诗碑，今存岱庙

年（前651），齐桓公意欲封禅泰山，被相国管仲以"祥瑞不至"谏止。王莽建国虽然短暂，却至少有两次拟封禅泰山。第一次，始建国四年（12）欲效皇始祖（虞帝）"禋于六宗，望秩于山川，遍于群神，巡狩五岳，群后四朝，敷奏以言，

明试以功……其以此年二月建寅之节东巡狩，具礼仪调度"（《汉书》卷九十九中《王莽传》，第3032-3033页）。筹备过半，因文母太后病重作罢。第二次，天凤元年（14）下诏封禅，甚至已经制作了封禅玉牒。此玉牒残片于2000年11月出土于汉长安城4号宫殿遗址，牒文有"延寿长壮不老累""封坛泰山新室昌"等句（据2006年《考古学报》第1期），也是迄今唯一出土的王莽时期玉牒。此次又因泰山为赤眉军所据未果。曹魏时期魏明帝曹叡也欲封禅，曾诏高堂隆（泰山平阳人）起草封禅礼仪，未成而高卒，明帝遂以"天不欲成吾事"而罢。泰山也是唐太宗李世民的目的地。太宗以善于纳谏著称，能以国事为重。贞观五年（631），众大臣以天下太平、四夷宾服多次奏请封禅，帝皆不从。六年（632），大臣们又请封，太宗已是心动欲从，唯大臣魏徵谏阻。君臣之间甚至有了一番红脸争论："文武官复请封禅……上亦欲从之，魏徵独以为不可。上曰：'公不欲朕封禅者，以功未高邪？'曰：'高矣！''德未厚邪？'曰：'厚矣！''中国未安邪？'曰：'安矣！''四夷未服邪？'曰：'服矣！''年谷未丰邪？'曰：'丰矣！''符瑞未至邪？'曰：'至矣！''然则何为不可封禅？'对曰：'陛下虽有此六者，然承隋末大乱之后，户口未复，仓廪尚虚，而车驾东巡，千乘万骑，其供顿劳费，未易任也。且陛下封禅，则万国咸集；远夷君长，皆当扈从。今自伊洛以东至于海岱，烟火尚希，灌莽极目，此乃引戎狄入腹中，示之以虚弱也。况赏赉不赀，未厌远人之望；给复连年，不偿百姓之劳；崇虚名而受实害，陛下将焉用之！'会河南北数州大水，事遂寝。"（《资治通鉴》）太宗最终还是纳谏于魏徵。虽是如此，泰山之行，仍是其不舍的情结。十一年（637），太宗再提封禅，并令魏徵、房玄龄等议定封禅仪典。十五年（641）四月，帝"诏以来年二月有事于泰山"（《资治通鉴》），以因"有星孛于太微"作罢（所引同上）。至二十一年（647）正月，太宗重提旧事，"诏以明年仲春有事泰山，禅社首，余并依十五年议"（《资治通鉴》）。同年八月，"诏以薛延陀新降，土功屡兴，加以河北水灾，停明年封禅"（所引同上）。两年后，太宗驾崩，封禅终未成行。而对于泰山，始终未能迎得太宗的登临，不能不说是历史上的一大遗憾。宋太平兴国九年（984）四月，太宗赵光义应群臣和泰山民众之屡请，定于当年十一月有事于泰山，并诏令大臣详定仪注，扩修自京师抵泰山的道路。两个月后（六月），又因宫殿火灾诏停东巡封禅事宜（岱顶大观峰仍存同年高品监修东岳"题记"残刻，有"宣令权且停罢"之记）。

即使帝王未能亲至，仍以遣使告祀的方式建立与泰山的联系。这种方式作为定制常仪延续下来，直至清末。汉宣帝时，有凤凰飞集泰山，神爵元年（前

61），宣帝制定五岳祭祀制度，"祀东岳于博县""令祠官以礼为岁事"，首次以诏令的形式确立了泰山作为国家首山的地位。王莽虽未亲至，仍遣使告祭岱宗。或许因为唐太宗的关系，他的后继者们纷纷成为泰山的狂热粉丝。除了行封禅大典，还频繁派员行祭。老城北虎山下有岱岳观，即泰山中庙，唐时作为宫廷斋醮的场所，天下瞩目，盛极一时。所谓斋醮，俗称道场，是道教设坛祭祷的一种仪式。唐显庆六年（661），高宗与武则天遣道士东岳先生郭行真来岱岳观斋醮7日，并立有双束碑。之后，中宗、睿宗、玄宗、代宗、德宗遣员纷至沓来。武则天改周15年，在泰山斋醮投龙多达7次，仅长安四年（704）就有2次。宋太祖赵匡胤代

清嘉庆年间《告祭碑》，今存岱庙

周称帝后，即遣使祭祀泰山，之后更是致祭不绝。朱元璋称帝后，颁《去东岳封号》令，去泰山神历代封号，并非不崇泰山，而是"盖与穹同始，灵镇一方，其来不知岁月几何。神之所以灵，人莫能测。其职受命于上天后土，为人君者何敢预焉！惧不敢加号，特以'东岳之神'名其名"。其从洪武三年（1370）至三十年（1397），共5次派员祭祀泰山神。之后至万历元年（1573），明廷遣使对于泰山的祭祀又达25次之多。清代较之前朝，更是有过之而无不及，不仅祭祀泰山神（其祀礼举行于岱下岱庙），还祭祀碧霞元君（其祀礼举行于岱顶碧霞祠）。今人周郢考，历史上最后一次告祀泰山神止于宣统元年（1909），最后一次告礼碧霞元君止于宣统二年（1910）。宣统三年（1911）因革命形势，清廷原定四月十八致祭日期推至九月。九月二十三（阳历11月13日），山东巡抚孙宝琦迫于时局宣布山东独立（十月又取消独立），祭祀之礼再未举行。

城内三

岱庙东，有东迎翠街、仰圣街、运粮街、庙前街等南北向街道，四街之间东西向穿插以资福寺街、文化街、后营街等，加之运粮街东面的法院街、米厫街等，搭起老城内东北隅的大体架构。因其地利之便，街巷繁多、人口繁多、古迹繁多。街内民居多者数十间，少者二三间，瓦舍草舍错落，朱门蓬户相对。中华人民共和国成立后，以此片区组建为岱东村，属泰安县一区泰山公社。

柴火交易 [法]肯恩摄于1908—1913

东迎翠街为长约百米的路段，北起岱庙东南角，南至升平街（今岱宗大街）。"迎翠"之名，源自泰山爱身崖南崖东、西两块影翠石，东石正与此街相对。又名柴火市街，俗称干柴市，旧为柴火交易场所。城外或住在山里的樵夫们会将晒干码齐的干柴（草）或肩挑或车推地运到这里来，等着卖给城里人，然后换回所需的生活用品。中华人民共和国成立前后，街面有陈、王、邱等姓住户。

东迎翠街向北接**仰圣街**。

仰圣街因仰圣门而名，南起岱庙东南角，北至仰圣门，紧邻岱庙东墙，长约550米。旧志形容此一带"春季香客云集，铙鼓喧阗，至达红门以上，夜半灯火如繁星，奇观也"（民国《重修泰安县志》卷一《疆域》，第10页）。

仰圣街南段原有**张于陛孝行坊**，创建于清顺治十三年（1656），为旌表其孝行立。

"张于陛，诸生，南留保（今满庄南留）人。父病亟。医言'粪苦则生，甘则死'。于陛尝之而苦，病果愈。顺治十三年知州宫家璧详请建坊旌之。"（乾隆四十七年《泰安县志》卷之十《人物》，第27页）

仰圣街今貌，由北向南

仰圣门旧影　佚名摄于1930年7月，14天后门楼毁于战火

仰圣街北首为**仰圣门**，即老泰安城北门。此门北对岱顶瞻鲁台，为当年孔圣人凭石遥望鲁都曲阜的地方。后人于城内仰望孔子胜迹，恍若圣人犹在，登泰山而小天下，眺四野而化万民，瞻望者无不心生感念。

仰圣门向里一段又称**北门里**。中华人民共和国成立前后，仰圣街及北门里一带住户以李、张、郑、高、吴、王等姓为众，另有程、卢、陈、刘、萧、马、滕、朱、谷、孙、周、贾、齐、赵、孟、胡、路、闫等姓人家。

孔子与泰山

"孔子圣中之泰山,泰山岳中之孔子。"(出自岱顶孔子庙摩崖)孔子得泰山德泽,又以泰山自任,与泰山有密不可分的联系。

嬴博观礼。约鲁昭公十八年(前524),吴国宗室季札在使齐返鲁的途中,其长子病卒,按周礼葬在泰山嬴、博之间。是年孔子约27岁,专程赶至葬地以观其礼。子曰:"延陵季子之礼,其合矣。"并亲题"呜呼有吴延陵君子之墓"十字碑。季札为吴王梦寿四子,"见微而知清浊"(司马迁语),与孔子并称"南季北孔",推为"周末第一文化大使"(南怀瑾语)。

苛政之叹。鲁昭公二十五年(前517)冬,孔子因鲁乱至齐国,途经泰山侧(岱西北麓桃花峪猛虎沟),闻妇人哭诉亲人死于虎患,因对弟子们感言:"小子识之,苛政猛于虎也。"(《礼记·檀弓下》)

夹谷相礼。鲁定公十年(前500),鲁定公与齐景公会于夹谷(今新泰谷里)。孔子相礼,据理力争,将齐国所掠的郓、讙、龟阴之田归还鲁国。鲁于汶阳筑城,名谢过城(今泰安城区谢过城村),以旌孔子之功。

操琴而歌。鲁定公十二年(前498),孔子已任鲁国大司寇兼摄相事。面对"三桓"势力,实施"堕三都"的政治主张。"三都"即季孙氏的费邑(今山东费县境内)、孟孙氏的郕邑(今山东宁阳县境内)、叔孙氏的郈邑(今山东东平县境内)。后因受挫半途而废。十三年(前497),时年55岁的孔夫子,带着失落和治国理想,率弟子开始周游列国。行至龟山(今新泰市谷里镇南),回望鲁国故地,伤政道之凌迟,望龟山而怀操,遂援琴而歌:"予欲望鲁兮,龟山蔽之。手无斧柯,奈龟山何!"此即著名的《龟山操》。鲁哀公十一年(前484),结束14年游历的孔子自卫返鲁,途经泰山,复感慨而歌:"登彼丘陵,峛(liè)施(yǐ)其阪。仁道在迩,求之若远。遂迷不复,自婴屯蹇。喟然回虑,题彼泰山。郁确其高,梁父回连。枳棘充路,陟之无缘。将伐无柯,患滋蔓延。惟以永叹,涕霣(yǔn)潺湲。"此即著名的《丘陵歌》,被后世喻为咏岱之祖。

郕闻三乐。孔子于泰山,还与不少异士有往来。见荣启期行于郕之野,鹿裘带索,鼓琴而歌。郕在今宁阳东北境。于此,孔子听荣启期讲"三乐":"天生万物,唯人为贵,而吾得为人,是一乐也;男女之别,男尊女卑,故以男为贵,吾既得为男矣,是二乐也;人生有不见日月、不免襁褓者,吾既已行年九十矣,是三乐也。"孔子称荣氏为"能自宽者也"(《列子·天瑞篇》)。

教化盗跖。春秋后期,鲁国多盗而不能治。在孔子时代,有柳下(今新泰市境内）盗跖（展雄，史称柳下跖）率众起义，反抗诸侯。先秦《古文琐语》(《汲冢琐语》）云："柳下蹠（同'跖'），鲁民之盗也，啸聚其徒数千人，骊山之阳，抉人肝而食之，享年九十。"食人肝，可谓穷凶极恶。孔子对于治盗，秉持"苟子之不欲，虽赏之不窃"的理念，认为贪欲（对于为盗的草民而言，则是因贫乏而生出欲望）是窃的根本，主张教化安抚而反对暴力剿杀。孔子"往见盗跖，盗跖乃方休卒，徒大山之阳，脍人肝而铺之"（《庄子·盗跖》）。孔子甘冒被"抉肝而食之"的风险，有种以身殉道、舍生取义的凛然。

孔门弟子。孔子在泰山弟子众多。著名者有有若，世称有子，孔门七十二贤之一，故里在今岱西肥城市有家庄。据说孔子殁后，弟子们都很思念他，因有子貌似孔子，大家便尊之为师，待之如夫子生时。冉耕，字伯牛，世称冉子，列孔门十哲，故里在今肥城市冉家庄。冉子以德行著称，因患恶疾早逝。他临终时，孔子隔窗户拉着他的手哀叹："亡之，命矣夫！"高柴，字子羔，又称子皋、子高、季高，孔门七十二贤之一，比孔子小 30 岁，温良纯正，能守孝道，善为吏，从祀于孔子。孔子在评价诸弟子时，曾言"柴也愚"。泰山王母池吕公洞南有高子羔祠，民国十五年（1926）秋由邑人高宗岳创建。林放，故里在今新泰放城。林放曾问礼之本，子曰："大哉问！"（《论语·八佾篇》），深得孔子赞许。也正因此一问，"季氏旅于泰山，子谓冉有曰：'弗能救与？'对曰：'不能。'子曰：'呜呼！曾谓泰山不如林放乎！'"（《论语·八佾篇》）。

泰山芳躅。明人查志隆《岱巅修建孔子庙议》云："泰山胜迹，孔子称首。"泰山留有诸多与孔子相关的遗迹。泰山中路盘路起处有孔子登临处坊（一天门坊北），创建于明嘉靖三十九年（1560），原坊柱有联"素王独步传千古，圣主遥临庆万年"，20 世纪六七十年代被錾毁。传孔子登泰山曾驻足于此。对松山东崖下原有过化楼，已圮，传孔子曾察土风，行教化于此。岱顶有望吴峰，又名孔子崖、孔子岩。传孔子在游历期间，曾与颜渊于此东南眺望吴国都城。据《韩诗外传》([西汉]韩婴)、《论衡》([东汉]王充)载，孔子能看见吴阊门外系有白马，而颜渊只能看到吴阊门有如系练之状。后使人专往吴国核实，果如孔子所见。下山后，颜渊发白齿落，遂以病死。"盖以精神不能若孔子，强力自极，精华竭尽，故夭死。"以此喻孔子为至圣。望吴峰上原有过化亭，建于明代，早圮，峰崖处惟余石刻残迹。峰下有孔子庙，又称孔子至圣殿，创建于明嘉靖年间，被喻为海拔最高的儒家庙宇。乾隆帝曾赐匾"因高喻大"，门内照壁嵌泰安知县徐宗干于道光九年（1829）据宋米芾绘孔子圣像所勒制的《先师孔子行教像碑》，是难得的文物。庙外崖壁间镌有不少有关孔子的石刻，其中清嘉庆甲子九年（1804）长白鸣清识、吴门严云霄书《孔子崖诗》（汪稼门七古长篇部分）较为有名。玉皇顶南盘路西侧有孔登岩，此处也是泰山海拔最高的孔子遗迹。石刻尚存。平顶峰有孔子小天下处，取《孟子·尽心上》"孔子登泰山而小天下"之句，原碑刻立于明崇祯十年（1637），毁于1967年，2007年重立。爱身崖上有瞻鲁台，俗称幡杆石，世传孔子曾临此石瞻鲁都曲阜；大字石刻尚存。传大津口牛山口村北部有讲书堂遗址，孔子曾设坛布教于此，时杏林满谷，杏花怒放，故有"杏坛"之名。

泰安县市区境内还有许多有关孔子的游踪及遗迹，不再一一赘述。

孔子自知将不久于人世，逍遥于门，曳杖而歌："泰山其颓乎！梁木其坏乎！哲人其萎乎！"七日而殁。

运粮街 位于府署西侧，南起升平街，沿府署向北，长约320米。西距仰圣街约150米，两街大体平行。中华人民共和国成立前后，运粮街面有刘、罗、张、王、鞠、宋、周、韩、陈、杨、李、路姓住户。

运粮街中段向东旧有**米廒街**，又名仓巷、东运粮街，俗称粮仓门，原在旧府署北侧、今泰安六中校门向东一片。中华人民共和国成立前后，街面有周、王、张、路、

| 运粮街今貌俯瞰　徐勇摄影

史、聂、顾、徐、李、韦、田、焦、丁、谭、郭、曹、刘等姓住户。

两街均因府署后的清**常平仓**得名。

常平仓旧址原为明州署预备仓，雍正八年（1730）重建，乾隆十五年（1750）奉文改名九廒。时置仓41间，可储谷2万石（《泰安市粮食志》，1992年齐鲁书社出版，第169-170页）。仓院内还建有**米廒庙**，托庥于神灵。每逢夏、秋两季征粮时节，由运粮街向东进粮仓门，运粮车队毂击肩摩，日夜不息。民国年间常平仓废圮，后拆建为民众体育场和米廒花园；今改建为机关宿舍和岱东社区居民楼。

明清仓储，有常平仓、义仓、社仓之分；前者属官办，后两者属民办，带有社会公益性质。三者的功用在于调节粮价、备荒赈恤。除上述常平仓外，清乾隆七年（1742），泰安府署还曾将城南门内参将署西旧察院改建为府仓，旋即废弃。泰安府所辖各县（州）均建有常平仓，并建有社仓或义仓。清乾隆间泰安府辖境建有府仓1处，常平仓15处248间，义仓6处，社仓32处。其中泰安县除与府署共同建有常平仓外，还于境内建有11处社仓。清同治年间何毓福任泰安知县，创修城乡内外义仓10座，妥立章程，春借秋还，使贫民无岁歉之苦。自入民国，各仓多废。民国二十一年（1932），县长周百锽曾发动社会力量筹办义仓、社仓，整顿仓廒，积蓄粮谷，以备饥荒。二十九年（1940），伪县知事张化成将社仓储谷尽数变卖，后又无力填储，各仓遂废。抗日战争期间，抗日民主政权的粮食保管采取随收随运，依靠群众分户储存的原则，储粮于民间；直到泰安解放，始有固定仓库。至1948年8月，泰安储粮仓房有584间，储粮5485吨。（据《泰安市粮食志》，第170-171页，清《泰安县乡土志·政绩录》，第3页）

运粮街向北为**庙前街**。街长约120米，因旧有关帝庙得名。中华人民共和国成立前后，街面住户以王、闫、曹、律、夏姓为众，另有高、刘、魏、吴、杨、范、石、周、徐、李等姓人家。此街为抗日战争期间南京汪伪政府司法行政部部长李福善（字圣五，1898—1985）故里。

关帝庙街再北至北城墙有一窄巷，名**罗家胡同**，因罗姓首居得名，长约130米。今胡同内仍有罗姓居住，对初迁来居时间不详，但仍能记得祖上于清末在县衙任职，担任类似"捕头"一般的脚差（职务）。

仰圣街和运粮街南段有东西向资福寺街相通，长约160米，因街北**资福寺**名。

资福寺，旧称冥福禅院、崇法禅院、冥福寺，位于岱庙东南、今泰安六中院内。民国《重修泰安县志》云："资福寺在城内岱庙东南，初名冥福禅院。唐开元（713—741）创建。后唐释智顺、后晋释志隐相继增修。伪齐刘豫时，释海岩重修，改称崇法禅院。元重修之。清乾隆五十七年（1792），知府徐大榕重修，易今名，并于寺东偏建岱麓书院，知府金棨记之。寺内有后唐长兴四年（933）及后晋天福五年（940）碑。"（卷二《坛庙祠宇》，第64页）

资福寺街今貌

民国李东辰《泰山祠庙纪历》所记亦详:"(资福)寺在岱庙东南路北,创于唐,相继拓修,庙址颇大。至宋,其西部为岱庙并。近年时常发现断残经幢,及大殿西南之无字石幢,皆其遗物也。在明曰冥福禅院,僧正居之。清乾隆间易今名。建有正殿五楹,过殿三楹,前置四经幢,后晋天福间立。"(山东省博物馆藏李氏手稿)

有传"先有资福寺,后有岱岳镇"。岱岳镇初置不详。五代后晋间,朝廷设置岱岳镇使及岱岳镇都虞候等官职,以掌镇事,"岱岳镇"之名始见于文献。(见后晋天福九年《蒿里山总持经咒幢》,《泰山历代石刻选注》,第117-118页)依民国《重修志》,资福寺创建于唐开元年间,至后唐长兴四年(933)《冥福院地土牒碑》的刻立已有200年左右的时间。文中详细列举了中书门下宣赐冥福禅院产业地土的条目,也记载了部分城寨、寨门、街路(南街、北街、西街、西南街、大郓州街、小郓州街)、寺庙(东岳庙、本院冥福寺、灵派侯庙、地藏院、南宫等)及官办机构、民宅等信息,可以想象当时这里以岱庙为中心,已经具备了相当大规模;而如此规模又不是短期内所能形成的。所以资福寺与岱岳镇孰先孰后,难有定论。同样,有资料考"资福寺是泰安城第一座寺院",似乎也难以定论(隋文帝时曾在岱下置岱岳寺,虽然不能完全确址,今人赖非推断在"山阳正路脚下不远的地方"也即老泰安城的位置)。当然早于老泰安城的设置是肯定的。宋开宝五年(972)将乾封县治(原在今旧县村)迁至岱岳镇,之后逐步有了泰安城。

资福寺的兴废反映着佛教盛衰。佛教自魏晋传入泰山，在与道教的相互排斥与融合中发展。隋唐五代间，由于当政者的支持，佛教在泰山的发展达到鼎盛。《冥福院地土牒碑》所列禅院产权范围，虽然已无法一一对照测实，但西达奈河，东至城外，恐怕是后来城内建筑所不能达到的规模。至后晋时期，有高僧志隐（镇州灵寿县人，俗姓裴）"召得施主李彦章等，特建钟楼经藏（赐书楼）"。志隐僧用十年之功，"变卷石为千峰之秀，导勺水为万流之源""凡写藏内经律论及圣贤传记等，共五千四百八十卷"。时有后晋天福八年（943）《东岳冥福禅院新写藏经之碑》以纪其事（碑原立冥福寺天王殿东偏南向，后佚），碑后列官宦名僧20余名。唐仲冕对此感慨："立碑列官累累，可见佞佛之胜。"（晋天福八年周元休撰《东岳冥福禅院新写藏经之碑》，见《岱览》卷十三《岱阳下》，第6-11页）宋代以后，泰山南麓佛教受到一定程度挤压，特别是金元之际全真教派兴起，泰山不少佛教庙产被强夺侵占。

资福寺经历代增建重修。至清乾隆五十七年（1792）知府徐大榕重修后，颇具规模。寺坐北向南，三进院落。经山门入前院，东、西有钟楼、鼓楼，正北为天王殿，祀四大天王（亦称四大金刚、护世四天王，为佛教名声赫赫的护法神）。再北为中院，有寺院主建筑大雄宝殿，面阔5楹，殿前置4石幢。大殿东、西设伽蓝殿（祀十八罗汉）和关王殿。再北为后院，有赐书阁和禅房等。寺建成后，居民邻寺而居，渐成街道，以寺命名为资福寺街，沿用至今。中华人民共和国成立前后，街面住户以赵、王、李、常等姓为众，另有孙、刘、田、路、卢、米、郑、佟等姓人家。

民国十七年（1928）山东省政府驻泰期间，资福寺遭严重破坏。塑像被掀除，大殿改作剧场，其余作宿舍仓库。古碑佛幢被移至门外，后又移入岱庙东院。民国三十五年（1946），寺内古树被伐，三十六年（1947），寺内建筑物被拆毁。今岱庙汉柏院幸存其旧经幢2座，一为后晋天福七年（942）《青州临淄□生幢子》，一为《佛顶尊胜陀罗尼经幢》（唐仲冕云"缘无年代、姓名，姑附五季之末"，或为后唐长兴四年），成为那个时代遥远的记忆。

后唐《冥福院地土牒碑》及伪齐《崇法院公据碑》

两碑所涉地名较多，是研究老泰安城的珍贵文献，附录如下：

文曰：敕中书门下宣赐冥福禅院产业地土。

第一段：在岳庙东，其地南至街，北至马司徒，东至姜二郎李子园为隔，东南至槐树，东北至张中舍。

第二段：西斜卧市近北街东面东北，东北至卞二郎，北至卞二郎，南至官省房，西至街。

第三段：清酒务西南至街，西南二至灵派侯庙，西至奈河岸，北至路，东北二至街，东至酒务界墙。内有霍二□郎王庙。今临街有税地，相至霍二郎宅，南至本院地，东至大郓州街，南自至，西至小郓州街。

第四段：寨西门里有街，南里裹角地一阙。

第五段：大寨内有地藏院，所居地基并拐子地计叁亩八分叁厘三毫，并系冥福禅院地基。

第六段：大寨里本院东菜园一座，计地玖亩大。

第七段：寨城东，东北路菜园一座，计地叁亩大。路南拐子地一角，计地壹亩大，东至翟家，南至道，西至成家，北至南宫地。

第八段：本院庄上菜院一座，计地伍亩大，四面自至。

第九段：宣赐冥福禅院税户□在昭告亭东，有庄，计地壹拾贰顷大，东至沙河，南至张中舍，西至王官人，北至成三郎。内有短头地，身在北边西北角；东北角至韩五郎、赵二伯庄南一段，肆拾肆亩大；东至张八郎；南自至；西至张二郎；北自至。雍家庄后有地一段，南至张教书，西至古道，北至东北角，二自至。

第十段：泰山下本院所止，地基南北长陆拾叁步，阔伍拾陆步陆分。乃殿后拐子地，东西长肆拾壹步□分，阔伍步陆分，约地壹拾伍亩大，并系赐到院地基。

右付冥福禅院。准此。长兴四年（933）九月二十三日（中书门下之印，落款人略）。

碑之下层为伪齐《崇法院公据碑》。

（前略）

一坊郭地三段。

第一段：东至姜三郎李子园，西至岳庙，东至街，北至张中舍。

第二段，西斛斗市近北街东面。东北至卞二郎，北至卞二郎，南至官口，西至街。

第三段：东至酒务界墙，南至街，西至漆河，北至大街。

一岱岳保。

第一段：东至沙河，东北角至韩五郎西南，南至成家。

第二段：东至张八郎，西至张七郎，南至道，北至雍家。

第三段：西至古道，南至翟官人，北至王官人，东自至。

第四段：寨城东菜园一座，约二亩半大；并路南拐子地约一亩大。东至翟家，南至道，西至成家，北至南宫地。

（前略）

阜昌二年（1131）二月初一日给（奉符县印）。

（后略）

两碑相距近200年，诸如"姜二郎""卞二郎""张中舍"仍在使用，人名抑或地名，是个很有趣的现象。（碑文据《岱览》卷十三《岱阳下》，第3-5页、12-13页）

徐大榕（1747—1803），字向之，号惕庵，武进县（今常州市）人，乾隆三十七年（1772）进士。同期泰安知县为嵇承群，无锡人，嵇璜（官至文渊阁大学士兼兵部尚书）之四子，任间施政以仁，人称"慈母"。两人于清乾隆五十七年（1792）重修寺院的同时，还完成了泰安文化史上的一件盛事——于寺址辟建**岱麓书院**。

按 据今人周郢考证，明代中叶已有岱麓书院，舍址在金山青帝观（今烈士陵园）之南。明隆万之际，翰林中书王之纲《泰山记》云："转北为一天门坊、孔子登临坊、天阶坊、飞云阁、中溪山、斗母殿。转而西为人祖殿、升元观、白鹤泉、酆都峪、眼光殿、青帝观、岱麓书院。又转而南为凤凰台，汉宣帝时凤凰集处。"又万历二年（1574），劳堪（明江西德化人，字道亭，嘉靖进士，仕至副都御史）《泰山记游》云："出泰安州郭西北里许，瞻礼青帝观，小憩岱麓书院，乘肩舆入普照寺。"可证明代已有岱麓书院。

岱麓书院在资福寺旧址东南。清人金棨《重修资福寺记》云："前郡守毗陵（常州）惕庵徐公（大榕）莅任之三年，抚寺（冥福寺）故址而慨然，爰鸠工庀材以复之。又以泰山书院在岳晏门外，移建城内，以便诸生诵习。因析寺址之半，为诸生书舍数十间，设讲堂于上，期年工竣。"（[清]金棨《泰山志》卷十《祠庙志》，第31页）民国《重修泰安县志》又载："岱麓书院，由泰山书院改建者也。乾隆五十七年（1792）泰安知府徐大榕就城内岱庙东偏冥福寺故址创修。规模宏大，堂舍轩敞。颜以今名。置灌庄漕河崖地三十七亩四分五厘，归入书院，招佃承种，以备士子膏火。"（卷四《学校教育》，第58页）

徐大榕所创建岱麓书院，与历代泰山书院一脉相承，心源相接，薪火相传。泰山书院先有北宋学者孙复、石介等初创，至清泰安知府姚立德、知县程志隆重建，又有徐大榕再襄盛举。"岱麓书院由泰山书院改建者也。"（道光《泰安县志》卷六《学校》，第 33 页）"乾隆五十七年，（泰安县令稽承群）奉郡守徐札，移建泰山书院于城内，改为岱麓书院，作养士子，人材为盛。"（民国《重修泰安县志》卷六《吏迹》，第 63 页）书中以"移建"示人，以宋理学为号召，是对泰山书院治学精神的继承与延续，是对泰山学派的发扬与光大。

至道光年间，岱麓书院渐颓。"旧书院亦变价归款，日久经费不足，废而不举。道光七年（1827）泰安县知县徐公宗干捐银一千两，又督学龚守正、按察使李文耕、济东泰武临道恩特亨额、泰安府杨惠元、济宁州杨嗣曾、新泰县夏建谟、莱芜县游昌灼各捐项，以及济南公馆变价，共银三千四百两，发当按年一分一厘作为膏火支用。徐公宗干酌定条规，定为每月初二、十六两课，每课生员分超、特等童生，分上、次巷[卷]，前名予以膏火。延聘名师为山长。所有修金分府属，各按季摊解。行之数十年，人才辈出，以视学宫之徒拥虚名，有霄壤之分焉。"（民国《重修泰安县志》卷四《学校教育》，第 57 页）在徐氏的倡导下，岱麓书院再度复兴，不但较好解决了办学经费问题，还建立了奖学金制度。一时学风大盛，人才辈出，闻名遐迩。

岱麓书院旧址

徐宗干，字伯桢，号树人，江苏南通人，进士。道光年间，徐宗干擢任泰安县知县，在任 10 年，政绩斐然。道光四年（1824）有兖沂土匪啸聚徂徕山林，号称"掖刀手"，为患甚烈。徐公亲带兵丁入山，严加搜捕，盗为衰止。徐公专以振兴文教为急务，整顿岱麓书院，创设醴泉义塾，编修《泰安县志》，保护秦篆刻石，勒《先师孔子行教像碑》，重修和圣祠，奉宋焘、赵国麟两先生入三贤祠（合称五贤祠），文风称盛一时。其他如免除往省城运送银两鞘车、免派阔布、自捐款修小车 150 辆等事，黎庶尤感颂之。去任之日，士民塞途相送，奉衣伞者络绎不绝，并以泥塑小像，奉祀于醴泉义塾中。后徐宗干累官至巡抚，卒谥"清惠"。（据光绪三十三年《泰安县乡土志·政绩录》，民国十八年《重修泰安县志》，1993 年《山东省志·泰山志》，周郢

《泰山编年通史》，2011年《泰安市泰山区军事志》等）

道光十四年（1834），泰安知府郭文汇捐俸重修岱麓书院。光绪十九年（1893），在泰安知府康敩的倡导下，"乃谋于众，首捐俸"，书院再次重修，"讲堂则仍而不易，祠宇门舍计修六十余楹，并置几榻，俾远来者便于栖止。庶事备举，轮奂一新"（［清］康敩《重修岱麓书院记》，见《岱粹抄存合编》（上）卷二《记述》，第34页）。

在岱麓书院举办过程中，不少社会贤达亦慷慨相助。如赵浣响应郡守徐公倡议，"首施别墅一处，并献大梁两架；徐公大悦，以为布施中领袖"（赵健平《十修泰安赵氏家谱记》）。再如杨玉成、贾桐等，于光绪十九年（1893）春奉泰安知府康敩之委，先修泰安文庙，再修泰山上书院、岱麓书院等。（据［清］康敩《重修岱麓书院记》，见《岱粹抄存合编》上卷二《记述》，第34页）

赵浣，字诗村，谷家庄人，赵氏第六世祖，赵弘文曾孙，赵元昌（举人）次子。以岁贡选朝城训导，后告休归老。性好施与，见族人中有贫不能婚丧者，乃置灌庄、冶庄良田百余亩以为义田，请族中谨厚者管理分配，并立碑于家庙。任职朝城期间，其访贫问苦，资助寒门孤贫学子，诸生歌以颂之。卒年89岁。（据民国《重修泰安县志》卷八《人物·乡贤二·孝义》，第43页）

清光绪三十年（1904），泰安府改岱麓书院为**泰安府中学堂**。泰安知府为学堂创办人，首任校长为知府段友兰。学堂建号舍20间，其他用室24间；购图书标本器具用银1870两。三十一年（1905），学堂设修身、英文、经学、国文、历史、地理、算术、体操等学科。三十二年（1906），知府吴筠孙扩建。"筹得经费五千余金，委郡人杨玉成、钱奉祥董其事，凡未定议者，精思而规画之；已定议者，改良而扩充之。"经过5个月的修缮，"屋舍修葺若干楹，添建若干楹，购置书籍，仪器若干种。此后诸生上课及阅报、藏书，均各有定所"（［清］吴筠孙《重修泰安中学堂记碑》，今碑仍立于原址）。清宣统年间，泰安开办教育会，增设于寺内（继移旧训导署，复移岱庙图书馆内，民国十一年停顿）。三十三年（1907）增设物理、化学、博物、法制等学科。

民国元年（1912），教育部规定官立中学堂一律改称"中学校"，减去"官立"字样。遂更校名为泰安中学校，并删减经学课程，增设图画学科。二年（1913）十一月奉命改为山东省立第五中学校。三年（1914）八月奉命改为山东省立第三中学校，并增设手工学科。（据民国《重修泰安县志》卷五《政教志》，第49-50页）十六年（1927）六月建立中共第三中学支部。四年（1915）十月，著名教育家黄炎培来校考察。八年（1919）五月六日，为声援五四运动，学校师生会同县立师范讲习所等校举行罢课游行，焚烧日货，提倡国货。十七年（1928）六月，国民党山东省政府在泰安成立，省政府秘书处设于校内；学校迁至慈善院，翌年省政府迁济后迁回。马鸿逵占据泰安城后，所属教导团又驻校内，占用校舍大部，与学生杂处，拥挤嚣乱。二十年（1933），学校创办《岫音》期刊。二十三年（1934）初，学校改名为山东省立泰安初级中学。同年，设3个级部、9个班，在校生300余名，颇具规模。学生用餐8人一桌，4菜供应，每月伙食折合小麦200斤有余，条件非常优越。同期学校还创办有《泰中校刊》，王景逸任主编。二十六年（1937）冬，因日寇入侵泰安，学校停办。二十八年（1939）日伪统治时期，校内设简易农村师范学校（1945年迁城西大关街白氏私立小学，因日本投降停办）。三十四年（1945），此处改为泰安中学。1953年，泰安师范学校迁入校内。原中学于1970年改为泰安师范学校中学部，1977年8月改为泰安第六中学至今。老校舍也在逐年改造中彻底清除。

全国人大常委会原副委员长楚图南曾在此任教，以教师身份为掩护开展革命活动。楚老为学校题词："发展教育事业，培养时代新人"。

资福寺街西段路南旧有**普济堂**，又称瞎子堂。清雍正十二年（1734）奉文倡捐，知州纪迈宜建房35间。此堂作为官办慈善机构，民国年间仍存，专门收养境内茕独无依的贫民，由政府提供食宿。开办经费主要依靠义田收入。时有义田3顷2亩5分，每年收租谷331担3斗6升，交当生息银1200两，每年生息144两，以供运营开销。1955年普济堂内10余名孤儿、盲童，移养于泰山教养院（今社会福利院），普济堂停办。

纪迈宜，字偲亭，文安县人。清雍正七年（1729）起任泰安知州。其整饬吏治，修建文庙，设义塾，建社仓，卓有政绩。针对困境人群，其向绅士富民劝募组建同善会，积蓄以备荒歉。"值大水汶河泛滥，迈宜相度地势，建议筑堤，近岸居民永免漂没之患。"（清《泰安县乡土志·政绩录》，第3页）

中华人民共和国成立前恤政及慈善事业小记

泰安作为天子巡望之地，众仙爱居之所，"遇凶荒则蠲赈，见穷困则抚柔"（民国《重修泰安县志》卷五《政教志》），历史上确有不少加恩优待、减免赋税的机会，有深厚的慈善文化传统。至清末民国时期，由于战乱和腐败，官府的救济抚恤往往徒有虚名，反而社会力量举办的慈善事业却得到蓬勃发展。现举要如次：

一是政府举办的救助机构。经费主要由政府负责。主要形式有养济院（民国仍存）、普济堂（民国仍存）、育婴堂（民国已无）、泽漏园（主要职能为寄顿客死及贫民无地之棺；民国已无，故旧泰安城内乱埋乱葬乱停棺的情况随处可见，准提庵西有义地一块，稍补此差缺）、贫民工厂（民国时设，初名感化院，民国九年更是名）、粥厂（光绪二十三年停办）等。

二是政府主导的救灾保障。主要有荒年粮价平粜，减免贩运交易税、粮食采买及商贩沿途关卡迅速验放、开放仓谷（常平仓、社仓）、放赈（主要以现金的形式发放，如光绪二年按极贫、次贫登记后，人均发放制钱五六百文不等）、劝捐（政府劝谕绅商富户捐赠，粮米银钱不限，并视情况对捐者给予表彰）等应急措施。

三是社会慈善事业。经费及活动主要来自社会力量捐助和参与。如民国时期在酆都庙旧址的慈善院，就是由社会力量举办的。义渡，旧时汶水少桥，多见义渡事迹。一在东乡逯家庄，一在东南乡北望庄，一在西南乡三娘娘庙，一在西南乡夏晖村，均由义民捐资举办。在大汶口，又有卢氏捐田数十亩，从济宁购船只，每逢夏天水涨，往来汶河载客，不取分文，实为善行义举。作为慈善组织还有民国十一年（1922）呈准政府立案的红卍字会，仿照西方红十字会，经费由社会募捐而来，在战地抢救伤亡中多有成效。清季，国外宗教团体进驻泰安城，传教的同时，也会开展一些慈善活动，尤以美国传教士安临来举办的泰山孤贫院为代表。做广义的慈善事业，还有历代乡贤举办的文化机构，一类是公益性的书院，如青岩书院（原名青岩居、青岩义社）、育英书院、泰山书院（下书院）、岱麓书院、徐公书院等。一类是义塾，如醴泉义塾、邵氏义塾、赵氏义塾（邑人赵化南捐建，知县徐宗干以"缵祖兴贤"颜之）、杨氏义塾、汤氏义塾（城南夏村，江西人刘汤氏捐建）、城子寨义塾等。当然更多的是民间慈善人士，发善心，行善事，不胜枚举，少见于志书，多见于家谱乃至邑众口碑。

资福街西段路北中华人民共和国成立前有**訾家花园**。其为一大四合院，设有厅房、配房若干，院内遍砌花圃围栏，四季花开弥香，故以"花园"名之。此院由北上高人訾益富在城内购地置办。訾氏在上高一带为大族，产业涉及花卉，辟建多个栽培园区，城里专置"花园"负责销售，产供销一条龙。由此亦可窥清季民国泰安城乡农业生产及城内坊间生活习俗。

运粮街与庙前街交会口向东至老城墙有一条200余米的长巷，**名法院街**，原名**考棚街**。原街名与考院有关。

考院，又名试院、考棚。以前泰安士子科试，需就校于济南。自州改府以来，泰安府隶有泰安、新泰、莱芜、肥城、东平、东阿、平阴7州县（东平为州）。人文蔚起，云布而星陈。每届岁科，文武应试者几近万人。"若仍就校济南，不惟跋涉多艰，兼于体制未协。"（[清]颜希深《始建泰安府试院碑记》，见《岱粹抄存合编》上卷一《记述》，第10页）创建泰安自己的试院已势在必行。清乾隆十九年（1754），在知府颜希深的倡议下，泰安官绅"皆愿捐己资不费公帑……旋共诸君捐清俸为之倡，而绅士之乐输者，皆渐次报有成数"（所引同上）。遂正方辨位，选址于城之东北隅。"其役则饬平阴尉姚秀元董之，而其事则遴绅士宋为熙、徐孔柱、韩承先、张朔、赵文龙、张元潆分理之。"（所引同上）越八月而工竣。其规模，"南北长五十三丈，东西广二十四丈，共得地二十一亩二分。中建堂五楹。堂之前，东、西为号，各长十七丈，深三丈；殷列号板三行，每行十二号，共号一千二百有奇。堂之后，莅事有室，栖客有庐，凡官廨应有之舍，靡不毕具。门外设隐壁，东西置辕门，树以栅栏，而总缭垣以樊之。丹腹黝垩，悉中轨绳"（所引同上）。试院内还置有"七柏一松轩"（轩前有七柏一松，乾隆四十九年山东学政赵佑视察时遂有此命名，并刻石以记；后松枯死，嘉庆二年，知县蒋予林补植一株；文人多题咏）。从此，泰安府所属士子就试于当地，而免趋赴济南之劳顿。

为纪念这项文化工程，人们将府署与考院之间的东西路命名为考棚街。

清光绪三十一年（1905），当局于考棚旧址创建**泰安府初级师范学堂**。民国元年（1912）改为山东省立泰安师范学校，裁撤后改办农业学校，四年（1915）改为泰安县乙种农业学校（同年十月，著名职业教育家黄炎培来校考察），十八年（1929）改为泰安县职业补习学校，设染织、商业簿记两个专业，招生76人（1931年停办），为泰安地区师范和职业教育的摇篮（《泰安地区志》第十一编《文化·教育》，第550页）。原建筑损毁，仅存20世纪50年代平房一座，为砖混硬山前抱厦建筑，东西长约46米，南北宽约12米，高5米，面阔11间，进深2间。今东部属泰安师范附属学校分校区

泰安府官立师范学校旧址，20世纪50年代建筑，今仍存

（小学），西部属岱东社区。

民国十七年（1928）山东省政府设泰安期间，于考棚内设高等法院检察处，同时成立**泰安地方法院**。两机构主要负责泰山以南、东至莒县、西至阳谷20多个县的二审案件及泰安县一审案件的司法审判、侦查起诉和监察判决执行。二十三年（1934）改为山东高等法院第四分院（简称"高四分院"），主要负责受理泰安、莱芜、新泰、蒙阴、肥城、东平、东阿7县司法审判。故考棚街又改称为法院街，一直沿用至今。

地方法院在办案期间，似乎甚失民心。民国十九年（1930）泰安"第三次南北军打仗"期间，晋军一度占领泰安城。"（六月）初二日，军人穷搜法院及县党部人员。法院人员溺职，藏案累累，道途侧目，经军人捉获，称快者不少。"（［清］王价藩《兵事日记》，见《泰山丛书》，曲阜师大图书馆1991年影印本）

法院街东段下坡斜南，当地居民又称**下崖子街**。

下崖子街北为**驯马场**，岱庙西驯马场又称东驯马场，俗称舍林子（旧时扔死婴的地方），可见那时的社会水平，即便不大的泰安城内也多荒凉野坡。

南北走向的运粮街、庙前街与东来的法院街、向西的文化街形成一处相对宽绰的十字路口。

文化街东与法院街相对，西至仰圣街（中段），长约140米。街道因毗邻考院以吉祥嘉言命名，当地居民又习称文华街。中华人民共和国成立前后，街面住户以李、王、刘、于姓为众，另有赵、庞、张、陈、薛、聂、岳、唐、卢、宋、魏、贾等众多姓氏人家。

文化街为清末民国年间泰安名士赵新儒故里。

赵新儒（1876—1952），即赵正印，字新儒，清光绪二十九年（1903）解元，后留学日本，任山东省教育会长、山东督府内政科长、山东省众议院议员等职，后隐居于峨眉山，卒于绵阳。赵氏致力于泰山文物保护与研究。民国五年（1916）、二十一年（1932），其率先捐资，两次重修和圣祠。中原大战期间，其倡议组建泰山文物保管会，上书山东省政府，呼吁修复受损文物。民国二十年（1931），其致书阎锡山，指责晋军对泰山古迹的破坏，并敦请阎部捐资修复；同年会同泰安县县长周百锽等修复岱庙围墙、天贶殿，对殿内壁画加以铁护栏，修缮中天门至南天门盘路、景点，募修二贤祠（鲁两先生祠）、包公祠。赵新儒曾于蒿里、社首二山的瓦砾中，搜寻宋王钦若《社首坛颂碑》碎石200余块，存之岱庙东御座。又与葛延瑛一起，见经石峪经字为石坡所掩，乃雇工人挖掘，得数十字，为石经佚字新发现。他还注意搜求历代文献，校勘《新刻泰山小史》（民国二十一年泰山书屋刊）、《泰山石堂老人文集》（民国二十一年泰山书屋刊），又有《新儒联语录》、《石经峪考》、《泰山灾石记》（未付梓）等，为泰山文化研究贡献颇多。

文化街北为**后营街**。此街东起庙前街和罗家胡同交会口，西至仰圣街（北段），长约 140 米。明代此处称营里街；清康熙六年（1667），朝廷在泰安设泰安营，此处作为泰安营之后营驻地，遂更今名。中华人民共和国成立前后，街面住户以李、张、赵等姓为众，另有孙、杨、卢、周、罗、陈、马、刘、郑、高、宋、韩、路、戚、葛等姓人家。

民国十七年（1928）六月国民党山东省政府在泰安成立时，后营街曾为省工商厅、农矿厅住所。此街又为原国民党华北先遣军司令陈冠德故里。日伪定陶县知事辛允让曾居于此街。

后营街与庙前街交会口原有**关帝庙**。

据《大清会典》，顺治九年（1652），清廷敕封关公为"忠义神武关圣大帝"。自民国元年（1912）关、岳合祀，名曰武庙。此庙创建不详，规模较大。日本侵占泰安期间，一度将此处作为"杀人场"；中华人民共和国成立前后曾为京剧团所在地；今改建为岱东社区居民楼。当地又俗称此庙为关帝庙中庙。上庙在红门西，下庙在关帝庙街。

除此三庙，城内外半数以上街面建有关帝庙，数量之多，居诸庙之首；但大多形制规模较小，属当地居民自建。不少地方还关帝、土地合建，以满足民俗信仰的需要。明人查志隆云"尤灵异"者，"其一在高老桥（泰山中路），其一在城内营里街（庙前街关帝庙），其一在东关大石桥（城东关帝庙），其一在州西南下张集（夏张关帝庙）。每遇大旱，郡人辇之来州，祷辄雨"（《岱史校注》卷九《灵宇记》，第 165 页）。

以上诸街名，除米廒街外，今仍存，较好地保存了老泰安城的文化风貌。

城内四

岱庙西主要有南北向西迎翠街、福全街、祥符街、北顺城街，东西向白衣堂街、福兴街、青龙街等。中华人民共和国成立后，以此片区包括南面的西升平街组建为岱西村，属泰安县第一区泰山公社。

西迎翠街为岱庙西南角至升平街一段，长约百米；又因街西为县丞署所在地，一名二衙街。

县丞署是县丞的办公机构，俗称"二衙门"。县丞作为知县佐官，一般由举人或贡生担任，也属朝廷命官，秩正八品，在县衙内仅次于知县，是"二把手"，故又有"左堂""二公""少尹""二尹"之称。泰安县丞署原在县署内偏东，乾隆间黄千人任职时已久圮，只得租借民宅办公。乾隆二十五年（1760）移此新建。迎翠街因此也有了"二衙街"的别称。

西迎翠街面仍存古槐一株。泰安城旧有"二衙街、大槐树"之说。

此街还有"金融街"之誉，街面银号星罗棋布。

▎西迎翠街今貌

街北头的"天泰"银号,在泰安较有影响。南京国民政府与冯玉祥的薪俸及部属之间的汇兑业务便定点在这里办理。该号创设于民国十一年(1922),由5家股东合资经营。其中吕端甫为城西李家庄人,清末秀才,财主加乡绅,人称"吕半朝";吴子成为城东邱家店士绅,大学毕业,省立第三中学老师,曾任冯玉祥的物理教师;其他股东也为知名财主。另外还有震东银号、永兴银号(二衙街南头路西)、天兴公银号(二衙街路口)、泰兴银号(二衙街南头路东)等。除本街面,再加上向东遥参亭附近的谦孚银号(1923年范姓创办)、裕丰厚银号(创设于1931),向西西门里诸银号,构成老泰安城的金融区。各银号均于民国二十六年(1937)因日本侵占泰安城而关闭停业。

西迎翠街老槐树今仍存

福全街以吉祥嘉言名,也是庙西最主要的一条街。街道顺岱庙西墙,南起西迎翠街(二衙街)、岳阳街交会口,北至北城墙,长约450米。中华人民共和国成立后北段曾被占堵,后复通。今与南面的西迎翠街(二衙街)合并为岱西街,南起岱宗大街,北至岱北广场。中华人民共和国成立前后,福全街有江、吴、王、李、耿、马、刘、路等姓住户。

白衣堂街东起福全街和西迎翠街交会口,西至老城墙,为一条长约百米的东西巷道。此街原名丝市街,因旧时为经营绫罗绸缎、棉麻布料的专业街而得名。民国年间商业凋敝,遂以街面白衣堂庙更今名。今大段仍存。民国年间曾设县政府第三科于此街。(据民国《泰山游览志·古迹》,第145页)中华人民共和国成立前后,街面有杨、赵、李、傅、孔、邢等姓人家。

白衣堂创建不详,祀菩萨。今仍存《白衣堂庙产碑》。

菩萨在佛教体系中次于佛,又称大士。观音菩萨即观世音菩萨(自唐因避李世民之讳去"世"字),在民间享有普遍信仰,尊号为"大慈大悲救苦救难南无灵感观世音菩萨",也称"圆通菩萨",赐宝莲花座,为南海普陀山之主。其祭祀场所在老城内外仅次于关帝庙。旧志云:"(观音堂)村村皆是,何暇枚举。"

福全街，北首向南

福兴街也叫福星街，中华人民共和国成立后曾改称复兴街，为福全街南段向西的一条东西巷道，大体与白衣堂街平行。中华人民共和国成立前后，街面住户以刘、李、孙等姓为众，又有苏、邢、卢、姚、关、翟、何、于、周等姓人家。岱西社区改造时，此街被拆除。

青龙街为福全街中段向西的一条东西巷道，大体与福兴街平行。中华人民共和国成立前后，街面有王、刘等姓人家居住。之后随着城市改造，原街并入岱西社区，街名弃用，向西虽仍通青年路，已难见"街"的特征与功能。

祥符街为白衣堂街与青龙街间的一条南北老街，中接福兴街，在今岱西社区西部，与东面福全街平行，长约200米。此街旧时以经营金银器而闻名，故又名镯锣巷。中华人民共和国成立前后，街面住户以展、王、宋、马等姓为众，另有张、白、负、于、刘、高、牛等姓人家。

"祥符"是宋真宗年号。宋真宗得天书于泰山南麓垂刀山，遂有泰山之行。为纪念这一封禅盛事，改年号为"大中祥符"，是年为大中祥符元年（1008）。作为街名，既因封禅旧事，又因此处北对当年得天书的垂刀山，带有鲜明的历史特征和丰富的文化内涵。

据社区居民，原祥符街在岱西社区规划时已改造为居民楼。今社区内有南北主通道，位于原祥符街东，老住户仍习惯呼之"祥符街"。

祥符街向西还有一条顺西城墙北段形成的街巷，称**北顺城街**，今并入青年路。

此大片区域内，原有不少规整雅致的四合院落，为府、县官员眷属居所，高墙深宅，青砖黛瓦，阶柳庭花，类似于现在的高档社区。一些外国人也选择在此居住。"西门里的建筑群是几名常驻牧师的住所,和一所教授英语及其他现代学科的学校。"(英国传教士慕阿德1908年见闻录,见《泰山编年通史》卷下,第1341页)听当地老户描述,原先在二衙街南北首各置一高大门楼,更显卓尔不群。

除上述古建筑外,二衙街西还建有**育婴堂**。位置大致在福全街和二衙街交会口西。清雍正十二年(1734),知州纪迈宜在资福寺街创建普济堂的同时,又于此构建救助未成年人的专门机构——育婴堂,捡拾弃婴,雇乳哺食。时有房屋16间,经费来源于普济堂的义田收入。经营者主要由政府遴选德高望重的耆老乡贤充任,谋其善事,悯恤生民。堂至民国已废。采访中,当地居民仍能说出此地原有西瞎子堂,是与东面普济堂(俗呼东瞎子堂)相对应的称谓,推测该机构或一直沿用至民国前。

二衙街路东,原为**永春堂药店**旧址。清光绪九年(1883),泰安永吉堂药店掌柜仇东岳与济南三益成药行掌柜缪永远共同出资,在二衙街租房近40间,合资开办永春堂药店。仇氏任经理。药店主营中药饮片,批发零售兼营,是泰安著名的老字号。

在白衣堂街、青龙街与福全街交会处,原来还各有一处**关帝庙**,规模不大,由周围居民筹资共建。

时代的变革,同样也反映在一隅的转化。清社既屋,民国新立,县丞缺裁,刘嵘(江苏盐城人,宣统元年三月任)成为最后一任县丞。署邸弃用后,于民国七年(1918)拍为民有。民国年间,泰安县商会成立,于白衣堂街购宅基地建大楼5间作为办公住所。十七年(1928),冯玉祥部第二集团军驻泰部队在育婴堂建立了一处平民医院。永春堂药店一度得到较好发展。二十二年(1933),药店将临街3间西屋改建为2层楼房,开设零售门市部,药店规模达到50余间,店员20余人,生意兴隆。日本侵占泰安城后,民不聊生,药店也随之萧条;二十九年(1940)在洼子街开办永春堂分号,但仍难挽颓势。泰安城解放后,药店迁至升平街。1956年,该店加入"公私合营";1969年与宏济堂、大关街药材门市部合并,沿用"永春堂"字号,并在青年路开办永春药店,隶属泰安药材公司。20世纪90年代初扩建东岳大街和建双龙地下商场时,此片地面古建筑被悉数拆除。

民国商会小记

民国元年(1912)五月,泰安县首设商会,作为泰安工商业的社会团体组织和行业自治机构。

商会设总董1人,会董30人,特别会董6人,文牍庶务各1人。商会经费分两种:一曰"入会捐",凡新入会者必须填注资本,例如资本1万吊者交钱20吊,多者依次递加。二曰"常年捐",凡入会各商家按资本多寡分五等,按月交付。另外还有应急临时摊捐的情况。

会所初设于遥参亭，后迁至西武庙财神会馆，并于民国二年（1913）建南厅房3间作为会场。十一年（1922）夏，商会再购城内西北隅白衣堂街宅基，建大楼5间作为办公处所。

商会于成立的当年九月设立大汶口分所，并组建商团。三年（1914）六月设立楼德分所；九月，商会进行改组，设会长1人，副会长1人，并设立西界分所。四年（1915）五月设立山口分所；九月设立官里分所。七年（1918）十二月设立车站分所，并协设站警警所，设警佐1员、兵50名。十三年（1924）八月设立公断处，作为调息纷争的专门机构。

历任会长由泰安知名商号老板担任。首任会长满广益（字子谦）为久大成杂货店经理，其东家则是赵家公馆赵尔萃。之后房庆程、宋源、车德骥、吕承绪等任会长，均为商界名流。

商会在维护商人利益的同时，纾民力，息纷争，筹赈款，也致力于城市建设，促进了泰安古城现代化进程。如在民国五年（1916）商会主持铺砌了升平街；民国十年（1921）重修顺河大街；民国十四年（1925）战事猝起，城厢军队往还，商会筹划供应军队并多方与军官接洽，使泰安城得以粗安等。（据《商会成立以来年表》，见民国《重修泰安县志》卷四《政教志·实业》，第36-37页）

福全街西，青龙街北，原青年路老政府院内（今泰山区委、区政府新址）有莲花庵、法华寺、长春观等古建遗址。

莲花庵 在青龙街北，原老政府院内东南部，创建于清顺治、康熙年间，历加修葺，并增建崇楼，内祀观音。乾隆十三年（1748）毁于火灾，尚存前殿数楹。（据乾隆四十七年《泰安县志》卷九《寺观》，第33页）至民国年间圮。

庵北为**法华寺**，创建于明万历二十九年（1601），祀韦驮菩萨。明、清多次重修，门内有万历二十九年肇和中所题"韦驮尊天"横碣。韦驮为佛寺守护神，列四大天王属下三十二将军之首。

寺西北为**长春观**，又名妙真观。此址元代之前不详，疑为佛教庙宇。1957年曾于旧址出土隋开皇十一年（591）《造像记碑》，记隋人张子初共邑义人等同修观音菩萨事迹。今人周郢推考或为隋岱岳寺旧址。元初知州张郁创建此观。金乡女冠訾守慎（赐号妙真）嗣法于燕京丘长春国师，后修真于此，赐号妙真观。至明清"女道士废绝久之，禅僧寄焉"（《岱史校注》卷九《灵宇纪》，第157页）。民国年间久圮。

丘长春，又作丘处机、邱处机，栖霞人，字通密，号长春子，金元间道士，19岁入道，师从王重阳，为全真教龙门派七真之一。"常居太山之麓，幼时相者谓其当为神仙宗伯，年十九师事王重阳，为七真之最。"（民国《重修泰安县志》卷十《人物志·名僧名道》，第70页）又明人查志隆云："丘长春，不知何许人，尝居泰山南址长春观，以全真为教，元赐号（原注：神仙）无为演道大宗师。"（《岱史校注》卷八《遗迹纪》，第128页）

岱岳寺及舍利塔

隋开皇元年（581），文帝敕令"五岳之下，宜各置僧寺一所"，后于仁寿年间又置舍利塔于寺内。因年代久远及后世毁佛运动，岱岳寺被涤荡无迹。

今人周郢根据隋代《造像记》（1957年在长春观旧址出土）、宋代陶制妙音鸟（1970年现于岱庙西花园温室与北城墙之间，其造型源自印度传说中"迦陵频伽"之神鸟，具有明显佛教特征）以及岱庙内佛教石幢（惟存座上西番莲纹）及《颂佛残刻》等，推考岱岳寺故址在岱庙西北，即长春观址。"其寺宇半被岱庙所兼并；及金元之际全真教派兴起，各地道徒大举侵占佛寺，岱岳寺残余庭院又被据为长春观。"（周郢《"岱岳寺"故址寻踪》）

隋代《造像记》史志均无记载，是泰山仅存隋代刻石。1966年置于岱庙炳灵门内陈列，1978年移岱庙后寝宫，1983年移岱庙东碑廊至今。此石刻于隋开皇十一年（591），六面体，高19厘米，系一观音菩萨像之底座，铭文刻于4个侧面上，皆正书。刻文云："大隋开皇十一年岁次丁亥二月癸未朔十九日辛丑，观音菩萨主张子初共邑义人等，同修大观音菩萨像一区。以此善因，上愿皇帝陛下祚延无穷，化等金轮皇帝；又愿父母师僧法界含识邑义人等，生生世世常□净土，善愿从心（以下信士题名略）。"（据《泰山历代石刻选注》，第64页）

岱庙大殿院西南有一石经幢，通高640厘米，"亦俗呼为无字碑"

旧俗称无字碑，一说岱岳寺所置舍利塔，今存岱庙

(民国《泰山游览志·古迹》，第77页）。幢身八角，由须弥座、幢身、宝顶三部分组成，文尽漫灭，能识西番莲纹。今人温兆金推考为隋文帝杨坚于仁寿元年（601）间在岱岳寺所置舍利塔。

关于舍利塔，高僧慧重受隋文帝派遣送舍利至泰山岱岳寺。初至则见舍利灵光闪烁，放至塔内更是五彩流光不断。岱顶有白气三道如流瀑漫泻，涌至岱岳寺，而寺门则无人自开。唐释道宣《广弘明集》卷十七《佛德篇》更云："泰州于岱岳寺起塔，舍利至州。其夜，岳庙内有鼓声。天将晓，三重门皆自辟。或见三十骑从庙而出，盖岳神也。舍利自州之寺，来至数里，云盖出于山顶，五色而三重，白气如虹，来覆舍利。散成大雾，沾湿人衣，其状如垂珠，其味如甘露。自旦至午，雾气乃敛而归山；分成三段，乍来乍往，如军行然。盖亦岳神之来迎也。"（[唐]释道宣《广弘明集》上海书店1989年版，第925-926页）

此处还有**养济院**，具体方位不详，旧志载位于旧城内西北隅，明代创建，时有房屋14间。

城内五

通天街北起遥参亭和双龙池,南至泰安门,与今财源大街接,长约400米。此街与城同修,是泰安城古老街道之一。

通天街一名景岩街,取义于"泰山岩岩,鲁邦所瞻"(《诗经·鲁颂》)。"岩岩"一语,足见泰山气象,是可知最早咏颂泰山的诗句。旧时向北空旷通透,立于此街,岱顶诸景历历可观。从方位上来看,此街为老泰安城纵轴线,北上过遥参亭、岱庙,正通岱宗坊、红门,顺盘山路可达南天门。约于清末年间,更名"通天",其意即由此街可直上泰山,直通天庭,是连通天地之际、神人之间的通道,寓意贴切生动。一说此处"天"为天贶殿,由此街经遥参亭坊及前、后门,过岱庙坊,进岱庙正阳门、配天门、仁安门,直达天贶殿,故曰"通天",亦为一解。

通天街为旧泰安城最重要的街道之一。民国《重修泰安县志》云:"城内遥参亭前,四民辐辏,最称浩穰。"(卷一《舆地志·城镇乡村》,第10页)

旧志之所以有如此高的评价,其一,此处为集散中心。其联通南北,辐射东西。此街南至泰安门,出城门与南关大街相通,为入城必经之道;北首与升平街相接,可达东、西城门。中间又东通英武街、财神庙街,西连府前街,可谓四通八达。其二,此处为政治中心。街西即县署,办公机要、断案诉讼、纳粮完税、巡按视察,皆出入此街。其三,此处为文化中心。街北首即遥参亭及岱庙。庙前是大型文化广场,祈福、还愿、说书、唱戏、杂耍者攘攘不息。每至节庆庙会,更是肩摩毂击,昼夜不息。其四,此处为商业中心。满街店铺林立,客栈栉比,行人车马,往来如流。作为旧时"八大香客店"之一的刘家香客店,即刘岱阳店,也在通天街上。中华人民共和国成立前后,街面住户以陈、刘、王、李、张等姓为众,另有贾、金、孙、马、侯、赵、湛、柳、于、尚、玄、

通天街旧貌 良友全国摄影旅行团、良友图书公司摄影部记者张沅恒摄于1932年,一说为日本间谍拍摄

霍、徐、安、吕、程、高、萧、翟、左、杨、袁等姓人家。

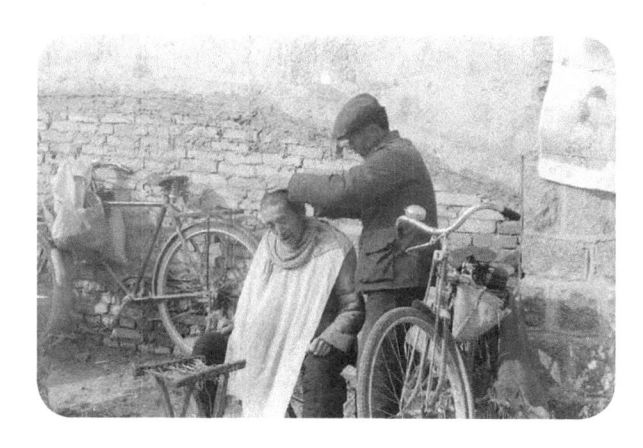

邑人柳方梧先生在《通天街今昔》一文中有述："街北口两边清末民初有饭店'美而廉''珍元居'，以后有'同合春''义和春''中华楼'等，街中有'会芳园''杨家扁食铺'等，街南段路东有'如意居''一间楼'等。街内有住肩担贸易者的小客店，有登山拜神的香客店。街中路东的'泰莱客栈'是住绅士、大贾和过路官员的。泰安城有名的'汶源隆''茂盛酱园'和'刘记洗澡塘'也在此街。"（见《泰安文史资料》，1986年第一辑，第125-126页）会芳园客座较多，较整洁，菜品以粉蒸肉、清浆软炸鸡为特色。稍北，岱庙前还有"泰一楼"饭店，菜品以黄焖鸡、八宝饭炒鸡杂、红烧豆腐为招牌。遥参亭处则有"兰芳斋"茶食店，较受士绅青睐。另有"三仙村""海明楼"等，均在岱庙至通天街一带。或明或暗，或大或小，则会有理发店穿插其间。其他各街巷也多有理发店，门上或灯上贴着统一的广告语："灯下剃头，向阳取耳"。弥漫着贴切而质朴的生活气息。（据胡复君《泰山指南》，第39页）

街头旧影，泰安市档案馆提供

一条街见证着历史，也记录着现在。民国十七年（1928），北伐革命成功，为纪念孙中山先生，此街曾更名为中山街。二十七年（1938），日伪政府又更名为新民街。三十四年（1945），抗日战争胜利，复名通天街。"文革"间又更名为跃进街。1981年恢复今名。中华人民共和国成立以来，多次对街面进行整修扩建。1984年进行大规模改建，重新铺筑花岗岩路面，两侧重建仿古建筑，改造成为一条步行街。

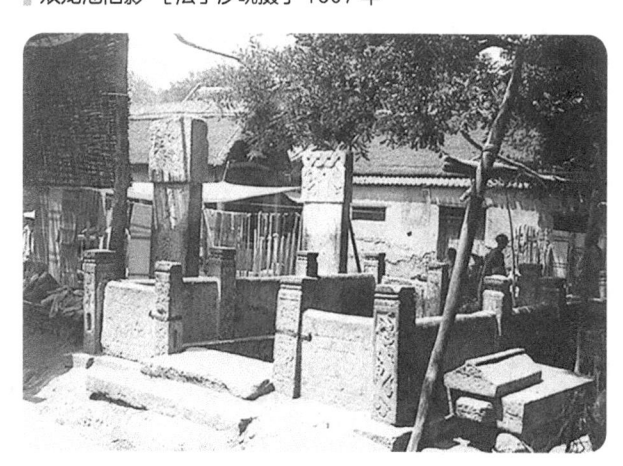

双龙池在遥参亭前，位于南北向通天街和东西向升平街"丁"形交会处。

自古"泰山耸然而特立，下则幽谷窈然而深藏，有泉潏然而仰出"（[清]曹潘澄《双龙池

双龙池旧影　[法]沙畹摄于1907年

碑》，候补知县傅锟代撰文）。然泰安城缺水，"民以城无蓄水为憾……得于城西数百步之遥（泰安城西打水胡同一带）"（所引同上）。清光绪七年（1881），泰安知府曹濬澄、知县曹钟彝以郡城乏水，捐俸倡修曹公渠。赵少瀛撰《曹公渠碑》有云："时太守曹老公祖、邑侯曹老父台来莅兹土……尤惓惓于水利之未兴……导流溯源，因势利导……以清流济万民。"渠成，士民以曹濬澄、曹钟彝二公名"曹公渠"。今环山路王母池下仍有其遗迹及"曹公渠""泽润生民"等刻石。又为双龙池，"导泰山之源，自王母池而下，环绕岱庙，贯注遥参亭前，结大池以停奔湍之势"（[清]曹濬澄《双龙池碑》）。

双龙池今貌

双龙池内景

双龙池碑，仍存

双龙池水由曹公渠出王母池，自城北门而入，由岱庙西南隅至遥参亭，注入池中，商民便之，"欢乐之象，感召天和"（所引同上）。

池由水池、栏板两部分组成，东西长 5.5 米，南北宽 3.6 米，深 2.4 米。以"水不在深，有龙则灵"，又因池东南、西北各置石雕龙首一个，故名"双龙池"。池北面正中栏板内侧有清光绪七年（1881）"龙跃天池"石刻。池侧立《双龙池碑》和《曹公渠碑》，均为光绪七年（1881）竣工记事碑。

曹濬澄，字晴轩，江苏如东曹埠人，光绪七年（1881）春到任泰安知府，十四年（1888）署理山东督粮道。其曾于光绪八年（1882）至十二年（1886）间主持修缮泰山盘路，上下平易，盘曲处翼以石栏，凡 2520 丈。登山者有恃无恐，履险如夷。今红门北小碑林处仍有其记事碑。

曹钟彝，字洪斋，江苏江阴人，清光绪初年出任泰安知县，为泰安良吏。民国《重修泰安县志》有传略云其"苦心爱民，勤于听讼，虽酷暑严寒亦日坐堂皇，求实情而成信谳，不两月颂声大作"（卷六《政教志》，第 64 页）。在前述水利工程中，其捐廉四千缗，"居民称便，号'曹公渠'，遂镌'泽润生民'等字于旁，以志遗爱云"（清《泰安县乡土志·政绩录》，第 4 页）。由此可见，曹公渠虽以"二曹"名，民心所向，实为曹知县。这可能与曹濬澄新任有关，其到任泰安前，此渠之兴建已在日程。

曹公渠、双龙池之成，还有赖于前太守增公（增瑞）、梅公（梅启熙）。二公以兴水利为念，然因擢任离泰而未能兴工。羽士张传彬具述水源，有功于工程设计。李三策等众绅士则董理其事，力图其成。甚至还有泰安城赵家公馆主人、傲徕山民赵尔萃等。赵氏在其民国五年（1916）斗母宫《天然池记碑》中有述："予自戊寅来游斯邑，见夫山巅涧麓，流水潺湲，随处涌现，酌之味甘如醴，乃一任其汤汤而去。而郡城内外，民间之饮苦食咸弗恤也。时铁岭增君芝田守是郡，予姊婿也，因怂惠其开渠引水，以便民汲，工未兴而去职。曹君晴轩继之，即今所谓曹公渠者是也。""戊寅"即光绪四年（1878），彼时便有开渠引水动议。

增瑞，字芝田，铁岭人，是赵尔萃的姐夫，在泰期间多有良政，曾重修岱阴玉泉寺，有"六朝遗植"（普照寺六朝松下）、"水流云在"（泰山云步桥附近）、"涛声云影"（对松亭附近）、"倚石听涛"（对松亭附近）等题刻，又延请画师绘《泰山道里图》五帧，补刊于清人聂钦《泰山道里记》前。

综上可见，曹公渠和双龙池的创建，发轫于清光绪四年（1878），至光绪七年（1881）功成于"二曹"，历几任府县，是社会各界齐心协力、共襄盛举的民心工程。

双龙池给城内居民用水带来极大便利，一直到 20 世纪 60 年代泰安城开始普及自来水才逐渐弃用，但作为一项惠民工程和文化遗迹一直保存下来。1992 年在池外围加筑汉白玉雕花护栏予以保护。

池西侧存古槐一株,树龄约500年,仍斜枝横逸、茂叶积翠,映入池水中更显千姿百态。

原在双龙池北侧还有**五三惨案纪念碑**。民国十七年(1928)5月3日,日军攻入济南,屠杀中国军民5000余,制造了骇人听闻的血案。翌年刚到任的泰安县县长宋宪章主持刻立此碑。碑体呈下宽上窄四棱形,正反两面隶书"济南五三惨案纪念碑";底座3层,中层正面刻"中华民国十八年五月立"。

此碑的刻立,与山东省教育厅的推动直接相关。山东省政府驻泰期间,省教育厅驻县政府东院。为纪念济南五三惨案一周年,十八年(1929)3月5日,省教育厅厅长何思源通令各县教育局局长和中等学校校长,修建五三惨案纪念碑,5月3日统一举行安放仪式,并定5月3日至9日为纪念周。双龙池纪念碑由省教育厅主持落成典礼。

何思源,山东菏泽人,曾暂代省政府主席,从民国十七年(1928)六月至抗日战争前期一直任教育厅厅长一职。三十一年(1942)任民政厅厅长,三十四年(1945)任山东省政府主席。

民国二十七年(1938)日军侵占泰安城后,城内民众将纪念碑埋藏于遥参亭南墙根下。1983年驻泰部队挖树穴时复得,再立于原址双龙池旁。2008年移入遥参亭内。

此碑有二。另一碑为民国十七年(1928)国民党山东省政府于同年秋立于岱庙天

| 泰安县立《济南五三惨案纪念碑》 | 山东省政府立《五三纪念碑》 |

贶殿院扶桑石南约 4 米处，后移置天贶殿前东侧，正面正书"五三纪念碑"，背面正书"中华民国十七年山东全省民众建立"。

通天街为明邑贤萧大亨的故里，**萧大亨故居**在街中段路西一片。

萧大亨（1532—1612），字夏卿，号岳峰，祖籍今江西省吉水县。其父萧乾因慕齐鲁民风，先迁济宁，再迁新泰放城，继迁泰安州城，北就岱庙而居。大亨 15 岁失怙。及长，"长身伟貌，烨之有威"。嘉靖四十一年（1562）以三甲第一百六十名赐同进士出身，即授山西榆次知县，由此出仕。后于万历间历任兵、刑两部尚书 13 年余，授太子少保。万历三十六年（1608），大亨致仕返回故里，居于通天街府第；四十年（1612）卒于家中，享年 81 岁；四十四年（1616）被朝廷追赐太傅。览其一生，可谓"四卓"：

一是卓有政绩。其参与督师出边，大败南侵的鞑靼敌军。任宁夏巡抚期间，曾单骑出塞调停，威震边塞诸部。在刑部兼理兵部事务期间，针对日本入侵朝鲜，坚决对日出击，平息战火，挽朝鲜于欲坠。

二是卓有官声。初任榆次知县，其赈济饥民，力除时弊，改革赋税，民众无不称善。离任之时，老幼攀辕泣下。在朝廷内斗中，面对政敌，其亦能秉公正义，而非落井下石，甚至敢触龙颜。

三是卓有孝名。隆庆六年（1572），正在户部任上的萧大亨上疏朝廷，返籍奉养老母。万历元年（1573），大亨在返乡离家五百里途中接到其母讣闻，散发跣足，日行百余里赶回家中，守丧 3 年，内外称孝。

四是卓有乡情。大亨心系乡梓，多行义举，曾捐资创建泰安文庙尊经阁，供学子就读。亲编《今古文钞》《文章正宗》等，以授诸生。在泰山文化方面用心颇多。隆庆四年（1570），泰山道士昝复明在凌汉峰下建三阳庵，大亨为撰碑记。万历二十三年（1595），三阳庵扩建，大亨为之撰《三阳庵新建门阁记》。主持移建岱东四阳庵，重修清虚观（今北新街南段），为岱阴碧峰寺撰《重修佛殿碑记》，为城西元君行宫篆额，为《泰安州志》（泰安知州任弘烈主持修纂）作序等。

大亨卒后，明神宗敕令在泰安城西南金牛山之阳（今岱岳区满庄镇萧家林村西）为其营建千秋佳城。万历四十五年（1617）竣工，墓地面积约 2000 平方米。1967 年墓毁。今神道石坊、华表及石人、石虎、石羊、石马等石雕仍存。萧氏祖林则在老城东北岱道庵村北。聂钦云："（箭竿峪）水南流迳虎山北，又东南绕明尚书萧大亨先茔侧，汇水为石马湾。"（《泰山道里记》，第 11 页）

萧大亨有二子一女。长子萧和中为夫人刘氏所生，次子萧协中为庄氏所生。

萧大亨是老泰安城的荣耀，也得到老泰安城的格外礼遇。除在升平街西首立有萧大亨"进士坊""恩褒坊"外，在通天街中段立有"宫保坊"，在萧府左右立有"三朝元老坊""两部尚书坊",中华人民共和国成立初尚存,1956年拆除。另在通天街东、武宁街中段路北建有萧大亨生祠。

入清,萧氏颓微。至清乾隆年间,萧氏府宅改建为泰安**县署**。作为旧时权力的象征和老城的监护人,这里再次成为令人敬畏而又瞩目的地方。

泰安自清雍正十三年(1735)升府附设泰安县后,设知县1名、县丞1员、主簿1员、典史1员、儒学训导1员,另设阴阳学训术、医学训科、僧会司、道会司等机构。乾隆四年(1739),知县李松在原萧大亨府第创建县署,初属旧居改建。至乾隆十八年(1953),知县冯光宿增修。四十二年(1777),知县张鸣铎增建。四十六年(1781),知县黄钤重修。之后难见修举,以至知县张延龄调任泰安时,所见"由门而堂,半就倾圮,而公堂尤甚,堂檐穿天,不知几历年所,至旁舍之颓然,更不胜指数"([清]张延龄撰《重修泰安邑廨记碑》,见《岱粹抄存合编》上卷二《记述》,第43页)。咸丰元年(1851),张延龄勉力兴修,进行了大规模的改造重修,基本定型最后规模布局。民国四年(1915),知县冯汝骥重修。

旧县署南起东、西牌坊。东坊(先张鸣铎建垣门,后由黄钤改作牌坊)额曰"奉高旧治",西坊额曰"梁甫名区",中设照屏。屏东有房,额曰"奉符旧迹"。屏西有屋数间,为讼者候潵之所。照屏北对大门3间。大门东另置守门役房1间,白夫房2间。经大门进前院。院东为土地祠,西为狱房,北为狱神祠,南为戏楼。前院北为仪门3间。仪门西又有皂役房3间,守门役房1间。过仪门,经甬道及"公生明"牌坊,北为月台。台上前为亲民堂3间、圈棚3间,后为致中堂3间。堂东、西库房各1间。堂后另置看堂役宅,门役、茶房等所居西屋3间。堂前两翼设六曹科房。科房北为马步快班房,南为皂隶民捕班房。再北为内宅院。院北为退思堂(涵春堂),堂西为内书房,堂东为庖厨等。

民国年间为县公署、道尹公署、县政府等。中华人民共和国成立后曾为县机关驻地。2007年起对此进行旅游开发,建有部分仿古建筑。今存清咸丰元年(1851)《重修泰安邑廨记碑》,知县张延龄撰文,原在旧县署内,今存于岱庙汉柏院东侧。

张延龄,字寿泉,江苏如皋人。清咸丰、道光间任泰安知县5年,多有惠政。咸丰年间其曾倡修城池,正遇捻军突至,四乡百姓数万人进城避难,军民固守,转危为安。今老县衙仍存其德政碑。

乾隆间,邑文人聂釸摹勒泰山秦刻石明拓29字本于县署土地祠《明太极图》碑阴。碑今存岱庙东碑廊。时岱顶秦刻石因火灾佚失,岱庙摹刻亦下落不明,此刻成为仅存镜本。

聂釸(1711—1796),字剑光,早年曾任泰安府吏,旋即辞去,专心治学。"读书好古,癖嗜山水。家徒壁立,环座图书萧然。暇日竹杖芒屩,穷山水幽阻处,采古今金石文。"（［清］李成鹏《泰山道里记·跋》）其穷30年光阴，著成《泰山道里记》一书。该书以路为纲，以山之脉络为文之脉络，"由近及远，由正路以及四隅，较若列眉"（［清］钱大昕《泰山道里记·序》），泰山脉络"历历如数掌上纹"（［清］李成鹏《泰山道里记·跋》）。最大的贡献在于"考稽精审"，以田野调查的研究方法，名所出则行必至。辨讹补缺，正前人所谬误，补前人所未详，详核可信，成为泰山研究必读的经典。著名学家钱大昕、姚鼐为之作序。该书首刊为乾隆三十八年癸巳（1773）聂氏杏雨山堂镌本。同年，朝廷诏开《四库全书》馆。四十七年（1782），该书收入《四库全书总目提要》，云："盖以土居之人，竭平生之力，以考一山之迹，自与传闻者异矣！"（据王传明《〈四库全书总目提要〉中的泰山要籍》，《岱宗学刊》2000年第1期）此书之后，聂鈫又著成《泰山金石考》。"今是编既出，犹有《泰山金石考》六卷。凡历代遗迹、碑制、方向及间有断缺者，须分别存佚，各为跋语，剖晰以注之。"（［清］聂鈫《泰山道里记》，第73页），同为不可替代的专著，惜佚。

县署向东隔通天街有守备署，再东为狱署，同属县署机构。

守备署缺裁后，于民国元年（1912）七月改建为**州前女子小学堂**。学堂创办人李春耕、于涵等。之后小学堂改称县立第三女子高等小学校，民国十九年（1930）改为泰安县立第五小学，中华人民共和国成立后改为泰安县通天街小学，现为泰安市第一实验小学。狱署于民国二年（1913）裁撤，除西偏部分划作女子小学堂外，大部于民国五年（1916）拍卖。

老县衙照屏西南一带，旧有赵弘文**梅花馆**故址，即其致仕后在泰安城内的宅第。

新泰知县卢竑（字元度，号澹岩，湖北蕲州人，顺治六年进士，官至江南布政使司左参政）多次造访赵弘文，并宿于梅花馆，数有诗作为记。其中《赵朴庵园庭谒吕祖真像二首》有云："仙枣亭前曾一逢，黄粱祠里再瞻容。仙灵处处长相值，何必蓬莱远问宗。"（其二，见《全泰山诗》清代卷一，第1051页）《赵朴庵先生留宿梅花馆》云："一窗幽梦对清魂，气借熏炉枕带温。自是神仙天上宅，春风夜夜满更园。"（所引同上，第1053页）又有施闰章（字尚白，一字屺云，号愚山，又号蠖斋、矩斋，安徽宣城人，顺治六年进士，曾任江西布政司参议、侍读等职）《泰安过赵侍御饮花下》云："海棠柱史堂前树，合抱双柯满院荫。共喜繁花舒醉眼，不劳白发损春心……门外岱宗青嶂逼，那能高枕废登临。"（所引同上，第1126页）清康熙二十三年（1684），圣祖康熙皇帝南巡至泰安，登岱后曾驻跸于此，召见弘文的后人。其中年仅13岁的丕昌进退有节，趋拜合礼，应对明慎，受到康熙帝嘉许，并赐以金帛。（据［清］赵国麟《文学子显赵公墓表》，见《岱粹抄存合编》上卷六《墓表》，第184页）"因卖梅花馆，族众皆乡居。"（乾隆五十六年赵浣《祠堂考》，见《泰安赵氏家谱》卷一，第104页）弘文后裔迁至范镇谷家庄居住。至县署创建，此处改建为马厂，附属于老县衙。

马厂内建有**马神祠**。马匹对古人极为重要，广泛用于军事、农业、交通等领域。《周礼》专设校人（马官之长）、趣马（养马之职）、巫马（知马神并医马之职）、牧师（牧马之职）等职。按制春祭马祖，夏祭先牧，秋祭马社，冬祭马步。"马祖，天驷房星也；先牧，始养马者；马社，始乘马者；马步，谓神之灾害于马者。"（《周礼·夏官上》，第136页；道光《泰安县志》卷七《坛庙》，第13页）清乾隆二十五年（1760），知县程志隆对马神祠进行扩建重修，增筑石台1座。四十六年（1781），知县黄铃改修马厂门，增修棚枥房舍。至清末由于交通方式的改良，驿站裁撤，马厂遂废。民国四年（1915），知县冯汝骥，也就是前面提到的那个大贪官，将此处改建为公园，旋即为保卫团驻在地。现早已为居民区所占。

清泰安县署主要组成（含驻泰及派驻单位）

县署。

县丞署。

主簿署，在县西南九十里安驾庄，清乾隆三十九年（1774）设，缺裁后署废。

典史署，在县署内西偏，民国二年（1913）改为典狱署。

训导署，在学官内，民国缺裁，改为教育局。

阴阳学训术署，在城隍庙西路北，与府正术共，缺裁后署废。

医学训科署，在遥参亭南路东，与府正科共，缺裁后署废。

僧会司，以所居寺观为署，民国缺裁。

道会司，以所居寺观为署，民国缺裁。

察院署，在参将署西，旧为抚按行台，久废；清乾隆七年（1742）改建府仓，又废，遗址于民国四年（1915）拍卖。

试院，在府署北，府、县共用。

通判署，在楼德镇，缺裁后署废，改为初级小学。

教授署，在学官内，缺裁后为师范讲习所址。

泰安参府署，在城内东南隅，旧为分守道署，缺裁后于民国七年（1918）拍卖归民有。

守备署，在遥参亭南路东，缺裁后于民国七年（1918）呈准为女子小学校址。

把总署，在关帝庙东，缺裁后于民国五年（1916）拍卖归民有。

协防署，在刘猛将军庙西，缺裁后于民国七年（1918）拍卖归民有。

官里汛署，缺裁后于民国六年（1917）拍卖归民有。

尧山汛署，缺裁后于民国六年（1917）拍卖归民有。

演武厅，旧在城西二里许，清乾隆四十六年（1781）改建于南廓外，后废为苗圃。

（上述据民国《重修泰安县志》卷二《公署》，第44-47页）

民国泰安机关团体（含驻泰及派驻单位）

泰安县政府，在南门内。

泰安县党务整理委员会，在东升平街。

泰安县政府第三科，在白衣堂街。

泰安县政府第四科，在关帝庙街。

泰安县政府第五科，在文庙内。

法院检察处，在法院街。

度量衡检定分所，在商会内。

合作社指导所，在和圣祠。

长途电话事务所，在县政府第四科东偏。

第一矿政局，在纸坊街。

第二林区事务所，在卧龙街。

营业税局，在盐行内。

印花税局，在运舟街。

烟酒税局，在西迎翠街。

长途电话分局，在双龙街。

泰安县公安局，在县政府南偏。

民团大队部，在县政府内。

地方法院，在法院街。

中山市场保管委员会，在岱庙东华门。

电报局，在西海子崖。

邮政局，在下洼子。

第一区公所，在县政府旧土地祠。

平民工厂，在岱庙内。

民众教育馆，在遥参亭内。

商会，在福全街。

农会，在旧仓廒花园。
建筑工会，在灵芝街。
理发工会，在上河桥。
五金工会，在电灯公司内。
搬运工会，在车站。
铁路工会，在火车头房。
赈务工会，在岱庙东华门内。
红卍字会，在灵芝街南口。
教育会，在文庙内。
妇女协会，在县党部内。
区自治协进会，在商会内。
律师公会，在西太尉街。
民众信用无限合作社，在商会内。
四隅各联庄分会，各在该隅内。

（上述据王连儒《泰山游览志》，第144-146页）

通天街北段路中，原有明邑孝廉举人**安科科第坊**。民国年间已久废。

安科，民国《重修泰安县志》有其传略云："嘉靖丙午举人，授镇江府通判，治行卓异。视篆无锡，当道异其才，以丹徒、丹阳、武进、宜兴四县并属之，一时父老咸称神明。江寇周至廉率众数千作乱，水道堵塞。科逆战获之。升河南陕州守。渡江，见大炬百余往来，江岸隐隐有哭声。科祷曰：'年来倭逆犯顺，江北将士阵亡者多，尔欲仗我归籍耶，果尔登我舟。'祷毕，群炬果附舟得渡。其精诚格鬼神如此，解组（辞官致仕）归，施棺千余，以瘗遗骸。年八十五卒。"（卷八《人物志·才猷》，第11页）卒葬城东安家林。

通天街今貌

由此可见，安科不仅做官出色，还能通鬼神，当为一代传奇人物。

通天街南首接**泰安门**。

泰安门以泰安城名，习称南城门，也是老泰安城的正城门。关于"泰安"最简明扼要的解释便是"国泰民安"。"愿天下人泰，泰山始是泰。愿天下人安，泰安始是安。若是一人不安，便是泰安不安。若是一人不泰，便是泰山不泰。"（［清］元玉《国泰民安铭》，镌于普照寺元玉造像石）中华人民共和国成立后城门拆除，原址今立石坊。坊联云："泰山通天拔地经万世沉浮永安四海；岱庙擎日捧月历千年沧桑光照九州。"

泰安门向里一段称**南门里**。

城内六

城内升平街以南，以通天街为界，大体分为东、西两部分。

东部，有东西向关帝庙街、龙王庙街、财神庙街，三街首尾相连，又将这片区域大体分作南北两部分。三街北，自东向西主要分布有南北走向的南顺城街、振文街、卧虎街、卧龙街、东施家胡同、西施家胡同等；三街南，主要有南北走向的棋盘街、望山街等；再南，还有英武街、中顺城街等东西向街道。中华人民共和国成立后，将以上诸街巷及北面的东升平街组建为和平村，属泰安县一区泰山公社。

关帝庙、龙王庙、财神庙三街片区今貌俯瞰　徐勇摄影

此片区位于泰安府署前，是城内最主要的居民区，人口稠密，街巷纵横、瓦舍连叠，贩夫走卒往来其间；间以寺庙相望，钟磬相闻，善男信女出入其中。时空相隔，至今仍可窥旧时代城市生活的那一抹印记。

南顺城街是东门里向南沿城墙展开的一条街巷，长约140米。中华人民共和国成立前后，街面有郭、白、刘、韩、黄、燕、石、范、陈、鲍、陆、田、纪等姓住户人家。老城墙拆除后，此街并入虎山路。

南顺城街西为**振文街**。此街因街北正对文庙而得名，北起升平街，向南与棋盘街、关帝庙街3街交会，长约140米。今此街并入升平小区，北段为建筑封堵，仅余南段约50米巷道可见。中华人民共和国成立前后，街面住户以王、陈、刘姓为众，另有吴、铉、俞、汪、程、张、宋、段、周等姓人家。

原振文街南首路东有**张仙庙**，在旧城东门内西南方位。庙创建不详，祀张仙，又称送子张仙，民间俗称张仙爷，为道教送子助平安的男性神祇，类似于送子娘娘。旧时民间常将张仙画像张贴于屋内烟囱左侧，其形象左手持弓，右手持弹，防天狗由烟囱钻入伤孩童。关于张仙原型，一说为五代四川眉县张远霄，一说为后蜀君主孟昶。宋代苏洵在《题张仙画像碑》中曾说自己无嗣，求之张仙，则得苏轼、苏辙二弟兄（"洵尚无嗣，每旦露香以告，逮数年乃得轼，又得辙，性皆嗜书"）。

振文街向南为**棋盘街**。此街南北折东走向，东接南顺城街，长约120米。今并入升平小区，为居民楼所占。关于街名由来，一说街北首原有大平石，上刻棋盘，故名。一说此街曲折，房屋错落如棋盘，故名。民国《重修泰安县志》以振文街与棋盘街为一街，《泰山区地名志》（1995）记作两街，询之当地居民，亦作两街。中华人民共和国成立前后，此街居民以牛、刘、杨姓为众，另有宋、戚、徐、赵、萧、聂、李、石、杜、王、周、苏、于等姓人家。

振文街西有**卧虎街**，一名登龙街。再西有**卧龙街**。

卧虎、卧龙两街北接升平街，东西相应，分列府署前左右位置，是府署向南的重要街道。关于名称，一说因其方位，与泰安府衙有关，左右呈藏龙卧虎之势，主生发。一说来泰皇亲眷内多居于两街，非龙即虎。卧虎街还有一说，清同治间泰安知县何毓福曾居此街，其于任间曾捉拿慈禧太后心腹太监安德海，不惧太后雌威，乃虎胆义士，故名。今两街属升平小区，仍存，街名仍在使用。据当地居民，今卧虎街较原街略有西移。中华人民共和国成立前后，两街有李、张、马等姓住户人家。

卧龙街向西又有两街并列，即**东施家胡同 / 西施家胡同**，又称施家东巷、施家西巷。两街北起升平街，平行向南，长约180米。清顺治年间山东布政使施天裔家族世居此街，故名。后各姓杂居，不掩繁华，属于民宅的"黄金"地段。中华人民共和国成立前后，东施家胡同有汪、李、张、徐、刘、吴等姓住户，西施家胡同有张、于、宋等姓住户。今东施家胡同被军休所占堵，西施家胡同仍存。

施天裔（1614—1690），字泰瞻，号松岩，先世章丘人，明洪武初迁居泰安，累世为泰安城显族。施天裔为家中长子，8岁失怙，与弟弟一起由外祖父贾氏抚养成人。归来时父亲已另娶刘氏并生子。如此，施天裔弟兄3人。天裔21岁时娶妻周氏。崇祯丁丑年（1637），天裔到城郊探视外祖父，适逢清兵入境，遭遇逻兵，被掠去带至关外。其中途生病，幸遇周姓官员收留，并随周姓，入旗籍。"适衡文者至，以周姓应童子试，辄冠军。"（[清]李天馥撰《施公泰瞻暨元配诰封夫人周太君合葬墓志铭》）

"迨世祖章皇帝膺符定鼎，公应运从龙，得归故里。"（所引同上）时间在顺治元年（1644）。天裔从被掳至归乡有近8年的时间。这期间老家也发生了巨大变化。父亲去世，继母携子还奔母家，外祖父被害，夫人周氏无所依，几欲寻死被救。天裔回到家里时，已空室无人。久经寻访，才找到周氏住处。"急入室，夫人惊避之。盖公八年关外，气体语言衣服悉大异往时。公悟其故，急述其平生，继以泣。夫人谛听熟视，始哭而迎之。一时观者感激流涕，以为此重偕皆夫人节孝所致也。"（所引同上）

旧志关于施天裔夫妇重逢的记述与《墓志铭》有异，更富传奇，且留有"过麦认亲"之谚语。天裔去后，施夫人忍饥寒以待百苦，逢麦收到其母兄地里捡麦穗，竟遭呵斥驱逐。施夫人以兄妹至亲为言。其兄讥之："过麦方认亲也。"数年后，乡人皆传天裔已死，施夫人之兄强行将她卖与金姓人家。施夫人至金家方知被卖，以头触墙求死，被金家一顿乱打。危急关头，有车马护卫涌至门口，施天裔寻亲的车队恰巧赶至。夫妇团聚后，母兄登门探亲，施夫人叹曰："已过麦乎？"施天裔人生传奇及施夫人坚贞苦守向为旧城坊间美谈。（据乾隆四十七年《泰安县志》卷之十《烈女·贤淑》，第3页）

顺治四年（1647），施天裔"由旗明经任睢州牧，时征税尚无定额，天裔清丈减赋，民皆德之。累迁至山东布政使，历二十四年，多惠政。升广西巡抚。寻致仕"（民国《重修泰安县志》卷八《人物志·乡贤》，第12页）。从顺治十六年（1659）至康熙二十二年（1683），天裔任山东布政使长达24年之久。任间饮冰见志，多有惠政。其间屡次对泰山古迹进行重修增建，所建岱庙坊至今仍是无法超越的经典。

康熙四年（1665），皇帝恩准天裔恢复本姓，并对其祖父母、父母给予恩褒封赠。今城东南施家结庄仍存其祖、父恩褒石坊及两碑刻。石坊为四柱三间三层，上额题"恩荣"，中额题"龙章褒赠"，下额题"诰赠通奉大夫山东布政使司布政使施所学施可兴"。坊北东、西各有一碑，龟趺螭首，同立于康熙六年（1667）十月十六日。东碑为追赠施天裔祖父施所学为通封大夫、山东布政使，祖母张氏为夫人的谥号碑；西碑为追赠施天裔父施可兴为通封大夫、山东布政使，母贾氏为夫人的谥号碑。

康熙二十四年（1685），施天裔蒙恩赐归故里。二十九年（1690）卒，葬于坊碑附近。1966年，当地群众曾掘到其墓室，挖出其夫妻合葬《墓志铭》（后毁）。施天裔子朝辅，字长人，以父荫仕至江常镇道，诰授中宪大夫。（据道光《泰安县志》卷之八《荫袭》，第43页）

民国十七年（1928）曾设山东省**交涉署**于东施家胡同景姓宅第。

省交涉署的设立略早于山东省政府在泰安的组建，背后为一起惨烈事件。

交涉署是民国时期在外国人较多的省份或地方设立，负责处理外事、侨务、出入境等工作的专门机构。山东有之，设在济南，称山东交涉公署。民国十七年（1928）5月3日，日本军队在济南制造了灭绝人性的"五三惨案"。国民党元老蔡公时赴任山东交涉公署不足一天，便被闯入的日军杀害，其他十几名公署同事一并遇害，现场极其惨烈。此时的泰安，国民党北伐军刚刚打跑张宗昌、孙传芳联军，占领泰安城，满城军民正在庆祝战争胜利。惨案当日，济南外交后援会派代表团到泰安披露惨案真相，呼吁反对日本人的侵略行径。愤怒的学生和群众上街游行，街头贴满蔡公时被割耳挖鼻的油彩画，抗日情绪一点即爆。高层方面，蒋介石会见冯玉祥，一边请冯继续北伐，一边派员与日军交涉，并在泰安再设交涉署。5月8日，蒋介石乘专列至泰安火车站，在斗母宫研究军事部署。其间收到驻济日军5项通牒。当晚蒋介石授意陈立夫起草6条答复意见，接受日军条件，将北伐军撤至泰安一线。接着国民党在泰安组建山东省政府。再经交涉署交涉，中日两国政府于翌年3月在南京就"济案"签署协议，日军在两个月内撤出济南。之后，驻泰安的交涉署先期移驻济南。5月，山东省政府便兴师动众地迁址济南了。

济南"五三惨案"后退到泰安的伤兵，所在街道为大关街　佚名摄影

西施家胡同南首原有**德天主教堂**，创建于民国六年（1917）。

天主教进入泰安较早。明崇祯十一年（1638），传教士龙华民来泰安传教。清顺治七年（1650），济南天主教传教士到岱岳区满庄布道，信徒渐多。鸦片战争后，该教成为帝国主义侵华工具，与当地屡有冲突。捻军在泰境期间，打击天主教会，迫使传教士逃匿，教务中断。光绪八年（1882），天主教在济南建山东北境总堂。泰安教务隶属总堂，并渐由德国传教士接管。二十五年（1899），义和团运动兴起，德国传教士逃遁。二十六年（1900），清廷迫于压力，令各地关闭教堂。时毛澂任泰安知县，庚子奉令封闭教堂，公（毛澂）知系仇教者所为，暗令西人迁移，查封严守。事平，教堂无所损失，无他县赔偿之苦。朝廷无能，国力羸弱。作为一名基层官员，毛公此举也算对时局的清醒判断和无奈应对。二十八年（1902），德国人重回泰安设教，于民国六年（1917）在西施家胡同建中心教堂，时泰山区境发展天主教徒1800余人。日军占领泰安期间，由于德、日同属轴心帝国的关系，天主教会得到日军庇护，势力迅速扩张。民国二十七年（1938），天主教会在西施家胡同南首创办了**育德小学**，设一至六年级，学生百余人，一直到民国三十五年（1946）泰安第一次解放后停办。其间还在宁阳县城创办一处崇正初级小学，在宁阳南驿中街创办一处辅仁初级小学等。后均被停办拆除。

西施家胡同再西为通天街。

以上诸南北街道南首，有3条街道自东向西斜南横贯。

东为**关帝庙街**，长约240米，因街面有关帝庙名。街北与南顺城街、振文街、卧虎街、卧龙街相接。中华人民共和国成立前后，关帝庙街居民以李、陈、宋、徐、孙姓为众，另有吴、贾、杜、姚、仇、赵、葛、于、郭、汪、蔡、刘、范、安、申、毛等众多姓氏人家。

中为**龙王庙街**，长约170米，因街面有龙王庙名。街北与东、西施家胡同接。中华人民共和国成立前后，街面住户以孙、李、邰、萧姓为众，另有郑、黄、颜、纪、刘、王、赵、宋、耿、谢、张、钱、何、姚、湛、马等姓人家。

西为**财神庙街**，南北东西走向，呈"┐"形；南段接英武街中段，西段接通天街中段，总长约190米；因街有财神庙名。中华人民共和国成立前后，街面居民以刘、宋、王、周姓为众，另有谢、高、于、任、徐、许、邢、郑、焦、杨、袁、陈等姓人家。

今3街属升平小区，统称升平街，可认为对旧升平街并入东岳大街后的街名沿用。

关帝庙又称西武庙，与城东关帝庙相对应。该庙位于关帝庙街和振文街交会处、张仙庙西侧，原为会真宫旧址。

会真宫，旧称奉高宫。宫初

中华人民共和国成立初的市民生活，泰安市档案馆提供

建不详，一说创建于汉。宋真宗东封驻跸于此，斋于宫之穆清殿，宴群臣父老，并更今名。后增置玉皇殿，旧志称其"宏丽轩敞"。原有李白、吕纯阳诗刻。元人张志纯曾修真于此。

张志纯，初名志伟，字布山，号天倪子，又号布金山人，元泰安埠上保（今山东肥城安驾庄镇张家安村）人。其12岁入道，居泰安城会真宫，师从崔道寅（字元甫，号真静，王重阳再传弟子），曾任东岳提点监修官兼东平路道教都提点，道行高迈群辈，赐号崇真保德大师，授紫服，世称泰山天倪布山张真人。其对泰山建筑特别是道教建筑有杰出贡献，曾主持创建或重修南天门、东岳庙（岱庙）、蒿里山神祠、升元观等；多次受到元世祖诏对；与元好问、杜仁杰、徐世隆、王祯等名士交好。元至元二十八年（1291）前后，张志纯卒于会真宫，终年96岁。遗偈有云："百尺竿头进步，蓬玄洞府去来。"（《泰山编年通史》卷中，第569页）

至明"所存者仅玉皇殿三间，堧（ruán）基卑下"（《岱史校注》卷九《灵宇纪·任式记略》，第145页）。明成化十八年（1482）重修昭真观、玉皇殿，任式为之记。明人查志隆云："有吕洞宾诗二首手书石刻，并李太白诗四方碑刻（《游泰山诗》六章），俱古雅可玩。""吕洞宾诗二首"即吕氏《书王母池》《再书王母池》诗，与王母池吕祖洞诗字均同，由好事者摹于会真宫。吕洞宾诗刻镌于天然浑朴之流石上，后移置于岱庙，佚于民国十七年（1928）；李白诗刻嵌于庙（会真宫之后的关帝庙）门内壁，也于民国十七年被驻军所毁。明万历二十二年（1594）秋，会真宫毁于大火。今惟余宋熙宁十年（1077）种名逸的《会真宫诗》残碑3枚，保存于岱庙文物库房院内。

关于关帝庙创建，清人聂鈫云："万历二十二年（1594）八月初七日，（会真）宫悉毁于火，仅存志纯偈颂勒壁，后即故址改建关帝庙。"（《泰山道里记》，第48页）民国李东辰《泰山祠庙纪历》云："（关帝）庙在城里东南隅，南向，会真宫故址也。明万历二十二年秋（会真宫）玉皇殿毁后建之。"（山东省博物馆藏李氏手稿）

细考关帝庙之设，当在会真宫遭火灾之前。道光《泰安县志》云："关帝庙，在府治南（即关帝庙街），明万历十七（1589）重修，国朝知县邱恩荣拓建。"（卷之七《坛庙》，第12页）。民国《重修泰安县志》云："清知县邱恩荣拓建，嘉庆二十三年（1818）重修。"（卷二《坛庙祠宇》，第62页）可见，此庙创建早于明万历十七（1589），庙址在旧会真宫之北，万历二十二年（1594）会真宫大火时便已存在。入清，知县邱恩荣"拓建"，扩大关帝庙规模，遂将会真宫旧址并入关帝庙中来。

邱恩荣，字澳南，汪集镇（今武汉市新州区）人，进士，乾隆三十年（1765）由莱芜令调泰安，"仁明慈惠，政简刑轻"，擢吏部验封司员外郎，后授衡州府知府。（据道光《泰安县志》卷十《宦迹》，第10页）

扩建后的关帝庙设前、后大殿及配殿,在泰安城关帝庙中最为壮丽,为官方祭祀关帝的"定点单位"。清顺治九年(1652)敕封关公为"忠义神武关圣大帝",每岁五月十三日致祭。雍正三年(1725)诏令天下郡县春秋祀关帝以太牢(牛、羊、豕三牲大祭),并追崇其三代祖,封曾祖为光昭公,祖为裕昌公,父为成忠公,置神主于后殿,一体致祭。祭礼一如文庙之仪。(据道光《泰安县志》卷之七《坛庙》,第12页)至民国初期,仍"建有大门,阁楼,大殿,东、西配殿,庙前蹲石狮二,东有井一眼。东院张仙祠,殿三楹。民国十七年(1928)除塑像,改充建设局,假阁楼测气象。卅四年(1945)伐尽庙树。至卅七年(1948)屡经战役,木料砖瓦拆作军用,民取其余。今存正殿将颓,阁楼尚有南墙立柱及门前石狮,院内破瓦残墙,隙种秋禾"(李东辰《泰山祠庙纪历》,山东省博物馆藏李氏手稿)。又,"己巳年(1929)正月十八日,关帝庙改大门为屋,壁间石碑在东者破碎不可收拾,在西者尚存其一,在庙西李家寄存"([清]王价藩《兵事日记》,见《泰山丛书》,曲阜师大图书馆1991年影印本)。1960年,关帝庙改建为教师进修学校。后拆除。

关帝庙街东段南侧、今泰安军分区院址原为**参府署**,又称参将署,缺裁后于民国七年(1918)拍卖归民有。今无存。

龙王庙位于龙王庙街和卧龙街交会口西北侧,今泰安建设银行址南。庙创建于清乾隆三十年(1765),祀白龙渊济公、风伯雨师等。

龙王是中国古代神话中统领水族的神祇,掌管兴云降雨,属四灵(龙、凤、麟、龟)之一。泰山西南麓有白龙池,在建岱桥北、百丈崖下。明人宋焘《泰山纪事》云:"古传白龙化为美丈夫,为岱南一田家佣,复赘为壻(婿)。善灌园,每夜浇田,蔬畦皆满,绝不闻辘轳声。邻人异之,从垣隙窥视,乃见白龙长可数丈,银鳞万点,寒光夺目。半身探入井中,汲水而出,一吐盈数畦。其人惊仆几死。诘旦,遂喧传矣。龙知事泄,乃辞去。语其室人曰:'家在傲来峰百丈崖下。'今白龙池是也。嗣后,祷雨屡应。"(卷三《人集·渊济公》,第3-4页)宋元丰五年(1082),神宗皇帝封白龙为"渊济公",并在池畔建神龙祠。清乾隆三十年(1765),知县程志隆以白龙池渊济公祠久废,始建祠城中。嘉庆十七年(1812)移供渊济公于庙东风神庙,风伯雨师复还风伯雨师庙旧址(城东),再将刘将军移供于此。清宣统二年(1910)于此设高等小学堂。民国十七年(1928)十月山东省政府驻泰安期间,开展拆庙毁神破除迷信运动,将庙内神像抬出,大殿改作礼堂。三十六年(1947)全部拆毁。

龙王庙西有**刘将军庙**,又称刘猛将军庙。旧在龙王庙街北,今泰安军分区第三干休所址。此庙原在遥参亭西,清雍正三年(1725)知州吴曙创建,乾隆十七年(1752)冯光宿重修,嘉庆十七年(1812)移供于此。

神名一说为元明之际刘承忠,吴川人,"元末授指挥,弱冠临戎盗,皆鼠窜。适江淮飞蝗千里，挥剑逐之，须臾蝗飞境外。鼎革殉国。有司奏授'猛将军'之号，清雍正二年（1724）奉敕立祠"（民国《重修泰安县志》卷二《坛庙祠宇》，第62页）。一说为南宋刘宰，金坛人，"光宗绍熙元年进士，仕至浙东仓司干官，告归；隐居三十年，卒。谥'文清'，以正直为神，驱蝗保稼，故祀之"（所引同上）。清雍正二年（1724）全国通奉，岁以春秋仲月上戊日致祭；至民国祀黜。

清光绪三十年（1904），知县毛澂于此创设**阅报所**，为泰安最早之报刊阅览室。阅报所的设置，实为清末朝廷拟"预备立宪"作舆论上的宣传。不久阅报所移建于资福寺，三十一年（1905）移至岱庙环咏亭与新创图书社合建，至宣统元年（1909）又同并入天书观高等小学校。

清宣统二年（1910）以刘将军庙和东邻龙王庙共设高等小学堂，至民国改为**县立第二高等小学校**，可享受县款年津贴大洋300元。民国三十六年（1947）拆毁。

财神庙位于财神庙街拐角处，创建不详，今无。

在财神庙街南有一条东西长街，名**英武街**（见民国二十年《泰安城市图》），又称武宁街（见民国《重修泰安县志》卷一《城镇乡村》，第19页）、宁武街（民国《新刻泰山小史·原序注》）。"宁""英"谐音，作为泰安地方话，"英"字发音较"宁"字顺口，或在当地有"武宁—宁武—英武"的名称演变。街名一说因参府署名，一说因街内曾出过一名三品武官，一说街西原有一座英武庙。

此街西起通天街南段，东至参府署一带，长300余米。中华人民共和国成立前后，街面住户以李、张、吴、赵为众，另有焦、黄、郑、王、董、孙、林、巩、展、任、陈、程、解、徐、周等姓人家。今街东部为居民楼及军分区所占，仅存西面一段，当地老户仍以"英武街"呼之。

当地居民所指**英武庙**，具体位置在英武街西首、通天街西侧，庙门向东，正对英武街西口。

民国年间曾于英武街街面设**白氏私立小学**（据民国《泰山游览志》，第147页），具体位置不详，后迁至城西大关街。民国三十四年（1945）日本投降前夕，伪公署举办的简易农村师范学校曾迁至此校，旋即因日本投降停办。

旧泰安城武备小记

有文事必有武备。泰安为府为县，在驻军和地方治安等方面都有相应的设置。

清康熙六年（1667），朝廷在泰安置泰安营，设守备1员、千总1员、把总1员、马步兵300名。三十九年（1700）改设参将营，驻扎于府城内，即英武街参将署。乾隆三十年（1765），参将营设参将1员、守备1员、把总1员、千总1员，城内马步兵和守兵不足 300 名，境内正兵余兵计 720 名。之后屡有裁撤，光绪二十五年（1899）裁撤一半，至宣统三年（1911）裁净。清季实行军队改革，废除绿旗，设混成旅游击队，驻防无定所。地方治安由警团负责。

光绪二十九年（1903），泰安城设巡警局，防察民隐，禁暴安良，一切经费由库款拨付，不得筹捐抽税。时县令毛澂为巡警局揭牌。民国十七年（1928）北伐战争泰安之役后，改巡警局为公安局。

民国四年（1915），县令冯汝骥奏准设立警备队，主要负责缉捕匪盗，保卫地方。警备队初设队长 1 人、什长 3 人、队兵 27 名，后增至数百人；经费主要靠摊入地亩附捐加缴解决，加重了农户的负担。至十四年（1925）鲁豫战争泰安战役期间，警备队枪支被张宗昌部第七军改编没收。翌年恢复。再至十七年（1928）四月被北伐军解散。

民国八年（1919），由于匪势日盛，知县曹光楷（字绍英、河南人）奉省督军张树元令，筹建保卫团。保卫团在泰安城设总区，地方设分区，每区设若干段，加强治安管理；团丁从地方抽出，纯系义务；公务经费仍按地亩摊派。鲁豫战争泰安战役期间，保卫团被第七军改编没收。翌年恢复。十七年（1928），奉山东省政府令改为人民自卫团，并将农村自有武装统一收编入团，县长兼任总团长。

民国十五年（1926）鲁豫战争结束后，泰安境内土匪四起，泰安城乡绅商请当局成立保安队，得到道尹王铭珍（山东海阳人）准许。不久因警备队恢复取消。

民国三十七年（1948），国民党曾在泰安城设立山东省绥靖总队第 3 大队泰安义勇武装突击队。该队驻财源街，辖 3 个中队、80 余人，属临时武装力量。一并备记。

（上述参考民国《重修泰安县志》卷五《政教志》，第 64-70 页；《泰安市泰山区军事志》第二篇《军事组织》，第 202-203 页）

英武街两侧又有不少祠堂庙宇。

街中段北侧、今泰安军分区院西，原有**和圣祠**，俗称展家祠堂。清康熙《泰安州志》云："和圣祠，祀柳下惠，在城东南隅。明知州侯应瑜万历四十五年（1617）建。国朝顺治九年（1652）守道毕振基［姬］、侍御史郡人赵弘文重修。"（卷二《坛庙祠宇》，第 9 页）又据民国《重修泰安县志》云："清顺治十三年（1656）济南守道毕振基［姬］重修（与康熙《州志》所记不同，此注），戴清［京］曾（'戴清曾'当为'戴京曾'，时任职山东提学佥事）记之，碑在祠过厅中。乾隆十九年（1754）县令冯光宿修葺。五十四年（1789）郡守宋思仁重修，有碑记，在祠内。道光九年（1829）

县令徐宗干重修，有碑记，在祠内。民国五年（1916）邑人赵新儒等捐款重修，添置过厅三楹。祠内多明人诗石刻。"（卷二《坛庙祠宇》，第63页）邑人"瞻俎豆之馨香，俨声灵之宛在，恧（nì）焉私淑之心，盖有徬徨不忍去者"（所引同上）。

展氏族谱

《展氏族谱》中的和圣祠像

清光绪十八年（1892），《展氏族谱》绘有《泰邑和圣祠庙神像图》，其博衣宽带，头结发髻，双手执圭，居中端坐。旁立二童子，各持图书卷轴。民国李东辰《泰山祠庙纪历》中对其旧貌有较详细的描述："（和圣祠）有正殿三楹，过厅三间，大门一座，左右石狮一对。古槐荫之，影壁嵌明人书祠额。庭壁及过厅山墙嵌明人诗刻残石，存有明米万钟草书《登岱》四首、钟惺五首、吴惟明五首、范弘嗣四首、张民表五首及'岱帖'二篆字，此即侯应瑜集刻之'岱帖'也。至顺治庚子（1660），吴南岱刻其《泰山杂咏》十四首，及宋思仁重修碑，亦嵌于壁上。卅六年（1947）冬，城围，伐古槐与庭树为薪。越年夏，七三师修防御工事，梁木砖石，滋情拆除，'岱帖'残刻佚失殆尽。或云作工事，或云作砧石。今仅存过厅、东山墙及石狮矣，瓦砾茂草，杂置其间。"（山东省博物馆藏李氏手稿）

民国初，和圣祠尚能得到较好保护。民国五年（1916），赵新儒捐资千元重修，并"添置过厅三楹"，将历代碑刻及明人诗刻嵌置壁间，委展姓看守。十五至十九年（1926—1930），张宗昌、孙良诚、马鸿逵等部先后驻军其内。二十一年（1932），赵新儒再次重修。日军侵入泰安城后，祠遭废弃，破敝不堪。解放战争期间，和圣祠因处城区屡遭兵燹。几经战火，变为一片焦土瓦砾。今遗址全无。

和圣，即春秋柳下惠，姓展，名获，字季禽，为展姓始祖。

展氏之源可远溯至黄帝。其先出于鲁，为周文王之后。"昌之子发克商而有天下，是为武王。武王封其弟周公旦于鲁。及成王立，年幼，周公留相王室。世子伯禽就封，是为鲁公……考公（鲁公子）……炀公（考公弟）……幽公（炀公子）……魏公（幽公弟）……厉公（魏公子）……献公（厉公子）……贞公（献公子）……武公（贞公弟）……懿公（武公子）……孝公（懿公弟）。孝公生四子……公子展生公孙夷伯。夷伯生无骇。"无骇即和圣之父。关于展姓由来，无骇卒，"羽父请谥与族于隐公……公命以其王父之子为展氏。故无骇之后世为展氏，无骇生获，字季禽"（见《展氏族谱总序》，第1-3页）。

展获于鲁隐公三年（前720）十一月十八日出生于鲁国，早于孔子近170年。因其降世时"火光入室、文鸟鼓舞"，故字"禽"。又因其采邑柳下（今新泰市宫里镇西柳村），谥号"惠"，世称"柳下惠"。展获6岁时父无骇卒。26岁时天寒夜行，见一女子冻僵，"恐其冻死，乃令坐于怀，以衣覆之，至晓不乱"。28岁任鲁国士师（主管律令刑狱的官职）。之后至49岁间，因执法严明3次被罢职。"夫人谓之曰：'子无乃渎乎！吾闻之，君子有三耻：国无道而贵耻也；国有道而贱耻也；今当乱世，三黜不去，亦近耻也。'圣祖（展获）曰：'直道而事人，焉往而不三黜；枉道而事人，何必去父母之邦。'因起而歌曰：'春风鼓，百草敷蔚，吾不知其茂。秋霜降，百草零落，吾不知其枯。枯茂非四时之悲欣，荣辱岂吾心之忧喜！'"（以上据《展氏族谱》头册《圣祖年谱》，第1-2页）

孔子对柳下惠给予高度评价，称其"言中伦，行中虑"。尝云："臧文仲其窃位者与？知柳下惠之贤，而不与立也。"（《论语·卫灵公》）对臧文仲知贤而不用的做法非常不满，认为其不称职。孟子将柳下惠与伯夷、伊尹、孔子并提，称其为"圣之和者也"（《孟子·万章下》），以"和圣"奉为儒学宗祖之一。

鲁文公二年（前625）三月，和圣卒，寿93岁，葬于食邑柳下。（据《展氏族谱》头册《圣祖年谱》，第2页）汪子卿《泰山志》云："柳下惠墓，在州治东南一百里，至今村人尚多展姓者，村名曰柳里村。"（卷二《遗迹》，第29页）"瑕丘之东北有里名故赵村者，泉甘而土肥，民淳而俗美。和圣与门人尝游于此。后语门人曰：'吾殁当卜葬于此。'及卒，子请诸鲁君而卜葬焉。门人施仲良等筑其墓，封高丈余，袤九十尺，其级三阶。"（《展氏族谱》地部头册《墓志》，第3-4页）

谥号"惠"，与和圣妻展夫人有关。

展夫人为鲁国人，针对展获"三黜"有著名的"三耻"之问。展获卒后，门人为诔文以悼之，久议而不决。展夫人曰："将诔夫子之德邪，则不如妾知之深也。"乃诔曰："夫子之不伐兮，夫子之不竭兮，夫子之信诚而与人无害兮，屈柔从俗不强察兮。蒙耻捄（同'救'）民德弥大兮，虽遇三黜终不弊兮，岂弟君子永能厉兮？嗟乎！惜哉！乃下世兮！庶几遐年今遂逝兮！呜呼！哀哉！魂神泄兮！夫子之谥宜为'惠'兮。"门人叹服，以为展夫人之诔文"未能窜一字"（民国《重修泰安县志》卷九《人物志·烈女·贤淑》，第1页）。"显谥不妨出乎帷房，行人为之嗟息，樵采过而悲凉。"（所引同上，卷十二《艺文选著》，第18页）

和圣祠西有**萧公生祠**。祠创建于明万历三十六年（1608），奉祀乡贤萧大亨。时有泰安知州江湛然《大司马少傅萧公生祠记碑》。清乾隆五十四年（1789），泰安知府宋思仁主持重修。至民国年间，祠废为民房，仅置草房1间（当时居民所筑）寄存萧公塑像。"萧大亨有祠堂，在宁武街，有像甚伟。茅棚覆之，祠基已侵占，展转为民居矣。其子孙式微，无力营之。官绅又无人留意乡贤祠宇，以为乡人矜式。地方风俗之日下，奈之何哉。"（民国《新刻泰山小史·原序注》）像毁于20世纪六七十年代。

英武街东段南侧、今泰安军分区院西南有**二贤祠**，即鲁两先生祠。祠内祀宋人孙复和石介。

二贤祠址几经辗转。初，金大定二十二年（1182）孙、石后裔（石介孙石震及震之侄石翊）及泰安诸生"为祠堂于大门之左"（金·党怀英《鲁两先生祠碑》）即岱庙信道堂旧址。元改建于岱麓泰山书院，复为普照寺僧所据。乃移祀于州学。岁时有祭，并列入明弘治《会典》："泰安孙明复祠，以其徒石守道配享。"《卷八五·祭祀》）明成化二十三年（1487），知州胡瑄奏请朝廷择地建于会真宫南，即《岱史》所谓"在州城东南隅"；吴宽为之碑记。《记》云："州守、前进士、德清胡君瑄言于巡抚山东、左副都御史无锡盛公……请于朝。事下礼部议，从之。仍俾有司每岁春仲祀。羊一豕一，秩为常典。于是胡君复请于藩臬诸公，择地得于州治之东南，以成化二十三年八月建祀焉。工未毕，盛公以请老去。而眉山吴公来代，亦重其事，趣成之。"（碑文见道光《泰安县志》卷七《祠宇》，第19页）明万历四十八年（1620），知州侯应瑜重修，翌年告竣。清顺治十五年（1658），山东学政施闰章、邑人赵弘文与州守曲允斌、武举张所存先后重修，施闰章撰为之记。

按　乾隆四十七年《泰安县志》卷之七《祠宇》、道光《泰安县志》卷之七《祠宇》、民国《重修泰安县志》卷二《坛庙祠宇》皆以"清顺治十年（1653）学道施闰章重修"。顺治十三年（1656）施闰章由刑部广西员外郎升任山东学道，十五年（1658）视察泰安并登泰山，重修之举当在是年，即顺治十五年（1658）。

施闰章等人重修前，"其祠颓檐漏瓦，门垣不饬，几筵不具，而两先生像独有。其儒衣冠上坐者孙先生，侍坐者石先生也"（[清]施闰章《重修二贤祠记碑》，见道光《泰安县志》卷之七《祠宇》，第18页）。此次重修历时较长，经历两任州守，"会理间苏君署州事，予出四十缗，俾新其祠。侍御赵公宏（弘）文倡为之助。苏君既谋始，而州守曲君允斌至，又踵治之，属武举张子所存董其成，乃讫工"（所引同上）。康熙三十九年（1700），山东督学刘谦吉、泰安学正刘炳与石维岩（石介第十八世孙，字敬之，廪贡生）等重修。乾隆四年（1739），泰安知府蒋尚思捐资重修。五十四年（1789），泰安知府宋思仁与知县嵇承群捐俸重修。道光九年（1829），知县徐宗干因祠圮，移二先生像祀于和圣祠之西偏，并撰《奉鲁两先生附和圣祠记》。后和圣祠亦破败。宣统元年（1909），有孙、石后裔协同四方族人，重修二贤祠；门垣殿堂、神台几案、墙壁匾联为之一新，并迎奉塑像回祠。山东巡抚孙宝琦篆书"二贤祠"额，山东提学使司罗正钧撰联，泰安知县张学宽撰《重修二贤祠记碑》。同年，在祠内设初等小学堂，创办人石玉堂、孙宗魁。民国年间改称县立第一初级小学，教学经费由县款津贴（每年拨款73元）。民国二十年（1931），县长周百锽、学者赵新儒等募款重修，并新建北向大门。彼时庙貌，有民国李东辰《泰山祠庙纪历》云："数经重修，建有殿三楹，大门二所。塑孙复像，宋儒衣冠，危坐于中。石守道侧侍坐于左。"之后祠堂又因驻兵损坏。三十六年（1947）再被拆毁，仅存殿基、垣墙及吴宽记碑（胡瑄创修时碑记），庙址一变成为田垄。中华人民共和国成立后全部拆除无存。

鲁两先生孙复与石介为宋代著名学者、泰山书院创办者，与曾在泰山读书十年、同为国子监直讲的胡瑗并称"宋初三先生""理学三先生"。"宋世学术之盛，实以胡安定、孙泰山与先生（石介）为之先河。宋朝理学，虽至伊洛（程颐、程颢）而精，实自三先生而始。"（许毓峰《石徂徕年谱》，载《儒藏·史部·儒林年谱》第五册，四川大学出版社2007年版）三人是理学的先驱和拓荒者，是泰山学派的创始人，可谓宋明理学的"活水源头"。

孙复（992—1057），字明复，世称"泰山先生"，晋州平阳（今山西临汾）人，早年侨寓新泰孙村。（据明天启《新泰县志》卷之六《人物·侨寓》，国家图书馆藏本，第40页，善本书号：A01312）曾任秘书省校书郎、国子监直讲、殿中丞等职。嘉祐二年（1057）卒，葬于今东平县梯门乡，欧阳修为之撰《孙明复先生墓志铭》。岱岳区范镇岔河村北有主祀孙复的孙氏祠堂。

石介（1005—1045），字守道，一字公操，世称"徂徕先生"，兖州奉符（今泰安）人。北宋仁宗天圣八年（1030）进士，历任郓州观察推官、南京留守推官、嘉州军事判官、国子监直讲、太子中允等，后因"庆历新政"受排挤，在外放濮州通判期间卒于家中，葬于徂徕山下。欧阳修为之撰《徂徕先生墓志铭》，苏轼为之作《遥祭守道先生》诗。"七百年来，自学士大夫以至田夫野老，莫不挹其流风，传其姓氏，津津齿颊，欲使之齐泰岳而光日月。"（[清]徐肇显《刻徂徕先生集序》，见民国《重修泰安县志》卷十二《艺文志·选著》，第21页）

石介与孙复的人生轨迹可谓正好相反。石介先荣后哀。25岁（周岁）时与欧阳修、蔡襄、马永伯等为同年进士，少年得志。为官期间显有政声，入为国子监直讲从者甚众。但在人生后期，因为拥护范仲淹等人的"庆历新政"等原因，接连受挫，于盛年郁郁而终。甚至死后仍被政敌"谓其诈死而北走契丹矣，请发棺以验"（[宋]欧阳修《徂徕先生墓志铭》，铭文见《岱览》卷二十二《徂徕山》，第33-35页）。幸得当时大臣和乡民们具保,才免斫其棺。直到 21 年后,"其家始克葬先生于某所"(所引同上)。而孙复早年科举屡试不第,颇为潦倒。"因举进士不第,退居泰山,学《春秋》,著《尊王发微》十二篇。"(明天启《新泰县志》卷之六《人物·侨寓》,原刻本,第 40 页)后于庆历二年(1042)在范仲淹、富弼、石介等人的举荐下,才得以进阶仕途,时年已知天命矣。宋仁宗评价其"深经术,茂德行……惟尔复行足以为人师,学足以明人性"(《孙复可秘书省校书郎国子监直讲制》等文,见民国《重修泰安县志》卷十二《艺文志选著》,第 5 页),又有前宰相李迪闻其名,以侄女妻之。任间颇得帝心。甚至在其病重期间,仁宗仍委人得其书 15 万言,誊录后藏于秘阁。其卒后朝廷特将其一子录用为显官,以示恩褒;又敕建孙氏祠堂并祭田百亩。

二先生的交集在景祐元年(1034)石介调任南京(宋应天府,今商丘)期间。此时孙复尚在落魄游历。两人一见如故,引为知音。石介对孙复给予极高的评价:"吏部后三百年之穷者,又有泰山先生……介乐先生之道,大先生之为。"([宋]石介《泰山书院记》)景祐二年(1035),石介邀孙复至泰山,执弟子礼师事之。"杖履必侍,登降必扶,执弟子礼甚恭。鲁人观者皆叹息兴起。"([清]施闰章《重修二贤祠记碑》,见道光《泰安县志》卷之七《祠宇》,第 18 页)此为创办泰山书院之初始。景祐四年(1037),石介与孙复在今岱庙东南柏林地建信道堂。孙复讲学其中,撰《信道堂记》。《信道堂记》云:"予丁丑岁秋九月作堂于泰山之阳。明年春,堂即成,以是道处是堂,故名信道堂。"此为泰山书院之前身,在今岱庙汉柏院南部。后"属大辟岳祠,墻基甫迫,乃北徙山麓"([清]金棨《泰山志》卷十《祠庙》,第 24 页)。因岳庙扩建,学馆迁至凌汉峰下栖真观再建,名泰山书院。"旧馆为柏林地,岁分施钱为养士之费,学者至今赖之,而乡人以为上书院者,则其所从地也。"([金]党怀英《鲁两先生祠碑》,见道光《泰安县志》卷之七《祠宇》,第 16 页)可见,在很长一段时间内,岱庙柏林地产权仍属泰山书院,这也是后来能在此处建两先生祠的原因。

泰山书院在中国学术史和教育史上有着重要的地位。石介与孙复等坚持"以仁义礼乐为学",弘扬儒学,发展教育;加之范仲淹曾讲学其中,更使泰山书院名声日隆,从者甚众,盛况空前。而"门人之高第者,石介、刘牧、姜潜、张洞、李缊,足以相望于千百年之间矣"([宋]石介《泰山书院记》,见道光《泰安县志》卷六《学校》,第 29 页)。

举办泰山书院期间,石介还创办了徂徕书院。康定元年(1040),石母离世。石介于居丧期间,在徂徕山长春岭下"以《易》教授诸生"。四方学子望风而至,时列天下"四大书院"之首。庆历二年(1042)夏,石介丁忧期满,入京任职,书院渐息。同时停下来的还有泰山书院,也是庆历二年,孙复赴京任职,泰山书院主持乏人,渐趋衰落。从景祐二年(1035)起,孙复主讲泰山书院,前后历时近 8 年。

学院虽微，学风未颓。泰山书院所激起的尊师重教、笃志切问、忧怀天下的学风绵延至今，成为泰山文化的重要组成部分。正如欧阳修评价石介所云："虽在畎亩不忘天下之忧""能使鲁人皆好学"。孙、石二先生作为首倡者和发起人，素为历代推崇。

在泰安历代名士中，贤之贤者也经过一个不断公议公认的过程。孙、石被一致公认，初建二贤祠（鲁两先生祠）。金元时期在泰安文庙附近构筑四贤祠，祀羊祜、孙复、石介、党怀英。至嘉靖十年（1531）山东按察佥事卢问之于泰山上书院故址建仰德堂，祀宋儒孙复、石介，仍称二贤祠。隆庆三年（1569），山东提学邹善重修泰山仰德堂，增祀胡瑗，改称三贤祠，春秋致祭，以为定例。城南大汶口所建四贤祠则尊孙复、石介、孔道辅（孔子四十五代孙，曾任兖州知州，与孙、石同期，多次谒访泰山书院）、胡瑗为四贤。至清道光九年（1829）泰安知县徐宗干于三贤祠内增祀宋焘、赵国麟，改称五贤祠（乾隆间唐仲冕在城西泰山下书院任山长时，增祀宋焘与赵国麟，已有"五贤"之祀），遂有"泰山五贤"至今。

二贤祠东为**崔公祠**。明嘉靖二十二年（1543）州民建，祀前州判崔震，许宗伯为撰碑记。后圮。遗址于民国四年（1915）拍卖。

崔震，字时起，祖籍山西怀仁（后迁居代州），以其孙"选尚永康长公主"（与长公主配婚）赐京山侯。崔震少有壮志，然屡困文场。明天顺间援例为监生。明成化二十年（1484）任泰安判官。任间，整治香供，遐迩称快。督输上谷，以羡银代税，百姓称颂。城北山趾石地米贵，崔震以太仓之米予以调剂。州预备仓库一带空阔难守，崔震招募民众构屋兴业，始成街巷。肥城凶灾，其又多方赈济，民幸存活。弘治三年（1490），受山东巡抚王霁之委，崔震重修岱庙廊庑。四年（1491），他还参与了德藩二郡王府及周、孔、颜、孟诸庙及济南城池修建等，"能声益著"（[明]许宗伯《崔公祠碑记》）。因其作为，50余年后，邑人仍能念其功德，建祠以纪之。（据[明]汪子卿《泰山志》卷二《灵宇·崔公祠》，第67—68页）

英武街西段路南有**观音堂**。此堂坐南向北，与财神庙街财神庙相对，位于老城南门（泰安门）内东北侧。因堂内所塑观音像面朝北，又称"倒坐观音"。英武街东首还曾有一座小关帝庙，由附近居民自发搭建，中华人民共和国成立前后拆除。

英武街向北有一条长巷，名**望山街**，又称望山胡同。其南起英武街，北至龙王庙街和东施家胡同交会口，长约120米。今胡同已并入升平小区，南段被居民楼及泰安军分区院封堵。据当地居民介绍，旧时此街北高南低，宽窄不一。毛姓为街面大户，族众多得吃饭时雇人吹号召集。中华人民共和国成立前后，街面有荣、田、李、吴、韩、张等姓人家。

英武街南还有一条自南城门（泰安门）顺城墙向东的街巷，因处城内南端中部的位置，名**中顺城街**。街面散居有商贩及手工业者。

城内七

老城内通天街之西不大，街巷也相对简单，除老县衙前府前街外，还有"两纵三横"。两纵：运舟街、南顺城街。三横：明德街、全福街、西顺城街。中华人民共和国成立后，以此片区组建为兴胜村，属泰安县一区泰山公社。

府前街旧为"丅"形路段。南北段正对老县署南门，向南至南城墙北西顺城街（今财源大街北侧），长约140米。仍存。东西段西接全福街，东接通天街，长约110米。今东西段并入全福街。中华人民共和国成立前后，街面住户以李、田、庞、王姓为众，另有毕、宋、徐、高、韩、刘、孙、郭、湛等姓人家。

运舟街在老县衙西邻。此街北起升平街，南至县署西南隅，与全福街、府前街东西段拼成"⊥"形，长约260米。此为千年古街，原名郓州街。后唐岱岳镇时便有大、小郓州街之分，传为郓州籍人聚集地。后因顺街水面能行舟，遂更今名。清人唐仲冕《岱览》云："白鹤泉水经岱庙东南流，折而西南为渠，可泛舟。今城内尚有运舟街。"

府前街今貌

运舟街今貌

（卷十二《岱阳中》，第 20 页）又据明人萧协中《泰山小史》，泰安城北旧有水道，白鹤泉水经岱庙过运舟街，至城西南出，会奈河，入泮归汶。可见此街原为泰安城独具特色的一条"水街"。后白鹤泉被堵，水源枯竭，街亦填平。中华人民共和国成立前后，街面住户以刘、韩、王、武、张、高、解、陈、范等姓为众，另有孙、邱、曹、谷、赵、马、李、孔、路等姓人家。街今属升平小区，仍存。

运舟街原有**王公祠**。祠在老县署西，创建及祠址不详，祀乡贤王嘉宾、王度父子，至民国已久圮。

王嘉宾，字萍野，明万历四年（1576）拔贡，曾任辽东广宁卫教授，致仕后设义塾授五经，以广其传。"而子壻（婿）弟侄皆各占一经，分导其业。后子泰治《春秋》，壻（婿）李函治《礼记》，皆有名。"后从"海岱儒宗"李汝桂为学，"与闻性命之旨，身体力行，还朴极赏之"；亦受萧大亨推重。嘉宾卒年72岁，门弟子"哀毁备至，为立崇本会，岁两次赴茔野祭"。从祀乡贤。（据乾隆四十七年《泰安县志》卷之十《人物·文学》，第 20 页）

王嘉宾之子王度（约 1614—1698），字平子，明、清之际泰安州人。其本人亦入育英书院受业。境内泰山后石坞、黄前石屋寨、道朗黄山寺、肥城牛山等有其读书处。清顺治丙戌年（1646），王度中进士，除大同（今山西大同）知县。"总兵姜瓖以城叛。

时总督以下官胥出城迎英王,家属陷城内。皆惶惧,有谓宜入城者。度大呼曰:'贼据城矣,若入城是从贼也。今事且急,莫如驰赴阳和(今山西阳高)迎英王,会兵剿贼。'众议乃决。阅十月而贼平。擢刑部主事,恤刑江南之徽宁诸郡,多所平反,全活甚众。累官总督仓场、户部右侍郎。致仕归。年八十余卒。著有《恤刑题稿》。"(民国《重修泰安县志》卷八《人物志·乡贤二·才猷》,第11-12页)王度去世后葬于泰安城东之北上高村,原有牌坊石仪,尽毁于20世纪六七十年代。

王度妻张氏知诗书、识大义。在王度为诸生时,张氏椎布操作,支持丈夫一心攻读。王度登进士科后,张氏随官至云中(今大同)。在"姜瓖之变"中,张氏率家避乱于独觉寺。村民馈以鸡黍,其婉拒不受。王度官位愈显贵,张氏持家愈勤俭。尝云:"吾家有廉吏为大臣,禄米足以供朝夕,诗书足以贻子孙,彼财多而光荣何为?"(乾隆四十七年《泰安县志》卷之八《荫袭》第43页,卷之九《孝义》第78页,卷之十《烈女·贤淑》第3页)

王度长子王无欲,字佐可,清顺治五年(1648)举人,拣选知县,卒赠文林郎。王无欲曾在扇子崖修建茅庐,开辟山庄,名西山别业,并于中举后重修扇子崖庙。王度次子王无间,以父荫候补京秩,以孝义闻名,入县志《孝义传》。

王无欲子王枢,字慎行,"袭祖荫官生,授江南池州府知县,敕授文林郎江南青阳县"(清乾隆四十一年《泰山王氏家谱》)。王枢在青阳县知县任上,于康熙五十二年(1713)"覃恩"加授文林郎。康熙圣旨收藏于泰安市档案馆。

▎扇子崖庙今貌

可见王度上下数代皆为泰安名士,为岱下名门巨族。

值得一提的是,王度一族还将安徽戏班"老阳春"引至泰安。嘉庆、道光之际,安徽戏班"老阳春"顺运河、沿驿路至夏张,借住于城子寨(今南寨村)王氏家中,在四周地区进行巡演。为适应群众欣赏趣味,吸纳秦腔中"梆子腔"和泰山一带方言、民俗精华,逐渐形成本地"梆子",中华人民共和国成立后定名为"莱芜梆子",又称"本地梆子""靠山梆子""莱芜讴",以泰安、莱芜、新泰为中心,流行于泰沂山区,成为独具特色的地方戏种。

运舟街西为**南顺城街**,北起城西门(岳晏门),顺西城墙向南,长约360米。此街已并入青年路，部分为沿街建筑所占。

运舟街中段有**明德街**，南首有全福街，均向西通原南顺城街。

明德街长约 100 米，东首有关帝庙。庙东紧邻老县署内宅。旧时多有申冤者到关帝庙喊冤，知县听闻后升堂断案，百姓以此为洗冤之捷径，遂以此街为明德街。一名光明街，俗称喊冤庙子街，皆因此故。民国年间曾更名为中正街，中华人民共和国成立后仍恢复原名。中华人民共和国成立前后，街面有单、陈、孙、张等姓住户人家。

全福街在县署西南。街东起运舟街和府前街交会口，西至南顺城街，长约 100 米。今向东扩展至通天街，与原府前街东西段统称全福街。此街原名柩子街，因当地多制售灵柩的店铺得名。清末举人葛延英以街名不雅，遂以吉祥嘉言更今名。中华人民共和国成立前后，街面住户以湛、邵、刘、李姓为众，另有张、范、魏、于、谭、徐、孙、王等姓人家。今街面已经改建，街名仍存。

全福街有**邵氏义塾**，又称邵氏学府。清光绪十九年（1893），邵履福父子在自家花园内设馆，教育子侄，兼收街邻子弟。学塾不但免收束脩（学费），无偿供应汤水、咸菜之类，对于贫困子弟，还给予膳食等资助。至民国十九年（1930）学生达百余人。邵履福有子邵青华等兄弟 6 人，世代书香，族人至今多以教书育人为业。

全福街为湛本源故里。

湛本源，字清如，毕业于山东省立第三中学，考入保定军官学校第四期骑兵科，曾是国民党少将高参。1949 年年底任大连粮食局科员，1951 年镇压反革命时被押回济南，拘押年余获释。1960 年被遣返原籍，1969 年 2 月定居于泰安祝阳公社穆家庄大队，翌年病逝。

北关一

城北出岱庙北门，仰见一路如天绅悬出天际，又如乌龙昂趋岱岳者，即红门路（盘路街）。

红门路以下至北城门（仰圣门）一带为老泰安城北关，旧志称"北隅地方"。又以傅公街为界，分北关东、西隅。中华人民共和国成立后，以此片区组建为双龙村，属泰安县一区泰山公社泰前乡。

北城墙护城河一带称北海子。以城北门为界，沿护城河向东向西又习称东海子、西海子。中华人民共和国成立后拆北城墙，填护城河，改造为岱北街。

北关片区今貌，由虎山路向西　徐勇摄影

东海子中段、今岱北街中段路北，原有**杨氏大药房**。药房今仍存"万育堂"店额，原名"宝和堂"。店面门楼高3米，宽3米，进深5米，硬山顶。大药房初创不详，清末至民国年间店铺规模达几十楹，曾于北京设"万寿堂"分店（据《泰安文物大典》，第36页）。

123

傅公街今貌

傅公街南起老城北门，北至今岱宗大街，长约240米。据载，清初泰安四门，唯北门外荒凉。清顺治间傅镇邦出任知州，招募流民，发展生产，构筑此街，渐成市巷。又有知州张锡怿"营缮北关"（清康熙《泰安州志》卷一《舆地志·城池》，第8页），前后相继，使北关成繁华之地。中华人民共和国成立前后，街面住户以唐、李、宋姓居多，另有安、卢、耿、胡、马、朱等姓人家。

傅镇邦，字定侯，清辽阳人，任间多有惠政。"顺治中清量地亩，步弓颇无定额，镇邦以土瘠民贫力争，声色俱厉，卒定以四尺。邑至今食其利。"（清《泰安县乡土志·政绩录》，第3页）丈量土地时，以"大亩"计，借此来减轻农民赋税。据说泰安土地"大亩"即由此来。后人为感念傅公恩德，遂将此街命名为傅公街。民国年间改为兴隆街，中华人民共和国成立后曾名北关街，1985年复今名。仍存。

傅公街中段，向东向西有东、西青龙街。

东青龙街由傅公街向东至今虎山路，长约330米。中华人民共和国成立前后，街面住户以张、唐、李、孙等姓为众，另有龚、赵、袁、朱、王、铉、周、齐、宗、郭、刘、吴、章、杨、马等姓人家。

东青龙街西段原有一座青龙桥，桥下为源自王母池的曹公渠之水。

民国时期，东青龙街以**张大山香客店**最为出名。其规模之大、资格之老，列泰安城"八大香客店"之首。

店主张姓，为城东南上高村人，于泰安城北门购李盛三宅第开办香客店，清末时传至张岳均。父子相继，刻苦经营，遂成名店。其门面如府第，门口有上马石、拴马桩，门额悬"张大山香客店"，张挂"仕宦行台、安寓客商"招牌。店内单设4套四合院，多用来接待仕宦乡绅。另设群房，供一般香客住宿。院北部置有戏台。院内辟12个角门，有一苦一甜两眼水井等。店员统一着装，服务热情，经营有方。民国鲁客在《泰山香市杂

岱北广场改造前的岱庙北门一段，泰安市档案馆提供

写》中曾对该店有过专门记述："这个店，住上几千香客也看不出拥挤情形。每饭用肉，可以煮八个整猪，去骨、切成小块，分给旅客；便是碗碟，也够分盛一气。房屋之大、人之众，于此可以想见了。"（载民国二十六年《中办》第二卷，第3-4合期）店里每至香客旺季唱大戏。既可以由香客店请专业戏班子来演；也可以由香客们自带"戏箱"，在店里登台唱戏；甚至可以舞狮、玩灯、耍叉，沿街吹打游行。虽然这些还要以"朝山进香"的名义进行，但平日备受生活煎熬的人们，也将这几天变成了放松的过程、狂欢的过程、宣泄的过程。

此处还有**唐家香客店**，在傅公街南段，同为清末民初"八大香客店"之一。民国年间，唐氏父子四人在经营香客店的同时，还从事建筑业，以瓦工知名。泰山庙宇及登云街美以美会建筑多由唐氏联手五马车氏、蔡氏（三家为姻亲关系）承建。唐氏还与斗母宫有"俗亲"，宫内末任住持正品下山也必住唐家香客店。

旧城东北隅、今北关小区内原有灵官庙，初建及位置不详。

岱北广场今貌

泰安城香客店小记

"车徒八方至，尘垒百里内。"（[北宋]苏辙《游泰山四首·岳下》）香客店作为旅游产业，伴随着四方民众对泰山的朝拜而兴起，是老泰安城一大特色，也是泰山文化的一个侧面。

据今人周郢考，香客店在宋代以后迅猛发展，并在明末达到极盛。北宋苏辙《游泰山四首·初入南山》中有云："云木散山阿，逆旅时百室。"逆旅即客店。据《水浒传》第七十四回对泰安城香客店的描写："（东岳）庙上好生热闹，不算一百二十行经商买卖，只客店也一千四五百间，延接天下香客。到菩萨圣节之时，也没安人处，许多客店都歇满了。"可见当时热闹繁华。至明代香客店已经发展到了山上，"至天门即荡然平壤矣，为市而庐者可三十家，尽庐则碧霞元君宫焉"（[明]王世懋《东游记》）。至于山下城内外更是鳞次栉比。时通天街、仰圣街等岱庙周围及老城四门附近大街小巷，挤满了各色香客店。

清人邱嘉穗《岱下答逆旅主人》诗云："人家烟树里，茅堂一径深。野老能留客，殷勤见素心。为我具鸡黍，相对涤烦襟。归途寥落甚，爱尔独知音。陶然共一醉，庭梅月已侵。"此虽写泰安香客店，然悠哉似农家美景。

来泰山的香客有相当一部分是家族式的，子孙相继，每年在固定时间段来泰安朝拜，多会下榻于老关系的香客店里。香客店为适应这种需求，在招牌设计和对外宣传中也要突出这种代际传递性。比如老店主卸任或去世了，招牌上还会写明"某某老店"，避免因更换店主而流失了客源。

明人张岱曾于崇祯二年（1629）游泰山，其在《陶庵梦忆》卷四《泰安州客店》中，详细记述了投店流程、服务接待、规模等级等，以写实手法记录了世俗风情，与邱嘉穗所见不同："客店至泰安州，不复敢以客店目之。余进香泰山，未至店里许，见驴马槽房二十三间；再近，有戏子寓二十余处；再近，则密户曲房，皆妓女妖冶其中。余谓是一州之事，不知其为一店之事也。投店者，先至一厅事，上簿挂号，人纳店例银三钱八分，又人纳税山银一钱八分。店房三等，下客夜素早亦素。午在山上，用素酒果核劳之，谓之'接顶'。夜至店，设席贺，谓烧香后求官得官，求子得子，求利得利，故曰'贺'也。贺亦三等：上者专席，糖饼、五果、十肴、果核、演戏；次者二人一席，亦糖饼、亦肴核、亦演戏；下者三四人一席，亦糖饼、肴核，不演戏，亦弹唱。计其店中演戏者二十余处，弹唱者不胜计。庖厨炊爨（cuàn）亦二十余所，奔走服役者一二百人。下山后，荤酒狎妓惟所欲。此皆一日事也。若上山落山，客日日至，而新旧客房不相袭，荤素庖厨不相溷，迎送厮役不相兼，是则不可

测识之矣。泰安一州与此店比者五六所,又更奇。"(清同治十年刘履芬抄本)

在历代的经营中,涌现出著名的泰安城"八大香客店"。除通天街刘岱阳店外,还有北关东青龙街张大山店、大关街刘汉卿店、灵芝街宋海扬店、永福街夏金章店,财源西街徐默阳店、财源街王炎店、傅公街唐家店。规模大、服务优,又各具特色。按清代学者张体乾《东游纪略》记其乾隆二十五年(1760)见闻:"傍午抵泰安,寓城西刘氏客馆,馆可容千人。主人云:'邻宋氏且容三千人不止也!'颜黄门曰'河北不信万斛之舟,江南不信千人毡帐'谅哉斯言!"

千人客店,今日泰安城亦少见。文中所言,或为"八大店中"的刘、宋二店。后尤以张大山店为最。

伴随泰山旅游业的发展,新兴旅店逐渐替代传统的香客店。"泰安自津浦铁路通车后,来游者益众,而营逆旅业者于是乎日进。旧时专供香客之宿止,如宋海扬、刘汉卿、刘岱阳等之所谓'八大店'者,强半衰歇矣。间设有新客栈,居然随通商大埠后,亦步亦趋。其旧式客店,虽仍不免湫隘,要亦略见整洁。至铁路宾馆,由路局自办,设备华缛,价格亦自优越。若岱顶招客之所,则野店风味,依然蓝缕。"(民国《泰山游览志》,第148页)

民国年间较知名的旅馆有岱庙西大生旅馆(每日约两角,苦力六枚铜钱),岱庙前通天街泰来旅馆,西街德兴旅馆,西关彩云街(登云街)茂兴旅馆,财源街诚兴、泰阳旅馆(每日房饭资五角)。以上旅馆不设被盖,旅客需自带。至于泰安车站的铁路宾馆(泰安宾馆),房屋仿西式,设备完善,有浴室、阅报室、花园等,卧具俱全,极整洁,进餐另有大餐间;租金每人每日六元,同房加住一人,每日四元,均含三餐;非住宿客人早点每位七角五分,午餐每位一元二角五分,晚餐每位一元五角。1946年1月解放泰安城的战役打响之前,由美、蒋和中共代表组成的军事调处执行部("三人小组")曾下榻于铁路宾馆。

西青龙街由傅公街以西,至登云街(今青年路),长约380米。中华人民共和国成立前后,街面住户以李、王、杨、刘、朱等姓为众,另有赵、马、陈、胡、徐、郭、江、于、萧、任、张等姓人家。今街面改建为岱北广场。

傅公街与西青龙街交会口西北原建有**普慈庵**,当地人多讹称"普寺庵"。庵一说清顺治间(1644—1661)由知州傅镇邦创建(民国《重修泰安县志》卷二《坛庙祠宇》,第66页),一说于康熙四十一年(1702)创建(见咸丰八年《重修普慈庵碑记》)。此庵为龙泉宫(泰山斗母宫)下院,庙貌宏伟。建后多次重修。民国元年(1912)曾改建为县立第二初级小学(当地习称北关小学),创办人于涵、唐茂田。中华人民共和国成立后改作烈士子女小学,后迁至今泰安师范附属学校。据社区居民介绍,庵至20世纪 80 年代仍存一院，有大殿 3 间，附以耳房；东、西各有配房 3 间。中华人民共和国成立前有女尼（当地老户称"姑姑子"）3 名（其中两名女徒名喜儿、大庆），中华人民共和国成立后还俗嫁人。80 年代后庵与学校拆除，改建为泰山管委宿舍。今全部拆除。岱庙仁安门前东侧仍存清咸丰八年（1858）《重修普慈庵碑记》。

普慈庵西北、今岱北广场北部有**厉坛**。坛创建年代不详。据《大清会典》，每岁清明日、七月十五日、十月朔日祭无祀鬼神。所谓无祀鬼，好比人们常说的"孤魂野鬼"。每次祭祀，提前 3 日到城隍庙牒告城隍神。至期，请城隍神位，设于厉坛之上，再设无祀鬼神位于坛下，左右设祭品（羊三、豕三、爵三、稷饭三石、果蔬羹汤馒香烛纸酒等随用）。祭仪包括迎神、献爵、告文、彻（撤）馔、送神、望燎等环节。（据道光《泰安县志》卷之七《坛庙》，第 11 页）

城北关还曾有**张瑞福孝行坊**，具体位置不详，创建于清顺治十二年（1655），为旌表其孝行立。久圮。古人重孝道，也因此生出许多感天动地的事迹来。

张瑞福，明末邑人。其母亲生病，瑞福侍奉左右，寝食俱废，向神祷告愿以身替。忽有羽士叩扉而入，赠药瑞福。张母服后即愈。后来张家着火，瑞福先背其母逃生，火后再寻其子，有巨石覆于其上，毫发无伤。官府以此建坊旌表。（据清《泰安县乡土志》，第 13 页）

傅公街向西接**红门路**。

泰山有东、中、西三溪，沿三溪成登山东、中、西三路。东汉以前的古帝王登山多由东路上山。如汉武帝从泰山东麓大直沟一带上山，从山阴下山。至东汉光武帝则改由南麓上山。时从封官员马第伯《封禅仪记》云："是朝上山，骑行，往往道峻峭。不骑，步牵马，乍步乍骑，且相半。至中观留马，去平地二十里。"（民国《重修泰安县志》卷十二《艺文志选著》，第 1 页）据考，"中观"即回马岭，又名石关、天关（据《泰山道里记》，第 14 页），其下即东溪沿线。与之相应，东路逐渐荒弃，中溪渐成登山主路。

20 世纪 90 年代的红门路，泰安市档案馆提供

红门路作为主路前道，处于通天街、岱庙、红门、南天门中轴一线上；南起岱庙北门，北至红门登山盘路，是泰安城通往泰山的必经之路。过了红门路，便是一天门、天阶坊，沿中溪美景，步步登天，作神仙游。沿途"市肆鳞次，每当香客云集，铙鼓喧阗，直达红

门，夜半灯火如繁星罗布，亦岱麓奇观也"（乾隆四十七年《泰安县志》卷之二《形胜》，第8页）。明人王世贞于岱下夜间遥望朝山队伍："夜浴于使院，三鼓起，启堂之北扉而望，若曳匹练者自山址上至绝顶，又似聚萤数万斛囊中，光熠耀不定。问之，乃以兹时士女礼元君，灯鱼贯而上者也。其颂祝亦隐隐可听云。"（《游泰山记》，见《岱史校注》卷十八《登览志》，第365页）

红门路今貌

作为一条千年进山的老路，红门路之前似乎并无一致的称谓。或许这里本就是登山盘路的一部分，中华人民共和国成立前仍呈高低起伏的山麓地貌，所以附近的老居民们习称其为**盘路街**、盘山街、山前街等。原路面也远没有现在宽阔平整。据老居民们的描述，早先多是碎石铺就的"蚰蜒"小路。因地势多处陡峭，20世纪70年代前，此路还是石板路；后经多次改建，铺设为沥青路面。又因北首正对红门宫，遂于1985年改称红门路（1987年泰安市泰山区地名委员会办公室正式公布）。为便于对照，文中依"红门路"称谓。

作为岱岳前庭，红门路两侧古建麇集，可谓三步一庙、五步一景。游客尚未登山，已为此处的气势所震撼。

红门路南首路东旧有**玄帝庙**，又称北极庙。庙创建于明天启五年（1625），浙江人柴时廉、黄国栋集资筹建，萧协中为之撰《新建玄帝庙碑记》。云："爰以州城之北不半里许，阜高而平敞，钟岳之秀，遂卜基而谋筑焉。殿庑墙垣，经始落成。"（《岱粹抄存合编》下卷一《记述》，第24页）可见初创时的环境与规模。庙经多次重修，于中华人民共和国成立前毁圮，20世纪80年代被全部拆除。

玄天上帝即真武帝君，是民间信仰的道教之神。宋真宗因避圣祖赵玄朗讳，将其改为"真武"。清代又因避圣祖康熙玄烨讳，将其改为"元天"。"乃元始化身，太极别体"，经上三皇、中三皇、下三皇、黄帝等几个时期，下降为玄天上帝。其为太上老君第82次化身，生于海外净乐国，由王后善胜夫人左胁出。当生之时，瑞云覆国，异香芬然，祥瑞纷应。年15入幽谷修道，后被玉清圣祖特拜为太玄元帅。在武王伐纣期间，其受玉皇上帝派遣，披发跣足、金甲玄袍、皂纛玄旗，统领丁甲下降凡世，与六天魔王战于洞阴之野，将敌变幻的苍龟巨蛇摄于足下，锁鬼众于酆都大洞。（据《绘图三教源流搜神大全》，第33—36页）故玄天上帝以龟蛇合体形象出现。真武为北方天帝，北方属水，水能克火。为避水火之灾，古人多在城北郊建北极庙以祀其神像，两侧侍立着龟蛇二将及记录三界功过善恶的金童玉女等。

北极庙东有**白衣堂**。清康熙十年（1671），柴以佐重修北极庙，又东建白衣堂。白衣堂又称观音堂，祀观音菩萨。

光绪三十年（1904），浙江人将白衣堂改为**浙江公所**，成为浙江籍官绅商人聚会联谊的场所。公所附设浙江公林，为浙江籍人去世后临时停棺或安葬之地。

红门路南段、北极庙北，今泰安文旅局及单位宿舍一带，为**酆都庙**旧址。

酆都庙肇建时间，一说不晚于元代。清《重修酆都大帝十王殿记》云："殿之创始莫考，有元明重修碑记。"（《岱粹抄存合编》下卷一《记述》，第6页）一说创自明代。清乾隆二十五年《泰安府志》云："酆都庙，在岱宗坊东，明弘治间创自中宫，有李钦重修记可考。"（卷之一《祠祀志》，第201页）"创自中宫"即指明弘治十四年（1501），宫内太监李瑾创建此庙，祀北阴酆都大帝，配以冥府十王。至嘉靖四十一年（1562）济南同知翟涛督修岱庙完工后，以香税钱重修之。

重修过的酆都庙以酆都大殿为庙中主体建筑。"其神为北阴酆都大帝，配以冥府十王，其东为曜灵五阁王，而左右十司曹官列焉。"大殿上原有清乾隆十三年（1748）御书"现因果法"匾。殿前还有一柏，造型鬼怪。"墀下有古柏，柏顶寄生桧一株，根植郁茂，俗呼飞来柏。"（《泰山道里记》，第7页）庙左还有三曹庙，俗称阎王庙，明人萧协中《泰山小史》中呼之为"枉死城"。

唐代便有地府十王之说，又称十殿阎罗、冥府十王等。将冥府分为十殿，每殿各有一王主之。值得注意的是，在十王中，第七者为泰山王。《道经》云："十王之中，七曰泰山。"泰山王在这里司掌热恼地狱，又名磨肉酱地狱；另设十六小狱。其设置与佛、道融合相关。

酆都大帝作为道家之说，其捏造与佛教发展有一定关联。泰山是道教的重要起源地，是道教中的仙山和神仙栖居的洞天福地，以追求"得道成仙"为终极目标。古帝王泰山封禅及求仙，与道家有撇不清的关系。清人顾炎武《日知录》云："考泰山之故，仙论起于周末，鬼论起于汉末。"泰山"鬼论"的形成明显晚于"仙论"。也正从这个时期，佛教传至泰山，在魏晋南北朝时期信者愈众。特别其转世轮回、地狱十八、善恶报应、因缘业果等说教，在世俗中影响广泛。作为外来宗教，佛教必然要适应中国国情，接受中国的改造，与固有的哲学和世俗观念相融合。因循"泰山主生死""泰山治鬼"观，佛教将地狱观念附会于泰山。三国吴康僧会《六度集经·卷一》云："命终灵魂入泰山地狱。"《卷七》云："闻泰山汤火之毒、酷裂之痛，饿鬼饥馑积本之劳，畜生屠剥割截之苦。"有的文献甚至将"地狱"直接等同于"泰山"，将泰山神纳入佛教体系，封为深沙大将，是阎魔王的太子，等等。在泰山南三里有蒿里、社首二山。两山间有森罗殿，俗传为地狱，佛教在这里有重要影响。蒿里山向东有奈河，借指佛教中的地狱之河（至少是受了佛教的影响）。

对于佛教的输入，作为本土宗教的道教，往往表现出比较强硬的姿态。既有排斥和抗衡，更多的是改造和吸收。一方面将泰山府君降至蒿里山任百鬼之主帅，总司三曹、六案、七十五司，掌管十殿阎王和十八层地狱。另一方面比照着佛教中的阎罗殿及阎罗王等地狱主宰，仿制出道家的酆都及酆都大帝，专门治鬼。

面对道、佛，再加上儒教对世俗信仰的争夺及乱象，东晋以降，社会上"三教合一"的呼声愈来愈高。"孔、老、如来，虽三训殊路，而习善共辙也。"（[东晋]宗炳《明佛论》，见金仁义《东晋南朝史学与社会》，黄山书社2016年版，第173页）红花白藕青荷叶，三教原来是一家。佛、道两教围绕鬼权的争夺，最终形成融合共生的局面。你中有我，我中有你，演化为通用的人间世俗风情。在蒿里山神祠，既有阎罗王，也有酆都大帝；在酆都庙，也给阎罗王留出了位置。只不过阎罗王将原冥府主宰的位置让贤于酆都大帝，屈身于十殿阎罗之一。

阎罗王为佛教神话中冥界之王，传入中国后不断被汉化和改造。据说开始阎罗王为十王总管，后因同情屈死鬼，屡屡放还现世报怨，遂被贬为第五殿之王。即便如此，流行于民间的仍是阎王爷信仰，并安排生前有功德的人担任此职。"生为上柱国，死作阎罗王。"（《隋书》卷五十二《韩擒虎列传》，第896页）如韩擒虎、寇准、范仲淹、包拯、岳飞等。最著名者莫过于"日断阳，夜断阴"的包公。民间有"关节不到，有阎罗包老"的说法，寄托了人们对现实的愿望。

反观佛、道在泰山的这场较量，最终还是以道教主导着整个神鬼世界，佛教处于被压制改造的境地。佛教为外来教是其原因之一。道教较之佛教更能上达圣听，与皇宫保持着密切联系也是一个重要方面。酆都庙由太监创建便是一个明证。同时道教能够多样化地吸收佛教有关内容，不断满足世俗的需要，也是其长盛不衰的原因之一。

四川酆都县也有"鬼都"。"罗酆山为北方鬼帝所治，故有罗酆治鬼之说，而世俗乃以指四川之酆都县。"（[清]俞樾《茶香室丛钞》卷十六《罗酆山》，第2页）唐人吴道子曾"画地狱变相于成都"（[明]李钦《重修酆都庙记》，碑佚；碑文见山口镇崖下村民国二十五年《泰安李氏族谱》卷十二《北崖先生父子遗文》，第2-3页）。一说鬼都设于酆都县盘龙山。"《夷坚志》云，忠州酆都县有酆都观，其山曰盘龙山，即道家所称北极地狱之所。盖南宋已有此说。夫酆都县不在北方，何以谓之北极地狱乎？即此可知其非矣。"（[清]俞樾《茶香室丛钞》卷十六《罗酆山》，第2页）又将"阴王"（鬼帝）附会于去酆都县3里的平都山。对此俞樾同样予以否定："酆都县平都山为道书七十二福地之一，宜为神仙窟宅，而世乃传为鬼伯所居，殊不可解。读《吴船录》，乃知因'阴君'传讹。盖相沿既久，不知为'阴长生'，而以为幽冥之主者，此俗说所由来也。"（[清]俞樾《茶香室丛钞》卷十六《酆都阴君》，第1页）所谓"阴长生"，为后汉隐士，与前汉隐士王方平皆在平都山得道仙去，后人呼二人作"阴、王"，讹传为"阴间之王"，酆都遂成阴曹地府。作为鬼都冥府，泰山是平都山所无可比拟的。

按 商时泰山地区有古蜀国。晋人杜预注《左传》云："蜀，鲁地，泰山博县西北有蜀亭。"清人顾祖禹考证蜀山在今泰安市宁阳县境，蜀亭在泰安城西。祝融是在蒙山前为夏氏族养蚕的族人，后来迁至泰山脚下，蜀山、蜀亭为其祖居地，以后迁至四川盆地建立了蜀国。以故蜀国来自泰山下的蜀亭。

酆都庙位于泰山入口处，犹如泰山之前卫，专司"秋杀之权"。其"崇之以殿陛，列之以牍案，肖之以人鬼，严之以剉烧舂磨之刑，使人入则肃然凛然，出则悚然，将自知去恶以求免刑戮之弗遑也"（[明]李钦《重修酆都庙记》）。"庙貌森严，阴风凛洌，望之如入冥府，游人悚慄，倍于蒿里。"（民国《新刻泰山小史·酆都庙》，正文第42页）神道设教，无非福善祸淫之旨，现实中却并非如此。旧时多有生前为自己预修黄箓道场的，以求增福增寿，也成为寺庙愚民敛财的一种手段。"人们因惧怕而创造了神灵，然而面对神灵，人们仍然惧怕。"（鹿锋《泰山何以独尊》，第133页）

明人宋焘《泰山纪事》中有一段关于酆都庙的传说："乃郡中积皂邢士廉，惯行窝访，剥噬众家，阖州之民畏之如虎。一夕染病，自顶及踵痛彻骨髓。数日，头面心腹裂一大缝，如刀劈两开，脏腑俱现，大叫殒绝，宛然锯解之状也。先是士廉未病时，街邻李宝泉幼子，游戏城北酆都庙，见庙正殿有绯衣尊官，侍卫严肃。堂下一人，身披重刑，血流遍体。趋视之，乃士廉也。孺子惊惧，亟出，归以告父母。父犹叱止之，曰：'勿浪传！士廉势焰正盛，万一闻之，吾家无噍类矣！'后数日，孺子以痘殇。士廉疾作，体裂而死。"（卷三《人集·锯解地狱》，第24-25页）

此或为民间所传的现世报应。所谓"幽明一理"，对于多行不义、作恶多端之人，死后自然要油烹、火煎、刀劈、锯解等。更甚者，"现世报"，死前就要受到惩罚。当然这样的事情，亦如宋人所云："不过造此惨形，以警愚民耳。"只是可惜了那个孩子，枉死殒命。鬼亦不明。

酆都庙至民国时已毁圮。民国八年（1919）就其址创建**慈善院**。

慈善院的创立，先是民国七年（1918）在北平的山东同乡设立水灾筹赈会，补助汶河工赈，又以余款大洋1.5万元拨给泰安，另加泰安汶河善后调查处撤销后的所有工赈余款大洋2.5万元及冬赈大洋千余元，共计大洋4万余元作为举办慈善院筹备之款项。慈善院遂择址于鄟都庙旧址,由慈善院院长李恩泰负责修建。但由于时局变化,慈善院成立后并未有效开展慈善活动,"惟未经收养贫民,近年往往驻陆军其中"(民国《重修泰安县志》卷二《舆地志》,第55页),反而成了兵营。

李恩泰,字陛臣,又字锡宸、洗陈,河南中州公学法政讲习科毕业。其热衷公益事业,历任泰安慈善院院长、道院院长、红卍字会会长、赈务委员会委员、戒烟所所长、进德分会委员、灾民收容管理处卫生股股长等。李恩泰与明代乡贤李汝桂同族,"余自髫龄即闻明儒还朴先生(李汝桂)之行实,而心窃慕之,尚不知为我族中之先辈也"(李恩泰《拟印北崖祖父子遗文缘起》,见《泰安李氏族谱》卷十二《北崖先生父子遗文》,第14-15页)。时王价藩(建屏)主讲醴泉义塾,李恩泰过访话旧,见正堂设泰山五贤及李汝桂之位,感先祖著述散佚。民国二十五年(1936)"是以由泰安州府县各志及《岱史》《徂徕集》诸书,搜得两先生(李汝桂及其父李钦;李钦,号北崖,世称'六朝文献')遗文七篇、诗一章、所有各书凡有关两先生之行实记载亦为摘录,及碑记祭文"合集为《北崖先生父子遗文》,周受祺题名,亓因培、范明枢、王亨豫作序,附诸谱尾,成为研究北崖父子的珍贵资料。李恩泰与范明枢还为姻亲关系,恩泰长女适明枢三子。(据《泰安李氏族谱》卷七,第31-32页;卷十二,第15-16页)王亨豫(次通)赞其"乡里称长者,喜任事,邑中婚丧大徭役往往主之。尝与战役中冒锋镝,谋和平。今年七十犹倡修家乘"(《泰安李氏族谱》卷十二《北崖先生父子遗文》序言三,第6页)。李恩泰还是"泰山大学"的首倡者,拟建地点便在慈善院旧址。(据周郢《名山古城》,第50-51页)当然时人对李恩泰褒贬不一,有"劣绅"之称,此注。

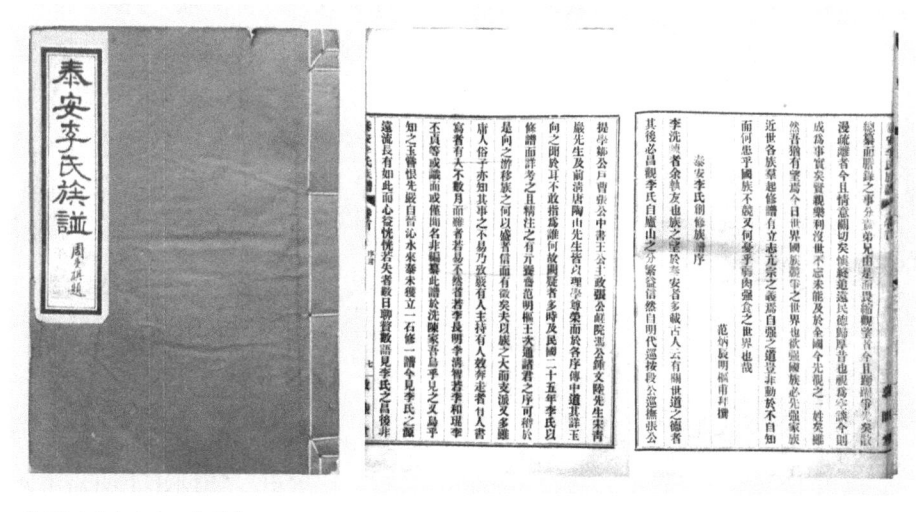

民国《泰安李氏族谱》

慈善院又曾改作**县立师范讲习所**,中华人民共和国成立后拆除。

清光绪三十三年（1907），知县毛澂于斗母宫创设师范传习所，附设小学堂（后更名为国民学校）。民国二年（1913），当局于文庙创设泰安县立师范讲习所，附设国民学校。十八年（1929），女子师范讲习所（创建于民国十年）并入师范讲习所，迁址于灵派侯庙。时有教职员工7人，女生1个班47人，男生2个班97人。二十年（1931），讲习所再迁至慈善院。中国共产党在师范讲习所建立党支部。同年年底，讲习所联合泰安第三中学等校师生300余人组成南下请愿团，到南京国民政府请愿抗日。其间一大批积极分子加入中共组织，成立学生自治会、读书会、研究会等，并于1932年3月成立《蔷薇》社（成员有鲁宝瑛、燕遇明、武冠英、庞盛文等），出版了《蔷薇》期刊（半月刊）；同年6月，国民党县党部以"言辞过激、宣传赤化"为借口查封。同年8月，进步师生又在讲习所内筹办《寒鸦》月刊，庞盛文、苏蕾生任主编；两期后又被停刊。二十二年（1933），时任泰安县县长周百锽将县立师范讲习所从慈善院迁入天书观，并设讲习所附属小学。讲习所设师范部和小学部。师范部3个班118人，教职工14人；小学部6个班199人，教职工9人，颇具规模。二十四年（1935），师范讲习所改为县立乡村简易师范学校。其间创建《泰安师范》校刊，徐芝房、金陶斋任主编；当年冬停刊，共出版两期。抗日战争爆发后，学校停办。在创办期间，讲习所成为培养革命青年的摇篮，被誉为"红色师范"。

对于仰圣门至此一段不长的朝山之路，在民国傅振伦笔下，可见当时的世俗民情："登封门，一曰仰圣门，俗呼北门，由城内登山必经焉。出城北望，群峰错立，远近异态，焰烟浮云，横带山腰，景物之奇，甚快心意。前行，抵山麓，道路修整，游人称便。道之左右，乱石棋布，践之有声，别饶兴致……山中居民，有出售香马纸锞者，生意最盛。沿路乞丐甚多，逢人索物，并云'千舍千有，万舍增福''步步高升''积德吧，掏钱吧，个人行好是个自的'。不予，则不得前行。游山大杀（煞）风景事，莫过于此。又前行，为岱宗坊。"（傅振伦《重游泰山记》，见1984年《泰山志资料选编》，第174页）

酆都庙西为**岱宗坊**，屹立于红门路当道正冲。

岱宗坊是泰山标志性建筑，为登山之始，至今仍保存完好。坊创建于明嘉靖四十二年（1563）。时济南同知翟涛受山东巡抚朱衡委派重修泰安

红门路乞讨者旧影 [美]甘博摄于1919年

东岳庙（岱庙），历10余月告成。遂请以香税钱重修酆都庙，并讫。乃于酆都庙西建岱宗坊3楹，与庙之重修为同期工程。时李钦《重修酆都庙记》同记此盛事："庙西登岳之路，复建岱宗坊三楹，自此以至岳顶，地方凡八，又皆立坊以表其名，而各揭联以壮其景。金碧煌伟，映照山河，由是泰山之伟观愈益增矣。"明隆庆间（1567—1572）巡抚姜廷颐、总河翁大立、巡按罗凤翔等继修。后圮。至清雍正八年（1730）山东巡抚费金吾以泰山庙宇盘道多有毁坏，奏请修缮。世宗谕准，诏发帑银，遣内务府郎中丁皂保、营造司郎中赫达塞奉敕修整。整个工程历时1年。在对泰山全面修葺的同时，重建岱宗坊，并篆书坊额。

岱宗坊旧影，摄于1929年年初。为迎孙中山先生灵柩，泰山上下写满了标语

岱宗坊今貌，泰山摄影俱乐部摄影

今岱宗坊为全石四柱三门式，建于长16.6米、宽14.2米的长方形石台基上。坊通高7.5米，宽9.8米，进深4.4米。中门宽3.2米，两侧门均宽1.8米。额板大字篆刻"岱宗坊"3字，落款"雍正八年岁次庚戌季春谷旦奉敕敬建"。坊左有雍正九年（1731）《重修泰安州神庙谕旨碑》，坊右立同年《重修泰山碑记》，均记雍正年间重修泰山诸庙及盘路等事宜。1956年翻修坊下方台。1998年5月21日，此坊曾遭一货车重创，得以及时修复如旧，并于南、北加环岛予以保护。

清末，有岱西南安驾庄人梁恒素（字履占，又字吉斋，号菊农）善丹青，曾绘《泰山全图》，自岱宗坊至太平顶，以12张纸绘就，全面呈现红门一路的胜景。（据[清]刘宝符《恩赐文林郎七品寿官郡庠生梁君墓碑铭》，见《前梁氏族谱》卷一《梁氏金石志》，文内第2页）

岱宗坊西南，今林校操场处旧有**凤凰台**。

汉宣帝元康元年（前65），凤凰集于泰山，因其地为台，台上覆以亭。后废，犹存土丘石柱。至乾隆十二年（1747）为人工掘土所毁。今循古意于林校操场东新建一台，然与古台相去甚远。

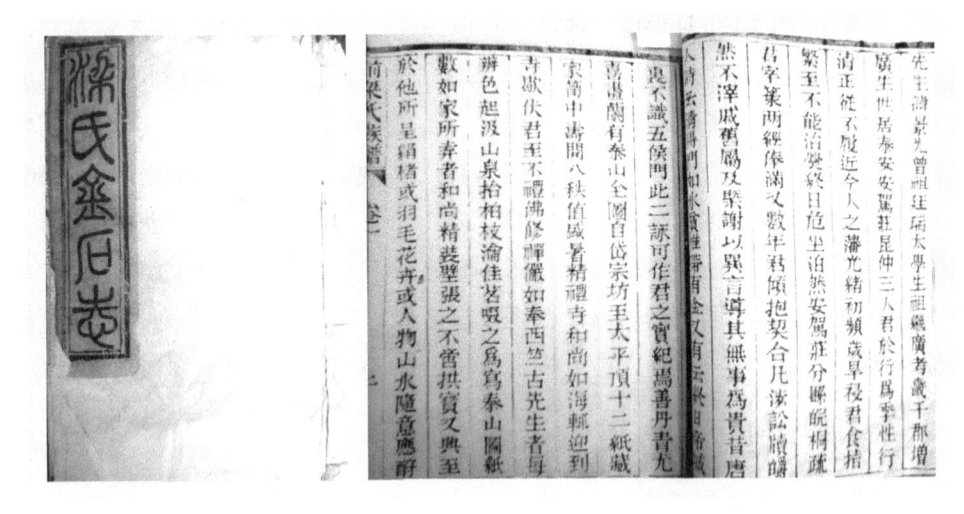

《梁氏金石志》

凤凰、神雀作为祥瑞，有汉一代多次现于泰山。汉元康二年（前64），凤凰又集于泰山，传神雀飞集处在宁阳县东北南驿爵山。汉章帝元和二年（85），凤凰飞集肥城句窳（yǔ）亭槐树上，故址即今肥城市桃园镇东里村北之凤凰山。每次祥瑞出现，朝廷便大赦天下，遍赏群臣，免除当地赋税等。如元康三年（前63）春，"以神爵数集泰山，赐诸侯王、丞相、将军、列侯、二千石金，郎从官帛，各有差；赐天下吏爵二级，民一级，女子百户牛酒，鳏、寡、孤、独、高年帛"（《汉书》卷八《宣帝纪》，第253页）。

泰山是一座神山、圣山，泰山之灾异被世人视为天下太平、国运昌盛与否的征兆，也是古帝王封禅的必要条件之一。"自古受命帝王，曷尝不封禅？盖有无其应而用事者矣，未有睹符瑞见而不臻乎泰山者也。虽受命而功不至，至梁父矣而德不洽，洽矣而日有不暇给，是以即事用希。《传》曰：'三年不为礼，礼必废；三年不为乐，乐必坏。'每世之隆，则封禅答焉。及衰而息，厥旷远者千有余载，近者数百载。故其仪阙然堙灭，其详不可得而记闻云。"（《史记·封禅书》，第1161页）文中归纳了帝王封禅的基本条件，比如受命于天、祥瑞显应、功高德厚、时逢盛世等。符瑞现，然后得封禅；没有天降祥瑞，封禅便无法成行。所以在汉武帝时，先有白麟、奇木进于朝廷。给事中终军（字子云，济南人）赞武帝功业已是前无古人。武帝改元为"元狩"。又有汾阴巫师挖出一宝鼎，呈于皇帝。术士公孙卿阿谀妄言，此乃黄帝登泰山与神相通之物，及鼎成，黄帝遂登天升仙而去。封禅能成仙，极力鼓噪武帝东封泰山。为纪此祥瑞，皇帝又改年号为"元鼎"，时为元鼎元年（前116）。至元封元年（前110），汉武帝东幸河南，登上中岳嵩山，随员奏称山上有喊"万岁"的声音。祥瑞再现，武帝便东上泰山，行封禅事。至于光武帝刘秀，在拒绝大臣们的建议后，干脆自己去发现符瑞，省去共同编造的麻烦。而且一发不可收，在其封禅泰山前后，各样祥瑞先后出现过36次之多。

元和二年的凤凰祥瑞也促成了汉章帝东巡致祭泰山。行前专门下诏书，进行一番自省，大赦天下，赏赐百僚，抚恤鳏寡孤独。至则柴望山川（点柴燃火祭祀），告祭泰山及天地诸神。此时，又有黄鹄30只从西南来，飞临祠坛上，祥瑞再现。时郎官班固随章帝东巡泰山，所撰《东巡颂》云："是以明神屡应，休征仍降，不胜狂简之情。"如史书不假的话，此次"祥瑞"的出现还是可信的。

明郡人萧协中有《凤凰诗》云："台上曾闻集凤凰，时和应自兆祯祥。汉臣不似宋臣媚，浪撷灵芝奏未央。"

岱宗坊西旧为**乾隆行宫**，因北临白鹤泉又称白鹤泉行宫，俗称皇宫院。宫址在今红门路35号泰安军分区第二干休所院内。此处曾为红门路最大的古建筑群。

行宫为升元观旧址。清乾隆三十五年（1770），山东巡抚富明安以升元观及观北白鹤泉址为高宗乾隆皇帝改建行宫。该宫规模宏大，松柏葱郁，奇石林立，巍峨壮观。"宫多奇石，非泰山物，不知费几许民力，始辇运至此也。"（民国《泰山游览志》，第7页）清人唐仲冕《岱览》对行宫规制所记甚详："宫门外设梐枑（bì hù）再重，左右为朝房。门内为二宫，门东、西设便门。内有池环绕，上有平桥。桥北为殿，御题'体元堂'额及诗。殿后为寝宫。其西为天章阁。阁后有池，有茅亭、山子、略彴（zhuó，小木桥）。垂柳古松相掩映，游鱼鸣鸟上下飞跃，亦优游弥性之卷阿也。茶膳、车辇房在大宫门东。是年春二月，驻跸行宫，谒岱庙，登岱祀元君。还宫，召见从臣、疆吏，行庆施惠。后率以为常。"（卷三《总览二·岱礼上》，第12页）有赞云："依岳为屏，天然图画。百雉山城，万家灯火，近接几席。遥望石闾、徂徕诸山，皆蒲伏北向，俨然宸居星拱矣。"（[清]金棨《泰山志》卷三《盛典》，第28—29页）乾隆帝亦龙颜欢悦，御书"体元堂"额，御制《至泰安白鹤泉行宫作》诗一首（诗作于三十六年），以纪其事："出谷缘山跸路延，花村柳墅望相连。观民缓迈青郊道，行馆新成白鹤泉。只以娱慈用允尔，设云适已实惭焉。八旬圣母扶瞻岳，更祝如斯亿万年。"

此后乾隆皇帝南巡至泰山，多数驻跸于此宫。

清季，朝廷内忧外患。道光二十六年（1846），朝廷裁撤行宫，示天下不复巡幸。白鹤泉行宫渐次荒废。

清光绪二十九年（1903），当地筹设**农桑会**，翌年成立。前候补直隶州知州、农学家范一双受山东巡抚周馥和泰安县令毛澂举荐出任首任会长。范一双由省发领银四千两作为开办经费，就行宫故址特建一院，筹办蚕桑学校。此院"洋式草亭三间，盖造瓦亭一座，盖造宿舍、配房、厂棚二十四间。新筑大墙一百五十二丈，修补大墙七十二丈，开挖新井二口。开垦畦田"。三十一年（1905）又"栽植树株，盖造厢房十二间，盖造大门二间，角门共六座"，但一直未能招生。（据民国《重修泰安县志》卷四《政教志》，第40页；民国《泰山游览志》，第7页）民国年间，行宫屡有驻军，宫宇被拆毁，古树被伐倒，林麓佳境，顿成废墟。农桑会亦移至米廒花园内。（据民国《重修泰安县志》卷二《舆地志》，第47页）

赵新儒少时曾见其风貌："有宫门、玉带河及太湖石所堆假山。石柏水池，风景绝佳，今皆乌有矣。"（民国《新刻泰山小史》，正文第42页）民国十七年（1928），此处全部被拆毁。中华人民共和国成立后，此处拆建为驻军单位及居民楼。

在历代帝王中，乾隆到泰安的次数可谓首屈一指。从乾隆十三年（1748）陪其母第一次，到乾隆五十五年（1790）最后一次登临泰山，计11次之多；其中6次登上泰山。来泰安的次数多，当地为其建的行宫也多。除白鹤泉行宫外，其他诸如：岱顶天街坊向北有乾隆行宫，十二年（1747）建；岱顶碧霞祠东石阁外有乾隆驻跸亭，即原康熙更衣亭，十二年扩建；泰山凌虚阁西有乾隆驻跸亭（原振衣亭址），十二年改建；泰山盘路壶天阁有乾隆行宫，十二年在明升仙阁址扩建；旧城西北隅梳妆院东为乾隆驻跸亭，三十五年（1770）建；岱庙有乾隆驻跸亭，三十五年由三茅殿改建；旧城西南灵应宫东有乾隆驻跸亭，三十五年建；大汶口有乾隆行宫，邻四贤祠，又称四贤祠行宫，三十年（1765）、三十六年（1771）皆驻跸于此。另，合云亭、玉皇庙、朝阳洞、天柱峰亭、乾坤亭、日观峰亭、环咏亭等，莫不有其游踪。（据[清]朱孝纯《泰山图志·卷一上》）

乾隆自称十全老人，在位60年，一生都在不断南巡、东巡。庙堂之上，天道昌隆，盛赞天子省方问俗、恩泽广沛，所到之处又多有蠲免钱粮、赈恤恩赏之举。而实际上天子未至，地方要提前数年大兴土木，劳民伤财；及至，又供应繁苛，民不堪其扰。有研究者认为，清朝之衰始于乾隆，一个很重要的原因就是其好大喜功和频繁出巡给地方经济造成了严重破坏。乾隆四十九年（1784），江苏学政尹会一上书劝谏南巡，称"民间疾苦、怨声载道"，被乾隆削官为民，永不录用。《四库全书》总纂官、大学士纪昀（字晓岚）也曾力谏，致乾隆震怒："朕以汝文学尚优，故使领四库书馆，实不过以倡优蓄之，汝何敢妄谈国事！"话说得非常难听。而对乾隆十八年（1753）泰安一名"县民"的讽咏，则是痛下杀手，成为震动朝野的"歌词案"。

此"县民"名王尽性。清宫《清高宗实录·卷四三六》载："泰安县民王尽性等，捏造歌词，刻印货卖，照妄布邪言例，分别拟以斩决、流徒。"泰山学者周郢经过20年搜索，终于在台北"故宫博物院"所藏"宫中档"朱批奏折中，查到此案始末。大致在泰安城有名为王尽性的下层文士，曾目睹乾隆南巡盛况，写成歌词，内容涉及地方苦于供应、乾隆在途中淫乐致皇后投水而死、为房铉鸣冤（长清相保里大房庄人。

其借乾隆帝南巡，作《儒言》一篇上献，历述县令马泽罪状，及东抚准泰、学政德保之袒庇。乾隆帝恶其上书，默许准泰对其"斩立决"）等内容。其歌词不但被广泛传唱，还被刊印货卖。案发后，暂署山东巡抚杨应琚、泰安知府宋翼齐专案速查。乾隆十八年（1753）三月二十三日，将首犯王尽性及所抄写刻板并贩卖各犯一并全获。三月二十六日上奏乾隆帝。四月二日，乾隆传谕，将王尽性杖毙，其余各犯，酌量枷责发落，所撰歌词板片等一律销毁，并严禁在民间传播。（详见周郢著《名山古城》相关文章）

北关二

白鹤泉，在岱宗坊北约百余米处。原泉白水如练，潋潋随波，绕城迤旎，随处绿湿红鲜；将暮则春波晚荡，柳带摇风，雁鹊翔回，落日熔金，是老城天授独有的名胜。

有专家考此泉或发掘于北宋泰安城初建时期。据传古有白鹤常云集于此，又传泉中曾有白鹤飞出，故名。泰山习有"三大名泉"（白鹤泉、玉液泉、王母泉）、"五大名泉"（白鹤泉、玉液泉、王母泉、广生泉、醴泉）之说，此泉称首。明人萧协中云："（白鹤泉）在岳南麓，流涌而味甘，往城中有渠，可以运舟，即此水之所注也。如以井水较之，轻重亦异。"（民国《新刻泰山小史》，正文第40页）旧泰安城北有水道，白鹤泉水由水道经岱庙东南，折而西南，经运舟街，由城西南出，汇奈河入泮河归汶水。其水可以载舟，运舟街名即源于此，可见泉脉之盛。

古人更是将白鹤泉作为文脉的象征，泉源旺则人才兴，认为邑城之所以人才辈出、科举连缀，与此泉密切相关。清人赵国麟云："岱趾有泉名白鹤，悬崖垂练，潆洄邑城，人文蔚起。"（[清]赵国麟《徂徕山礤石峪赡田碑记》）

白鹤泉址曾为**封家池**水源地。明嘉靖年间，泰安举人封尚章建别墅于泉侧，有池水通白鹤泉，时人称封家池。"其流涓涓而蓄荡，下喷则有一泻千里之势。轩冕宴会，时假于此。"（民国《新刻泰山小史》，正文第40页）封尚章卒后，"遗子每苦奔承，竟用铁器闭之，而流斩矣"（所引同上）。所用铁器至民国犹见。民国赵新儒云："相传当时用长杉穿铁锅塞泉。余幼时犹见庙中铁锅有穿者甚多，谓为浚泉时所得者。"（民国《新刻泰山小史》，正文第40-41页）

白鹤泉和封家池的人为毁坏，使这一连缀山城的千年碧波断流，城内运舟街盛景不再，空有其名，也成为古今泰安城人共同的遗憾。邑中曾有明人宋焘、清人赵国麟等名士以州中科名渐稀等，数议浚通之事，始终未果。至清嘉庆年间则有邑人乔子忠借口"济运"奏请开疏白鹤泉的"叠次呈控"，引起嘉庆帝的关注。

乔子忠，字荩臣，少酷贫，每以不得读书为恨，虽肩挑背负时亦未尝释卷。开设画肆，中年竟称小康。有凡关邑公益事无不竭力。时清廷有旨疏浚泉源，乔子忠乃伏阙上书，呼吁开疏白鹤泉，然屡次呈明皆无回应。嘉庆二十年（1815），其只身赴京，恳请清廷重臣英和呈递御览。嘉庆帝颁旨勘查。一月后，时任山东巡抚陈预就白鹤泉一事向皇帝覆奏，以"泉源已涸""工费甚巨""于济运亦属无益"等建议作罢，并对乔子忠予以杖责（因乔为监生，照律纳赎）。几经周折，白鹤泉疏浚一事还是未能如愿。（据周郢《泰山编年通史》卷下，第1154页）

泉道被封，泉脉仍旺。"（封家）池中水鸣声若轰雷。"（民国《新刻泰山小史》，正文第41页）"白鹤虽无际，名泉尚有音（自注：夏日大雨时行之，时神座下犹闻水声）。"（清嘉庆二十年泰安士人赵钫诗）民谚有云："闷了白鹤泉，出了趵突泉。"又闻范镇人有传："闷了负太泉，出了白鹤泉；堵了白鹤泉，出了趵突泉。"负太泉位于范镇负北堼村"泉沟崖"处，原出水甚旺，民间传说泉脉与东海通，后用大铁锅盖住，遂在泰安城有了白鹤泉。

白鹤泉被封后，又于其西偏发现泉源一泓。清乾隆二十八年（1763），知县程志隆疏浚泉道（白鹤泉支流），题"白鹤泉"石碣嵌于井壁；并为之建亭1所，构楹5楹，题额"白鹤亭"以复其旧。"井周以槛，其前有桥梁，有竹木之杂植，巍然杰阁起于左，顿尔大改其观。"（[清]汤奕隽《游白鹤泉记》，见《岱粹抄存合编》下卷四《杂文》，第143页）后圮。光绪二十六年（1900），知县朱锺琪又曾重修，建南亭3楹，西南亭5楹，题亭额曰"思鹤堂"。2003年在其址挖地基时，又曾涌出众多泉眼，惜再次被泥浆封堵。

白鹤泉作为旧城老泉、名泉、灵泉，屡现屡绝，实为可惜。明人萧协中叹曰："深可一涕也！"并有诗云："名泉喷激漾悠悠，达入雉城堪泛舟。鹤羡源枯空怅望，蒹芜满道野烟浮。"（民国《新刻泰山小史》，正文第40—41页）

明万历八年（1580），泰山道众于白鹤泉故道上建**玉皇阁**，祀玉皇。清初时，当道者由苏州虎丘山以重金聘请捏像工人，所塑像设与王母池七真殿像同出一手，精美绝伦，历久如新。（见民国二十二年《重修玉皇阁碑记》）

清乾隆十八年（1753），知县冯光宿在白鹤泉前增建**玉皇阁坊**，又称白鹤泉坊。坊为双柱式，正书额"玉皇阁"，其下又题额"白鹤泉"，并题联："庙貌巍峨威镇千山灵佑，神光普遍恩敷万国咸宁。"

玉皇阁坊今貌

清道光三十年（1850），住持道人王树风募化重修玉皇阁，"栋宇彩绘，墙壁丹涂，神像浑金"（道光三十年《重修玉皇阁神像记碑》）。民国十七年（1928）拆毁，二十二年（1933）又有住持道人王智若等重修。时所见："地不甚敞，而树林阴森，遮蔽天日。殿前有厅，可以眺视，城市历历在目。内有行厨，游山者取食良便。"（胡君复《泰山指南》，第5页）入阁转北有小院，题曰"棋声花院静"。"虽不及思鹤堂之闳阔，而爽垲过之。"（民国《重修泰安县志》卷二《山水》，第3页）今诸迹皆荡然，惟存玉皇阁坊。1968年建泰安军分区干休二所时，将石坊移至干休所大门外；2006年红门路改造时，再将坊由路西上移至路东山东农业大学植物园西侧，由原东向改为西向，同时建人工泉池亭台。游人不知者以为白鹤泉复出矣。

民国《重修玉皇阁碑记》，今存岱庙

除玉皇阁坊外，今仍存重修碑两通及题刻等。一为清道光三十年（1850）《重修玉皇阁神像记碑》，原在白鹤泉旧址，今移置岱庙天贶殿西侧。碑由3石组成，邑庠生张福林书丹，邑庠生宋仁宏撰文；铭文后列捐修人名980个。一为民国二十二年（1933）《重修玉皇阁碑记》，邑人李星坡撰文，赵春芳书丹。另有新安程志道题刻，勒于一自然石上，中部大书"浴鹤"2字，上部小书"第一景"3字，均为行书；原在白鹤泉旧址，1978年移置岱庙天贶殿院西侧。

玉皇大帝俗称老天爷，在道教中是仅次于"三清"（道教的三位至高神：元始天尊、灵宝天尊、道德天尊，分居于玉清、上清、太清"三清"胜境）的神祇。关于玉皇来历，上世有光严妙乐国，国王名净德，王后名宝月光。王无嗣，遂诏谕道众，遍祷于真圣。半年后某夜，王后梦太上道君抱一婴儿至，光照灿烂，作百宝色。梦后有孕，于丙午岁正月九日午时诞下王子。当生之时，身宝光秋，充满王国；色相妙好，观者

"浴鹤"石刻，今存岱庙

无厌。其敏慧而慈善,将国库财宝尽散于贫困者。王崩后,其敕大臣嗣位,自己隐修于普明秀岩山中,修行三千二百劫,始证金仙,号曰"清净自然觉王如来"。宋真宗封禅泰山,已经关注到玉皇在泰山的影响。大中祥符七年(1014)九月,真宗语于侍臣:"自元符之降,朕欲与天下臣庶,共上玉皇圣号。"天禧元年(1017)正月,真宗诣太初殿恭上玉皇圣号曰:"太上开天执符御历含真体道昊天至尊玉皇大天帝",与昊天上帝合二为一,尊为万神之主。(据《绘图三教源流搜神大全》,第18-19页)其后世在民间的影响和规格甚至超越了"三清",成为天地之主宰。登山一路除此以外,在回马岭和岱顶均有玉皇庙以祀。

关于玉皇阁,道士孙真清尸身最富传奇。

孙真清,直隶河间府阜城县(今河北省东南部)人,早年游历泰山后留居玉皇阁内,修真六十余载。清康熙四十年(1701),孙道士唤其徒曰:"吾死停于阁内,三年开视,可埋则埋。"语毕即亡。十余年后,其弟子开视,见其端坐如生,便设龛于玉皇阁东南,供其尸身,人称仙人洞。又传乾隆帝至泰山,驻跸阁南行宫。适逢孙道长羽化,一月内官府不允办丧,且阁南即行宫。弟子无奈将其尸身暂埋于石灰坑内。等皇帝离开将尸身挖出,俨然一腊人。道家有"尸解"一说,时人皆以为孙道士遗弃肉体而仙去,遂将尸身罩以华服,头颅贴金,坐供仙人洞中。"特露膝以示真形,不过头易以泥,稍非完璧耳。间尝严扃洞门,以为神道静肃宜尔也。游客欲一睹仙颜,以觇其异,必先以铜元数枚为道士寿,始肯引人入观云。"(民国《泰山游览志》,第9页)自清至民国年间,信众趋之若鹜。后洞毁,1950年移尸身于王母池蓬莱阁下,1964年运往济南焚毁。

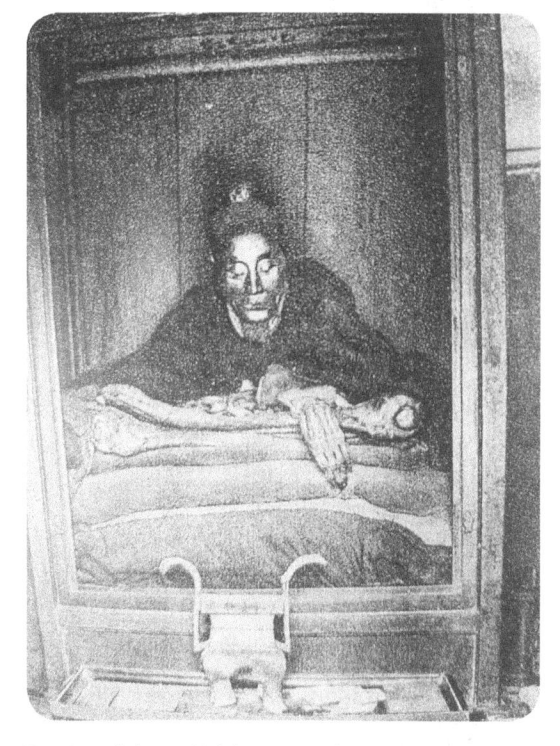

玉皇阁孙真人　佚名摄于1930年左右

玉皇阁东为**金母殿**。

金母即西王母、西灵王母,民间又习惯称其为王母娘娘。其先为上古神话中至高无上的女神,又纳为道教体系中的重要神祇,列女仙之首,与男仙之首东王公(木公)相对应,是生育万物的创世女神,地位崇高。"西王母,乃九灵大妙龟山金母也,号太虚九光龟台金母。"其形成，又以"西华至妙之气化而生金母焉"。其"所居昆仑之圃，扶风之苑，其山下弱水九重，洪涛万丈"。今人多有研究，昆仑即泰山，弱水即汶水。其地位，"柔顺之本，为极阴之元，位配西方，母养群生，盖主天下三界十方女子登仙得道，咸所隶焉"（《绘图三教源流搜神大全》，第29页）。传说中其为"三清"之首元始天尊之女，玉皇大帝的夫人，《天仙配》中董永之妻的母亲，《牛郎织女》中织女的外祖母。其形象也多变，在《山海经》中是人形豹尾虎齿而善啸，在《穆天子传》中则是一位雍容华贵而又婉约多情的贵妇人，在《汉武帝内传》中则"可年三十许，修短得中，天姿掩蔼，容颜绝世，真灵人也"。最终定格为一位母仪天下的天界女神形象。西王母又广泛出现在小说戏曲和民间传说中。其曾帮助黄帝打败蚩尤，点化尧、舜、禹治理天下，密会周穆王和汉武帝。其有瑶池蟠桃三千年一生实，汉武帝曾吃过4颗，还欲将果核收起来回去栽种，因王母说人间地薄，种之不生而作罢。三月初三是西王母诞辰，每年这天她要在天上举办蟠桃会，以仙桃招待众仙。凡间仿仙俗，每年这天也举办蟠桃盛会，为西王母祝寿庆贺。

之所以选择在红门路位置设金母殿，大约是玉皇殿设在此处的缘故。除此外，虎山群玉庵，城中梳妆楼（白云观），城外灵派侯庙内王母殿、岱麓金母殿、万仙楼、十八盘金母殿均祀王母；岱阴玉函山有其与汉武帝密会遗址。

玉皇阁西为**痘神殿**。创建不详，祀痘神。痘又称天花，古人对之敬惧如神。

痘神殿原为**人祖殿**。清人顾炎武《山东考古录》云："泰山上有人祖庙，不知何取。"原祀秦始皇。据司马迁《史记》载，秦始皇三十六年（前211），有异人持璧于途中拦住秦始皇使者，曰"今年祖龙死"。使者持璧回来向秦始皇禀报。秦始皇视其璧，乃二十八年自己渡江时所失之物。"祖龙者，人之先也。"（卷六《秦始皇本纪》，第184页）以此借喻对始皇不吉。秦始皇为人祖神起源于秦地。泰山祀之，一方面其为可征帝王封禅泰山第一人；另一方面究嬴氏起源，秦始皇本是泰山人。后"以始皇不应祀典……改为痘神殿"（胡君复《泰山指南》，第7页）。

痘神殿后为**北斗殿**。位于今泰安军分区第二干休所北部宿舍区一带。该殿创建于明隆庆年间（1567—1572）。道教以北斗为斗母之子，可以判方位，参历法，感应天人。岱顶另设有北斗坛。

北斗殿西北为**大王庙**，全称金龙四大王庙。其位置大致在今红门路39号山东农业大学东校区宿舍院西北部。

大王庙创建于清康熙元年（1662）。据泰安旧志，其神为南宋谢绪，行四，隐居于金龙山，宋亡后投茗水殉国。明天启四年（1624），朝廷以其拥设漕河敕封神号，祀于单县黄堌，为运河之神。《郓城县志》有《金龙四大王庙记碑》所记甚详："大王姓谢，讳绪，宋季郓州人，传载谢安次子琰之裔也。宋恭宗时，谢太后为其亲族。受制于贾似道，以致金人猖狂。大王心甚恨之，遂避居金龙山，建'望云亭'，读书其中。后天目山崩，洪水泛溢。大王出家资赈济穷乏，民德之若父母。元破临安，帝与太后被房。大王仰天太息曰：'生不能尽忠，死欲雪忿。'赋诗自悼，有'立志报国尚未酬'之句。诗完即投河死。时水势汹涌，若龙斗之状。尸逆流而上，适黄河北徙郓西，正当其地黑龙潭者。尸立不动，怒气勃勃如生。人异以为神，乃结冢敛葬之。至今父老相传，郓为大王桑梓之里，盖以大王冢云故也。及托梦乡人曰：'今有圣天子矣。吕梁之战，是吾报仇之日也。'丙午九月，明太祖克杭州。丁未二月，傅有德与元兵战于吕梁，见有金甲神人跃马横槊。元人恐，遂大败。至永乐，以海运不便，复修漕运，神之威灵显赫如响应声。嘉靖中，敕封'金龙四大王'，立庙以祀之。夫大王之护国庇民，殿宇遍天下矣。"（［清］邑举人祝衍洙撰文，见卷十三《记》，清光绪十九年刻本，第47—48页）

清康熙元年（1662），有人将四大王神引入泰山，建庙祀于岱麓。神为跑水上生意的船户所崇拜，多会来此祭祀祈祷。原有清康熙元年王纪《创修碑》和乾隆五十六年（1791）赵东周《重修碑》。（据民国《重修泰安县志》卷二《舆地志》，第66页）

庙前另有像设，面目狞恶。清人唐仲冕考或为盗跖。"祠前有像设狞恶，或曰盗跖也。庄子云：'孔子往见盗跖，盗跖乃方休卒，徒太山之阳，脍人肝而餔之。'盖鲁人设祠以为桧禳，如祭蚩尤及方相之意。"（《岱览》卷十二《岱阳中》，第21页）岱岳区后陡山村、桃花峪南马套村亦有盗跖之祀，创建于民国年间，统称"大王庙"。

以上诸名胜均在红门路西。

红门路东、酆都庙北、今山东科技大学西南一带旧有**三皇庙**，附有八腊庙、先医庙。

三皇庙始建不详，约为元代（各州县遍建三皇祠始于元）。明、清重修，祀伏羲、神农、轩辕，配以八腊，两庑祀先医。"三皇"共同被尊奉为华夏人文始祖，得到广泛的认同，连年祭祀，历代不衰。明弘治年间，朝廷曾遣中官致祭。民国年间祀黜。建筑毁于20世纪50年代。

八腊庙旧时为郡人腊祭之所。每岁以十二月初八日祭，俗呼腊八会。据《礼记》："蜡也者，索也。岁十二月，合聚万物而索飨之也。"（《礼记·郊特牲》，明嘉靖三十一年刻本，第125页）古代人们在农历十二月合祭众神，谓之腊祭。因此农历十二月又称作腊月。八腊即腊八，指合祭八种神灵。

据东汉经学家郑玄《礼记》注云："蜡有八者：先啬一也，司啬二也，农三也，邮表畷（zhuì）四也，猫虎五也，坊六也，水庸七也，昆虫八也。""先啬"即神农；"司啬"为后稷，善稼穑，农耕始祖，五谷之神。"农"为古时的田官之神；"邮表畷"是管理田间庐舍和阡陌边界的神灵；"坊"即堤防，堤堰之神；"水庸"为沟渠之神；"昆虫"即蝗螟之属。蝗灾对庄稼的危害性极大，农民户闻蝗色变，有不少地方设庙专祭蝗神，或者以八腊庙作为专祀蝗神的场所。猫虎亦在祭祀之列，"迎猫，为其食田鼠也；迎虎，为其食田豕也。迎而祭之也"。古人相信万物有灵，对大自然怀有敬畏之心。"仁之至、义之尽也。古之君子，使之必报之。"（《礼记·郊特牲》）

腊祭之俗久远。《礼记·郊特牲》云"伊耆氏始为蜡"。伊耆氏，或谓神农，或谓巨夷，或谓帝尧，可见其古。至周时已成定制，每年农历十二月腊日合祭诸神，于农收既成之后报诸神之功，作为官方重要的祭典固定下来。祭典颂"土反其宅，水归其壑，昆虫毋作，草木归其泽"等祝词，以求来年风调雨顺、节气合时。南北朝后以十二月初八为祭日，谓之"腊八节"。佛教以这一日为成道节，即释迦牟尼得道成佛的日子，岁以十二月初八日祭，也称腊八会。清时仍"岁时致祭"（《大清会典》），至民国年间祀黜。喝腊八粥、泡腊八蒜是此节遗俗。

先医庙附设于三皇庙，始建不详。据《大清会典》，春二月、冬十一月上甲日致祭。至民国祀黜。

"祭不欲数，数则烦，烦则不敬。祭不欲疏，疏则怠，怠则忘。"祭祀是古代国家和社会治理的重要方式，也是国民认可遵循的主流意识。"霜露既降，君子履之，必有凄怆之心，非其寒之谓也。春雨露既沾，君子履之，必有怵惕之心。"祭礼同样讲究发乎于性情，敬慎于内心，端肃于举止。力求"悫（què）善不违身，耳目不违心，思虑不违亲。结诸心，形诸色，而术省之"。（据《礼记·祭义》，叶绍钧选注，民国三十六年商务印书馆发行本，第119、138页）

三皇庙北旧有**升元观**。此观原在岱宗坊西乾隆行宫址，清建行宫，徙建此处。明人查志隆云："升元观，在岳之南麓，酆都庙西。石刻政和尚书省勅牒尚存。元张志纯重建，改曰朝元观，学士徐世隆记。"（《岱史校注》卷九《灵宇纪》，第155页）民国《重修泰安县志》亦云："升元观，初名建封院，宋政和中赐今额，有勅牒碑。"（卷二《坛庙祠宇》，第66页）此牒碑旧在玉皇阁坊侧壁间，1979年移置岱庙，今陈列于岱庙碑廊内。

升元观初称**建封院**，创建无考。或为唐代，寺名与玄宗封禅相关。（据周郢《泰山编年通史》卷上，第349页）据《升元观勅牒碑》，宋政和八年（1118），兖州仪曹掾、兼兵曹娄寅亮（宋政和二年进士，官至监察御史）奏称，"泰山之下有古洞天，周三十里，名曰'三宫空洞之天'，载在图经"。岱麓设建封院一所，殿屋完备，田产颇多，却为村僧占据，"秽恶不蠲，深虑触渎真仙不便"，欲乞改为洞天道观。朝廷允其所奏，并"牒奉勅宜赐'升元观'为额"。将建封院改为道观，赐观额为"升元观"。至元时，已是古殿摧仆，满目疮痍。元至元二十二年（1285），全真道士张志纯在主持重修蒿里山神祠告竣的第二年，又募岳顶香资及掌教所助净财，主持葺修升元观，"鸠工庀材，虽时经凶年，亦勉力成之"（[元]徐世隆《朝元观记》，碑佚，碑文见《岱史校注》卷九《灵宇纪》，第156页）。重修历数年而成，更观名朝元观，"祠东华帝君，道家谓之东岳福神"（民国《重修泰安县志》卷二《坛庙祠宇》，第66页）。"朝元者何？两仪资生，万物居泰，群臣之贺正也。故道家取象，名其观曰朝元。"（徐世隆《朝元观记》）嘉靖二十六年（1547），道士李应奉重建正殿，补修东华帝君旧像，重修观门，有明人杜泰碑记。

宋政和八年《敕赐升元观碑》，今存岱庙

清乾隆三十五年（1770），山东巡抚富明安于升元观及观北白鹤泉旧址为高宗修建行宫。民国《重修泰安县志》云："（升元观）旧址于清乾隆三十五年建行宫，但徙建之观址今已久废，不可寻。"（卷二《坛庙祠宇》，第66页）由此可见，当年旧观并未拆毁，而是"徙建"，移建于路东三皇庙以北的位置。民国时观址已毁圮无存。

升元观祀东华帝君，俗称东岳福神，原是古神话中的东王公，又称王公、木公等，与西王母相对应，为男仙领袖。其形成，与西王母"西华至妙之气"相对应，"先以东华至真之气，化而生木公于碧海之上，苍灵之墟，以主阳和之气，理于东方"（《绘图三教源流搜神大全》，第46页）。又据西汉东方朔《神异经》泰山神溯源，盘古之子赫天氏居泰山，其后裔少海氏妻弥轮仙女。弥轮仙女夜梦吞二日而有娠，生二子：长曰金蝉氏，后称东华帝君；次曰金虹氏，后称东岳帝君。据此，东华帝君与泰山神东岳帝君为兄弟俩。（所引同上）其形象，又据《神异经》，"东荒山中有大石室，东王公居之，长一丈，头发皓白，身人形而虎尾，与一玉女更投壶"（见《神异经·佚文》，明万历刊本，国家图书馆藏）。其地位，"与王母共理二气，而育养天地，陶钧万物，凡天上天下三界、十方男子之登仙得道，悉所掌焉"（《绘图三教源流搜神大全》第25—27页）。"凡仙有九品……升仙之时，先拜木公，后谒金母，受事既讫，方得升九天、入三清，拜太上而观元始。故汉初有四五小儿戏于路中，一儿诗曰：'着青裙，入天门，揖金母，拜木公。'时人皆莫知之，惟子房往拜焉。此东王公之玉童也。"（所引同上）汉代张良（字子房）即因东王公而得道成仙。

向北，今山东农业大学树木园（原泰安林校树木园）北部为**施天裔祖茔**。唐仲冕《岱览》云："其（后土殿）前，为施方伯天裔祖茔。"（卷十二《岱阳中》，第1页）茔地于中华人民共和国成立初期被平毁。施方伯即施天裔。

泰山登山路上王灵官庙，具体位置不详，约在今红门路上段 ［法］肯恩摄于1908—1913

再北，今环山路南侧小天庭酒店址原有**后土殿**，当地俗称奶奶庙。明弘治《泰安州志》云："后土殿在泰山之阳，去州四里。"（卷一《祠庙》，第18页）殿创建不详，旧有宋大观元年（1107）范致君题名刻石。明人查志隆云："数松差类岳祠，亦奇古可爱。"（《岱史校注》卷九《灵宇纪》，第145页）又有银杏1株，干可3围，1973年遭雷电枯死。树东悬铁钟1口，清乾隆四年（1739）铸造。乾隆四十年（1775）、六十年（1795）重修大殿，时有重修碑。至民国已圮，殿及石刻并亡。殿后原有姑姑子林。今红门路东侧尚存古槐1株，虽老干中空，仍枝繁叶茂。由此向东原有东西路，路北即殿址。

成语"皇天后土"是一对相对应的神祇。皇天即玉皇、天公，管天；后土即地母，主宰大地，平定九州，是大地之神、生育之神。后土源于先民大地崇拜。"天地未分混而为一，二仪初判，阴阳定位，故清气腾而为阳天，浊气降而为阴地。为阳天者，五太相传，五天定位，上施日月参差玄象。阴地者，五黄相乘，五气凝结，负载江海山林屋宇。故曰天阳地阴、天公地母也。世略所谓土者，乃天地初判黄土也，故谓土母焉。"(《绘图三教源流搜神大全》，第31页）宋真宗大中祥符五年（1012）诰封后土为"承天效法厚德光大后土皇地祇"。后土在民间也享有崇高的威望，其形象以端庄女性出现，常被称作后土娘娘。后土又被尊奉为社神，是决定风调雨顺的丰收之神，与五谷之神后稷共称为社稷，为国之根本，成为国家的代名词。城西教场街一带原有社稷坛，至民国前仍岁时以祀。

后土殿大槐树，仍存

后土殿门外原有**涤尘泉**，又名眼光泉。当地还有西泉（与飞鸾泉相对应）、东泉（与金山眼光泉相对应）之称。清人聂鈫云："（后土殿）门外有井曰涤尘泉。"(《泰山道里记》，第9页）明人查志隆云："庙内游人多掬水涤目，又名眼光泉。"(《岱史校注》卷四《山水表》，第43页）泉水常年不涸，清澈可见。20世纪90年代曾以条石砌为方井，后掩埋于建筑之下。

按 王母池宫前今有一泉井，泰安城居民往来取水甚繁，有新建亭，额曰"涤尘泉"。据当地老者讲述，此井原属红门关帝庙。时关帝庙南至今山东科技大学北岱麓一片，多属关帝庙田产。为汲水灌溉，民国年间有庙内道士邹敬春（音）携众在王母池宫前由西南向东北挖井（挖到光石梁，便顺势向上），终于在李姓住户西墙侧探得此泉井。如此，此泉并非旧志所云"涤尘泉"。

旧时供奉眼光奶奶的殿宇非常普遍。因为生活水平、夜间照明、卫生习惯等原因，百姓得眼疾的现象很常见。特别是"沙眼病"，常年流泪畏光、磨砺灼疼，以当时的医疗条件很难治愈，甚至会致盲。人们便求诸神的庇佑，到涤尘泉、眼光泉或眼光殿神像前用一盆"神水"轮流洗眼睛。殊不知这种病会传染，本来没患病的，用水一洗可能会被传染。

以上诸庙在红门路东侧。

沿红门路至北首，又有许多古迹。

北首路西有**关帝庙**，亦称关帝祠。庙创建不详，原为伏魔宫，由山西盐商捐建；入清后改建为关帝庙，康熙、乾隆、道光、咸丰、光绪年间相继扩建重修；1983年重修。整个建筑南低北高，形成东部关帝庙、西部山西会馆的格局。清光绪二十一年岁次乙未（1895）冬月穀旦立《关帝庙碑记》有云："泰山之阳旧有关圣帝君庙，考其原始，泰邑业醝务者皆晋人，因圣帝有桑梓之谊，特建殿宇以奉祀者。继因泰境各当店亦皆系晋人生意，愿附祀其中，遂于殿宇西偏拓建数楹，以为斋宿之地，此公之所以由昉也。"（住持道会司张岱瀛题，碑今存关帝庙前院唐槐西）

红门关帝庙外景，路西

关帝庙由前、中、后三院组成。前院设南山门、戏楼等。往北上台阶进中院，由正殿，拜棚，东、西配殿，观音殿，东山门等组成。主殿为崇宁殿，硬山顶，有清乾隆十三年（1748）御赐"神威巨镇"匾（复制），内祀关公，配祀关平、周仓。东山门内北侧有泉井一眼，不涸不溢，清洌甘美。经过厅3楹进后院。院内旧有青未了轩，为山西商会议事厅；今改为元君殿5楹，匾曰"普度众生"，内祀泰山奶奶。殿前东南立云根石，由山西客商自蓬莱仙岛运抵。殿西南有诗竹园，修竹夹道，翠竹千挺。据说当年关公挂印别曹操，手绘修竹一幅，题诗以明其志。竹园旁又有小瀛洲美景，石梁凸凹，细流清浅，小景别致可观。

红门关帝庙内景

红门关帝庙云根石

庙中古木：前院拜棚前有唐槐2株，铁干中空，老枝突兀，粗可数围，人称龙凤槐，传为唐高宗与武则天手植；后院有汉柏；过厅前有凌霄（藤本植物），树龄约200年。

庙中碑刻：东大门外墙上有明崇祯十七年（1644）萧启濬等题名碑、"汉柏第一"碑（年代及书者不详）。前院戏楼下门洞内东壁嵌有清康熙五十年（1711）住持道人耿明锟立《重修戏楼碑记》，西壁一碑已漫漶难读。唐槐西有碑7通。东首为清光绪二十一年（1895）《关帝庙碑记》，螭首方座，住持道会司张岱瀛题。其余为清咸丰九年（1859）候选训导冯秉峣撰、毕承俨书《重修关帝庙钟鼓戏楼垣墙碑记》，清道光二十八年（1848）候选知县王克敬撰并书《重修关帝庙碑记》，民国二十五年（1926）浙东周受祺书《重修关帝庙碑记》，另三碑已漫漶不清。墙壁上嵌有明崇祯间张彝宪题《登岱一律》诗刻。中院大殿前东配房前廊下北墙上嵌有清康熙十年（1671）丁未科进士李素书丹、廪膳生员张嘉祯撰文《天眷善德碑》，记扩建关帝庙戏楼事；西配房前廊南侧墙上嵌有清康熙二十二年（1683）后学张嘉祝撰，督工善人平阳宋晟、男庠生玮璋书《创建关帝庙配殿记碑》。后院大殿前东、西壁间嵌有风雨竹、关公像及题刻等计6帧。汉柏下有今人欧阳中石"汉柏第一"题刻。

庙西为**山西会馆**，又称盐当会馆。

会馆始设于明初，乃"旅居异地之同乡人，岁时集会之馆舍也"（《辞海》）。迄今所知最早的会馆或为明永乐年间（1403—1424）的北京芜湖会馆。明中叶以后，随着经济社会特别是商品经济的发展，会馆得以大量涌现。清代则达至鼎盛。其中最具代表性的便是山西会馆。山西会馆作为一种地缘性社会组织，带有异地商会的特点；旨在联络乡谊、救济同乡、抱团取暖、协调地方、接待过往同乡等；且多有义举，在当地举办公益慈善事业。广义的山西会馆还包括山陕会馆、全晋会馆、西晋会馆、秦晋会馆等。

山西会馆有三个鲜明的特点：一是拜关羽。关羽是山西人，与晋商同乡，又是武财神，祠庙遍布城乡，多数山西会馆依关帝庙而建，庙、馆合一。二是建戏楼。无论是同乡之间联谊，还是加强与当地官绅名流的联络，听戏无疑是非常有效的方式。三是行公葬。多数山西商人选择叶落归根，由商会送逝者回老家安葬；也有回不去的，

关帝庙汉柏，仍存

在商会当地集中安葬。

明清之际，旅泰的商人以晋商为盛，垄断泰安盐、当两业。所建山西会馆亦规制宏丽。清乾隆十五年（1750），晋人李勉撰《创建大厅及厢房记碑》云："岱麓一天门下，内有关帝庙一座，像设修伟，殿陛嵯峨。每逢圣诞，例于此献醮演剧，诚盛事也。惟是，商众云集，拜跪于斯，即饮胙于斯，□失雍之肃俨之义。岁在己巳，首事薛二合等，于殿之西隅，鸠工庀材，创建大厅五间，并东、西厢房六间，费银八百余金，凡九月而告成，勉服贾兹地于瞻拜。"（碑仍存，嵌于会馆前厦东壁，西壁为《题名碑》）会馆由正房，东、西厢房，春秋楼，偃月松楼（又称逍遥楼）等组成。中华人民共和国成立后改作国家文物局培训中心，多数建筑被改造。

红门关帝庙山西公馆旧址

山西会馆西南原有**同善堂**。创建于民国九年（1920），属山西会馆，为去世暂不能归葬故里的晋商及家属停棺之地。"会馆之西南增修北屋三间，东、西屋各五间，大门一座，名同善堂，以备旅榇不克遽归晋里者暂行停置。"（民国二十五年《重修关帝庙碑记》，浙东周受祺书，碑今存关帝庙前院）

关帝庙东有**憩亭**，位于盘道起始处东侧，创建于清乾隆甲戌年（1754）。亭初名茶亭，为游人休息换乘处。清人沈德潜《红门》云："（关帝）庙东偏有憩亭及露井，登者乘筍舆始此。"原亭面阔3间，进深6.5米。亭前廊壁嵌有题名碑，列施银信士。清人宋思仁《泰山述记》云："亭爽敞清静，春夏间游息，如坐山岚松翠中。故往来冠盖，登岱者多舍馆于此。"（卷之二《岱下》，第9页）今改建为商店。

红门路憩亭旧址

露井具体不详。"(关帝)庙东有憩亭及露井。"(《泰山道里记》,第10页)"(关帝庙)东、西有憩亭及露井。"(胡君复《泰山指南》,第6页)或即关帝庙东门内泉井。

"凌晨登红门,霁色明朝旭。俯视万家烟,平畴尽新绿。"([清]赵国麟语)红门是泰山中溪的门户,千峰殿其后,百陌布其前。由此仰望泰山,层峦叠嶂,崖峰森蔽,不见绝巅,如帝王之深居后庭,圣尊岂容轻易得瞻。回望岱下,虎、金二山侍立左右,徂徕、蒿里如列几案,梳洗、奈、泮、汶诸水如襟带潆洄;城内高低建筑错落,车来人往如流,滚滚红尘,历历在目。

红门路的尽头,才刚刚是登山的开始。"登高必自",由此进入登山盘路,游者以向慕与探寻之心,开启一段触及灵魂的泰山之旅。

北关三

老城北有东、西二山。东为**虎山**，西为金山，隔红门路相对峙。如泰山之狻猊，供卫岱宗门户；又似泰安城之翠屏，庥荫岱麓福地。

虎山之名源于乾隆皇帝。清郡人赵国麟《云月砚轩日记》载："乾隆十三年（1748）三月初一，皇上下岱至东眼光殿前行围杀虎。"民国王连儒另有一说："清乾隆帝南巡，至虎山南麓，有虎自摩天岭出，一射殪之。"（民国《泰山游览志·动物》，第110页）两说相较，前者更为可信。虎山之名即源于此。

虎山远景

关于孔圣人当年"苛政猛于虎"的典故："孔子过泰山侧，有妇人哭于墓者而哀。夫子式而听之，使子路问之。曰：'子之哭也，一似重有忧者。'曰：'然。昔者吾舅死于虎，吾夫又死焉，今吾子又死焉。'夫子曰：'何为不去也？'曰：'无苛政。'夫子曰：'小子识之！苛政猛于虎也。'"（《礼记·檀弓下》）

文中"孔子过泰山侧"，一说即虎山。然史家多言在岱西北麓桃花峪猛虎沟。清人聂鈫《泰山道里记》云："（桃花峪）西北为猛虎沟，盖孔子尝叹'苛政猛于虎'，后人强名之耳。"（乾隆癸巳年杏雨山堂镌本，第44页）

虎山上旧有眼光殿。西面的金山也有**眼光殿**，故以方位称东眼光殿。殿创建于清雍正八年（1730），道光十四年（1834）重修。旧俗，每年九月九重阳时节，泰安城居民来此爬虎山，祭祀眼光奶奶。

殿前即为**乾隆射虎处**。旧有碑，形制内容不详，中华人民共和国成立初城内居民仍称之"打虎碑"。

虎山顶西下至山半有**虬仙洞**。洞高约1.9米，面阔约1.2米，进深约0.6米。洞口上有"虬仙洞"题刻，定静□（敬）书。题刻下还有一排竖刻，曰"红门东南界"，为边界石刻。以洞为界，西北属红门地产。

虎山西下为**飞虬岭**。明人宋焘《泰山纪事》云："吕公题诗石壁，虬常化作人形，对诗顶礼。一夕吕公复至，虬请见，遂挥笔点其额，鳞角顿生，化龙飞去。"（卷三《人集》，第3页）故名。虎山一带是吕公的根据地。除此处，泰山及城内多有其踪迹。

▍虎山虬仙洞今貌

吕公即吕洞宾，又名吕岩，字洞宾，号纯阳子，自称回道人，唐代京兆人。其因举进士不第，遂入华山修道，成为传说中的八仙之一，被道教全真道尊为北五祖之一；元代封之为纯阳演政警化孚佑帝君，通称吕祖。明人宋焘《泰山纪事》中又称之单道人。云："单道人，自称日照人，赤脚挽双髻，破纳悬瓢，来访我（指宋焘）于青岩洞中……余初不知其为异人也。善幻术，倏忽变化莫可端倪。后辞余去。隔岁余，州中有请乩仙者。仙降大书曰'我单道士也'。书诗多篆字，奇古不可读。但隐辨两句云：'纯阳游岱岳，转转寻同侣。'始悟单（古体"單"）字两口（为吕）；日照者，纯阳也。曾留纳衣一、藤扇一……皆亡也。"（卷三《人集·单道人》，第15-16页）

飞虬岭北部原石场森阴，溪水萦漾，有**小蓬莱**之称。此处美景，清人孔贞瑄描摹极为传神："小蓬莱在东洞，清湍迅激，岩石若倾盖，亭午见日。盛夏拉一二清放之士，脱巾袜，布几中流，垒石蹲坐，浮觞避暑，相与和歌。歌曰：'沧浪之水清兮，乃以濯我足。'下有寒潭引溪，风作飓飓声，顿觉转炎为凉，驱夏徂秋，不知世间有懊恼事。"（《泰山纪胜·小蓬莱》，第7页）"小蓬莱"之名明代已有。

金人元好问《东游纪略》云："山水自溪间而下，就雨崖为壁，如香山石楼，上以亭压之。北望天门，屹然如立屏，而清流出几席之下，真泰山绝胜处。"（《岱览》卷

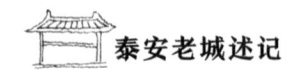

十二《岱阳下》,第2页)

文中"山水"为**中溪**。其水源于中天门中溪山,与泰山中路平行,经天绅岩、三叉沟、龙泉峰、石经峪、斗母三潭、虎山,一路汇纳百水,绕岭飞峡,由王母池出泰山,经梳洗河,绕府城东南,又南过封祀坛东,至木头沟,再南入泮归汶,总名中溪,全长13余千米。

文中之"亭"即**岩岩亭**。旧时飞虹岭上有岩岩亭。"(岱岳观)上有岩岩亭,乃遇封禅,帝王歇体之所。"(元至元《泰安州禁约碑》,碑文见《岱史校注》卷九《灵宇纪》,第140页)亭初建不详;据今人周郢考,当创建于宋代。金大定二十二年(1182)重建,泰安州刺史姚建荣为之记。有云:"堂庙金以徐公为能,上俞所举,俾之就守是邦……因访所谓岩岩亭故迹,委知观道士田信言新之。"可知倡者为徐公,即徐伟,为泰安"军"改"州"后的首任刺史。其于任间先修东岳庙,又以余材重修文庙,再发起重建遭兵燹的岩岩亭。则清人聂钦所记"岩岩亭,金知州姚建荣建,并自为记"(《泰山道里记》,第10页)当误。明成化年间,参政张盛移建于泰山水帘洞东,亦无存。虹在湾东崖上今仍见方形柱础窝痕,或为原址所在。

虎山梳洗河石柱窝

清乾隆初,小蓬莱胜景为人工采石所毁。1956年建虎山公园并虎山水库(大坝有1956年同名题刻),纳中溪之水,汇为山麓平湖,蓄水量约7万立方米。与西溪的龙潭水库东西辉映、虎龙成趣,扼守泰山南麓两大溪谷。此水库为顶溢式设计,坝顶建有百米石桥;凭栏可北眺泰山雄姿,南临飞瀑如缦;加之亭台游廊勾连,小艇荡漾游弋,湖面波光涟漪,垂柳婆娑,嘉木葱茏,陶然一山水美景。

湖西有1959年建"鸳鸯碑"亭,碑今存于岱庙。亭北新建五岳真形图碑,巍然耸立。

虎山新撰楹联小记

今虎山公园新建亭榭堂阁集有泰安市楹联诗词协会名家所撰楹联,惜无款识,读来悬念何人椽笔。近逢武萍君，乃知诸联皆由其于 2021 年组织撰写，并出示撰者如下：

五岳亭：三山聚首；五岳同辉。（戴有奎）
翠影榭：天高岱远龙翔画；水澈云清虎执图。（牛毅然）
双宜亭：山风摇曳烟霞色；湖影浮来翡翠光。（刘秀萍）
映岳亭：山映碧池云湿影；天磨平镜水生风。（范新永）
怡心亭：自有荷风拂座；好将山色入怀。（武萍）
嘉木堂：云歇松门犹惬意；雨滋花事总关情。（武萍）
虎山阁：虎卧山前山卧虎；云腾阁上阁腾云。（卢晓良）
梳洗亭：沉醉归何处；忘忧在此间。（吴克欣）
望岳亭：仰观此处无双景；正对人间第一山。（武萍）
松石苑：咫尺之间瞻万里；方心以内辨千寻。（原有，不详）

飞虹岭下为**王母池**和虬在湾，也是得以保留至今的一片古泽遗迹。

"朝饮王母池，暝投天门阙。"（[唐]李白《泰山吟》）王母池一名瑶池。在群玉庵东南，王母桥下。其水，明人查志隆云："（王母）池水之源乃岱岳山涧之水也。"（《岱史校注》卷四《山水表》，第43页）又明人汪子卿《泰山志》云："乃岱岳山涧之水也，自黄岘岭会石经峪、水帘洞诸源委，汇而为斯池焉。"（卷一《山水》，第8页）可见，王母池故址应在群玉庵东涧内、王母桥下一段，是中溪出泰山的最后一程，犹如码头驿站，漾洄为池。

王母池由来久远。《水经注》云："古者帝王升封，咸憩此水。水上往往有石窍存焉。"（卷二十四《汶水》，第84页）。清人聂鈜考"此水"即王母池之水（《泰山道里记》，第10页）。但也有研究者持异议。如民国王连儒认为"此水"应在泰山东谷。"古者登岱从东谷入，王母池亦非所经历之地。"（民国《泰山游览志·古迹》，第82-83页）宋人李谔《重修王母瑶池记》云："昔者黄帝建观于是，名曰岱岳。尝遣女七人，云冠羽衣，修奉香火，以迎西昆仑真人。"（明弘治《泰安州志》卷六《艺文》，第37页）故名。又传王母池为王母之女瑶姬居所。大中祥符元年（1008），宋真宗东封泰山，"丁丑，王母池水变红紫色……十二月，泰山玉女、白龙、王母池，醴泉出"（《岱史校注》第十四卷《灾祥志》，第193页）。以王母的名义，让真宗在历代东封帝王中成为名正言顺的一员。

王母池北为**虬在湾**。湾名因吕洞宾与虬龙的传说而起。传说中虬龙便是伏于此湾内，受吕公点化而腾空飞天。明人查志隆云："虬在湾在王母池上，奇石可爱。吕纯阳诗曰'无赖蛟虬知我字',是也。"(《岱史校注》卷四《山水表》,第44页)明人萧协中云:"虬在湾,在王母池上,奇石嶙峋可爱,吕纯阳题诗于此,而潜龙能识之,后竟度之去。"(民国《新刻泰山小史》,正文第39页)又清人唐仲冕《岱览》云:"吕公洞北为虬在湾,深广可胜小艇。"(卷十二《岱阳中》,第2页)

关于虬在湾与王母池的关系,多数文献以"湾""池"分列,湾在池上。但也有合二为一的记载。如清人聂鈫云:"(吕祖)洞北为虬在湾,即《岱史》所谓王母池。"(《泰山道里记》,第10页)而《岱史》亦云"虬在湾在王母池上",即王母池北为虬在湾。今往细察,虽一水相连,但仍有水自两湾的感觉。试想,此处原为两湾,因历年山洪,渐成一体,亦有可能。

虬在湾水面晶莹如墨,湾内及湾侧巨石立如屏,卧如坪。附近石壁有题刻:"洗心涤滤",民国二十一年(1932)八月陈嘉祐题。"五岳叁光",书者及年代不详。《王母池》诗刻,已漫漶残破,据《泰山石刻》(袁明英主编)补全:"池称王母旧神明,流水潺湲石自清。庙貌维新山毓秀,幼卿首倡聘卿成。辛卯秋,艾广海题。"湾西崖原有"虬在湾"摩崖(在观澜亭下),今已难寻。

王母池西畔为**群玉庵**,又称王母池宫、王母池庙、王母庙等,俗称王母池、瑶池。以池为庵,俗呼尚可,或因清人徐宗干于山门所题"王母池"额起;但池、庵各具名实,同为地理标志,不宜混为一谈。

庵初建不详。东汉曹植有"东过王母庐,俯观五岳间"句(出自《仙人篇》)。庵内今存宋皇祐、政和年间题刻石碣,可见其古。汉时便有创建,唐、宋已为胜地。清人聂鈫云:"宋皇祐间炼师庞归蒙辈居此,赐紫服,题名于石。后人增置药王殿、观澜亭,石渠夹径,建以桥栏。"(《泰山道里记》,第9页)宋元祐八年(1093)重修王母殿,砌垒山子,创置花园。(据宋元祐八年《重修王母殿题识碑》,碑仍存)金"正隆之兵",王母池殿宇俱毁。元至元二十九年(1292)立《泰安州禁约碑》,禁人污染王母池水。之后历代重修。1956年、1979年重修。1993年,当地政府批准王母池为坤道院。1994年重修并塑王母、斗母、观音等像设10尊,庙貌一新。

今庵为三进院落,附设西院,规模宏大。

庵前为广场。广场南有照壁,大书"万代瞻仰"。广场中部原有飞鸾泉。"飞鸾泉,在王母池右,水甚清冽,泉注池中。"(《岱史校注》卷四《山水表》,第43页)列泰山七十二名泉之一。1956年改建为喷水池,今已覆埋地下。再北有铁制大香炉,山东平阴县信士敬献。

再北为山门,清道光九年(1829),泰安知县徐宗干题"王母池"额。山门东侧有碑3通:西碑为乾隆二十九年(1764)《开山会记碑》;中碑年代不详,碑文漫漶,落款为"古嬴子骏潘绍烈拜撰,巴人松鹤陈经诗书丹";东碑为乾隆四十七年(1782)

立，碑文亦漫漶。

群玉庵旧影，泰安市档案馆提供

群玉庵今貌

进山门为前院。东有鼓楼。西有钟楼，内置铜钟，为明隆庆三年（1569）文物。中有方塘，石渠夹径，建以桥栏，今人谓之王母池，当为附会。池西有王母泉。池北有宋皇祐五年（1053）李若清、庞归蒙等题名《岱岳观创置花园记》，即前述聂鈫所记。碑之右半部，有宋元祐八年（1093）重修王母殿题记，无落款。池东有古银杏树，数人合围，枝叶扶疏。树下立碑6通：清乾隆四十八年（1783）增广生李廷枚撰《合山会记碑》，为信众谒王母池建醮题名碑；清道光十年（1830）《合山会碑》，为邱家店等村信士题名碑；道光二十四年（1844）《合山会碑》，为石碑村等村善信题名碑；清道光二十六年（1846）《合山会碑》，为姚庄等信众题名碑；民国二十一年（1932）河北大城梁建章撰《泰山凿泉记碑》；1995年泰安姜丰荣撰《重修王母池碑》。

过石桥上9级石阶进中院。中院正殿为王母殿，面阔3间。中匾曰"千古仙迹"，左匾"瑶池琼林"，右匾"妙果素月天尊"。殿内中祀王母，左九天玄女，右太阴娘娘（俗称月亮奶奶）。殿两侧设偏殿，各3间；东3间为穿堂，可通后院。殿前设东、西配殿各3间。东配殿作为接待室，向东凭涧置一亭式建筑，即旧时所谓观澜亭，又额曰"咽石山房"。东配殿前立一圆孔古石，即《岱览》所谓旛竿石，原在庵前。残石高约1米，宽约0.7米，阳面有宋政和八年（1118）保义郎安隆题刻，漫漶难辨。西配殿为药王殿，祀唐代名医孙思邈，附祀文昌帝君和文财神比干。

后院有悦仙亭、七真殿等建筑。悦仙亭在王母殿后，四角四柱攒尖顶，亦作戏楼。亭北为七真殿，原名八仙楼，又名吕祖殿（阁），清嘉庆二年（1797）由山东巡抚伊江阿、泰安知府金棨创建。大殿建于17级台阶的崇台上，面阔5间，悬山顶，前廊后殿。前廊4根方柱上分别题"朝游北海暮苍梧，袖里青蛇胆气粗。三醉岳阳人不识，朗阴飞过洞庭湖"诗联。殿内原有苏州虎丘塑工捏塑的七真像设，工艺精妙，堪称海内名塑。1946年李先念、陈毅等南下途经泰安，游览王母池祠，曾令当地对七真神像装玻璃隔扇加以保护。1966年被毁。1986年重塑。塑像为吕洞宾及其4名弟子（苗庆、柳树精、济霄堂、焦成广）、铁拐李、何仙姑。七真殿东原有蓬莱阁2间，旧为道士孙冶富居所。

由中、后院均可入西院。西院有北斗殿，主祀北斗元君，配祀慈航真人、碧霞元君。据有关资料，庵内有明铸王母铜像，然寻之未得。求之当值女冠，果真仍在庵内，但已非"王母"称谓。因女冠告诫，只能秘而不宣了。

旧时每年农历三月初三王母娘娘圣诞前后，群玉庵会举办蟠桃会道场，场面盛大。中华人民共和国成立后一度停办。1986年泰山重开庙会时，此处最先恢复。

庵东跨涧为王母筑**梳洗楼**，又名王母楼。位于群玉庵东、梳洗河上。楼创建不详，至清时已圮。今于涧中巨石上仍能见4个圆形柱础窝，想见当时为一方形阁楼。其东上又有1处石础窝，应为碑址残迹。

庵东南跨涧有**朝阳桥**，旧称八仙桥，也称王母桥，初建不详。明人查志隆云："王母桥在王母池上，桥之东则吕公洞，桥之西则岳庙旧址，此第一胜境也。"（《岱史校注》卷四《山水表》，第46页）清人聂鈫云："又东跨涧，古有王母桥，今废。"（《泰山道里记》，第9页）清光绪二十九年（1903），知县毛澂跨涧重建木桥一座，涂以红色，后毁于山洪。（据《泰山编年通史》卷下，第1313页）今桥为民国三十二年（1943）群玉庵住持刘明海募化，善士李玉田施资，在原桥稍南所建。同年李惠源《重修八仙桥碑记》云："王母池当泰山中溪之冲，附近通莱芜孔道。旧有石桥一座，名八仙桥。两岸涧壁陡峭，每逢山洪暴发，水势汹涌，以致屡修屡圮。"（碑今存桥西群玉庵前）今桥单孔石拱，长约18米，保存完整。今桥两端稍北石壁上，尚存旧桥柱窝等遗迹。

虎山八仙桥今貌

过朝阳桥折北下至洞半，东壁为**吕祖洞**，又名发生洞（[唐]韦洪）、金母洞（[宋]钱伯言）、吕公洞（[宋]范致冲诗）、吕翁洞（元《岱岳观禁约碑》）、吕公祠（明《泰山小史》）等。

明人萧协中云："吕公洞，在岳之南麓，王母池侧，洞可容廿人。门外一水曲绕，水内石子突兀可爱。四顾垂杨，疏风密荫，清凉几欲醉心。"（民国《新刻泰山小史》，正文第39-40页）

洞自天成，洞上行书题额"吕祖洞"，书者不详。下额楷书题曰"仙洞灵府"，清光绪辛丑（1901）秋日立，首事等勒石。旁刻楷书"吕公"二字。南下有清光绪癸巳十九年（1893）三月历城杜献廷"保佑命之"楷书题刻。其下有题名石刻："无咎、颖达侍亲游此。政和乙未（1115）孟冬十六日。"洞门两侧有楹联，北侧仍可读"万壑寒香恍薜袍"。另有几处石刻已漫漶难读。洞口上侧偏北石壁（"吕祖洞"题刻北侧）嵌有《重修吕祖洞记碑》，清光绪二十九年（1903）岁次癸卯四月中浣谷旦，鸿胪寺序班钱寅宾撰、邑廪膳生员赵春芳书，记善士吕鸿龄邀邑中诸绅重修吕祖洞事迹。洞口北侧立《重修吕祖洞碑文》碑，"飞龙嘉庆二十一年（1816）岁次丙子清和月"立，碑文已近漫漶。洞内广阔如屋，有10平方米余。传吕洞宾曾炼丹于此，食虻成仙。内原有吕祖石像，后毁；今新塑吕公坐像。洞内石壁嵌有诸多题刻，如回回翁（吕祖）诗二首，二诗同在一石上，"体类颜鲁公（颜真卿）"（民国《新刻泰山小史》，正文第39页），系宋人伪书。其一："昔日曾游此，如今九十春。红尘多少客，谁是识予人？回

吕祖洞今貌

回翁题。□（绍）圣戊寅（1098）二月三十一日留题□□□（王母池）上。"其二（前刻下侧）云："昔年留字□（识）曾来，事满华夷遍九垓。无赖蛟虬知我字，□（故）留踪迹不沉埋。回公再留。政和丙申（1119）六月十八日题王母池北。"（后诗在诗文与题款间另有题款："大定二十一年"，此注阙疑）洞内南北壁间有清康熙四十年（1701）维扬（今扬州）弟子徐元圭所题壁联："五夜慧灯山送月，四时清籁水吟风。"洞上部石壁有清光绪二十一年（1895）"洞天福地"隶书题刻。前款："大清光绪二十一年荷月吉日。"后款："长清赵振广、滕邑黄文彩、济宁马心田、诸城徐□枚、历城齐云浦、诸城吴元会、历城王腾发、泰安王俭堂。"洞北石壁有明萧协中天启五年（1625）"观涛"楷书题刻，下有跋语："明天启五年三月十一日，同历下曾云生观瀑流于此，聊以志乐。郡人萧协中题石壁。"洞北侧石壁间另有"咸平三年（1001）"等残刻。

由吕祖洞东上即前述飞虹岭、虬仙洞，下即虹在湾，皆因吕祖故。

王母池东畔、吕祖洞南原有**高子羔祠**，民国十五年（1926）秋高宗岳创建。高子羔即高柴（详见《孔子与泰山》文）。另在岱岳区大汶口镇东武家庄有高姑庙，据传所奉祀之神为高柴之女。

高宗岳（1886—1947），字仲岱，世居汶阳区西遥东武家庄（今岱岳区大汶口镇东武家庄），民国年间著名医学家。其承父（高淑濂）学，毕生研医，勤于著述，著有《泰山药物志》《治疗记录》（十二册）、《光阴志》等。宗岳一族为子羔后裔。其"常年馆谷所入，尽蓄之于泰山下，购地建祠一楹，祀其祖子羔子，而以先生之附祀焉"（李星坡《高子祠碑》，《高淑濂胎产方案》序篇）。民国十七年（1928），高宗岳于宁阳县创建华丰中医院，附设中医学校，并担任主任、医师、教师，为近代泰安中医学教育做出有益尝试；民国二十年（1931）在泰安城设仁寿药局应诊；二十四年（1935）受聘为红卍字会医师，广济灾民，仁心仁术。

王母池西涘、群玉庵广场南有**朝阳泉**。民国二十一年（1932），冯玉祥为缓解泰安城居民饮水之困，凿得此泉。泉边自然石上有民国二十六年（1937）冯氏"朝阳泉"题刻。时冯氏任第六战区司令长官，途经泰山，重游王母池，遂有此刻；并应武训小学请求，携部分师生奔赴抗日前线。石西有《凿朝阳泉记碑》，现已漫漶不清。群玉庵前院东侧今存《泰山凿泉记碑》，记冯氏凿泉事迹。朝阳泉后被废弃淤塞，2008年疏浚并建池保护。今泉水仍旺，列泰山七十二名泉之一。（据《山东省志·泰山志》，第226页）

王母池以下便是**梳洗河**，以河上王母梳洗楼得名。河上游巨石伏卧，佳木成荫，于闹市中偷掷一片闲光，至今仍是一处难得幽境。清光绪年间，泰安城官民同心协力，沿此河道建曹公渠，"导流溯源，因势利导"（清·赵少瀛撰《曹公渠碑》），引清流达城内双龙池。渠成，士民于河壁留下诸多题刻，以纪其事。另有民国年间刻石，均隐于荆棘草莽之间。一并抄录如下：

"将军石"题刻，年代不详，田樵雩题。

"育德"题刻，年代不详，落款："昭远"。

"曹公渠"题刻，清光绪七年（1881）士民敬勒。

"泽润生民"题刻，清光绪八年（1882）士民敬立。

"水不在深"题刻，清光绪七年（1881）东皋曹濬澄题。

"犀带分流"题刻，清光绪七年（1881），落款："荣轩"。

"清如许"题刻，年代不详，落款："荫祖"。

虎山朝阳泉今貌

"廉让分甘"题刻，年代不详，落款："竹铭"。

"元脉"题刻，年代不详，落款："仙洲"。

"源清流洁"题刻，年代不详，落款："逸堂"。

曹公渠石刻

环水小考

古今多以梳洗河（中溪）即"环水"，乃源自对《山海经》《水经注》的解读。如清人聂鈫云："以中溪经流，绕府城东南，遂名梳洗河，《山海经》所谓'环水'也。有环水桥，明举人张虎建。"（《泰山道里记》，第10页）乾隆四十七年《泰安县志》云："梳洗河，源出岱阳黄岘岭之中溪，《山海经》所谓'环水'。"（卷之三《水》，第26页）唐仲冕《题二天门》诗有云："左萦环水分黄岘，前引松阴入翠微。"（诗刻在泰山快活三北）民国十八年《重修泰安县志》所记与乾隆《县志》相同，且云："邑南大汶口汇牟、嬴、石、柴汶及泮、漩、环水，达于济，为齐鲁孔道所经。"（卷三《邑景》，第2页）清宣统《山东通志》云："环水在县东，俗名梳洗河，源出岱阳黄岘岭之中溪……又南入泮河。"（卷二十九《疆域志》第三《泰安县》，第1页）1993年《山东省志·泰山志》"梳洗河"条云："《山海经》称环水，又名中溪。泮汶河支流。"（第一篇《自然地理·水系》，第88页）以此，"环水"即"中溪"成为主流认识。但也有学者置疑，如民国王连儒云："南天门下之水，不得至王母池，黄岘隔之也。至王母池者为环水，《水经注》另有叙环水文。不得牵混。"（民国《泰山游览志·古迹》，第82-83页）

沿波讨源。最早《山海经》关于环水的记载："又南三百里曰泰山（原注：即东岳岱宗也，今在泰山奉高县西北，从山下至顶四十八里三百步也）。其上多玉，其下多金。有兽焉，其状如豚而有珠，名曰狪狪（原注：音如吟恫之恫），其名自讨。环水出焉，东流注于江（原注：一作海），其中多水玉。"（卷之四《东山经》，第3页）《水经注》有关环水的记载："汶水又南，右合北汶水，水出分水溪，源与中川分水，东南流迳泰山东。（汶水）右合天门下溪水。水出泰山天门下谷，东流。古者帝王升封，咸憩此水，水上往往有石窍存焉。盖古设舍所跨处也……（汶水）又合环水。水出泰山南溪，南流，历中下两庙间……其水（天门溪水）又屈而东流，又东南迳明堂下。汉武帝元封元年封泰山，降坐明堂（周明堂），于山之东北阯。武帝以古处险狭而不显也，欲治明堂于奉高傍……于是上令奉高作明堂于汶上，如带（人名：公玉带，一作公王带）图也。古引水为辟雍处，基渎存焉。世谓此水为石汶。《山海经》曰'环水出泰山，东流注于汶'，即此水也。环水又左入于汶水。汶水数川合注，又西南流迳徂徕山西……"（卷二十四《汶水》，第84-85页）

先看《水经注》的有关表述。首先是文中所列举的几条水："汶水"，当指大汶河东段支流牟汶河，由莱芜入境西南流。"北汶水"即今泮汶河，源出泰山西麓桃花峪北部山谷，东南流经大河水库（天平湖、西湖），再东经泰安城，受北来奈河、梳洗河诸水，东南至北店子注入牟汶河。"天门下溪水"，"天门"当指今南天门，其下之水即后文所谓"石汶"。其水分东、西支流。西支流源于泰山主峰西北的牛山口，东南流，经天井湾，绕周明堂侧，曰天津河；东过青山北，曰麻塔（搭）河；再东汇入黄前水库；又东南经山口、祝阳，过石汶村（西北石汶、东北石汶、下石汶、赵石汶等）由范镇岔河村南会瀛汶河，入牟汶河。其次，文中对于环水的表述。前述"水出泰山南溪"，"历中、下两庙"。南溪即今中溪，中、下两庙为今老君堂及岱庙址。则此水当为今梳洗河。后述"屈而东流，又东南迳明堂下……世谓此水为石汶……即此水也"，则此水当为"天门下溪水"，也即石汶之水。《水经注》以两水皆称"环水"。

再看《山海经》的记载，关于环水的关键词有"出焉（泰山）""东流""注于江（《山东通志》考为'汶'）""多水玉"。泰山自古多玉，今发现尤以桃花峪南口石"䃼"（原字上"分"下"石"结构）、界首所产泰山墨玉、碧玉为盛，其地为北汶所经。故臆断北汶当为《山海经》所谓"环水"。

《水经注》中以"石汶"即"环水"。"石汶"为"世谓"、俗称。《山东通志》云："'石汶'非古称也，古则仍称'环水'。故郦亭引《山海经》之说，又云'环水又左入于汶'耳……但村以'石汶'名，此水传讹已久矣。再案，《方舆纪要》以出仙台岭合诸溪之水为蛰汶。蛰汶之称始于明，乔宇《渡大汶记》古无此名，然可证顺治以前不谓之'石汶'也。"（卷二十九《疆域志》第三《山川·泰安县》，第1—2页）据此，石汶之水古时称"环水"无疑。

那么北汶之"环水"与石汶之"环水"当作何理解？

从时空的角度看泰山。《山海经》成书久远，《水经注》也著于北魏时期（386—534）。泰山雄踞华东，拔地通天，山南广袤无际。当时的博县县治在今泰山区邱家店镇旧县村一带，郡治在今泰安市岱岳区范镇故县村，泰山南麓尚无城市建设。山南最抢眼的地理实体便是"环水"：一出山右，自泰山主峰西出而东南流；一出山左，自泰山主峰东出而西南流；分别注入汶水（牟汶），共同形成一个闭环。此即"环水"，环泰山之水，环护泰山。这应该是《山海经》所谓"环水"。只是到了《水经注》便起了变化，环水西段向东移至中溪，即后来的梳洗河。再往后，东段又以"石汶"为官方称谓。"环水"之名，便特指梳洗河之水了。

群玉庵西、原虎山中学址有**岱岳观**，为东岳中庙。其与唐代宫廷关系密切，乃李氏皇家香火院。

老君堂今貌

岱岳观旧称元都观、岱岳庙，又称白鹤观，创建不详。清人唐仲冕《岱览》云："自盘道东墙口入，历后土殿、老君堂、群玉庵而抵焉。"（卷十二《岱阳中》，第1页）诸庙由西而东并列排布，俨然壮观，而又以岱岳观最为壮丽。宋人李谔及泰山史家多记云"昔黄帝建岱岳观"，虽荒远不稽，仍可见其古。唐时于此为"老氏（即老子）筑宫，武后赐额曰'白鹤'"（《泰山道里记》，第9页），改庙作道观（元至元《泰安州禁约碑》，碑文见《岱史校注》卷九《灵宇纪》，第140页）。唐仲冕认为唐廷当时对旧观进行了大规模的改扩建，布局宏大，屋宇崇丽又胜于下庙（岱庙）。自唐高宗以下143年间，六帝一后（唐高宗、中宗、睿宗、玄宗、代宗、德宗及武则天）修斋建醮皆于此观。时有《岱岳观纪事碑》，双石并立，以盖跌合而束之。碑上设覆盖，下置承座，形制特异瑰丽，又名双束碑，俗呼鸳鸯碑。此碑为唐显庆六年（661）高宗与武则天遣道士东岳先生郭行真来泰山建醮所立。由于以后武氏称帝，后人便附会此碑有暗喻"帝、后共享天下"之意。碑身刻文可证六帝一后建醮史实，价值巨大。中华人民共和国成立后，此碑曾移置虎山水库西新建碑亭；1968年移埋于岱庙地下，侥幸未遭破坏；1982年出土复得；现陈列于岱庙东碑廊。

至明末，岱岳观仅存**老君堂**。

老君堂又称三清殿。殿内祀太上老君，即太清元始天尊，为老子化身。另奉南华真人庄子、无上真人尹喜，为其两大弟子。

老子姓李名耳，又称老聃。李唐以老子为始祖，令诸州皆建观供奉。唐乾封元年

（666），高宗在赴泰山封禅期间封老子为太上玄元皇帝。就称号论，"皇帝"不同于"大帝""圣帝"等。"大帝""圣帝"等更多是一种尊称、敬奉，可有数个；皇帝则具排他性，皇室专擅，在世的只能一人。尊老子为"皇帝"，表明的是一脉同气，是对老祖宗的追封。这也是为什么令诸州皆建观专奉的重要原因。

明《岱史》载老君堂尚存松柏十余株，有赵子昂题刻"汉柏"二字。至清人聂鈫时字与树已皆无。民国八年（1919）曾重修，增建佛殿、药王殿、后土殿；又有业厨膳者增修灶君祠，每届重阳，各匠作界就堂中醵资祭享。至20世纪20年代，因兵燹，老君堂仅存硬山式正殿3间；院内存民国八年（1919）《重修老君堂碑》1通及古银树1株、古柏3株，山门前存古槐1株，其他则荡然矣。抗日战争时期，日伪驻军于此。

老君堂内银杏树

今老君堂为2010年重建。二进院落，后院又设西跨院。山门3间，设于19级台阶之上。前院有钟、鼓楼，放生池等。后院设正、偏殿和东、西配殿。正殿为老君堂，五脊硬山式，今人欧阳中石题额；内祀太上老君，配祀南华真人、文始真人。正殿两侧附左、右偏殿。左殿题"金光普照"，祀碧霞元君、眼光奶奶、送生娘娘；右殿额曰"三官殿"，祀天官、地官、水官。正殿前为东、西配殿。东配殿为财神殿，合祀文、武财神；西配殿为药王殿。院中古银树尚存，粗可数围，老干新枝，愈显精神。仍存民国八年（1919）《重修老君堂碑》及古槐、古柏等。

岱岳观西约百米、今红门广场西南（红门路东约30米）原有**香井**。明人查志隆云："香井，在岳南古岳庙前，伍缉之《从征记》曰：'泰山庙前有大井，水极香冷，异于凡水。'朱曰藩诗曰：'庙前香井识投钱。'盖谓此也。"（《岱史校注》卷四《山水表·井》，第44页）明人萧协中云："（香井）在岳阳旧岳庙前，水极香冷，饮之不啻甘露。"民国赵新儒注云："（香井）在今老君堂西偏路旁，为泰山中庙故地。"（民国《新刻泰山小史》，正文第41页）今被覆于水泥路下。泰山香井有二，一在此处，另处在岱庙天贶殿前露台两侧，为双井，今仍存。

虎山下、老城北旧有明鸿胪寺序班**范希贤墓**（老城东北四里孔道北，近世有其墓志出土），明甲辰（李旻榜）进士、乾州知州**高岳墓**（老城北门外半里孔道东）、明正德二年（1507）丁卯科举人、隆庆年间知州**高霖墓**（高岳之子）。久无存。（据清乾隆《泰安府志》卷之十二《选举志上》，民国《重修泰安县志》卷三《舆地志·古墓》、卷七《选举一》）

北关四

泰山一丘一壑，辄有灵气往来。

红门路西的**金山**，虽仅是泰山南麓的一座孤立小山，却也水木明瑟，风声入韵。如今此山已在城区范围，每至雨霁云收、风清月朗，必是"打卡"之地。其山原在泰山诸峰中寂寂无名，因山体形似"金"字而得名金山。（据《泰山区地名志·自然地理实体名称》，第180页）清光绪二十九年（1903），泰安知县毛澂招募乡众在金山植树造林，今仍能见其古木。民国时期曾以此处作为中山纪念林。

金山远景，山阴

旧时的金山也是多楼阁庙宇，古迹遍布。如山上建有西眼光殿，向下为青帝观；有眼光泉、广生泉上下分布；至山麓则有梳妆院、御座等建筑。

眼光殿旧称高真院，创建于明代，从明末起俗称眼光殿。因与王母池眼光殿东西对峙，又称西眼光殿。旧时多有妇女前往打茶求药。清人聂鈫云："（青帝观）又北为金山，明立高真院于上，今名西眼光殿。"（《泰山道里记》，第9页）民国《重修泰安县志》云："眼光殿，一在红门下东南虎山上……一在红门下西南金山上，旧称高真院，左右对峙。"（卷二《庙坛祠宇》，第66页）西眼光殿于民国年间屡有修葺。抗日战争期间日伪军曾在此设哨警备。今尚存殿墙残迹。

殿前旧有**眼光泉**。民国《重修泰安县志》云："（眼光）殿前有眼光泉，游人多掬水洗目。"（卷二《舆地志·山水》，第 3 页）20 世纪中叶其泉仍在，分涌于金山西南和东南麓半山腰两处。其水黄似米汤，故又俗称"浑汤泉""饭汤泉"等。以前常有以此水洗目者。今已干涸，但可见其处地表湿润，草木茂盛，异于他处。据《元史》："李茂，大名人……母尝病目失明，茂祷于泰安山，三年复明。又愿母寿，每夕祝天，乞损己年益母，孟氏竟年八十四而殁。"（《列传》第八十四《孝友一》，第 2973 页）则泰山能愈目疾之信俗，元代已盛。

眼光殿下便是著名的**青帝观**。

青帝观肇建无考。明人汪子卿《泰山志》云："青帝观，在岳之南麓。肇建不知何时，宋尝葺之，国朝弘治、正德间复加修拓。宋真宗加青帝懿号曰'广生帝君'（原注：《通志》误为加泰山懿号）。真宗御制御书赞刻今存。"（卷二《灵宇》，第 53—54 页）清人聂剑钦亦云："（金龙四大王庙）西为青帝观，顾炎武谓即《月令》所谓'青帝太皞'也。"（《泰山道里记》，第 8 页）

青帝观规模宏大，"基址高耸，殿宇宏丽，俨若帝居，祷祠者辄应"（民国《新刻泰山小史》，正文第 37 页）。其坐北向南，为三进院落；向东又设跨院；周垣高大如城墙。前院向南为大山门，左右各设掖门，发券式，上置门楼，形制类岱庙南门，俗称"城门楼洞子"。二院有眼光殿，祀眼光奶奶，为别于山顶眼光殿，又称下眼光殿。后院设青帝殿，祀广生帝君等神，为观内主殿；附设东、西配殿。后院设有北门，可通往山顶的眼光殿。

隋文帝时曾设位建醮于青帝坛，柴燎祭天，亲祀青帝。

隋文帝与泰山有很深的渊源。其父杨忠，曾客居泰山，娶济南庶民之女吕氏（吕苦桃）为妻。北魏正光五年（524）左右，梁军伐魏，占据泰山，杨忠被俘，押至江左。后杨忠北还仕周，官至大司空，封随国公。杨坚袭爵为随国公后，又嫁女于北周宣帝为皇后，以外戚辅政，掌握了北周大权，位居大丞相，封上柱国，称隋王。最终君临天下，国号大隋。虽然得之牵强，杨坚还是位不错的皇帝。吕氏早逝，文帝感念其母，在济南历山广造佛像，"千佛山"之名即源于此。于岱阴重修西晋之朗公寺，敕封为"神通寺"，作为纪念其母的皇家香火院。又访得其舅父之子吕永吉，追赠外祖父吕双周为齐郡公，由吕永吉承袭爵位。再访得吕永吉叔父吕道贵，委任济南太守（均顽劣粗鄙，不堪任用）。

对于泰山，开皇九年（589），朝野皆请封禅。文帝谦让推辞，云："以薄德而封名山，用虚言而干上帝，非朕所闻，今后言封禅，宜即禁绝。"十四年（594），百官再请封禅。此次文帝没有完全回绝，而是"兹事体大，朕何德以堪之，但当东巡，因祭泰山耳"（《岱史校注》卷六《狩典纪》，第 63 页）。同年十二月，文帝启驾东巡。祭罢，不升山而还，并没有上泰山。

宋大中祥符元年（1008）十月，真宗封禅泰山，加青帝懿号为"广生帝君"，御制御书《广生帝君赞碑》并阴祝文，史书又记作《青帝观碑》。此碑原置于青帝殿台阶西侧。民国《重修泰安县志》云："《青帝广生帝君赞并阴祝文》，是刻旧在泰山西南址青帝观大殿西墀，清乾隆十二年（1747）为俗吏所毁，民国六年（1917）得残石八枚于观之旧址，其遗物也。"（卷十三《金石》，第41页）

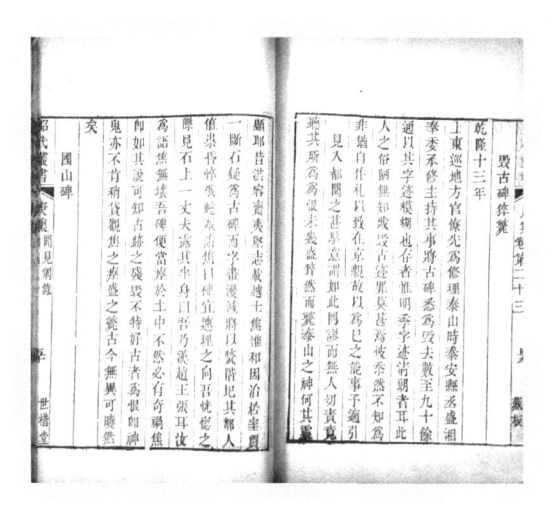

文中是指乾隆间损碑事件。据清人朱象贤《闻见偶录·毁古碑猝毙》云："乾隆十三年（1748）上东巡地方，官僚先为修理泰山。时泰安县丞盛湘奉委承修，主持其事，将古碑悉为毁去，数至九十余通，以其字迹模糊也，存者惟明季字迹清朗者耳。此人之俗陋无知、戕毁古迹，罪莫甚焉。"青帝观《广生帝君赞碑》及《加青帝懿号诏碑》皆毁于此时。乾隆五十年（1785），聂鈫于观内道院隙地得《赞碑》一角，仅存"青帝广生帝君御制若夫典治上帝"14字，碑阴存"克举上"3字。（据《岱览》卷十二《岱阳中》，第28页）民国初年，葛云庵觅得两碑残石9枚，将其拼凑为一碑，空处以砖石充之，得碑高275厘米、宽114厘米，今置于岱庙东御座院内。

［清］朱象贤《闻见偶录·毁古碑猝毙》

明清两代，多次对青帝观重修增建。"国朝（明朝）弘治、正德间修拓，嘉靖间，尚书朱衡复加茸焉。"（《岱史校注》卷九《灵宇记》，第145-146页）清康熙元年（1662），泰安武举张所存见殿宇颓圮，联合邑人尚愈、范维纯、刘铎等募资重修。由于资金问题，工程边募边修，陆续重建大殿、配殿、廊坊、大门等，一直到康熙十七年（1678）才结束。工毕，张武举撰《重修青帝观碑记》。

张所存（1609—1678），字心乎，肥城过驾院人，清顺治丁酉年（1657）武举人。其善治家，与弟侄大家庭和睦生活60余年不析居。其性好施，尝割膏腴之地10余亩给养济院资助孤贫，并捐资对泰安城内学宫古迹多有兴修。其善谋划，省、郡大工役多委其监修，如济南府署城垣、泰山顶庙、岱庙、岱庙坊、文庙、二贤祠等重修工役皆赖其成。张所存以其侄张钦（继嗣，诰授怀远将军）例赠怀远将军。（据民国《重修泰安县志》卷七《人物志》，第28页；乾隆四十七年《泰安县志》卷之十《人物·才

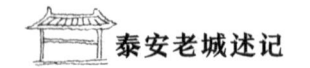

猷》，第 13 页；清《泰安县乡土志》，第 14 页）

民国四年（1915），泰安县知事冯汝骥整修青帝观，"缭以周垣，植桃杏树百余株"（民国《重修泰安县志》卷二《坛庙祠宇》，第 66 页）。北伐战争中，北伐军以金山和城南的蒿里山为制高点钳制泰安城，山上建筑毁坏严重。解放战争期间，国民党军队在金山顶构筑工事，负隅顽抗。1948 年 5 月，我军浴血奋战，夺取金山，解放泰安城。1953 年夏，有巨雷击中门楼，部分墙垣崩塌。1955 年拆除青帝观及金山其他残余建筑，新建泰安革命烈士陵园。今存清康熙十七年张所存《重修青帝观碑记》，1989 年修建烈士纪念碑时挖掘出土，移置岱庙炳灵门外南侧。

泰安革命烈士陵园初建场景，泰安市档案馆提供　　泰安革命烈士陵园今貌

青帝，又称苍帝、木帝，"即汉唐所祀五帝之一。按《汉书》及宋《天文志》，青帝，天神也，而东岳属焉，此庙祀之所由起也"（《岱史校注》卷九《灵宇纪》，第 146 页）。从古天文学的角度，"泰山之分野而系之于分星也，谓其上应天象也"（《岱史校注》卷二《星野考》，第 27 页）。据宋代《天文志》研究，东方苍龙，七宿，角、亢、氐、房、心、尾、箕，其神为青帝，司春、司木、司泰山。青帝谓太昊伏羲，五天帝之一，为东方司春之神，也是东夷人的祖神，与黄帝、炎帝并称"三皇"。按照阴阳五行学说，泰山处于东方，配木德，主春时，春时主生。这也是泰山主生死的理论基础。东汉应劭《风俗通义》云："（泰山）尊曰岱宗。岱者，长也，万物之始，阴阳交代。"（第十卷《山泽·五岳》，第 69 页）在五行系统中，五帝与五岳相配，在天为五帝，在地为五岳。五行配五色，后盖分祀五方，而青帝得祀岱。按照方位和颜色，东岳泰山与青帝配。

以此推论，泰山的"产权"应归属青帝。但在众多的泰山神灵中，青帝似乎又处于比较尴尬的境地，其影响远不如东岳大帝、碧霞元君诸神显赫。在泰山"封神榜"中也只是"泯然众神矣"。当年隋文帝致祀于青帝坛，当使这位没落帝君分外感动。而真正得以正名，则有赖于宋真宗之行。

真宗应当在这座小山盘桓了不短的时间。先是加封广生帝君，再亲自撰《赞》文并《祝》文，给予这位东方之神应有的礼遇。《诏》曰："青帝真君，职司煦育，道叶冲虚。赞玄化于高明，庇群生于溥率。真祠夙建，方志可征。"《赞》曰："节彼岱宗，奠兹东土。生育之地，灵仙之府。爰有高真，允司明命。至神不测，虔诚斯应。茂实克昭，储祥是翼。式奉嘉名，用伸精意。"《祝》曰："伏以峻功丕显，诞彰阴骘之仁。神化无方，实主发生之宇。惟高真之攸馆，乃乔岳之灵区。"（《岱史校注》卷九《灵宇纪》，第146页）由于真宗的推动，青帝在泰山众神中的地位得以彰显，青帝信仰迅速升温。

除金山青帝观外，泰山极顶西南还有青帝宫，为青帝广生帝君的上庙。

青帝观内东南隅为宋**清静轩**故址，民国年间已久圮（据民国《泰山游览志·名胜》，第9页）。

青帝观后，今金山公园内还曾有**真君殿**，宋宣和四年（1122）大梁（今开封市西北）李姓善人创建，久圮。

金山西南麓有**骆驼石**，位于今金山度假村宾馆后院东南隅。石形如卧驼，昂首北望，似朝拜、如守望，惟妙惟肖；兼之石色黄褐，金光闪闪；驼首又有天然神龛，赐福纳祥，喻为"金驼朝岱""骆驼朝岱"等。

青帝观《广生帝君赞碑》及《加青帝懿号诏碑》残碑，今存岱庙

金驼朝岱

广生泉今貌

  金山南麓仍存**广生泉**，位于今金山路29号广生泉盆景园内。泉掘于清代，因"青帝广生帝君"得名。其水汇入奈河，向南经泮河归于大汶河。有"西有广生（泉），东有白鹤（泉）"之说，列泰山七十二名泉之一。（据《山东省志·泰山志》，第226页）现泉眼砌作井状，泉旁有广生池。今之往视，仍泉水满盈。现存《修井记》残碑，立于光绪三十三年（1907）。

  对于金山，明人吴岳（尚书，汶上人）有《游青帝观》诗，极尽意象，附录如下："洞门梵宇秋云细，青帝离宫烟村齐。虚谷人声飘翠壁，寒空雁影落丹梯。穷探仙迹荒坛隐，深入禅林野径迷。清赏不违幽兴远，欲寻石室伴僧栖。"

民国时期几次重要战事

  基于战争对泰安城文物的影响，根据《泰安市泰山区军事志》（2011），对民国时期几次重要战事略述如下：

  鲁豫战争泰安战役，民国十四年（1925）11月24日至12月8日。豫军岳维俊、李纪才等部对鲁军张宗昌部。张宗昌还请来白俄铁甲兵千余助战，到处骚扰，商民苦之。战争首先在城南拉开。数日后豫军攻入泰安火车站，逼近界首。张宗昌部依山死守，双方对峙不下。李纪才部经大津口、牛山口、高尔庄等山路，直扑济南，在八里洼与张军激战。张宗昌密结靳云鹗等，策划豫军内部反戈成功。张军反攻，豫军南溃。泰安习称此役为"第一次南北军打仗"。

北伐战争泰安战役，民国十七年（1928）4月下旬至5月9日。蒋介石、冯玉祥国民革命军第一、二集团军方面军对张宗昌、孙传芳部。战争分三线展开。一线在泰山东南麓，一线在界首，一线在泰安城。泰安城争夺战于四月二十八日打响。北伐军占据蒿里山、金山眼光殿鸣炮示威。五月一日，蒋介石亲临泰安火车站督战。二日，张军徐海春部投降，北伐军占领泰安城。泰安习称此役"第二次南北军打仗"。

中原大战泰安战役，民国十九年（1930）6月上旬至8月下旬，历时近3个月。蒋介石马鸿逵部（第十五路军）等对晋军。6月8日晋军进攻。马鸿逵先放弃泰安再回攻泰安。一线入泰山作战，一线沿津浦铁路进击。8月3日，在各线作战的同时，马部围攻泰安城，并出动飞机轰炸。21日，马部切断王母池流入泰安城之水。24日，马部从西城门挖地道，爆破入城，俘获晋军2000余人。泰安习称此役为"第三次南北军打仗"。

抗日战争时期战事（略）。

解放战争时期，我军共进行了5次解放泰安战役。围绕泰安城争夺，1946年6月7日—10日，我军发动第一次解放泰安战役。新四军一纵叶飞部对国民党宁春霖部。我军从西、南、东三关围攻，最后在岱庙决战。此役毙敌1000余人，俘敌3000余人，宁春霖从城东北角地下暗道逃脱。1947年3月30日，国民党军占领泰安城。4月24日—26日，我军发动第二次解放泰安战役。此役先攻蒿里山、灵山村、西关、南关，最后在岱庙发起总攻，毙敌10000余人，俘敌15000余人。5月6日，国民党军复夺泰安城。7月8日，我军华野10纵队发动第三次解放泰安战役，全歼城内国民党军。8月上旬，泰安城又陷敌手。1948年5月29日，华野山东兵团发动第四次解放泰安战役，敌军弃城逃窜。同年7月11日，国民党军再占泰安。13日—15日，华东野战军打响第五次解放泰安战役，驻守泰安城的国民党军队窜逃济南。从此，国民党军队再未入境。

南关一

南城门是老泰安城正门，旧称乾封门，乾隆十三年（1748）更名泰安门。城门外称南关，旧志称"南隅地方"。南关街是南关的一条主街。

南关街旧称泰安街，依泰安门名，1982年始更今名。清乾隆四十七年（1782）《泰安县志》云："南隅泰安门外，为京省东西通衢，冠盖往来，废著（商业）繁集。"（卷之二《方域·形胜》，第8页）"今稍稍萧索矣。"（民国《重修泰安县志》卷一《疆域》，第10页）随着整个城市的发展布局，特别是京浦铁路的开通，西关鹊起，成为最繁庶的地带，南关渐渐没落。

旧南关街北起南海子，南至皇亭（今南关加油站），长约1300米，条石路面。清乾隆四十七年（1782）《泰安县志》云："泰安街，城南门外。又南，为菜市口。"（卷之四《街巷》，第16页）在当地老居民口中，南关街北首称"隅头"，南首称"关头"，南首向北约百米一片称"菜市口"。中华人民共和国成立后，南关片区属泰安县一区泰山公社。中华人民共和国成立前后，街面居民以贾、崔、于、李、王、张、陈、武姓为众，另有苏、毕、赵、田、宋、孙、马、杨、杜、铉、焦、封、朱、卢、郑、傅、许、邵等众多姓氏人家。中华人民共和国成立后随着城市拓展，街面向南不断延展。据《泰山区地名志》（1995），其北起财源街与通天街对接，经灵山大街、五马街、徂徕路、灌庄，南至泮河，长2700米（《泰山区地名志·行政区划居民地名称》，泰安市新闻出版局1995年版，第14页）。

泰安南门旧影　[德]女摄影家赫达·莫里逊摄于1942年

历史上南关一带文物繁集，规模之盛、规格之高优于其他三关。中华人民共和国成立前这片古迹已基本毁圮，中华人民共和国成立后犁庭扫穴、剔除残迹，于今已荡然矣。对于古迹的考察，仅能结合实地采访及古文献，述其大概。

南城门外是护城河，俗称南海子。沿南海子形成一条东西街，遂称**南海子街**。街

分　述·南关一

南关今貌俯瞰　徐勇摄影

东起城东青龙桥，西至城西双龙街，长约800米。以南城门为界，又将此街分为东、西两段，分称东海子街、西海子街。中华人民共和国成立前后，东海子街有周、钱、黄、娄、徐、马、李、刘等姓住户，西海子街有孔、张、王、高、宋、李、展、梁、陈、吴、刘、丁、黄、戚、齐等姓住户人家。1964年，南海子街与元宝街连通，筑为沥青路面，合称金星街（因金星泉名）；"文革"期间改称红卫东路；1980年后并入财源大街（统称财源大街）。

在南海子街东段有一处著名古迹——**泰阴碑**。

泰阴碑即宋真宗御制御书《登泰山谢天书述二圣功德之铭碑》，简称《登泰山铭碑》；5碑合列如屏，碑文北向，又名阴字碑、金字碑、禋祀碑、雁字碑等。

清人聂鈫云："城南门外迆东有台基，其上即宋真宗《登泰山谢天书述二圣功德铭》。"

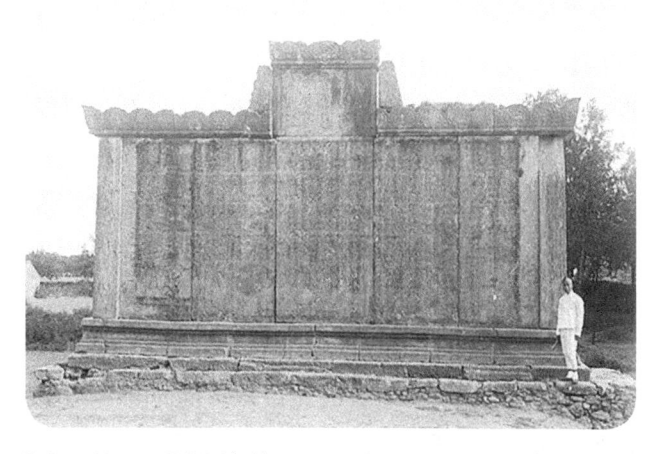

泰阴碑旧影　[法]沙畹摄于1907年

(《泰山道里记》，第49页）旧志载其位置在旧城南门外向东三百余武。"武"作为测量单位指半步，大约在今泰安军分区大门路南偏西的位置。明成化十八年（1482）任式《重修会真宫记》云："观宋祥符间，有《颂二圣功德碑》在宫（会真宫）之南百步许，《朝觐碑》在宫之南一里许。传者谓宋真宗封泰山驻跸于此。"（道光《泰安县志》卷之八《寺观》，第23页）

关于碑名，"泰阴碑"始出于明人吴从宪。"明巡按吴从宪篆刻其前，曰'泰阴碑'。"（《泰山道里记》，第49页）原铭文面北，吴氏题名向南。其他称谓如"金字碑"，以金色涂饰名。"禋祀碑"，取精意享祀意，且声近而义通。"雁字碑"则是因其形制给出的称谓。该碑由5石合列，碑额及趺盖两旁雕刻云龙字画。至于大小规格，清人聂鈫《泰山道里记》有记："高九尺，通宽二丈三尺一寸。额高二尺八寸，宽四尺八寸，与岱巅残碑字画无异。"（所引同上）远望真如巨雁展翅一般。当地人还有一种说法，称此碑为泰山老奶奶的"迎门墙"。

《登泰山铭碑》完成于封禅礼成的第二年，即大中祥符二年（1009）。初，王钦若向宋真宗进谏效唐皇以勒圣制。真宗认为自己的功德无所记叙，惟谢上天之庇佑，叙祖宗之盛美尔，遂作此《铭》，勒石以答天眷。同年五月，真宗召对辅臣于后苑，出示此《铭》文。六月，内臣奏言已刻石于太平顶，另刊于会真宫。

为什么铭文向北？有两种说法。

一说与会真宫有关。明人萧协中云："此碑与城内会真宫对。真宗驻跸是宫，以碑作屏，故字向北。"（民国《新刻泰山小史》，正文第49页）也就是说，之所以选择立碑于此，实为会真宫。宋真宗北居宫内，立碑于宫南，犹如一道屏风；又镌字于碑阴，碑文正向宫内。后来，随着老城区扩建，城墙修整，将会真宫围于城内，泰阴碑隔于城外，"人鲜有知其意者"（所引同上）。明人查志隆《岱史》、明人汪子卿《泰山志》亦作此解。

一说与岱顶（登封台、唐摩崖、宋摩崖）有关。明人宋焘《泰山纪事》中认为："以圜台（登封台）在峰顶，故碑文北向，以示尊上帝之意也。"对于泰阴碑称谓，宋焘还说，真宗自谦，不肯自纪功德，仅勒石北向以答天眷，然"后人未溯其意，猥名之曰'泰阴碑'"，是后来人没有正确理解真宗深意的缘故。（据卷二《地集·泰阴碑》，第16-17页）清人孔贞瑄《泰山纪胜·阴字碑》则认为北向岱顶，是为了与山顶唐摩崖"取对越之义"。清人聂鈫也认为"以圜台在山顶，故字从北向，俗呼阴字碑"（《泰山道里记》，第49页）。此解作为后来的主流分析，较贴切。

对于《登泰山铭碑》有一还是有二，也有两种说法。

一说为一，即只有泰阴碑。清人孔贞瑄在其《泰山纪胜》中作了比较圆融的解释，云当时大臣王钦若在山顶为真宗摩崖纪功，欲与唐摩崖并峙，且已成其额，然"宋真宗谦让未遑"。乃勒于山下，取对越之义。时有云：于钦若不取其人取其文，于真宗不取其事取其书。之前明人宋焘也持相同看法，云当时王钦若已经在唐摩崖东侧"欲摩崖成碑"，然宋真宗以其功德无可纪，特命勒石北向，也就是只建了泰阴碑。

一说为二，另一碑原在岱顶唐摩崖东德星岩处，史书称为宋摩崖。清人聂鈫云："真宗之《述功德铭》，先经磨勒岱巅，后又立碑城南也。"并引元好问《东游略记》以证之。惜在明时被人镌毁，以至后人"知有城南之碑，而不复知有岱巅之碑矣"（《泰山道里记》，第24页）。岱顶宋摩崖，先是明嘉靖年间汪坦、邵鸣岐大书题名，再至嘉靖四十二年（1563）翟涛大书"德星岩"，将原铭文残毁。但篆额"登泰山谢天书述二圣功德之铭"13字仍完好如初，下截尚有225字可读，可谓证据确凿。唐仲冕的考证与聂鈫基本一致。

比较两种截然相反的观点，后者更具说服力。孔贞瑄所言虽然也有道理，殊不知是翟氏等做了手脚。宋焘本为泰山人，又与翟氏同为明人，年代相去并不远，倒是令人不解。

岱顶之碑遭毁，对岱阳之碑也总有人想攀附留名。据唐仲冕《岱览》卷十三《岱阳下》引《东轩笔录》，宋人吕升卿任京东察访使时游泰山，题名于真宗御制封禅碑之阴（唐氏语："阴谓碑背无字处，实碑阳也"），并四处宣扬，后以大不恭罢撤。又有明巡按山东监察御史吴从宪及万恭、傅希挚等数十人在碑南面大书题名，且云："泰阴碑字径三尺六寸，篆法颇伟，而泰阴之义未安。"对于吴氏所为，明邑人宋焘给予批判，云："题名镌石，为'增蛇足'，真可贻笑千古！"（据《泰山纪事》卷二《地集·泰阴碑》，第16-17页）唐仲冕更愤慨："足见明代设官之穴（同'冗'）。"

泰阴碑在民国年间因战火损毁，1952年在南关施工中被毁灭无迹。

泰阴碑北旧有**泰阴亭**，又称阴碑亭，由明巡抚吴从宪创建，亭凡5间，砌以石基，绕以墙垣，并自为记，"揭其亭曰'昭事上帝'，翌其门曰'升中古迹'"（《泰山道里记》，第49页）。士民植槐种荷，取其地之中以为花坞。翼亭之西，又拓地半亩，筑室数间，往来憩息，为一时美景。久圮。

泰阴碑向东护城河畔，旧有1座**关帝庙**，面阔3间，具体位置不详。

隅头是指南城门至大关街这段空地；也有老户称"余头"，南关街"多出来一块"的意思。由此向南，过一个十字路口，向东为五马街，向西为洼子街。

五马街属**五马庄**。五马庄明代立村，原名朱家庄，以朱姓首居名。后宁、吴、车、马、刘、李、楚等姓迁来定居，遂更今名。关于五马村来历，一说汉武帝泰山封神，乘坐五马御銮，至此休整饮马，故有"五马"之名。一说因有马氏五弟兄自汶口马家大吴村迁此，引为村名。中华人民共和国成立后，五马庄属泰安县一区泰山公社。

据五马庄居民讲，原五马庄东至梳洗河，西至南关街，北至南海子（今财源街），南至今灵山大街区域，由五马庄、章家庄、邓家小庄3个自然村和1个居民小组组成。东西长约600米、南北宽约200米。中华人民共和国成立前后，庄内居民以车、章、李、马、吴、张、赵姓为众，另有龚、王、陈、楚、关、魏、郑、时、冯、石、田、高、宁、于、徐、乔等众多姓氏人家。时果米（花生米）交易兴盛，庄内东有李家"果米庄"，西有"成泰大酒店"，中有车家、马家、姜家、贾家等马车店。今五马村改建为社区居委会，辖五马、五马湖、章家花园、五马东苑、五马温泉5个居民小区和五马南村、南坛路2个居住区。

五马街片区今貌俯瞰　徐勇摄影

车氏为五马庄望族。车氏始祖不详，祖上分三支，老祖林地（坟墓）在红门路玉皇阁西山坡处。20世纪30年代初，车氏在五马庄南新建祖林，立有谱碑，1966年后被毁。文献记载五马车氏最早为同治三年（1864）所立《泰安东上土门避乱记碑》（当地俗称"三重碑"），有"五马庄车敬涵、车云□"题名。车氏行辈中有"云、树、轩、锡、鸿"五代，"云"字辈以上至少应有四代人，《避乱碑》中先祖车敬涵，可能是清咸丰、同治年间五马车家一位族长式的人物，不可能是老祖（据车锡伦信函）。

五马庄是当代著名学者车锡伦故里。其乡土情深，仍牵挂着家乡的建设与发展。

五马街作为贯通五马庄东西的一条主街，街因村名。中华人民共和国成立后曾名泰新路（由五马街向北可达莱芜，向南可赴新泰），"文革"间更名为五星街，1980年后复今名。中华人民共和国成立前，此街西起南关街与洼子街相对，向东经东湖公园（原有东西小桥），南斜至梳洗河西岸，长约400米，路面用石条铺设；中华人民共和国成立后又延至魏家庄南铁路洞子一带；今街延至天烛峰路，长约4000米。

五马街五马小区段向北至南海子（今财源街）有**陈家胡同**，因陈姓首居名。胡同长约150米；今并入五马小区，为小区8、9、11号楼和财东新居占堵；部分路段仍存。

五马街稍北、老城墙外东南隅旧有**青龙桥**；五马街与今虎山路"丁"字路口略南20米处旧有**凤凰桥**。两桥均为单孔石板桥，桥名取"龙凤呈祥"之意。前桥在填平护城河时掩于地下，后桥于20世纪60年代曾改建为两孔，再因修筑虎山路埋于地下。

老城墙东南隅，今虎山路与财源街丁字路口

邓家小庄原在南关小学东一片，今五马小区14、15、16、17号楼一带。该村于民国初期自徂徕镇邓家庄迁入，今并入五马社区五马小区。

章家庄在五马庄南。清康熙年间（约1670），章姓自江南苏州迁此立村；2005年起改建为章庄花园，建居民楼15栋，属城镇住宅小区。

章家庄旧时有一处民办教育机构——**章氏私塾**。清光绪二十九年（1903），章延祥以自有房舍创建，经费由学生束脩（学费）而来，至民国二十六年（1937）停办。

五马庄村东南侧一片，老居民称作**营院子**。此片原为民国十四年（1925）政府模范监狱。日军侵占泰安期间占作军营，残害爱国志士及民众，罪行累累。1958年挖成五马湖，今改建为东湖公园。

2003年10月，改造中的东湖公园，泰山摄影俱乐部提供

在五马村一带，早先还有**先农坛**故址，清雍正六年（1728）由知州王一夔创建，道光八年（1828）由知县徐宗干重修。先农坛是祭祀先农神和举行亲耕典礼的地方。据《大清会典》，每岁仲春亥日祭。民国年间废止。

先农坛西有祈丰桥，桥名以先农坛名。

五马庄内原有关帝庙两处，规模均不大，位置均难详指。

东湖今貌俯瞰　徐勇摄影

南关二

南关街以东、五马街以南地段，属泰安重要历史文化区，留有唐高宗、玄宗和宋真宗芳躅。

首先是**唐封祀坛**，即舞鹤台，位于今南湖大街泰安迎春学校（中学）南门一带，创建于唐高宗乾封元年（666）封禅泰山期间。旧志云，唐高宗筑封祀坛于泰山南四里许，又诏立登封、降禅、朝觐之碑，旋名封祀坛曰舞鹤台，其形制"如圆丘"。（据［明］汪子卿《泰山志》卷二《遗迹》，第9页）唐玄宗开元十三年（725）泰山封禅亦建坛于此，有张说奉诏撰《封祀坛颂碑》。至民国时此处早已废弃颓莽，然坛基仍存，当地居民呼作"南堌堆"，又演绎为"焦赞台"。民国三十一年（1942），日军在施家结庄修建飞机场，此处在规划范围内，施工中将遗址铲平。

唐封祀坛北1里余为**白骡冢**，具体方位不详。此冢为开元十三年（725）唐玄宗封禅所留遗迹。唐人郑綮《开天传信记》云："上（唐玄宗）将登封泰山，益州进白骡至，洁朗丰润，权奇伟异。上遂亲乘之，柔习安便，不知登降之倦。告成礼毕，复乘而下，才下山坳，休息未久，而有司言白骡无疾而殪。上叹异之，谥曰'白骡将军'，命有司具槥椟，垒石为墓，在封禅坛北一里余。于今在焉。"（［唐］郑綮《开天传信记》，见丁如明辑校《开元天宝遗事十种》，上海古籍出版社1985年版，第51页）。

关于白骡冢位置，今仍存争议。历来俗传此冢在红门东（今红门东村内），并以其地之断蹄丰碑为白骡冢碑。萧协中云："（白骡冢）在岳阳……碑记冢迹尚存。"（民国《新刻泰山小史》，正文第43页），所指或为此碑。之后更是有诸多文献将白骡冢位置记述为"在红门东"。然仍是谜团重重。

首先是位置不符。郑綮是唐代人，当时的封禅坛（唐封祀坛）和白骡冢均有完整保存。沿至明清时期，两遗址仍存。"白骡冢，在封禅坛北一里。"（《岱史校注》卷八《遗迹志》，第120页）"（白骡冢）在封禅坛北一里余，于今存焉。"（《泰山道里记》，第50页）诸文献所指基本一致。封禅坛位置是可以确定的，中华人民共和国成立初尚能指认。其北1里余约在今东湖一带；而距所谓"白骡冢碑"4里不止，不可能有如此大的误差。其次是规制不符。红门东丰碑规制巨大，高660厘米、宽185厘米、厚66厘米。再参考唐代仅存的高宗显庆六年（661）所立《岱岳观造像记碑》（《双束碑》），碑由两石组成，单石高236厘米、宽50厘米、厚22厘米。白骡虽贵为"将军"，仍难有如此规格的"墓碑"。另外，既是"墓碑"或神道之碑，必是大字题勒，虽历风雨千百年，也不可能泯灭得无一点痕迹。

故白骡冢在红门东的可能性不大。按照在"封禅坛北一里余"的说法，在老泰安城东南隅的可能性更大，只是"失其处矣"（《泰山道里记》，第50页）。据说民国二十五年（1936）修模范监狱（今东湖中部）时，曾出土类似马腿之枯骨，或疑为白骡冢。因无人考究，未知然否。此处与文献记载相符，即今虎山路东、东湖公园中部一带。

今东湖公园中部环境

之所以将白骡冢位置附会至红门东，无名巨碑是一个方面；《开天传信记》中"才下山坳"的表述也会引人遐想，甚至会造成误导，将人们的目光转移到岱麓红门一带的"山坳"中。唐玄宗上下山必定是前呼后拥，玄宗乘马至城东南隅（白骡冢位置），后续人马可能还未下红门。故所谓"下山坳"应是个大概念，对整个下山队伍而言。

而且白骡冢东临梳洗河，在以前也是山坡沟壑地貌，称之"山坳"亦不为过。

唐人郑綮在记述中有"具槽棂，垒石为墓"，并未提及墓碑，那么红门东之丰碑应作何解？

此碑从一发现便未见正面有文字。民国赵新儒曾雇人"起石"，1990年复立于原处。聂鈫考此碑云："然红门东有丰碑断踣，趺下磨灭无字，惟碑额棱上有'垂拱元年月廿五造二年五月'十二字，碑侧犹存宋人题识'当日东封安在哉，茫茫今古泯尘埃'字句可读。翻转审视，底面有行书，字影差小，隐隐莫辨。按赵明诚《金石录》云：'唐登封纪号文，高宗撰并行书，飞白书额，小字，乾封元年二月。一勒石山上，不知毁于何时。一立碑山下。'意或武后补刻，以残碑及《开元记》证之。"（《泰山道里记》，第50页）民国年间，赵新儒根据碑额棱上有"垂拱元年"等字样，断为唐高宗《小字登封纪号文碑》。云："在红门东过东溪，山峪中有碑甚伟仆地上……壬申夏雇人起石，用数十人费数日之力。石已漫漶……又棱上有'垂拱元年'四字可视，四字下似'二十五日'已不可辨，当为唐人题名。石甚伟，约厚二尺，高二丈，宽六尺，疑即唐高宗登封纪号文碑也。"（民国《新刻泰山小史》，正文第43页）后者实为对前者发现的进一步推演。"垂拱"为唐睿宗李旦的年号，垂拱元年即685年。

红门东巨碑，仍存

　　或许还有几种可能：一是此碑或为无字碑，时间在唐垂拱元年及之前，否则碑棱及碑侧题识尚存，然碑面并无一字难以解释。二是或为待刻碑，碑棱"垂拱元年""二年五月"为石匠所制"记号"文；或此碑本就没有立起，也无"踏地"一说，故后人仅能在周边题刻。三是或为弃碑，由于难以运送上山等缘故，弃置山下，汉武帝时"五车石"便是这个原因。

　　唐封祀坛东偏北为**宋封祀坛**，宋真宗东封泰山时所筑。坛址在原泰安市化肥厂院内，今灵山大街五马居委会住所东、华伟家园东南部。"山下封祀坛，四成，十二陛，如圜丘制。上饰以玄，四面如方色；外为三壝，燎坛如山上坛制。"（《宋史》卷一百四《志第五十七·封禅》，第1700页）中华人民共和国成立初坛基犹存，当地人呼作"东塸堆"，又称"孟良台"，与西面唐封祀坛"南塸堆""焦赞台"相对应。有大臣王旦奉诏撰、裴玢书并篆额《大宋封祀坛颂碑》。碑高450厘米、宽165厘米、厚80厘米；字径13厘米，行书，43行，3777字；1972年移置岱庙天贶殿前东碑台处。时封祀坛合祀五方帝君。五方帝君即东郊青帝、南郊赤帝、中郊黄帝、西郊白帝、北郊黑帝。《颂》云："山下设坛四成，如圜丘之制，乃命茂亲，以承大祭。"可见，宋真宗当时并未来此坛奠献。宋焘《泰山纪事》卷二《地集·宋真宗登封纪略》对其在泰安期间的行程所记甚详，也没有提及此处，而是由"茂亲"（《岱览》记有驸马尉二人、摄司徒、

《大宋封祀坛颂》碑，今存岱庙

司空等）充任献官祭祀。1959年，章家庄进行农田建设时将坛址铲平。

坛东侧又设**九宫贵神坛**。该坛形制略小，合祀九宫贵神，即太乙、摄提、轩辕、招摇、天符、青龙、咸池、太阴、天一。（据《岱览》卷十三《岱阳下》，第24页）《封祀坛颂》文云："九宫贵神，实司水旱。吾民是以，动系惨舒，厥职尤重。命筑坛于山下封祀坛东，率礼吉蠲，诏大僚以尸其事。"坛至清时已久废。

宋封祀坛西北不远为**宋朝觐坛**。其具体位置在今泰安城南坛路与灵山大街交叉口西南，原泰安市开关厂院南部，今灵山大街泰安第一人民医院（老县医院）南楼一带，向北隔五马街与泰阴碑相对望。

朝觐坛筑于宋真宗封禅期间，为群臣朝觐地。坛上旧有寿昌殿，侧有瑞云亭，大臣陈尧叟奉敕作《朝觐坛颂碑》。在这里，宋真宗在封禅礼毕后，完成了最后阶段的礼仪活动。

大中祥符元年（1008）十月二十六日，真宗被衮冕，盛装至朝觐坛寿昌殿，接受百官朝贺，而后至会真宫穆清殿大宴群臣，在殿门设席宴请泰安当地的父老代表，并赐乡亲们以茶、帛、时服等，又御制诗以庆贺封禅礼仪完美落幕。同时大赦天下，改乾封县为奉符县，以纪念封禅和上天赐符（即天书）于泰山。（据［宋］李焘《续资治通鉴长编》卷四十九之二《真宗皇帝纪十一之二》）

瑞云亭在朝觐坛东侧，今灵山大街巨菱枫景园居民区及东湖银座（原柴油机厂）一带。为宋之御香亭，附建于朝觐坛。其名称由来也颇具传奇。真宗将登封泰山，斋戒于会真宫穆清殿，忽见太平顶处有黄白云升起，如幢盖，似龙凤。真宗见状，焚香再拜。又见云变五色，有云如桥梁形状，紫云覆盖其上，久而不散。登封前夕，祥瑞再现于泰山，当然是极好的征兆。真宗自是欢悦，遂将御香亭命名为瑞云亭。

宋代以后，朝觐坛便逐渐荒废下来。清乾隆年间改坛名为山川坛，光绪年间又改名为**风云雷雨山川坛**，俗称南坛。

据《大清会典》，各省、府、州、县风云雷雨、山川、城隍之神共一坛，向南设三神木制神位，风云雷雨居中，山川居左，城隍居右，每岁以春秋仲月（二月、八月）上戊日祭，由官方定期举行祭祀活动。祭祀分初献、亚献，各有定式。（据道光《泰安县志》卷之七《祠祀》，第1页）民国年间废其旧制，坛、碑（民国年间已斜断为两截）仍在，一直保存至中华人民共和国成立后。据贾民浦讲述，中华人民共和国成立前的南坛周围有3个足球场大，中间是一处高大的土堆，石砌基础，高10余米，分上、中、下3层，底层长四五十米，西、南有巨制龟驮碑，民间以"土谷堆"呼之，后因城建铲平。

今人为纪念这段盛事，特将从五马村延至南坛的一条路命名为**南坛路**。今南坛早无，路名亦渐被弃用。询问当地居民，多数已不知晓。

再南为**奉符县新城**故址。

宋真宗更乾封县为奉符县，县治也进行了一段时间的迁移。之前，县治在岱岳镇，也就是老城区地方。更名后，又筑新城于旧城东南3里，故址在今泰安市区南部旧镇村一带，而县署则选在朝觐坛西南，今南关大街中段向东园林处院址一带。金天会六年（1128），金军占据泰山一带及奉符县城，刘齐政权于奉符县境设立泰安军，治所仍在旧镇。金大定二年（1162），复还旧治，治所又迁回岱岳镇，前后历经150多年的时间。

县治迁出后，旧镇一带，城内变郊外。清乾隆四十六年（1781），这里改作**演武厅**（校场），为驻军操练之地。场址面积共十三亩九分。清末演武厅废，遂改为苗圃。今为单位及居民楼占用。

随着人口增多，此处渐成村落，中华人民共和国成立前后，命名为**兴隆官庄**。由演武厅向西通南关街的一条路称作**兴隆街**。

南关街与兴隆街交叉口，早先还有一件非常醒目的青色花岗岩石件，称作**茶臼**。茶臼是居民制作"茶汤"的器具，家家用得着。茶汤是泰山传统食品，制作时先将小米淘水控干，在此臼捣作粉面，越细越好，再用铁锅炒熟，既可煮也可用开水冲泡为粥样，养胃滋补，别具风味。茶汤现在仍广泛流行于泰山一带，只是制作工艺已罕见臼杵捣磨的传统方法。茶臼便逐年弃用，南关街拓宽改造后不知所终，而此名被用作该十字路口的地名。

茶臼向北不远便是**火神庙**。火神庙在南关街中段的位置，约创建于元代。初为火神阁，阁上祀司火之神"火德真君南丹纪寿天尊"。清康熙二十一年（1682）、四十七年（1708）俱重修。乾隆十五年（1750），知县周藩移神像于阁之东北，建庙奉祀，并于原阁上增祀文昌像设。至十九年（1754）知县冯光宿任间，阁、庙一体的工程方始告竣。光绪九年（1883）又拓地增修。该庙为道教场所，泰山碧霞祠之下院。

火神庙原规模宏大。南关大街当冲为火神阁，重檐八角。路东为庙。据贾民浦回忆其少时所见情形：山门向西，门内为一大广场，南有戏台；向北进庙门，有正殿、配殿、钟鼓楼等，祀火帝、玉皇诸神；四周古柏参天，遮天蔽日；庙内香火甚盛，多时道众曾达百余人。

据《大清会典》，各级官员每岁农历六月十三致祭火神。民间以农历二月初二为火神爷生日，在此唱戏3天。至民国祀黜。清光绪二十九年（1903），钱奉祥、贾相榕于庙内创办小学堂，民国年间改为县立第四初级小学校。庙多毁于战火。中华人民共和国成立后仍有道长钟丹首（享年78岁）及其师弟薛丹秀（后还俗）留守庙中。钟道长羽化后，由张园瑞道长住持（原在碧霞祠）。2004年以原址重修，但规模较小。今由刘玉林道长住持（2004年由碧霞祠来庙住持重修至今）。

南关大街火神庙　徐勇摄影

除此之外，老泰安城下西隅大车档街北首、西北隅北新街东也建有火神庙（阁）。

泰安城多建火神庙，自然与古人敬火畏火，祈求火神消火禳灾有关。泰安城历史上有多次重大火灾，损失严重。如：金大定十八年（1178），岱庙发生火灾，堂室荡然；金贞祐四年（1216），岱庙因遭战火，仅存延禧殿与诚明堂；明宣德三年（1428）三月，岱庙大火；嘉靖十六年（1537），泰安州城起火，延烧数十家；嘉靖二十六年（1547）十二月，岱庙起火，正殿、门廊俱焚，仅存寝宫及炳灵、延禧二殿，古树、碑刻也多被毁；万历二十二年（1594）八月，会真宫起火，殿宇尽毁；康熙四十二年（1703）春，岱庙发生火灾；乾隆十年（1745）二月，泰安县署发生火灾，延烧附近百余家；乾隆十五年（1750），泰安县城发生火灾；民国五年（1916），灵应宫大火，熔铜像两尊；等等。火还会产生异象。如明万历四十八年（1620），岱庙配天门青龙神像"吐火自焚"，民间一时议论纷纷，当局严令禁止才平息下来。求助是人的本能，特别在面对无法克服的困难的情况下。这也是古代神多庙多的一个重要原因。

泰安城多火神庙还与火神祝融氏的出身有关。

历史上关于祝融的记载，言其或为神，或为人，或为官职，或为部落氏族。有一种说法，祝融属炎帝支系，为蚩尤后裔。"神农居鲁，鲁邻泰山。"（吕思勉《中国历史的7张面孔》，成都时代出版社2020年版，第19页）有专家考炎帝降生于雷泽西北方的常羊之山（今新泰市境内）。后炎、黄于阪泉大战，炎帝战败，被驱至南方。炎帝后裔蚩尤为炎帝复仇，与黄帝战于泰山。黄帝九战而不胜，"回归泰山"，得玄女秘略，最后一役涿鹿之战，大败蚩尤，断其首，葬于常羊之山。这里正是炎帝出生的地方。蚩尤族被打败后，一部分退往南方，一部分归服于少昊（黄帝长子玄嚣）联盟，仍留在泰山一带。祝融一族便属留下的那一部分。"昔夏之兴也，祝融降于崇山。"（《国语·周语》）"东岳泰山神姓岁，讳崇。"（《五岳真形图》）崇山即泰山。在夏这个时期，泰山一带便有祝融一族。祝融以火施化，号赤帝，住昆仑山（古昆仑山即泰山）光明宫，传下火种，教人类用火。其谓"火神也"（郭璞语）。其状"兽身人面乘二龙"（《海外南经》）。祝融部落掌火，为冶金技术奠定了基础，而泰山一带有大量上古冶铁遗址分布。由此可见，泰山是祝融氏的老家，祝融氏是泰山一带的老祖先，设庙祭祀应是远古的流传。

南关街西旧有一条街道，当地人称**大路**。此街由火神庙向西北，于中段南北斜贯今汇丰嘉园，至今供电局东侧（汇丰嘉园北大门西），接今灵山大街，与街北汪家胡同相对，长约500米，是连通西南的一条近路。外来香客可由此路先至南关街拜祀火神，再转洼子街食宿休整，而后入城。

大路旁、今汇丰嘉园（灵山大街298号）院内东南一带，原有一泉，名**滇池**，又作澱池、靛池。据当地传言此泉发掘于宋真宗封禅期间（待考）。其水清冽甘甜，周遭砌以条石，池畔一株古槐。往来客商旅者多憩于树下，饮泉水以解乏渴。此泉中华人民共和国成立初仍存，后被农具厂占用湮没。今往汇丰嘉园探询，但见一大片土堆瓦砾，杂草密掩其上，未知是否当年遗迹。

大路向北有**西胡同**。其东起南关街北段（原准提庵南约百米）路西，向西折北至今灵山大街汇丰嘉园大门口东侧，长约160米。此胡同因位于南关街以西而得名。今东段仍存。

大路与西胡同间民居繁集，以贾姓为望族。大路东首向北一片，当地人称**贾家场**，为贾姓宅第。此处原是一处宅院，三进三出。前院设厅房与东、西厢房。过月亮门进中院。中院北设厅房3大间（明三暗五），建于月台上；月台前出数米，叠垒太湖奇石；院东、西侧设厢房。后院建二层小楼。关于这所宅院的主人未得其详。

贾家场北是**贾鹤斋府第**，当地人称进士宅。

贾鹤斋，号友仙，清光绪庚辰年（1880）岁贡生（习称"明经进士"），任乡饮宾，是城南乡老贾民浦祖上。（据民国《重修泰安县志》卷七《人物志》，第22、32页）其尤热心于泰山文化建设，著有《友仙诗草》（仍存）。泰山北麓谷山玉泉寺仍存其清光绪十二年（1886）《华峰上人重修谷山寺记碑》（前代理泰安府正堂增瑞、山东布政使司崇保等捐助），岱庙存其清光绪二十一年（1895）《修补准提庵历次工程略记碑》，普照寺存其光绪二十六年（1900）《重整上书院记碑》。光绪十九年（1893），知县毛澂以斗母宫内尼姑妖艳风流为由，驱之易为道院，复用原名龙泉观。后经贾鹤斋等名士为之斡旋，尼僧方得获准返宫，谨守戒律，梵修本色。王连儒在《泰山游览志》中云"因有力者之斡旋，尼僧仍为合浦之珠"，即指此风波。

再北有**武举宅**，在今灵山大街向南百余米的位置。据贾氏族人介绍，此处为贾靖清宅第。贾靖清或即贾连魁，清道光辛巳年（1821）武举。（据民国《重修泰安县志》卷七《人物志》，第30页）

进士宅向东隔大关街即**贾家胡同**，是贾氏族人的主要聚居区。

茶臼向南，在今南关加油站位置，为**感恩亭**旧址。感恩亭又名皇亭，当地又称"皇停"，以为皇帝驻跸更衣之处。据清人宋思仁《泰山述记》，"南关外有皇恩碑亭，乾隆十三年（1748）士民恭建"（卷之四《城内外亭台寺庙诸胜》，第17页）。是年二月，乾隆奉母孝圣宪太后钮祜禄氏东巡，驻跸泰安。其间祭岱庙，登岱顶祀元君，又行围杀虎于东眼光殿山（虎山），并蠲免当地赋税，救济当地贫苦。为此百姓立碑以感皇恩。老城西北（御碑楼村，今市政广场一带）也有皇碑亭，又称感恩亭，原是康熙

市政广场西今重建御碑亭

驻跸休息的皇亭。康熙三十七年（1698）二月，泰安等州县连年饥荒，朝廷遣司官赈济，后又免征上年未完地丁银米，州民于此立碑以感圣恩。四十三年（1704），当地又在皇亭北建亭，镌立圣祖御制诗碑。"御碑楼"地名即源于此。两处皇亭可谓同出一辙。

感恩亭稍西北是**观音堂**。创建不详，明、清多次重修，祀观音大士。感恩亭东南先前还有一座**武氏贞节坊**，位置在今南关大街热电厂门口，民国年间为武氏立。

飞光流年，世事沧桑。多少的陈年旧迹，早已烟消云散，代之以新城区的建设与发展。恰如元人李简《朝觐坛》诗所云："朝觐当年筑此坛，旌旗影里簇仙班。只今惟有青山在，日暮孤云自往还。"

南关三

洼子街位于南城门外南关街西。东起南关街，过今青年路，西至金桥头，与原灵芝街交会，长约360米。

洼子街今貌俯瞰　徐勇摄影

洼子街约辟建于明末，以街中低洼，易屯雨积水名；一名官店街，以府、县官署在此专设官店驿站，迎送过往官员士绅得名；又名会丰街，因街中设有专业保镖押运的会丰镖局而名；20世纪90年代，此处多特色（服务）饭店，曾俗称名吃街。

会丰镖局之名曾见于桃花峪口元君庙清末香社题名碑，"城南关领袖"下有"敷兴店、标店"。香社碑中的南关"标店"，当指此洼子街会丰镖局。

洼子街紧靠泰安城门，取地利之便，为"京省驿路"（乾隆四十七年《泰安县志》卷之四《建置·街巷》，第16页），是由南门进城或由城内通往省城济南和京城的一条官道。往来官绅名流、衙门差役、商贾士民、香客信众，甚至进城投诉告状、投亲靠友、流浪乞讨者，莫不盘桓于此；或打尖歇脚，或食宿整顿，或唤友私会，人来人往，不能稍歇。与此相适应的茶楼酒肆、旅馆客店、歌馆商号鳞次栉比、幡幌招展，成为泰安的一条老街、名街。泰安，甚至外地的老字号多将总部或分店设在这里，冠盖往来，颇为繁华。中华人民共和国成立前后，街面业主居民以陈、刘、李、张、王、杨、赵等姓为众，另有何、田、段、韩、黄、车、邢、马、白、曹、齐、尹、耿、姜、尚、高、孙、石、萧、谭等众多姓氏人家。

桃花峪元君庙香社《题名碑》的"标店"

洼子街在历史上最为留名的，莫过于生擒太监安德海事件，使此街成为一条历史名街。

安德海（1844—1869），清末宦官，原籍河北南皮县，生于河北青县，8岁进宫，人称"小安子"，是慈禧太后的心腹太监。慈禧之前，其曾为咸丰皇帝的御前太监。在皇宫内斗中，其与慈禧勾搭连环、结为一党，并在慈禧的授意下参与了清咸丰十一年（1861）咸丰帝驾崩后的"辛酉政变"（又称"祺祥政变""北京政变"）。由此，慈禧扳倒"顾命八大臣"，开始了垂帘听政。安德海也因此一跃成为清廷大内总管大太监，授六品蓝翎，煊赫一时。

同治八年（1869）七月，慈禧为给同治帝筹备婚事，派人至苏杭一带操办龙衣。安德海私下征得慈禧同意，矫旨出宫。清廷对太监有"非经差遣，不准擅出皇城"的开国祖制。安德海脚一离开京城，便犯了"太监出京，立斩不赦"的清规大忌。沿途，其以钦差大臣的名义僭越无度、作威作福、敲诈勒索，士民怨声载道。进入山东境内，时任山东巡抚的丁宝桢派人暗中尾随监视，搜集其不法证据，并遣总兵王正超赴泰安，与时任泰安知县何毓福密谋，准备捉拿安德海。

安氏当然并不知情，依旧任性而跋扈。何知县不动声色，高接远迎，将安氏一行接入官店街（洼子街）的兴安客店，并组织文武两仪参见，以钦差大臣的礼节待之。

入夜，何知县先遣泰安参将姚绍修带领泰安营士兵，悄悄将大店团团围住，再会同守备刘英魁带领一干人马，闯入兴安客店，将安氏随从逮个正着。此时，安德海已闻得风声，吓得跑入后院藏在一水井中。后被揪出，并打捞出其携带的金银珠宝。

捉拿成功后，何知县连夜将安氏人等押解至济南，旋即以"宦竖私出"之罪将其斩于济南西门外。

关于安德海被捉于何地，还有一说：何知县盛邀安德海至县署赴宴，安欣然前往，刚进门便被扣住了。

关于安德海之死，也有个说法。安德海作为太后身边的红人，丁宝桢、何毓福二人不敢擅自定夺其生死，又恐太后袒护，便向同治帝奏本请旨。没承想有漏网的安德海随从星夜窜回京城，结果太后懿旨来得比圣旨还快。丁巡抚以慈恩浩荡、需要先建皇亭才能接旨，以此拖延至皇帝圣旨到来。先接圣旨，皇帝命将钦犯安德海就地正法，以符祖制。即斩之。再接懿旨，杀赦与否，都已无力回天了。又暴尸3日。据说此举是为澄清谣言。传言安德海进宫未净身，常年在太后身边，自是说不清楚。如今大白于天下，也为太后开脱。安德海已死，太后也只能作罢。

参与捕杀安德海的同治帝、丁宝桢、何毓福据说都与安德海有嫌隙。安德海仗有太后恩宠，对同治帝多有不恭，还经常说同治帝的坏话，间隙同治帝与太后的关系。同治帝自是耿耿于怀。丁宝桢觐见太后，顶戴脱落，本是失礼不敬又尴尬狼狈的事情，安德海却在一旁嘲弄起哄，还把帽子踢到一边。至于何毓福更是苦大仇深，他曾被安德海设套下狱，受刑落下跛脚的毛病。亏有其母是同治帝的乳母，才得以出狱贬至泰安任知县。如此切齿之恨，必欲除之而后快，天赐良机，岂能错过。以上多是一些戏说演义。

《清史稿·丁宝桢传》中对其捕捉安德海一事比较平直："八年秋，乘楼船缘运河南下，旗缯殊异，称有密遣。所过招纳权贿，无敢发者。至泰安，宝桢先已入告，使骑捕而守之。安德海犹大言，谓：'汝辈自速辜耳！'传送济南，宝桢曰：'宦竖私自出宫，非制。且大臣未闻有命，必诈无疑。'奏上，遂正法。"（载《庸庵文续编》卷下）清人薛福成在《书太监安德海伏法事》中对安德海被诛记述较详，文中还提到了慈安太后、恭亲王奕䜣等人，两人均与安德海不睦，均有可能授意丁宝桢采取捕杀行动。慈禧在心腹被诛后的表现同样出人意料，下令斩杀安德海随从太监、管家人等，抄没安氏在北京的家产，并规定日后有此类事情发生，均照此例。丁宝桢也并未因此影响仕途，甚至在光绪二年（1876）得授头品顶戴、太子少保、署理四川总督一职。安德海之死，牵连宫廷最高层，涉及皇帝、两位太后三个派系。在人治的时代，其背后的原因确实有些扑朔迷离。

何毓福，字松亭，汉军镶红旗人，于清同治八年（1869）任泰安知县。其间禁暴除残，兴建义仓，热心教育。时岱麓书院业已荒废，其为之延名宿，严考课，泰安文风为之一振。特别是其不畏强权捕拿安德海一事，声名大振，列泰安名宦。

洼子街最著名的建筑莫过于**赵家花园**，为赵尔萃府邸。其旧址在洼子街与南关街交会口西南，今南门市场北。

赵尔萃家族被清廷敕封为汉军八旗正蓝旗，祖籍奉天铁岭（今辽宁铁岭市）。经过几代人的努力，至清末民初，族声赫赫、名动天下，素有"一门五进士，弟兄两总督"之誉，祖孙四代均系朝廷命官。其曾祖父赵寅宾，曾任泰安营参军。其祖父赵达镛，进士，曾任山东莱州知府。其父赵文颖，进士，以知县钦加知州衔，在阳谷任上因太平军陷城殉节。至赵尔萃一代更是盛极一时。赵氏弟兄四人，尔萃最小。大哥赵尔震、二哥赵尔巽同为同治十三年甲戌（1874）进士，赵尔萃本人为光绪十五年（1889）进士，唯三哥赵尔丰未能登科。在仕途上，大哥尔震官至工部郎中。二哥尔巽最盛，历任两湖、四川总督，奉天将军，民国时又充任清史馆总裁；"东北王"张作霖曾为其部下，尊其为"恩师"，敬畏不可复加。民国十六年（1927），赵尔巽卒，"倘制科不停，则重赋鹿鸣矣"（民国《重修泰安县志》卷八《人物志·寓贤》，第54页）。三哥在学业上虽然稍逊，然仕途辉煌，官至四川总督，因辛亥革命被杀。赵尔萃还有一个姐姐，姐夫增瑞也是一名高官，曾任泰安知府。

赵尔萃（1851—1917），字小鲁（又作"筱鲁"），号傲徕山民、傲徕山房主人。赵尔萃中进士后，即分发山东，于光绪二十一年（1895）十二月起实授夏津知县，政绩斐然。其在抗洪救灾中有勇有谋，平息争端，使"数十村室庐赖以无恙"；惩治豪强，肃清邑内盗贼；每逢听讼，允百姓旁观，使引以为戒；关心民瘼，凡修桥补仓等工役"均不病民"；重文兴教，"尤好造士"，捐金购书备诸生观摩，又捐廉创立课实学塾，"择士之俊秀者，供其膳费，入塾肄业……后之入大学成通材者，实自此发轫焉……秩未满，以母忧解组，至今人皆颂之"。（据《夏津县志续编》卷六《官守志》，民国二十三年铅印本，第13页、32-33页）之后尔萃以三品道员身份候补直隶道不就，遂将泰山脚下作为终老之地。

选择在泰山，也可能是其兄的意见。民国《重修泰安县志》云："（赵尔巽）与其弟尔萃见泰安地肥美而价廉，因置田宅居焉。"（卷八《人物志·寓贤》，第54页）于是赵家在南关街和洼子街西南角这个位置，建起一处府邸，名系舟园，世称赵家公馆，又称赵家花园。建造时间大约在光绪二十五年（1899）。

赵家公馆规模宏大，以公馆为主体，附设花园（中西部）和赵家湾（南部）。公馆及花园东西长约150米，南北长约120米。公馆向外设正、侧两门。正门东向，侧门南向。内设5院，分东、西两列。东列前后3院，西列前后2院。各院独成院落，又主次分明、相互连通。西列前院为主院，供公馆主人起居，当年赵尔萃便住在这里。公馆女主人"七太太"（后辈称"七奶奶"）为尔萃原配的陪嫁丫鬟，原配去世后，扶为正室。中华人民共和国成立前，公馆最后的主人为赵守璧。公馆西为赵家花园，楼台亭榭，小桥流水，中华人民共和国成立后仍能见荷花池、亭台、花房（厅）、南厦房（5间）等。据当地居民介绍，双龙池之水经南关街流入赵家花园，再西入奈河。荷花池又称荷花荡，东北、西南各置一石雕龙头，作进出水口（仿双龙池式样）。再南为赵家湾，佃户杂役居住，多闲田。

赵家公馆旧影，左二为七太太，赵明俭提供

1950年，政府对赵氏房地产予以没收充公。赵氏被清出正门主院，托身于赵家花园的花厅里。主院改建为南关小学北校区，其余分配给南关无房户暂住，后又改作泰安县政协（东列中院）、县委招待所（东列北院）用房。今赵家公馆址早已拆建为洼子小区，旧迹荡然。采访中，偶遇一老者，其家曾是赵家佃户，土改时，分到赵家大院的3间花房，对大院的情况所述甚详。

赵尔萃寓居于泰山，直至民国六年（1917）卒，葬于泰山脚下，前后有十多年的时间。其间，其寄情于山水，或作闲云野鹤，或为良师益友，也算一段快意人生。他曾为玉皇阁思鹤堂题"胜地重游，白鹤不来堂自在；故人何处，青山有约我来迟"联；在大众桥巨石上留"天外村"题刻；还曾于民国四年（1915）因泰安文庙重修撰《重修泰安县孔圣庙碑记》；又曾于民国五年（1916）在斗母宫倡建天然池，并应法霖住持所请，为天然池题名并作《天然池记碑》；再有感于泰山名士鲁泮藻父子所创办的樱桃精舍，作《樱桃园记》（民国五年）；据说岱阳韩家岭云在山庄"山中良相"摩崖亦出自其手笔；另多有诗文，收入王价藩《岱粹抄存》。除文化建树外，对于曹公渠建设，他还是早期的倡导者；其还曾出资，参与新泰孙村煤矿的开采等。赵尔萃卒后归葬赵家林。

赵家林旧址在今市中心医院及医院家属院一带。据民国奭良《清史馆馆长前东三省总督盛京将军赵公（尔巽）行状》(《野棠轩文集》卷三)，赵尔萃母亲李氏、大哥赵尔震、二哥赵尔巽等均葬于此。文中描述赵尔巽去世的情形："（民国十六年）九月十六日葬于泰安先茔之左，公夙志也。葬前三日雨。葬之日，初日轩朗；日中下窆（biǎn），泥泞皆干。会葬宾客共不嗟异。"洼子街的老居民讲，当年赵家发丧，白布搭的灵棚从洼子街一直到赵家林，绵延数里，俗称"不见天日"，可见其奢华。

洼子街中段路北，原有**马家公馆**。公馆主人马芝峰，为清末名绅，与范明枢、王价藩同为好友，于泰安城多有善行义举。

洼子街西段有**二郎庙**，创建不迟于明代（明《泰安州境图》有标注），当地讹传武大郎庙。据说中华人民共和国成立前庙毁，曾将神像移置于金桥下的壁龛内。

二郎庙西有吕祖阁，今亦无存。

洼子街还是农学家**范一双故里**。范一双，字慕韩，清末辽东人。官至候补直隶州知州。光绪二十年（1894）因故被革职后，在泰山西麓小王庄村置田数十亩，建"天外墅"别业（今泰山疗养院大门南），自号"天外村农"。其借地势高下，开渠引水，发展自流灌溉，使旱地变水田。自用有余，惠及山民，使附近几百亩石田变为膏腴沃土。还撰有《农政》等篇目。范氏农学作为被当世推重。光绪二十七年（1901），泰安知府石祖芬对其农桑经验予以刊印推广。三十年（1904），时任山东巡抚周馥在观瀑亭为其题诗二首。其一云："我爱辽东范一双，谪官高卧泰山旁。伯鸾栖隐陶朱富，何必功成返故乡［自注：口占一绝，寄蜀云毛大令，转告范慕韩兄，当为忻（同'欣'）然一笑也］。"同年，泰安成立农桑会，得周馥和毛澂举荐，范氏被推举为首任会长。为弥补经费不足，其以天外村20亩田产捐为会产。一直到三十四年（1908）又因故遭罢免。民国五年（1916），赵尔萃在泰山中路斗母宫的《天然池记碑》也曾提及范氏："时范君慕韩初置山田于天外村，予往视之，复悉惠其开渠引水以灌田，村之邻亦行之，收获几倍于常时。"民国十三年（1924），范一双去世。天外村旧址仍存其光绪二十八年（1902）"天外墅"石额（原置于泰山疗养院大门内南侧榆椰树下，今不知何所存）和赵尔萃"天外村"石刻。

洼子街东段向南、赵家花园西有一条胡同，**名汪家胡同**，以多汪姓住户名；当地又称望山胡同，戏称"王八胡同"；一名青龙巷，以西北不远青龙桥名。胡同北起洼子街今岱仁药店（老广播站东）东侧向南，初为60余米，后南延至萧家湾，再至今灵山大街，长约190米。今北段并入洼子小区，仅存残段，名亦弃用。1986年，南段更名为新兴巷。

洼子街南、汪家胡同北段路东、今洼子小区 7 号楼西北侧,旧有**土地庙**。汪家胡同中段,旧有**关帝庙**(一说庙门北向)。两庙均形制狭小,为当地居民所建。汪家胡同为清末举人(庚子辛丑并科)汪岱霖故里。

汪家胡同西为**萧家湾**,旧称方湖、南园。此处原为萧府花园。园内引水为渚,小桥流水,楼榭亭台。湖西筑堤护水,嘉木拥道,又有萧协中酝檀馆。每至春日,湖光潋滟、花木葳蕤。明人宋焘与萧和中(大亨长子)为儿女亲家(萧和中女嫁宋焘子宋之尤为妻)。宋焘时常往来于方湖,尝作诗咏叹。诗前序云:"夏日饮水部(萧和中)南园。园中凿池,引水可以泛舟。西堤障水,多植花木。东岸入园,景趣深邃。中有画楼飞栋,真岱南胜境也。"诗云:"素鮪(wěi)窥人迎画艇,黄莺弄语劝瑶卮(zhī)。却看返照苏隄近,乍入名园蒋径移。"([明]宋焘《青岩居草》,见《泰山编年通史》卷中,第 800 页)

后来萧氏式微,破落荒芜。百姓杂居其间,渐成街落,延至今青年路西侧位置,东西长约 150 米。中华人民共和国成立前后,街面住户以周、张、卢、陈、范、韩、燕姓为众,另有李、董、萧、汪、杨、霍、程、展、姬、刘、姚、米、宋、谭、魏等姓人家。中华人民共和国成立后,此处曾建条业社和笼箩社;今属洼

20 世纪 60 年代的劳动场景,泰安市档案馆提供

子小区;向西延至金桥头南北街、铜网厂宿舍大门一段,仍以萧家湾名。

湾西有漫水石桥,**名孝感桥**,当地呼作小桥子,列"城厢十二桥"之一。河中有石墩,由 4 列长厚石板接筑于河身之上。桥下北受金桥来水,再南入奈河(今南湖)。以前邓家小庄、章家庄、五马等村村民多经此桥去市场街。后河湾及河道均被填平,桥亦被翻埋于地下。

萧家湾西部、孝感桥东侧为**酝檀馆**,明邑人萧协中所建。

萧协中,清乾隆五十四年(1789),泰山郡守宋思仁为其《泰山小史》所作序文中述其生平:"萧公,讳协中,字公黼,前明宫保大亨次子。以荫授上林苑监丞,晋顺天府(今北京市)治中。崇祯末,致仕。甲申,遇闯贼乱,城将陷,协中北向再拜,投井死。"萧协中少自聪慧,诗赋钜丽,18 岁因所作《绿远楼赋》知名。归隐故里后,

依奈河水建酝檀馆,著述其中。其常常竹杖芒鞋,遍迹泰山,致力于泰山古迹名胜和历史风物研究,撰成《酝檀集》《泰山小史》等多部著作。《泰山小史》共收录泰山名胜、人物150余条,每条配以诗文。崇祯十七年(1644)四月,李自成克据北京城,所部兵临泰安。此时,泰安知州挂印出逃,城内士民伏道远迎,附近州县相继归附。协中闻泰安城破,向北再拜,投井以全其节。历代《泰安县志》云其"精文翰,尤尚气节",其忠义令人叹息。清雍正四年(1726)入祀忠义祠。

古代忠节小记

泰山自古尚忠义,由明末"甲申泰安之变"可见一斑。(详见《明清之际的泰安城小记》)自汉至清,以忠节著称者28名,气节足以让人动容。

历代忠义之士有不畏权贵者。如西汉人王章,字仲卿,少贫苦,有"牛衣对泣"之典。其为官后累迁京兆尹,以诤言直谏为大臣贵戚所敬惮。汉成帝舅父、大将军王凤擅政妄为。王章虽为王凤所举,仍大义弹劾,极言其不可用。王章终遭王凤构罪陷害,直到王凤死后才得以昭雪。

有清正不阿者。如东汉人羊续,字兴祖,有"悬鱼太守"之称。其曾大破黄巾军,任间惟敝衣羸马。汉灵帝欲拜羊续为太尉,按例入"三公"需纳礼钱3万。面对索礼之人(左驺),羊续以缊袍示之,因此未能登"三公"之位。

有竭忠奉国者。如宋人孙傅,字圣求,又字伯野,拜尚书右丞相、同知枢密院事。"靖康之变"后,孙傅以少傅辅助太子留守。后金人索太子,孙傅先是藏匿太子不成,遂同往金营。金人驱之。孙傅云:"我宋大臣,且太子傅也,当以死从。"翌年死于朔廷(金廷)。

其他为国赴难者,诸如宋人李亘(字可大),明人王楫(字济川,一字梦符)、梁善政(廪贡生)、徐来聘(字楚和,入忠义祠)、李肖白(字印莲)、范选(字继泉),清人李素(字衷淳)、任大凯(字平南,嘉庆八年敕入昭忠祠)、赵宗文(嘉庆八年敕入昭忠祠)、尚坦(把总,嘉庆八年敕入昭忠祠)、杨兴(补泰安营,出师川陕阵亡,嘉庆八年敕入昭忠祠)、武文培(字砚农,入忠义祠)、武文鉴(字镜涵,入忠义祠)、武文镇(字静涵,入忠义祠,文鉴兄弟)、武毓镕(字陶菴,入忠义祠)、汪汝霖(入忠义祠)、李广文(字焕亭,入忠义祠)、刘冠英(入忠义祠)、张文讲(入忠义祠)、安云龙(入忠义祠)、赵荣春(入忠义祠)等,均载邑乘,读来如见泰山乔岳之气象。

(上述据民国《重修泰安县志》卷八《人物志》,第14-22页)

萧家湾向南还有一处大湾崖，在今灵山街北侧、南湖巨鼎饭店以东位置，20世纪80年代被填平。

萧家湾西段北侧、今青年路西，旧有**卢公馆**，为清人卢乐戍泰安居所。据当地人讲，公馆规模不大，为二进院落。今拆建为商业楼。

卢乐戍（1840—1911），字康甫（又字和堂），号汇宾（又号右山），莱邑人（今济南市莱城区羊里镇仪封村人）。其14岁入邑庠，同治十二年癸酉（1873）中举人，光绪二年丙子（1876）中进士。其曾任广东东莞、南海县知县，颇有政声。因遭构陷弹劾，致仕返回故里。曾主讲于汶源书院（光绪十六年）。后又出任曹州府教授等职，长期主讲于佩文、重华二书院。时人皆慕其学问，仰其教泽。光绪三十四年（1908），卢氏告老还乡，"道经岱麓，悦其山水明秀，遂侨寓"（《卢氏家谱》，2009年修本），置此公馆燕居于岱下。宣统三年（1911），卢氏无疾而卒，归葬故里莱芜土屋庄新茔。莱邑进士张梅亭有卢乐戍诗云："弦歌曾遍粤王台，召伯甘棠手自栽。提挈万家登寿域，至今南国颂台莱。"

萧家湾南、今新兴巷东称**王家湾**，属赵家湾。此处原是赵家公馆的一处菜园，常年由王姓负责看管（王姓受雇于赵家），当地便习惯呼之王家湾。今拆建为商业楼和居民楼。

萧家湾南为**准提庵**，俗称"姑姑子庙"。庵址位于南关大街与今灵山大街交会口西北角，原水产公司院内（灵山大街277号）。庵创建于清康熙十一年（1672），道光八年（1828）、二十六年（1846），光绪二十一年（1895）多次重修。庵内祀准提菩萨，俗称"千手千眼佛"。庵后有放生池，在王家湾内，传为赵尔萃母亲捐建。据当地居民回忆，中华人民共和国成立初，庵内仍有老少两名女尼，老尼名能祥，为住持，20世纪60年代去世；小尼20多岁，一心想还俗，因师父阻止终未如愿，赌气跳进五马庄东河湾自寻了短见。今岱庙存有清光绪二十一年（1895）贡生贾鹤斋撰《修补准提庵历次工程略记碑》及《重建准提庵绣像碑》残碑。

庵西为**塔林**。原为庵内尼僧墓地，后来逐渐成了一块**义地**。外地人去世后一时不能送回原籍的，临时停棺于此，以砖石围砌，时称"坯子"，也称"柩子"（以木板围罩）。因为此故，东面的准提庵又俗呼"准停庵"，准许临时停棺之意。

洼子街采访随记

李玉民先生早年家居南关街北段、洼子街东口、赵家公馆南邻，对此一带较为熟悉。将其关于赵家公馆、萧家湾的回忆整理如下：

白鹤泉水顺岱庙东墙流入遥参亭南大门里一个石砌水池，再南流入双龙池。

池内西北角龙头吐水，东南角龙头喝水后流入赵家公馆，注入赵家花园的一个大芦苇塘。那是个很大的芦苇塘。苇塘以北，有石条构筑的大台基，上建5间古亭，十二柱六架三梁抱脊，双檐。亭子以东有不到2米的精致小石拱桥。桥东西正向，有水从北面来，这是从双龙池下来的水。泰安城最缺吃水井。旧时城里和城南门外的居民多从双龙池取水。双龙池有时没水，就去遥参亭大门里的池子挑水，再没有，就到大关街以北打水胡同去挑水。打水胡同西首北口有水井，实际是奈河的"控水"。这两处都是泰安城人最早享受的山泉水。

　　萧家湾北面，李姓、卢姓等居民南面有一条通往市场街的街道。此街在即将进入市场街的时候就必须经过一座小桥——四块长厚石板搭在小河的上面。邓家小庄、章家庄东面的居民都会通过小桥去市场街。

　　萧家湾的水和小桥北来之水最后都流入奈河，即现在泰安城南湖的位置。在入奈河之前，在今南湖巨鼎饭店以东还有个大湾崖，这个湾崖存至1980年左右。萧家湾北邻老居民，有李姓一门数户，其中一户现仍住在洼子小区，年龄76岁左右。还有卢姓一大家，其中卢某是我的同学，卢某的妹妹是泰安城武术家蔡某的妻子。准提庵北王家湾是赵家公馆的菜园（另外还有一处），由一王姓人主管，我叫他王二爷爷；他老妻是赵家公馆的佣人，有点像《红楼梦》里赖大家的（在赵家公馆里有点地位）。王家湾真正的主人还是赵家。

东关一

　　城东迎暄门外为东关，旧志称"东隅地方"。迎暄门外设瓮城及护城河，与其他三门相同。

　　护城河向东为迎暄街，以迎暄门名，又习称**东关街**。原街西起迎暄门，东至唐王河一带，今已并入东岳大街。今西起虎山路，东至迎春路一段，仍保留着"迎暄"老街的称谓。

　　民国《重修泰安县志》云："迎暄门外环水萦绕，士农与逐末者（即商贾）半。"（卷一《疆域》，第10页）此一带，士绅寓所与田庐农舍散居错落，肩舆马车与贩夫走卒相望于途。早在民国十四年（1925），东关街道上便安装了路灯，夜景气象为之一新。（据《泰山孤贫院史料集》，第299页）

　　沿东关街的是**东关村**。据村里人讲，旧时东关村四至，西至旧城东墙，东至唐王河，北至今岱宗大街一带，南斜至今灵山大街，与五马庄邻。东关村于1958年改建

东岳大街迎暄街段今貌

为东关大队，"文革"间改为东方红大队，1980年地名普查时恢复为东关大队，1984年再改回东关村。即使现在，官方仍保留着"东关村"的称谓，成为一处地地道道的"城中村"。

以东关街为主干，南北分布的一条条街巷，构成城东这片区域的基本格局。中华人民共和国成立后，作为区划管理，以梳洗河为界，将西起迎暄门、东至梳洗河杆石桥的东关街及南北街巷，组建为桥西街（村），属泰安县一区泰山公社。

沿东城墙南北形成一条街，因护城河水称**海子街**，又称海子崖。以东关街为界，向南称南海子，向北称北海子。南海子街原长约300米，中华人民共和国成立前后，街面住户以刘、连、贾、乔、杨、卢姓为众，另有李、胥、赵、曹、范、祝、王、宋等姓人家，今已并入南海子小区。北海子街长约240米，中华人民共和国成立前后，街面住户以范姓为众，另有孙、米、周、仇等姓人家，现改为农贸市场。

北海子街向北斜东，原有一条**永福街**。街由北海子街向北，斜至梳洗河，长300余米，因街南首建有永福阁名；又因街内多铜器制售的商铺，一名铜器行街。"此昔者荒榛蒙翳，狐虺（huī）之所伏也。得袁子建言，遂立兹街，街立而阁尚未有。"（[清]施天裔《创建永福阁记碑》，见乾隆四十七年《泰安县志》卷之七《寺观》，第23页）可见街之建早于阁之建，为清康熙年间新辟的商业街。

据老者言，旧时在永福街段因护城河水汇作一大河湾，当地呼之"海壕"，里面鱼虾无数。原街北高南低，路面以石条和鹅卵石铺就。街面居民以夏姓为众，街东旧有夏氏公林；另有牛、李、张及赵、訾、尹、姜、徐、韩、晋等姓住户。作为老城铜器制售的专业街，最著名的夏家铜器店位于街北段，与夏家香客店联为一片。1982年，北部建云海饭店，1990年全部拆迁改造。今为索道公司宿舍、云海商务酒店、居民小区所占。原夏氏居民分迁至云海、杆石桥、青云庵、永福等小区。老街道仅在农贸市场北首有几十米的残留。

永福街为夏辅仁故里。夏辅仁，原名夏天庚，早年就读于山东省立第三中学，1931年考入曲阜二师，不久加入中国共产党。"九一八"事变后，其参与南下学生抗日请愿团和纪念巴黎公社等活动。1936年遭国民党军警逮捕，关押在山东益都监狱。1937年10月获释返回泰安城，联络范明枢等成立"泰安县各界抗敌后援会"。中共泰安县委成立，夏辅仁任书记。1938年1月，夏辅仁带领县委和自卫团及7名本家族成员奔赴徂徕山参加武装起义。1939年1月，中共泰安特委成立，夏辅仁任书记。同年10月赴延安，在中央党校学习，参加整风运动，当选为中共"七大"代表。之后其在东北、内蒙古、西藏等多地和全国人大常委会工作（1954年奉调支援越南"土改"工作）。在西藏工作期间，夏辅仁曾任中共西藏自治区工委副书记兼日喀则分工委第一书记。1964年11月23日，夏辅仁在视察公路建设时不幸被飞石击中头部牺牲。

永福阁为永福街标志性建筑。阁位于街南，今虎山路100号索道公司宿舍南，清康熙二十七年（1688）由山西人袁氏创建。阁为跨道式，以石条垒砌，高7米余，宽8米余；上下两层，下层拱形门洞行人，上层祀观音大士。施天裔为之碑记。

阁之初，有苦行僧泗阔募装旃檀（檀香）大士像，得之保定，先奉于临清紫竹林，因"不获供食"，移置泰安州炼魔堂，复觅地新建。袁子闻之，遂谋于张乾生，劝募此街商户，共建此阁，以供像设。并于阁西营造禅榻一处，虔奉香火。"阁虽小，瑰特奇丽，备具庄严。闭关跌坐，如住山林。从蒲团座上仰瞻岳色，气象尊严。至于微雨新沐，积雪半消，云兴霞蔚，倏（同'倏'）然万变；几席落天门之影，衣裾袭日观之青；无时不快，无峰不奇。岱下故多胜地，得临观之，美独此阁，为第一焉。余尝凭栏凝睇，醉目豁心，不禁踊跃称奇。"（[清]施天裔《创建永福阁记碑》）乾隆十五年（1750），永福街发生火灾，永福阁毁于火，二十年（1755）复加修葺。

宣统二年（1910），邑人夏钦益（夏辅仁的祖父）、赵家琳等曾在此阁创办学堂，习称**白衣阁学堂**。民国年间改学堂为县公立小学。民国三十六年（1947）解放战争期间被守城国民党军队拆毁。

永福阁西有佛堂禅院，与阁为同期建筑。均圮。永福阁东为**风伯雨师庙**，原址在今迎暄社区云海小区内。风伯雨师庙初建于元代。至元元年（1264）立风伯神位石主。明成化二十二年（1486）复立庙。明人查志隆云："成化丙午（1486），旱霁不雨，或油然雨状辄为风散。知府蔡晟诣其所祭之，风顿息，大雨如注，因复立庙。"（《岱史校注》卷九《灵宇纪》，第158页）后圮，知州郑豸（zhì）易以坛。清嘉庆六年（1801）重修。后移祀神像于城内龙王庙。嘉庆十七年（1812）复还原址，至民国年间已圮。

庙内祀风伯神、雨师神和电母神。风伯即飞廉，为神禽，身似鹿，头似爵，有角尾似蛇，大如豹。雨师即商羊，为神鸟，一足，能大能小，可枯可雨。电母，相传东王公与玉女夜投壶，不中，天为之大笑，开口流光，化作闪电。（据《绘图三教源流搜神大全》，第336页）

古人靠天吃饭，祈雨便更显庄严而神圣。今岱庙汉柏院东碑墙仍存清道光十二年（1832）《祷雨记碑》（讷尔经额敬撰，徐宗干泐石），记载了山东巡抚讷尔经额于当年六月份陪同定亲王奉圣谕祷雨于岱庙的经过。祝礼的当日，便见泰山风起云涌。京畿一带更是"连沛甘霖，东省毗连州县优渥均沾"。七月份，讷尔经额再赴泰郡，刚抵边境，就已经"风动雷作，云起雨随"，倍感诧异，忙设祭焚告，默达谢忱。当时又恰逢其五旬生辰，更令这位巡抚大人领略到泰山的灵验，"益感至诚在上之无远弗格也"。（碑文参考《泰山石刻》第二卷，第454页）

风伯雨师庙东北处为**文昌阁**，专祀文昌。古人有好学之风，甚至有些士绅子弟终生以研学为业。学而优则仕，对于文昌神的信仰和崇拜也无以复加。此外，城内文庙内专设文昌阁，南关火神庙火神阁设文昌塑像，但凡学馆书舍无不祀之。文昌是读书人科考中举、当官食禄的主宰神、保护神，被称作文昌君、文曲星、文昌星等。每逢考期临近，学子们必至文昌庙阁祈求许愿。民间供品也非常有趣，不同于祭祀其他神灵，有生菜（高升）、芹菜（勤奋）、葱（聪明）、蒜（算计）、油（加油）、包子和粽子（包中）、竹笋（顺利）、菜头（彩头）、桂花（蟾宫折桂）等。祭完，供品带回家由考生吃掉，不可加丸子、蛋（零蛋、完蛋）等。考前忌饮乌龙茶，以免闹乌龙、出差错。类似现在谁家有考试的娃娃，要吃一根油条加两枚鸡蛋，100分，缺一不可，没油条是零蛋，少一枚鸡蛋就成了10分，寄托了一种美好的愿望。

永福街北段原来还有一处**关帝阁**。阁为跨街式建筑，祀关帝，与街南永福阁南北相映成趣。民国三十六年（1947）解放战争期间被守城的国民党军队因修筑工事拆毁。

夏家铜器行和香客店小记

据夏天杭与夏志庭先生讲，泰安东关永福街夏氏于明末清初自南京迁来泰安。据说当时从南京外迁的是弟兄二人。两人约定，一人往南，走到水边就不走了，最终到了广州；一人往北，走到大山就不走了，最终到了泰山脚下。

泰山一支定居于泰安城东关永福街，世代相继，克勤克俭，渐成望族，至今已有族人600余口。夏家铜器行和香客店成为其家族和老城共同的记忆。

落户泰安后，夏氏也经历了一段艰难的创业过程。至清康熙年间（约1700），有"克"字辈夏氏族人为学到秘不外传的铜器制作技艺，在外地铜器行装作哑巴，3年不说话；学成回来，在永福街开起第一家铜器行店；再经几代人的努力，成为家族产业。永福街也成了铜器制作的专业街。以故，永福街又称作铜器行街。

在经营铜器的同时，夏氏也瞄准了外地香客所带来的商机，投资泰安旅馆业。至清末民国时，族人夏金章所经营香客店蔚然大观，列"八大香客店"之一。

夏家香客店位于永福街北段、今泰安师范附属学校老校区一带。客店有客房六七十间，分若干院落，规格不一，多是大通铺，客满时可纳300余人。院内搭建两座戏台，可同时演出不同的曲目。每逢演出要提前3天挂出戏牌。戏班子有本地的，也有外地的，都要提前预约，排好档期。

关于营销，夏天杭先生聊了些有意思的事情。他讲，香客店随外来香客数量变化也会有淡、旺季之分。每年正月到四五月份的"长春会"是香客最多的时节。为保证这期间香客入住本店，日期上又不"撞车"，必须事先做好功课，利用淡季的时间出去"跑买卖"。

一般过了九月九，香客店的"领带"便会组织人手，推着大车小车外出。车上行李，除了吃喝用度，更多的是各类铜器，包括铜壶、铜碗、铜锅、铜盆等，也有些手工艺品。所至范围北到山海关，东到渤海边，西到山西一带，都是每年必来泰山进香的地区。每到一处，先拜会县里有头面的人物，再乡再村；一级级下来，好办事，还可能有额外的收获。必须要见的是庄主或香头。香头在香众中威信高，"买卖"成与不成，其往往起着关键作用。对于托请的人，见面礼就是铜器，根据层级和所起的作用送上不同的铜器。一般情况下要请吃饭；也可能被对方请，便用其他方式补回人情。就像现在做生意一样，有很多技巧在里面，必须根据不同的情况做出不同的应对。总之，巩固老客户、发展新客户是此行的目的。如果谈拢了，接下来要签合同，确定日期、行程、人数、标准等。还要对方预支一定额度的"定金"。有一次在回来的路上，定金被劫道的抢了，后来便改由对方"打条"。随着社会治安状况的恶化，出行时便专门雇了"保镖"；还在夏氏族人中培养了一批练武能手，以备不时之需。这样一圈下来，有时要到腊月二十七八才能返回香客店。大家边过年边筹划年后事宜；还要与戏班子联系，确定好串演的日期和曲目。

过了正月十五，香客店张罗着做好各种准备。二月二刚过，就有香客开始登门住店。外来的香客虽非穷人，但大多数也不富裕。不少小脚老太太，由家人用独轮车推着，一路颠簸，赶来进香。店外早有人等着，拱手作揖地迎进去。对于重要的香社，还会派人到城外迎，以示隆重体面。店里一边安排人登记确认房间，一边做随熬随加的大锅菜——白菜豆腐水。白菜从园子里砍来，水从井子打来，豆腐也是自己做的，都是有名的泰安特产，并称"泰山三美"。好吃又实惠，外地人都喜欢。

吃完饭，一项重要的活动是洗澡，既洗去一路风尘，又带有斋戒沐浴的意思。洗澡用大缸，缸沿用木架子搭起平台。先洗者坐在台子上，脚伸进兑好的热水里，连擦加搓。店里也设有搓背等额外收费的服务。几个人下来，清水成了泥水。洗完澡，想听戏的去戏台，想睡觉的去房间。

第二天开始上山，一般都是香客自己组团去。特别重要的要送至万仙楼甚至陪同游完全程。店里也提供租山轿等代办服务。

香客们在泰山及泰安城一般逗留三四天的样子。最后一天设宴饯行，话别挽留，期待明年再相逢。

清廷既屋，民国初立。社会动荡不安，民生自顾不暇，加之泰山一带战事不断，来泰山的香客锐减，泰安城各大香客店日显萧索。夏家香客店支撑至民国十七年（1928），以先租后卖的方式，将3套宅院和一块土地，面积约17.35亩，转手给泰山孤贫院。（据《泰山孤贫院史料集》，第230页）

永福街北还有一段东西向的**青云庵街**。此街由护城河向东，与向北的永福街对接，延至梳洗河西岸，长200余米。街因东段旧有青云庵名。街西首路南原有张家大院。今街北为青云庵小区，街南为泰安师范附属学校。

青云庵创建于清顺治八年（1651），旧址在今青云庵小区1号楼一带，于民国十七年（1928）省政府驻泰安时拆毁，20世纪60年代仍存残垣，后拆建为居民区。

据今人宋宝绪先生考，庵东不远，原还有小**关帝庙**一处，当地人称"小庙子"，亦无存。

永福街中段向东有**水巷**。巷东头有水井，街内外居民至此取水，故有此称谓。水巷东口有建筑名东花门。（据泰安东关永福街《夏氏族谱》，2019年修纂本，第30页）今拆建并入云海小区。

永福街东、迎暄街路北还有东、西两条巷道。东巷为**李家胡同**，因李姓首居名。胡同南北稍斜东走向，南起迎暄街，东北至"北大井"位置（今云海小区北部）。西巷为**杨家胡同**，因杨姓首居名。胡同南北东折走向，南起迎暄街，北行约百米，东折与李家胡同接，总体呈"┌"走向，长约180米。中华人民共和国成立前后，胡同居民以范、米、杨、王姓为众，另有周、赵、张、李、乔、朱、马、孙、巩、袁、郭等姓住户。

李家胡同今分属云海小区和泰安市社会福利院；杨家胡同并入云海小区，拆建为居民楼。杨家胡同拐角处旧有一座关帝庙，当地人称"小庙子"。杨家胡同北段路南旧有米家大湾，在今云海小区东南部，20世纪七八十年代填平。李家胡同东侧，今社会福利院社会组织服务中心向北一片原有毛家园，为清知县毛澂任职泰安时的一处家业。民国十三年（1924）左右售与泰山孤贫院（今泰安市社会福利院）。

毛澂（1843—1906），字蜀云，又字叔云，清四川仁寿人，光绪六年（1880）进士，光绪十八年（1892）、二十六年（1900）、二十八年（1902）、二十九（1903）四次出任泰安知县。其"为人心地慈良，学问淹博，光绪中四任泰安令，循声卓著"（民国《重修泰安县志》卷六《政教志·吏迹》，第64-65页），"为牧令二十余年，不治家人生产，悉出所入以治民事，故所至多异绩"（[清]陈荣昌《泰安令毛君兴学记》）。泰安任间，其决狱锄盗，泰安大治。于民生，其设教养局、农桑会等，利民生产。于泰山，其植树造林，辟建新景，点缀名山；保护秦篆刻石，修葺和圣墓，修复蒿里山神祠；还亲访善本，重刊《泰山志》（清嘉庆间金棨辑）等。毛公尤注重教育兴邦，与绅商筹款建学数十处，延访教员，分门授课，并设"半日学堂"教育贫民子弟，为泰安近现代教育的开拓者，"全境各种学校建设规模皆自公创之"（民国《重修泰安县志》；清《泰安县乡土志·政绩录》，第3页）。人去政声在。毛公去任，泰安民众冀其复来。毛公去世（光绪三十二年卒于滕县任所）多年，泰安民众"尤慕其人而乐道之也"（《泰安令毛君兴学记》）。

[清]陈荣昌《泰安令毛君兴学记》（节选）

清宣统三年（1911），山东提学使陈荣昌视察泰安，应邑人之请撰《泰安令毛君兴学记》，对毛澂文教事迹给予高度评价：

泰安之士，相与叹息，而语余曰："毛令君者，真其人也，惜乎令君往矣！"其于学可谓善作者，而后之人不善成。奈之何哉！当令君之时，初设学之时也，立高等小学二百余楹，有生徒百余人肄业其中。又立师范传习所（初设在斗母宫），又立工艺教养局，又立初等小学及半日学堂若干所，又谕乡民立小学凡一百八十有五。令君既出廉俸为之倡，又为之清厘公产，以济其用；不足则令中富以上捐资为之助，故款集而事举。巡抚周公封山至泰安，遂遍阅其校，称为省小学第一。盖彬彬乎学风之盛，甲齐鲁矣。可不谓之勃然以兴耶？使后之为政者继长增高，有加而无已，安在不葱然蔚然，以衍于无际也……今距其殁且七年，而吾邑之学乃愈坏，于是愈思令君不置。将勒其事于碣，设其位而尸祝之，为吾邑劝学者风也。愿有文焉，以纪其事。予固有学责者，无所辞，遂为之记。（引自《岱粹抄存合编》上卷二《记述》，第72-73页）

泰山孤贫院，又称泰安孤贫院、泰山教养院，今称泰安市社会福利院，是泰安城现存不多的旧址之一，由美国基督教传教士安临来夫妇于民国五年（1916）创办，至今有百余年的传承。

安临来，原名勒里斯·姆·安格林（1880—1942），于清宣统二年（1910）来泰安城，先在元宝街浸信会传教，翌年在东关李家胡同南首从德

创院之初的泰山孤贫院大门，门前为迎暄街，泰安市社会福利院提供

国人手中购得一处旧油坊,创建东关基督教堂。其位置大约在今社会福利院大门里(社会组织服务中心楼北约5米)向南至东岳大街(迎暄街)路中间一带。(据汪新海主编《泰安市社会福利院志》,2006年8月印本,第53页)时有房屋30余间,原用作油房的1间大屋作为礼拜堂,后院3间堂屋和1排廊房用作安氏卧室、书房和办公室,其余由马夫、佣人等居住杂用。(据《泰山孤贫院史料集》,第258页)

民国五年(1916),安临来创办泰山孤贫院,十一年(1922),购院对门翟姓、赵姓两处宅院,改作南院,并于院大门左侧修筑地下通道连接南北两院。孤贫院规模达到瓦屋36间、草房55间(后渐次改为瓦房)。稍后先购得李家胡同路东、原油坊北的毛家园,又购得毛家园附近李、王等姓宅院,院域规模不断扩大。二十四年(1935)改院名为泰山教养院。经过多年的发展,院域西至李家胡同(西北部延至永福街),东至梳洗河边,南至迎暄街南,北至梳洗河北岸;最大时占地12.63公顷,房舍达224间,收养孤儿多时达1200余人。"孤贫院大门,坐北面南,朝东关迎暄街而开,门前三级石阶。进门,左右分别是传达室、保卫室、营业室、小卖部、接待室,依次排列两旁。影壁墙上书写着'泰山教养院'。"(《泰山孤贫院史料集》,第232页)

泰山教养院大门内照壁,泰安市社会福利院提供

安临来坚持"半工半读"(半日做工,半日读书)的办院理念,民国十年(1921)开办面粉加工厂(时为泰安城最早的机械面粉加工厂之一),十二年(1923)开办织布厂,十四年(1925)又购买城东关3块夏姓土地,时称"河东五亩大地",栽种蔬菜、杂粮、苹果树等,同时发展畜禽饲养、交通运输等。其还在泰安城办起第一家电影院,以多种经营弥补办院经费不足。

在教育方面,安临来先于迎暄街路南和杨家胡同设南校、西校,十七年(1928)购买夏家香客店大院专作学校,开设小学至初中班,教员40余人,学生多达千余人。二十四年(1935),其还创办了《岱声》期刊,丰富师生的文化生活。二十七年(1938)日军占据泰安城后,学生中有40余人投身抗日队伍,也涌现出像范天恩(原解放军烟威警备区司令员)这样的优秀人才。

清季以降,西方基督教会在不平等条约的庇护下,以宗教传播为核心,形成集教育、救助、医疗为一体的组织体系。安临来能赋予泰山孤贫院以独立性,正是他有别于其他传教士的地方。故安临来夫妇在社会上赢得崇高的荣誉和广泛的认可。"安临来先生是中国人民的好朋友,是一个真正的慈善家。"(冯玉祥语)。安临来的妻子安美丽本就是一名孤儿,来泰安后,他们又痛失爱女(1912年,其幼女因患传染病夭折)。民国五年(1916),他们在范家庄收养第一名孤儿,由此开始持续一生的慈善事业,救助了数以万计的孤儿和难民。

安临来呕心沥血地维持着这个庞大机构的运转,也得到了当时诸如冯玉祥、孔祥熙、韩复榘、马鸿逵、沈鸿烈、朱家骅等军政名流的资助和支持。

冯玉祥于民国二十一年(1932)至二十四(1935)两度赋闲泰山,安临来的事迹使其深受触动,"日见王教员,知其14岁(1923)时入孤贫院。11年间,各样学问都学了一些。中国人的子女,外(国)人教养成人,使我心愧死也……中国孩子中国人不教养,反而美国人教养,赠很少一点钱还听人说谢谢,心中不惭愧还算人吗?"(冯玉祥1934年6月14日、10月28日《日记》,见《泰山孤贫院史料集》,第225、226页)。也正是在孤贫院的启发下,冯氏在泰山普照寺创办了第一所小学,翌年又在张家庄子办了女校,之后相继建校14处,达21个班,在校生800余人,还特地从孤贫院请教师教授缝纫、手工等课程。"民国二二年蔼月,冯先生惠临本院参观,翌日以书面示知,自动常年按月銮[乐]助洋六十元迄未间断,本年二月本院举行男女生集团结婚礼,冯先生阁[阖]府莅立参加,并赠新夫妇洋百余元。"(《孤贫院短简》,所引同上,第243页)又赠安氏夫妇一对绣花枕头,安氏将之寄往美国,因绣有"冯玉祥将军赠"字样募得一大笔善款。冯氏闻悉后又寄枕榻半打奉赠。在孤贫院发起的"十万基金募捐运动"中,冯氏为之鼓呼,并率先捐赠大洋720块。在冯玉祥的关注下,国内各界名流包括泰安士绅或解囊捐资

龙潭水库底馍馍石,上有泰安民众"冯玉祥是贫民的慈母"题刻,泰安市档案馆提供

或题照属文，帮助孤贫院解决了不少困难。

战乱频仍，时局动荡，办院仍是举步维艰。日伪统治时期，时有断炊之虞。面对日军的威逼驱逐，安临来深感孤立无助，认识到主张抗日的"红色力量"（中国共产党）才是中国的希望，甚至打算去找八路军。民国三十一年（1942）九月，安临来病逝，葬于梳洗河东岸"五亩大地"内，享年62岁。同年冬，日军驱逐安临来夫人安美丽离院，其被宪兵押送至山东潍县集中营，日军投降后获释回到美国。

中华人民共和国成立后，政府接管该院。1951年将院属夏家香客店校区改建为烈士子弟学校，后又改建为现在的泰安师范附属学校。1965年改院名为社会救济院。1966年，安临来墓被铲平。1980年再更院名为社会福利院至今。随着城市改建，院域逐渐缩小。东岳大街扩建时，原院老区94间房舍被全部拆除。今院占地面积约42800平方米。

早先的泰山教养院北大院中间有一条东西街，名**永福花园街**，也称福利街。街面住户喜养花草，满巷四季花开，映红偎翠；家家庭院内外掩于佳木花草之间，清风斜阳，木扉半掩，弥漫着人间烟火的生动

20世纪80年代社会福利院内景，泰安市社会福利院提供

社会福利院今貌

与温馨。此街较长，西起永福街南首，向东至今云海小区中心一带南折向东，绕行于原散落的民居间，经今社会福利院中间地带、今杆石桥社区北部，至梳洗河西畔，长约400米。由此过梳洗河小桥子（石砌漫水桥）再东，可通今唐王路（老泰莱路），是城东岱道庵等村入城的近道。原街北侧多菜地，南侧多住户，今并入迎暄社区云海小区、社会福利院、杆石桥社区，梳洗河东路段并入东关社区。实地查寻，仍能于云海小区内，梳洗河东、西两岸找到老街的影子。

在泰山教养院西南侧，曾有个地方原称**王家大院**。中华人民共和国成立后曾将岱

庙内部分居民迁置此处，借当时的革命形势改称胜利大院。今拆建为办公楼及宿舍。

在泰山教养院东北梳洗河东畔，原为湾崖荒地，称**国家湾**，以业主为国姓得名，因安临来葬于附近"五亩大地"，此片又俗称"洋人林""洋鬼子地"，并引用作地名。

以上为东关街梳洗河西段路北街巷旧貌。

东关二

东关街路南同样有诸多街巷古建。除沿护城河的南海子街外，向东依次还有至今仍存的以范、柴、赵三姓命名的胡同，北起迎暄街，南至今东湖路，各长约280米。

范家胡同以范氏为名门望族，故名。中华人民共和国成立前后，胡同内居民以杨、米、王、范姓为众，另有李、贾、汤、蒋、商、訾、迮、乔、张、吴、黄、齐、许等姓人家。

胡同巷口原设有**范氏祠堂**。祠堂创始于明万历庚申年（1620），落成于天启辛酉年（1621），面阔3楹，另置配室1间。族人范希贤倡建并撰《创建祠堂记》。《记》云："创建祠堂三楹于寝东，用于岁时胖鱻（xī xiǎng），聊答宗功祖德于万一。"（《岱粹抄存合编》上卷一《记述》，第8页）"祠堂创建，瓶枝而萌芽顿发，称为'孝柏'。"（《泰安范氏族谱第四次继修序》，见《范氏族谱》卷一，第19页）

巷口外东关街上旧有**范希贤孝行坊**，明天启七年（1627）敕建，以表彰乡贤范希贤事迹。

范氏为明清泰安城巨族。民国《重修泰安县志》云："（范氏）一世胜不知迁自何地何年，至五世希贤以孝行崇祀乡贤，八世惟粹以清顺治进士令江西，称循良，其掇武科贡太学者亦不乏人。"（卷一《姓氏》，第34页）又据《范氏族谱》："明太祖时自江左白门，其由来也，维其始……范氏始栖岱下，则东廓为白石埠，辟地为庐。"（清康熙二年《泰安范氏继修家谱自叙》，见《范氏族谱》卷一，第16页）"白门"即南京。范氏于明太祖时期因避战乱迁至泰安，定居于泰安东关白石埠（由此可知范家胡同一带曾称"白石埠"），一世祖范胜。随着瓜瓞延绵，渐成望族，分门立户，遂成街巷，并散布于泰安全境。

数百年来，范氏各类仕进德业、文武学位、乡贤才猷等层出迭现，更有诸如范韶、范希贤、范广、范惟粹、范明枢等乡邦名贤。

范韶（1515—1600），范氏四世祖，字德昭，号柏轩，嘉靖三十四年（1555）起任陕西陇西县、会宁县、宁远县主簿等，因其修举废坠、悉心政务，出现了宁远、陇西二县争借范氏留任的官场奇闻，"宁陇争政，好事者绘图以传"。（据［明］徐中行《明故将侍郎陕西陇西县主簿范公墓志铭》，见《岱粹抄存合编》上卷五《传状事略墓表》，第177-178页）最终上官委范氏兼摄两篆，署理两邑，他赢得"陇右良吏""清时高致"等美名。"更堪羡者，舆衬［榇］旋里，其封墓抔土均从两县运来，几见居官者令民之感戴如此乎？如丧考妣不是过也！"（《泰安范氏族谱第四次继修序》，见《范氏族谱》卷一，第 19 页）。范韶寿 86 岁，五世同堂，尽享天伦之乐，时称"仁寿"。

范韶长子范希贤（1539—1625），范氏第五世祖，字东圃，曾任鸿胪寺序班，以孝著称。"亲老致仕终养，竭力承欢如孩童时。亲没，庐墓侧三年，岁时殷荐致祭。"（民国《重修泰安县志》卷八《人物志·孝义》，第 33 页）为引父母开心，假扮孩童时淘气的样子，与春秋老莱子"戏彩娱亲"典故相仿。"庐墓三年，雪天而桃花盛开，传为佳话。"（《泰安范氏族谱第四次继修序》，见《范氏族谱》卷一，第 19 页）非但敦亲，还睦族，将自己田产分与族中贫困，"济其饥寒，助其婚丧，贷其赋税，施仁秉礼，为一时模范，人谓范文正复生焉"（《泰安范氏族谱》卷一《前五世谱图篇》）。自己则隐于三阳观及四阳庵以全其道。对于族中贤弟子诸如范广者更是抚如己子，"一切提携保护，靡所弗至"（［明］范广《纯孝鸿胪公生祠像记》，见《岱粹抄存合编》上卷一《记述》，第 9 页）。以故，当局为范希贤奏请创建孝行坊，并崇祀乡贤。范氏族人又于范氏祠堂旁别构一堂，供希贤肖像，范广为之记。希贤卒于天启五年（1625），寿 87 岁，葬于旧城东北四里孔道北。泰安城范氏以希贤为楷模，世代以孝为荣。

范广（1580—1626），范氏六世祖，号泗州。幼孤，"育于伯父（即范希贤），长读书"（乾隆四十七年《泰安县志》卷之十《人物·文学》，第 19 页）。曾闭关读书于玉泉寺、青石门、吕公祠，岁无一归。万历戊午年（1618）中举人，曾任临淄教谕。后以病归，"建祠肖像以酬伯父恩"（所引同上）。《族谱》记其"慈祥类文正公，清苦类莱尹公，礼节不苟类蠡大夫，友谊不颓类睢相国"（《范氏族谱》卷一《谱图篇》，2012

［明］泰安知州江湛然《泰山丈人歌赠鸿胪范隐君》诗残刻，今存三阳观

年第五次续修本，第 30 页）。善书法，人得一字如获千金。尤善榜书和篆隶，曾以百张纸拼成一幅，广如亩地许，龙翔凤舞，大书一"寿"字。泰山万仙楼、凌汉寨有其题刻。

范氏另一位名人为明清之际的范惟粹（1598—1657），范氏八世祖，字完白，清顺治己丑年（1649）进士。据说惟粹少年时与赵弘文是同窗，一起受教于乡儒吴对庭门下；又与王度是好友，同读于泰山东北麓石屋寨村（今黄前镇石屋志村）。惟粹先授福建政和县知县，后因母丧去职守制；丁忧期满再补江西新城县（今江西黎川）知县。任间"惟粹以醇静，豪右敛迹，四境贴然，称善俗焉"（民国《重修泰安县志》卷八《人物志·才猷》，第 12 页）。其于顺治十四年（1657）卒于江西任上，终年六十岁；"吏民思之"（所引同上）；后归葬于泰安东郊黄山（今泰前黄山头），著有《江上诗草》《澄观堂启稿》等。

非但有文进士，还有武进士、武举人。

范弘谟（1606—1656，民国《重修泰安县志》记作"范宏谟"，此注），范氏第七世祖，字丕显，学儒不成就武，于清顺壬辰年（1652）中进士，但于仕途未见其有大作为。《范氏族谱》述其"喜游侠，好惠施，不择交，不嫌贫"。

范国泰，范氏第十世祖，字沐南，清雍正丙午科（1726）武举、庚戌科（1730）进士，曾任宣化、安东、济宁、德州等府守备，封武德将军。

范渭（1754—1830），范氏第十二世祖，字经华，号缨聘，乾隆丁酉科（1777）武举，任江西南昌卫督运千总，后迁浙江宁波、温州卫府任职。

女中亦多贞烈。

范国泰长女 15 岁嫁于赵弘文一族、太学生赵廷棣。不数载，廷棣卒。范氏以妇道代子职，茹荼若甘，上奉孀姑，下抚幼子，待人以宽恕，对亲党必从厚。乾隆十三年（1748），泰安大饥，谷价腾踊，乡民持钱无处索米。范氏出所蓄之米，低价出售，无钱者亦任赊取，族人与乡民皆颂其德。二十四年（1759），范氏卒，年 36 岁。二十六年（1761）十月敕赠节孝，建坊入祠。其子赵灿斌，岁贡生。肥邑鸾台姻亲（姪婿）、赐进士出身、诰授奉政大夫、刑部福建司郎中尹文麒为之撰《墓志铭》。（据［清］赵灿斌《勅赠节孝孺人、先慈范太君行述》，［清］尹文麒《勅赠节孝孺人、赵母范太君墓志铭》，见《泰安赵氏家谱》卷一，第 72—78 页）

近代则有范明枢（1866—1947），范氏十六世祖，居泰安城徐家花园。

除范希贤孝行坊外，范家胡同旧时还有两座贞节坊。一为**蔡氏贞节坊**，创建于明天启元年（1621），为旌表范希闵妻蔡氏立。

"范希闵妻蔡氏，夫亡，全节以终，天启元年建坊旌表。"（民国《重修泰安县志》卷九《贞孝》，第 14 页）希闵为礼部儒官，享年仅 26 岁。蔡氏"性端肃，无嬉笑，寡言语，幼闲内则甘中馈，事姑沈氏克尽妇道。夫希闵早逝即谋同死，家人防之年余，沈姑谕之守节事姑训子亦节之大者也。随［遂］嫠居数十年……教子广学大儒器，虽祁寒暑雨未尝辍，卒之破大荒，荐贤，书为当时名家第一"（《泰安范氏族谱》卷一《前五世谱图篇》，第5页）。其子即范广。

一为**张氏贞节坊**，创建于清康熙三十五（1696），为旌表范琨妻张氏立。

"职监范琨妻张氏，年十九夫亡，服毒复生，勤纺绩，奉舅姑，守节五十年，康熙间旌表。"（民国《重修泰安县志》卷九《节孝》，第14页）张氏出身名门，为清乙未进士张嘉祚之女。其不独贞孝，还励志教子成材。其子范元臣，庠生；孙范国泰，雍正年间武进士。故范琨以孙、范元臣以子同被赠封为武德将军、德州卫守备；张氏亦被诰赠宜人，晋封恭人。范琨一门再兴，全赖张氏之力。（据民国《泰安县志》卷七《人物志》，第28、48页；《泰安范氏族谱》卷一，第17页）

两坊毁于20世纪60年代。2013年左右清理东面梳洗河时重获部分残件，置于岱庙保存。

范家胡同东为**柴家胡同**，因柴姓族居名。据当地居民讲述，原柴家胡同西为慢坡地，今胡同西有同心巷及同心西巷，为20世纪80年代扩建东岳大街时新建。

柴氏以先贤子羔（高柴，孔门七十二贤之一）为先祖。清时柴家胡同的名士柴衍洞曾专程至兰陵访祖。（衍洞）知柴姓为先贤子羔子后裔，闻墓在兰陵，将近淹没，躬率其子探寻之，封其陇阡，表其墓道而还。

柴衍洞，字鹿门，庠生，嗜学好古，旁通医理，为泰安名医，尤精幼科于痘疹，远近登门求治的患者拥门塞巷，"皆按症施治，酬谢弗计也。人皆以董杏林目之"。其又"博稽群书，著《高子年谱世系》若干卷，藏于家"。（据民国《重修泰安县志》卷八《人物·方技》，第51页）

柴衍洞之子柴兰皋是柴家胡同走出的著名文化学者。

柴兰皋，字纫秋，号稚经园，曾官齐河教谕。总的来说，兰皋在科举和仕途上并无多大建树，但以文学留名，专注于研究，是一位学问家。"试屡列优等，有'字冠八学'之称，文名大噪，书文庙东、西华门匾额。"（民国《重修泰安县志》卷八《人物志》，第28页）能够以贡生的身份在文庙这种地方题额，可见其才。兰皋博通金石，悉心史乘，于泰山贡献颇多。乾隆五年（1740），李斯碑刻石在碧霞祠火灾中佚失。兰皋心系此宝，遍历岱麓，加意寻访。嘉庆二十年（1815）四月，根据山民所提供线索，其协同前邑令蒋因培，于岱顶玉女池中缒井搜得秦篆残石2块，尚存10字。虽有残缺，终使两千年的国宝重现天下。遂嵌于岱顶东岳庙西壁，并建宝斯亭以护之。当时兰皋曾制"秦篆卷轴"，著秦篆十字拓本和友人题咏。今人周郢曾于己巳（1989）之秋于兰皋后裔家中亲见此卷轴，惜笔者至今无缘一睹此珍贵文献。时人余清扬赞曰："百年灰烬之余，沉埋地内，一旦得见于世，石之幸，纫秋之力也。"兰皋亦欣然自题："结癖何妨笑米颠，愿将忠信涉重渊。袖携两片寒泉石，报我春风化雨天。"今残碑珍存于岱庙东御座院。道光七年（1827），其还于奈河瓦石中寻得元集贤学士徐世隆《赐天倪子诗》石刻，并撰《复得徐世隆诗碑之记》以述其详。今碑与诗刻均存于岱庙汉柏院。徐世隆，字复斋，东平人，元翰林学士，后弃官入道，往来泰山。世传其已得道成仙，至明天顺年间（1457—1464）仍有升元观老道士识之，一如儿里所见。徐世隆与张志纯交游甚厚，而且两人皆修道，隐逸缥缈，且人且神。柴氏得二人题刻，如得仙踪，别具意味。道光八年（1828），其又于今岱岳区夏张镇东城村白马寺故址发现唐开元《白马寺记碑》（今佚）。柴兰皋还曾在泰山撰《创修梦仙龛碑记》。清人廷璐曾梦至一境，松荫茅屋，心中念念不忘。嘉庆年间，其出任泰安知府，咏游对松山间，宛然梦境。廷璐逝后，其子河南开归道道员麟庆捐资，委济南名匠魏祥于此建龛，以慰父愿，并邀柴兰皋撰碑以纪其事。此外，兰皋还应知县徐宗干邀请与蒋大庆（字福安，上高人，嘉庆年间举人，世称醇儒）等主持编纂《泰安县志》（清道光八年本）。另著有《经解草本》等。

施家胡同东为赵家胡同，因赵国麟家族居住，且北首东侧有赵家祠堂名。"（清初）赵国麟所在的赵氏家族落户东门外南侧，后形成赵家胡同。"（宗成泰主编《泰安城古韵》，第22页）中华人民共和国成立前后，胡同内居民仍以赵姓为主，另有李、安、刘、张、高、滕、石等姓住户。今巷道北端被农业银行大楼、赵家胡同小区等封堵，北出胡同需东折至杆石桥南巷。

[清] 柴兰皋《复得徐世隆诗碑之记》，碑今存岱庙

赵国麟祖赵瑗，字临若，"其先江南山阳人也，明洪武时以军功显，高祖清始迁浙江之沥海所，地分会稽、上虞二县"（[清] 方苞《赵处士墓表》，见民国《重修泰安县志》卷十二《艺文志·选著》，第26页）。赵瑗生于明万历末年，少有才名。明末，赵氏田宅因山贼海寇迭起而荡然；入清后，赵瑗聚教蒙童于墟里间，后独身游四方，最终定居于岱下。

赵国麟父赵良，字维林，以"国初东南未靖，人民游离，多糊口于北方，遂弃儒学医，至幽燕，东游齐鲁，遇族父于泰安州，以医自活，因庐旅焉"（[清] 方苞《赵赠君墓志铭》，见民国《重修泰安县志》卷十二《艺文志·选著》，第22页）。赵良来泰，当在清初；族父稍早，或在明末。时有江南淮阴江天屿，字山民，亦流寓岱下。赵良娶江翁之女为妻，在泰安成家立业。

清康熙十二年（1673），赵瑗闻其子在泰安既立家室，遂自浙附舟北上来泰。"至，则国麟之生已数月矣。"（所引同上）赵瑗与江天屿既为儿女亲家，又同与泰安学正孔贞瑄（字璧六，孔子第六十三代孙）、缙绅范惟纯（字靖赤，泰安城范氏八世祖）、文学才俊张坦（字方平，泰安人）及普照寺住持元玉、僧徒象乾、岳止号称"石堂八散人"，烹雪煮云，作诗答对，倡引一时风流。赵良左右无违，其妻江氏致力鱼菽瓜蔬以忠养，生男国麟、国经，女4人，家道日安。虽居穷巷陋室，临门多才俊名流。

赵国麟（1673—1751），字仁圃，号拙庵，年少时从其祖父，学业精进，博征古今，靡不通贯。康熙三十一年（1692），赵瑗卒，三十三年（1694），江氏卒，三十四年（1695），赵良卒。时赵国麟尚未登科，家贫无力葬亲，幸得"豫章戴君知地理，得吉兆，以告，且探囊箧助营窀穸"（所引同上），择地葬于泰安城西郊天平山。又得同族赵炯妻俞氏抚养。俞氏"携同居爱养如己子，为营婚嫁，复代麟举三丧。不足，典簪饰佐之"，助国麟绩学成名。（据乾隆四十七年《泰安县志》卷之十《烈女·贤淑》，第4页）之后，国麟攻读不辍。清康熙四十五年（1706），国麟中进士，历任福建、河南布政使，福建、安徽巡抚，刑部尚书，文华殿大学士兼礼部尚书等。其父赵良于乾隆元年（1736）因国麟被朝廷覃恩诰赠"安徽巡抚、都察院右副都御史"，母江氏为夫人。赵良之四女，也即赵国麟小妹适邑中巨族宋焘曾孙宋汉池为妻，两族为姻亲关系。（据《泰山宋氏宗谱》卷二《五世祖佐次支》，第16页）

在赵国麟仕宦的最后几年，经历了一场"伴君如伴虎"的惊险，甚至是主子对奴才的羞辱。乾隆六年（1741）三月，"御史仲永檀疏参内阁学士许王猷邀同九卿往民人俞长庚家吊奠，国麟亲往跪奠"（清国史馆《满汉名臣传·赵国麟列传》，见《岱粹抄存合编》上，第149页）。此事成为一个把柄。乾隆皇帝着臣调查后，出具了"全属子虚"的结论。四月，国麟奏恳乞休，乾隆予以慰留，着其照旧供职。但随后便传出其在复奏皇帝面询时，先是佯作不知，再是支吾停顿，出来后又自鸣得意。乾隆令大学士鄂尔泰、张廷玉等向国麟晓以大臣之义、进退之礼。国麟好像没有引起足够重视，未能及时上疏求退，一下便激怒了乾隆皇帝："伊自当朝闻命而夕拜疏，乃迟之数日，竟无求退之本。盖其意以为朕难责备，乃复转念优容……尚可忝窃大学士之职乎！伊初有福建巡抚任内荐举劣员王德纯一案，部议降调，朕留中未发。今既不知自处，不得不明加处分。"（所引同上）乾隆新老账一起算，对国麟大加贬斥。结果降二级调用，留京候补。不久又授礼部侍郎。

越明年（乾隆七年），乾隆擢国麟任礼部尚书。年内国麟两次乞休。这次又惹恼了乾隆："赵国麟以获罪降级之员，朕加恩复用为侍郎。伊彼时以官止亚卿，照常供职。后见其无悻悻求去之意。及洊擢尚书，即托病求罢。朕屡次慰留，伊仍执奏再三，俨然以'进礼退义'之大臣自居。夫进退大臣之礼，朕岂不知……而忽于末路托名'进退礼义'，以自表其风节，居心不可同矣！"（清国史馆《满汉名臣传·赵国麟列传》，见《岱粹抄存合编》上，第150页）君臣之间一番"心理战"加"口水战"，最终以将赵国麟革职了事（乾隆十五年，乾隆又恩赐国麟礼部尚书衔）。乾隆八年（1743）恩准其回籍。

致仕后，赵国麟并未住回赵家胡同，而是择居于泰安城南大白峪村，建岱阳精舍著书立说，有《云月砚轩古体诗稿》《调皖纪行草》《拙庵近稿》《塞外吟》《近游草》《大学困知录》《文统类编》等传世。乾隆十五年（1750）以疾卒于岱阳精舍，葬于泰安城西郊天平山岩家村赵家林，享年79岁。

赵国麟《重修三贤祠纪事碑》，碑存普照寺院内

按 泰安城赵氏主要有三。一是以赵弘文为代表的赵氏，明永乐年间由河北枣强县迁至泰安城东范镇史家庄（即今施家庄），祝阳北高北、南高北，范镇谷家庄一带。二是以赵国麟为代表的赵氏，明末清初迁自浙江绍兴府沥海所，定居于泰安城东关。三是以赵尔巽弟兄为代表的赵氏，祖籍奉天铁岭，于清季迁至泰安城南关洼子街，卜居泰安城时间较晚。"三赵"均为望族，名人辈出。赵弘文家族与赵国麟家族世居泰安城，"二赵"间同气相求，连理相应，犹如同宗，在泰安城享有盛誉。赵国麟在青岩义社讲学时，同宗诸昆仲拜讲堂下，"岱东诸昆仲入城寓梅花

馆者，必来青岩，视子侄艺业"（[清]赵国麟《太学生介祉赵公传》，见《岱粹抄存合编》上卷五《传状事略墓表》，第150页）。"城东昆仲"即赵弘文家族，已相互往来交好。又如赵弘文孙赵振昌（字子诜、太学生）从赵国麟受教，可窥两族交往。（据［清］吕士珍《太学生子诜公偕元配萧孺人合葬墓表》，见《泰安赵氏家谱》卷一，第3-4页）

由东关街再东，即梳洗河。梳洗河属中溪，即《水经注》所谓"环水"。河上跨一石桥，原名**环水桥**，俗称赶市桥、乾石桥、杆石桥（"乾"音"gān"，代表"阳、天"；又同"干"，可理解为"涯岸、水边"之意；未明"杆"为何意），为旧志"城厢十二桥"之一。此桥由明举人张虎创建，为城内梳洗河第一桥。清同治年间重修。中华人民共和国成立后拆除重建拓宽。

梳洗河东岸、桥北旧有**观音堂**，祀观音大士。今无存。

桥南旧有**关帝庙**，俗称东武庙（与关帝庙街关帝庙相对应故），今无存。清光绪二十七年（1901），朝廷诏令改科举、兴新学。邑人赵家琳、夏象吉闻风而起，最早在庙内创办县立初等小学堂（民国年间改为县立第三初级小学），成为泰安现代教育的先声。

过桥为**封家园**，分布在东关街北、梳洗河东岸区域。中华人民共和国成立后，以杆石桥东东关街南北片区组建为桥东街（村），属泰安县一区泰山公社；住户以赵、李、王、娄、刘、徐、牛、贾、杨等姓为众，另有陈、俞、张、胡、郭、唐、马、田、范、边、闫（阎）、岳、滕、高、吴等姓人家。

梳洗河今貌，前为重建杆石桥

封家园，一名封家胡同，因封氏族人世居得名。其西南起环水桥东，至东段北折，斜至迎春路北首，长约300米。其东北段仍有印迹，当地居民仍以封家胡同呼之。

封家园北侧还有西、中、东三条巷道，均南起封家园街向北，长短疏密不一。

西为**娄家园**，后名封家园西巷，位于梳洗河东岸，因娄姓首居名。两岸居民以梳洗河为界，俗称河西、河东。中为米粉胡同，后称封家园中巷，因巷内有米粉店而名。东

封家园片区今貌俯瞰　徐勇摄影

为封家园东巷。以上三巷道今已全部并入东关社区。

封家园里也有位名人——封尚章。

封尚章，嘉靖元年（1522）壬午科解元举人（乡试举人第一），曾在城北白鹤泉建别墅，以为读书之处。泰山对松山、凌汉峰、摩天岭、徂徕山皆有其题刻。泰山东南麓有其所掘青龙泉，泉旁圆石上有其"青龙泉"题刻。尚章墓也在青龙泉附近，"封尚章墓，摩天岭下东偏"（道光《泰安县志》卷之三《冢墓附》，第60页），位于今环山路封家岭（今依东岭统称凤凰岭）下。明人宋焘在《泰山纪事》中还记有封尚章梦游蒿里山地狱、见阎王世子的荒诞怪事，为道听途说的不经之语。（据卷三《人集·封高二孝廉》，第12-14页）

封家园前迎暄街上原有**封尚章科第坊**，民国年间已久废。

封家园对面、东关街路南原有**俞家胡同**，为由东关街向南偏西不通一段，长约60米。胡同因俞姓首居名，今拆建为门头房及居民楼。

再东，有**迎春庙**，又称三官庙，在今东岳大街与迎春路交叉口东北公园内。庙始建不详，清顺治十六年（1659）、同治年间重修。每年农历二月初二，府、县署率民于此行祭祀礼，鞭牛耕田，启动一年农事。民国十七年（1928）省政府驻泰安时将庙拆毁，中华人民共和国成立后扩修东岳大街时全部拆除。

"万物生于寅。古人迎春东郊，礼固有深意矣。且不独重农也，文章振国华，贸迁通物用，饮食养民生，莫不于生气是赖。"（[清]何毓福《重修迎春庙碑记》，见《岱

东岳大街与迎春路交会口今貌

粹抄存合编》上卷一《记述》，第 25 页）所以迎春祭祀，不惟农事耨耕，也为万事耕耘，预示着一切美好的开端。

迎春庙祀三官，取天、地、人同春之意。三官，即天官、地官、水官。其来历，一说为尧、舜、禹；一说为周谏官唐宸、葛雍、周武。三官中天官赐福、地官赦罪、水官解厄，在民间有广泛崇拜。除此外，老泰安城西，泰山中路万仙楼东、高老桥北、快活三、南天门内，岱阴后石坞蔚然阁等处亦祀三官。

迎春庙北原有**东皋桥**、西原有**迎春桥**。水自箭杆峪经桥下汇入梳洗河。两桥均列旧志"城厢十二桥"，均无存。

迎春庙东北原有**义地**一处，也称大营（茔）。老泰城周围散布着大量以家族名义置办的祖茔林地，用以安葬去世的族人，如赵家林、贾家林、封家林、车家林等。除家族林地外，城外四关还各置有义地、公林性质的墓地，用以收葬流浪乞讨、穷苦贫困、死无葬地等身后无着的逝者。

西关一

西关，是指老泰安城西城门（岳晏门）以西的地方。按照地域，又可分为上西隅地方和下西隅地方。两者大体以奈河为界，奈河东为上西隅地方，西为下西隅地方。

西城门外旧影 ［法］阿尔伯·肯恩摄于1908—1913

出西门便是**大关街**，老泰安城最繁华的一条街道。

大关街原名岳晏街，因岳晏门名，习称大街。这片区域发展至民国十七年（1928），已成为泰安的商业中心。泰安城四关以西关为最，故改名为大关街。又因"粟蔬鱼果薪炭器物，无不备具"，当地又称广货埠。据有关资料，"文革"期间此街曾名"兴无街"（《泰山区地名志·岱庙街道办事处资料》，1986年版，第19页），1980年地名普查时恢复大关街名。

原大关街东西偏南走向，东起岳晏门，西南至顺河街上河桥东。民国十八年（1929）时，街长约400米，宽约5米，皆以巨石条以鱼脊形铺陈，街面条石呈"人"字形排列，两侧以竖石砌边。据今人周郢考民国《泰安赵氏族谱》，此街为赵长贵倡修。1985年时此街取直，长约350米，后并入东岳大街。

作为最繁华的一条街道，**大关街商号**店铺栉比鳞次，日用百货一应俱全。清乾隆时期街貌："西隅岳晏门外，自旧校场南抵社首，烟火数千家，大街百货杂陈，循河一带粟蔬鱼果薪炭器物，无不备具。"（乾隆四十七年《泰安县志》卷之二《方域》，第8页）至民国时期："大街固属繁盛，他街巷亦有起色。"（民国《重修泰安县志》卷一《疆域》，第10页）这里也是泰安城最早开办电报业务的地方。清光绪二十六年（1900）四

东岳大街（原大关街段）今貌

223

月十三日在城西关架设电报线，十六日通报。"泰安之有电报自此始。"（所引同上，卷五《政教志·邮政电政》，第59页）

公盛梳篦店　［德］女摄影家赫达·莫里逊摄于1942年

冯钦淮老先生在《细说消失的大关街店铺》中，对清季以来的大关街商号有详细记述。据其文，早在清道光年间（1821—1850），安徽人在大关街东首路南开办道生茶庄。之后各种商号陆续开张，至中华人民共和国成立初新开张有百十余家。在众多的商号中，除茶庄百货较为集中外，另有几类商号别具特色。一是医药类。清末民初以来，博济医院、宏吉堂药店、中西医大药房、岱济药房、济人医院、泰安医院在街内开办。中华人民共和国成立前又有宏德堂药店、泰吉堂药店、仲春堂中药房。中华人民共和国成立后至20世纪60年代前又有金生西药房、泰春堂中药房、泰安西药社、泰春堂轩记中药房等，堪称医药一条街。二是文化类，以书店、印社为多。如清宣统三年（1911）在西门外路南有招远人刘慧庭创办的承文新书局。民国十一年（1922），泰汶印刷局迁此西门外。十七年（1928），泰安人李筱颜等于此创办泰安大陆书社，泰安宅子村人刘春常创办会东印刷所。之后又有振华堂文具店、汶山堂文具店、文生堂文具店、世洪文具店等相继设立，其中以"汶山堂"较为有名，时有"大关街长又长，中间有个汶山堂"之说。1955年，这里设立了泰安工艺美术公司筹委会。三是金融类。20世纪二三十年代，此街便有"泰丰恒""蚨园""松泰""善成""福聚""泰记""洪增源"等商号。1955年则在路南创办了中国农业银行泰安县支行。四是钟表眼镜类。据泰安市钟表眼镜行业协会会长王中华先生考，中华人民共和国成立前，大关街有"亨达利""永得利""大华""华利""兴宝斋""庆得利""茂记"等钟表眼镜商号。当时，老城约有大小钟表眼镜商号近20家，分布在各主要街面。五是餐饮类，主要有异兰芳饭店、大关饭店、杨记扁食铺、回民饭店等。这条繁华的商业街上有不少富商巨贾，如訾姓业主在大关街有瓦房 37 间，汤姓业主则有瓦房 80 间等。

20 世纪 70 年代大关街亨达利钟表眼镜商号，王中华提供

中华人民共和国成立初大关街商业临时登记证，阎广兴提供

20 世纪五六十年代大关街商铺住宅记忆

大观街作为老泰安城重要的商业区，店面商铺的变化可谓日新月异，根据王中华先生联合熟识大关街的老居民共同回忆，对 20 世纪五六十年代大关街商铺住宅分布梳理如下：

大关街北侧由东而西：

出西城门街北第一家是铁器铺，铺面平房 1 间，主要销售生活用铁制品。

向西为高记理发铺。铺面平房 3 间。店主（官方称谓"经理人"，下同）回民，父子经营。设施齐全，卫生整洁，夏天门口还挑上彩珠门帘，不同于街上的"剃头挑子"。

以上 2 家在原城西门外的瓮城内。中华人民共和国成立前瓮城已经毁圮，成了商贩营业场所。

再西为护城河。北来护城河至此西折南绕，围瓮城成一弧形。弃用后在河上铺设青石板以供通行。1957 年发动青年团员拆西城墙建青年路，护城河被填平。

再西为南北向的登云街。

登云街西为裕民合作社。铺面平房3间，主要经营日用杂货，属国营单位，是市供销社的前身。

再西为两层小楼。二层曾开过服装店。楼下西墙外有棚铺水果摊。

再西为郝记照相馆。胡同向里，铺面平房3间，门口、橱窗和胡同口张挂放大的照片，为泰安城一流相馆。有身份的人多请馆里师傅照相。

再西为范记戳子（印章）铺。铺面平房1间，内深3间。20世纪50年代"入社"后，停刻戳子。60年代改卖唱片，这在泰安城也是较早的。范氏善书法，左手提笔，人称"范左笔"，街面不少匾额出其手笔。

再西为安记服装店。铺面平房1间，内深3间。当时有其侄子在店内当学徒。

再西为永得利钟表店。铺面平房1间，内深3间；店主姓高。

再西为魏记茶叶店。铺面平房3间，后面为小宅院。

再西为宁记布店。铺面平房3间。

再西为崔姓宅院。宅院前有店铺平房2间，进深3间；另设过道通后院。铺面主要用来出租，曾有宗记熟肉铺。

再西为大华钟表店。店面平房1间，内深2间。该店由王中华的父亲王老先生经营，主要从事钟表维修业务。老先生技术精湛，为教育系统钟表定点维修单位。

再西是王记鲜果店。店内所售为低档果品，如柿子饼、栾枣、酸楂（山楂）、糖炒栗子等。

再西为庞记印刷局。店面平房2间，另设后院。当时使用脚蹬或手摇印刷机。

再西为吴子诚宅院。院前有临街店铺4间，对外租赁开百货店。吴家住在后面的院子里。中华人民共和国成立前，吴子诚为开明地主，大关街有其3处房产，故里邱家店有其良田百顷。以前有背着布袋到他家借粮的，二话不说抠上（用瓢等舀）就走；要饭到门上的，煎饼馍馍（馒头）可着吃。

再西为公安处。大致在今市公安局大楼向南一片，单独一个大院。主楼为水泥建筑，有地下室，能放电影。民国及日伪时期曾为宪兵大队住所。

再西为南北折西的打水胡同。

打水胡同西邻、大关街路北为刘姓族宅。院内房屋大小一二十间。院前临街有2间平房门面出租。一间开点心铺；另间开"志诚"茶庄，店主郭姓（后曾开水果店）。

再西为茂记表店。店面平房1间。店主姓刘，业务以修表为主。解放济南时，部队曾驻扎泰安城，彼时钢笔奇缺。店主从济南购得大量钢笔，装在大镜子后面的夹缝里背回来（当时济南封锁，钢笔等属禁运物品，大镜子多用于开业志禧，查禁不严），倒手发了笔财。

再西为工艺美术社。铺面平房3间，属租赁。后面另有房主宅院。王中华小时候经常到社里去看工作人员刻"滑石猴"，捡"滑石"回来送给同学。

再西为新华书店。店面瓦屋5大间，门两边设玻璃橱窗；店内扎顶棚，圆吊灯。此店是泰安城最大、最好、图书最全的书店，也是今新华书店的前身。其位置在今电业大厦前面地段。

再西为亨大利钟表眼镜店。店面3间，上下两层，木质楼板；外观中西结合，水刷石墙面；店门两侧是玻璃橱窗。此店也是泰安城最大、最好、档次最高的钟表眼镜店。店主姓孙，长清人，相貌俊朗。传其在济南"亨得利"当学徒时，被一貌美张姓女子相中，结为夫妻。张氏颇有资财，因其故里在泰安陈家洪沟，便来泰安城开设此店。店内聘请范树平为技师，所带徒弟皆技艺精湛。当时王中华父亲便在店里当学徒。

再西为彭家染房。铺面平房1间，进深3间。铺面西侧有一旧院，平常在院里搭凉染布。彭氏自北京迁来。

染房北大院为"公私合营"的印刷社。该社后改为印刷厂；20世纪60年代与泰安日报社印刷厂合并，迁至茂盛街；80年代又迁至今中国银行大楼北址，与泰安印刷厂合并。

染房西为吴记鞋店。铺面平房1间，主要制售一般平价鞋子。

再西为汶山堂文具店。店面平房3间，专卖笔墨纸张等各种文具，是泰安城铺面最大、品种最全的文具店。店主姓王。"公私合营"后并入新华书店。

再西为鞋店。铺面3间，由焦、鞠二姓制售经营，档次在泰安城首屈一指。

再西为百货店。

再西为杂货店。铺面平房1间。

再西为李家胡同，向北通打水胡同西口，再西接奈河漫水桥。此片多李姓居住。

李家胡同西为杂货店。铺面平房3间，建在高门台上。

再西为"委托店"，属国营。旧货、字画等皆可由此代卖。

再西为服装店。铺面平房3间。

再西为翟记画铺。店面平房3间，主要制售木板年画、家堂轴子等。

再西为邮电局机关住所。原为吴子诚住宅，临街平房5间，后面有大院，均条石砖瓦建筑。

再西为李姓住宅。临街平房3间，后有小院。铺面租于兴宝斋钟表眼镜店，店主姓车。

再西为回民饭店。铺面平房3间，向南、西各开一门，所经营"水煎包"有特色。

再西便到了上河桥，过桥是天书观旧址了。

大关街南侧由东而西：

城墙西有向南小道。小道北头有铁器铺。铺面平房1间，主要销售生活用铁器制品。

再西为茶水炉铺。铺面平房1间。店主姓巩，每日里用几个大铁壶烧水，主要供各商铺使用。

再西为车家西医诊所（中西医大药房）。二层楼，面阔3间。车家是泰安城大户，与教会关系密切。

再西为徐记修车铺。二层楼，面阔3间。有老式车床，修车水平在泰安城数首家。

以上4家在原城西门外的瓮城内。

再西为护城河。

护城河西往南有小胡同，再南渐行与城墙西向南小道合为一条。

胡同西、大关街南为道生茶庄。二层楼，面阔5间，砖石瓦结构，该茶庄铺面大、档次高，是老泰安城最好的营业场所。

再西为杨记扁食铺。铺面平房2间。店主为回民，所售牛、羊肉水饺有特色。

再西为洪济堂药店。店面平房3间。店主刘姓，主要经营中草药。

再西为灵芝街北口。

再西为萧家点心店。铺面平房3间，设2门，北门向大关街，东门向灵芝街。萧氏老家聊城，来泰安租赁刘姓门头做生意；路北斜对崔家有其糕点作坊。

再西为牛羊肉铺。原为杂货铺，中华人民共和国成立后改为专为回民开设的定点单位。

再西为徐记服装店。铺面平房3间，主要裁剪制作各式服装；"公私合营"后并入服装厂。

再西为宁记乐器铺。铺面平房3间，主要经营各式民族和西洋乐器，为泰安城之最；"公私合营"后并入文化用品厂。

再西为李记水果店。店面平房3间，后有小院；"公私合营"后并入供销社山果店。

再西为李姓住宅。前为临街平房，后为二层小楼。据说房主李老先生原在北京任教，后辗转至泰安（后在泰安师专退休）购得此房。

再西为大关饭店。之前曾为酱菜厂。此店路北和公安处相对,前有高大门头,后有大院,是泰安当年最高档次饭店。据说店内账房先生曾为我党地下联络员。

再西为中西药房。铺面平房1间,门面装潢考究,与对面打水胡同相对。店主姓王,从业人员着白大褂,在街面上独树一帜。

再西为杨记修笔店。店面饰以彩灯,斑斓陆离,亦为街头一景。店主为回民,原在上海制笔厂工作,后回泰安租房经营。在修笔的同时,店内还经营称体重、测拉力、售渔具等业务。"入社"后曾加入钢笔组(后又解散)。

再西为明星照相馆。店面平房3间。店主阎鸿彬(阎广兴先生父亲),摄影水平在泰安城一流。

再西是胡记银匠铺。铺面平房2间,主要经营金银首饰和器具。

再西是刘记笔墨纸张店。铺面平房3间。

再西是满记百货铺。铺面3间。满姓店主经营有方,全身上下收拾得干净利索,皮鞋擦得铮明瓦亮,有气派;店里的孩子也是衣着整洁;店内生意红火。

再西为公社医院。临街房后面置有大院落。原为教会博济医院,中华人民共和国成立前转手给訾姓大夫,中华人民共和国成立后归公为县联社,1958年改为泰安县泰山公社医院(今改为泰安市岱岳区妇幼保健院,规模大于原址)。

再西为华利钟表店。铺面平房3间,隔街和彭家染房相对。店主姓国。

再西是山(水)果店。铺面平房3间,隔街和"汶山堂"相对。

再西为亨记钟表眼镜店。店主魏姓。后该店组建为泰安县钟表眼镜修配厂。

再西为服装店。前述街北亨大利钟表眼镜店女掌柜张氏有个弟弟,其弟死后,弟媳便改嫁给此店店主。

再西为后家池,一条窄曲的小胡同,向南通元宝街。

胡同西为韩记水果店。铺面平房3间,水果品种齐全有档次。

再西为李记玻璃铺。二层小楼,面阔3间。彼时玻璃仍属高档消费品。

再西为宋记制帽店。铺面平房3间,以制售旧式帽业为主;"文革"间曾作为"四旧"查抄,并引出一段不小风波。店主为河北人,夫妻俩逃婚至此。

再西为文蔚印刷局。铺面平房3间,后有大院。店内机器设备齐全,主要印制账簿、书籍等。店主姓吴。1966年前该店"入社"并入印刷厂。

再西为华记服装店。铺面平房3间。

再西为邮电局营业室,设营业厅、电报房、机房等。原为吴子诚老宅(吴氏大关街房产以此处规模最大)。临街店面平房5间,后有大院落,均是青砖到顶的大瓦房。

> 再西为南北向的瘟神街。
>
> 街西为高记酱园。铺面平房3间，后置高墙大院，为泰安城较大规模酱园。
>
> 再西为庆得利钟表店。铺面平房3间。店主王姓。"入社"后，该店并入钟表合作社。店后为陈家老宅。
>
> 再西为顺河街、上河桥。

大关街的繁华，与泰安城西扩密不可分。清宣统二年（1910），津浦铁路通车泰安，老城区迅速向火车站延伸，此一带遂成经济中心。1983年开始扩建贯通东岳大街，将大关街东段并入，西段拆建为沿街建筑，原大关街逐渐消失在人们的视线里。今岱岳区妇幼保健院西院仍可见其残存。今往探寻，因有铁门封锁，透过门缝见有条石横陈，许是大关街遗留。

西城门外旧有**宋焘仕宦坊**，具体位置在大关街东段路中，约在今东岳大街邮政局院门北。该坊创建于明万历年间，民国年间已久废。

大关街西段，约在今华侨大厦前，旧有**速报司阁**，创建年代不详。

速报司为冥府七十五司之一，东岳大帝属下专掌善恶报应的机构，也是最有名的一司。"速报"就是快速报应。道教认为"善恶之报，如影随形"。人平日的善恶行为，都会很快得到应验，也就是人们常说的"现世报应"，比前世来生的因果循环快得多，最为恶人忌惮。因其重要，司主也非凡神，或说是包拯，或说是张飞、岳飞。金人元好问在《续夷坚志·包女得嫁》中云："世俗传包希文（包拯）以正直主东岳速报司，山野小民无不知者。"（光绪乙未冬扫尘斋新装本）清人富察敦崇在《燕京岁时记·东岳庙》中云："庙有七十二司，司各有神主之。相传速报司之神为岳武穆（岳飞），最著灵异。凡负屈含冤心迹不明者，率于此处设誓明心，其报最速。"

西关二

大关街作为东西主街,上下各有街巷接通南北。向北,大关街东首有登云街,再西为打水胡同,打水胡同北为圣泉街,圣泉街西为北新街等。中华人民共和国成立后,在此片区以北新街为主,组建为东胜村,属泰安县一区泰山公社三胜乡。

登云街南北走向,位于老城西门外,南起大关街东首,沿护城河迤北,长约450米。中华人民共和国成立前后,登云街南段多张、李、刘、袁、许、周、王、唐等姓住户,中段以李、张姓为众,另有贾、鞠、刘、王、杨、孙等姓住户;北段则以杨姓为大户,另有房、高、左、韦等姓住户。沿街大体布局:街东南首为袁姓住户;再北为张姓住户;再北为李姓住户;再北为一小庙(名称待考,中华人民共和国成立初仍有一名老尼居住);再北为"耶稣家庭"住所;再北一院,院内经营火炉业(化铁制锅);再北为大片空地,日军占据泰安期间曾作为马场,称西马场,与法院街北东马场相对。街西南首为一书局;再北一院,日军占据泰安期间宪兵队曾驻扎其内;再北为电报局(电报局东有平房3间);再北及西大片区域属美国基督教会。中华人民共和国成立后修筑青年路,拆除西城墙,填平护城河,登云街路东建筑被拆除,路西部分地段依稀可见旧貌。

老街难再,"登云"之名仍是当地老居民不舍的情怀,又将今青年路中段向西一长约120米的小巷呼作"登云街"。据当地居民介绍,此巷向西原与圣泉街通,后为法院宿舍封堵。

登云街旧貌依稀,路西为教堂内古槐

20世纪80年代初的青年路,泰安市档案馆提供

登云街留给泰安城最多的记忆，便是美国基督教会在城西这片土地上长达半个世纪的盘踞经营。

教会原名美以美会，属美国北方基督教新教卫斯理宗。清同治十三年（1874），美国牧师刘海浪（一名刘海澜）、沃克与中国籍陈大勇等在肥城安驾庄（时属泰安县）设教堂传教，首先发展王瑞符、王诚丕父子及其家庭成员入教。清光绪四年（1878），美国传教士郎登在泰安城登云街设立教堂，后有美国传教士正乐德夫妇被派驻泰安。至二十四年（1898），此处发展为山东教区的中心教区。二十五年（1899）义和团运动期间，传教士四散逃避。二十八年（1902），正德乐夫妇又重返泰安设教。每年庙会期间，教会在岱庙前搭起大帐篷，向香客传经布道，招引他们入会。民国十七年（1928），教会发展教徒4786人。二十六年（1937），教会辖教区5个、牧区28个、支堂39个，颇具规模。日军占领泰安后，城内居民为寻求庇护，纷纷入教避难，教徒激增。三十年（1941），教会更名为中华基督教卫理公会。由于美日关系敌对，日军不断逮捕、驱逐教会人员，美籍教职员逃离，教会受到严重打击。日本投降后，由于数次解放泰安城之战，加之后来的历次运动，教会活动时断时续。改革开放后，教会活动逐渐恢复正常。

美国基督教会曾在城西占据登云街及大关街之间较大一片区域，教堂、医院、学校三位一体，各建筑为砖木石结构，硬山青（红）瓦阁楼顶，将哥特式与中国传统建筑风格有机结合，给古老泰安城增一抹异域风情。

美国基督教会在这里的建筑并非一蹴而就，而是经年累月，边买地边建设，所以在布局上并无统一规划，甚至中间还有插花地。通过梳理比对泰安城老者关于中华人民共和国成立前后此片区的回忆，当年建筑布局大致可分作南、中、北三大院落，大院内又另设小院。整个院落缭以高大墙垣，特别沿打水胡同和北新街在院墙外增设防火墙，既防火又防盗。

南大院主要建筑为博济医院楼。位置在原大关街东段，今市公安局大楼向南一带，其西隔院墙为打水胡同。光绪二十三年（1897），美国牧师正乐德开办妇婴医院，清宣统二年（1910），美国牧师韩丕瑞开办男医院，三年（1911），两院合并为**博济医院**。民国十一年（1922）将医院迁建此处，扩建为3层楼房，内设门诊和药剂室、手术室、病房等。门诊设内科、外科、妇产科、眼科等，病房设男床28张、女床18张，并配有显微镜、X光诊断等。此为西医西药传入泰安之始。民国时著名医师刘天民曾于此开堂坐诊。太平洋战争爆发后停办（曾迁至泰安道院短暂营业）。

博济医院北，自西向东有两座小楼，楼体平面不规则，当年习称"韩牧师楼""徐牧师楼"，均地上两层、地下一层。民国三年（1914）起冯汝骥任泰安县长期间，对民国以前的房产、土地等要求重新报官府验讫，并颁发房契，作为合法凭证。中美重新建交后，韩牧师后人曾持房契来寻当年房产。今韩牧师楼仍存，破损严重。两楼往东是电报局，再东即登云街路面。

再北为中院。南北院间形成一条东西胡同，东胡同口设红大门，面向登云街。胡同内设南、北院门。经院门可进入中大院。

中大院东南隅有平房数间，中华人民共和国成立前有范牧师及教民家庭居住。平房北侧东院墙设红大门东向登云街。

再北即**美国基督教堂**，独立成院，位于原登云街中段西侧，今青年路登云街2号。教堂通高15米，面阔6间，进深5米，墙体镶嵌奈河白色鹅卵石，整体外形结构呈"十"字形。教堂向东设黑大门通登云街。正南和西北角又设小门供教会内部出入。今主体建筑仍存。教堂东北隅原有平房数间。平房北侧东院墙原设黑大门，东向登云街。教堂向西百余米，今青年路泰安一中家属院内，有小楼1栋，单独设院，当年习称"文牧师楼"。楼体为平面建筑，地上两层地下一层。1948年泰安中学（1952年更名为泰安一中）接管后曾以此作为幼儿园、教职工宿舍使用。20世纪80年代，原房主后人曾来此探寻先人故居。今楼房改为平顶，墙体仍存。再北几十米有小楼一座，名"德贞楼"，因泰安私立贞德女校而得名。楼体平面不规则，地上两层、地下一层。泰安中学接管后曾以此作为教室和学生、教职工宿舍使用。今主体仍保存完整。德贞楼北有两排平房，当年作为宿舍使用。今无存。德贞楼向东稍北几十米又一小楼，建筑面积稍大于前楼，当年习称"张牧师楼"。楼体平面不规则，地上两层、地下一层。泰安中学接管后曾以此作为校办公室、女生宿舍、教职工宿舍和校医务室使用。今主体仍保存完整，用作青年路泰安一中老干部活动中心，门上悬额"博济楼"。再东稍北，今青年路泰安一中宿舍6号楼址，原有一楼，楼体平面不规则，地上两层、地下一层。当年以此作为教学楼使用。今无存。教学楼东原有平房数排，当年作为宿舍使用。今无存。平房北侧东院墙设黑大门，东向登云街。

再北为一片十余亩的空地，即今青年路泰安一中操场址。该地产原属一回族乡绅（一说杨玉成）所有。当年教会曾极力撺掇购得此地，将南北连为一体，一直未能如愿。

空地北是北大院，为萃英中学旧址，在今青年路泰安一中院内。

学校存续时间为清光绪二十五年（1899）至民国三十七年（1948）。初，美传教士正乐德夫妇创建学道房、谈道所，后设男、女学堂。男学堂名"学道房"，后改"成美馆"；女学堂名"散书房"。光绪三十一年（1905），成美馆改为泰安私立**萃英中学**（民国十三年实行新学制后，中、小学分设，并增设高中）；散书房改为泰安私立贞德女校（小学），清宣统二年（1910）改为德贞女中；又盖小楼2座以为校舍。民国六年（1917），新建教学楼1座，落成于民国八年（1919）。1926年春，中共泰安支部书

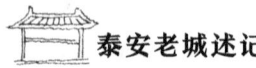

萃英中学旧址 　　　　　　　　　美国基督教会现存建筑一

记马守愚到萃英中学开展活动，同年冬成立中共萃英中学支部，于赞之任书记，为泰安最早建立的中共四个支部之一。民国二十四年（1935），贞德女中并入泰安私立萃英中学，增设女生部。同年，创办《凌汉峰》文化刊物。二十八年（1939）十二月五日，日军宪兵闯入学校，逮捕党支部书记劳玉琢等20余名共产党员，牵连非党群众30余人，共计逮捕师生50余名，史称"萃英事件"。（据《泰安市泰山区军事志》，第50页）民国三十六年（1947），学校迁往济南，翌年停办。

民国六年（1917）新建的教学楼坐北朝南，地上两层、地下一层，建筑面积约2100平方米。今存建筑高楼顶被拆除，仍保留主体和地下室，作为青年路泰安一中办公楼使用。

以上建筑2013年10月被山东省人民政府公布为省级重点文物保护单位，并于2014年进行了整体维修。

（上述据《泰安地区志》第十一编《文化·宗教》，第665页；《泰安卫生志》，第98页；《泰安文物大典》，第40、41、44页；《泰安历史文化遗迹志》，第272页）

美国基督教会现存建筑二 　　　　美国基督教会现存建筑三

登云街西为**打水胡同**，呈"⌐"形南北折西走向。胡同南起大关街，沿今公安局与电业大厦两院间向北，由电业大厦西折至奈河天书观东桥（当地人称小桥子，为漫水桥），长约180米。之所以有此称谓，因旧时泰安城群众要经此胡同到奈河东畔的井里去挑水，以供生活使用。清人曹濬澄《双龙池碑》有记"民以城无蓄水为憾""得于城西数百步之遥"，即指此打水胡同一带。今胡同已被电业大厦、公安局及南面东岳大街所占。

打水胡同北为**圣泉街**，亦南北折西走向。南起打水胡同，向北50余米西折至北新街，长约170米。南北段为电业大厦及公安局大楼所占，东西段位于今电业大厦北侧，仍存约百米路段。

民国《重修泰安县志》将圣泉街等同于打水胡同。（据卷一《舆地志·城镇乡村》，第11页）访之当地老居民，多认为是两条街，此处分记。且当地老者多认为今所谓"打水胡同"（巷口有同名标志），实为圣泉街东西路段。

中华人民共和国成立前后，打水胡同及圣泉街居民以丁、张、于、白、杨姓为众，另有马、庞、李、程、米、浩、金、许、陈、王、黄等姓人家。

北新街，南起圣泉街西段，北至迎仙侨，长约450米；今南段属北新街社区，北段改建。据1995年《泰山区地名志》引《徐氏家谱》记载，徐姓于清康熙四十三年

北新街片区俯瞰　徐勇摄影

（1704）来街南端定居，清末形成街道。（据《行政区划居民地名称》，第21页）中华人民共和国成立后因组建东胜村，此街也称东胜街。另，今泰安市实验学校（习称"北实小"）与青年路泰安一中之间有东西路段，长约230米（《泰山区地名志》中称"北新东街"，当地俗称"小吃街"）；北新街中段向西有东西路段，长约110米（《泰山区地名志》中称"北新街西街"），当地居民均以北新街呼之，而无东、西之分。中华人民共和国成立前后，北新街居民以马、杨、金、张、王、白、米、林为众，另有于、刘、吴、李、徐、许、朱、韩、房、陈、曹、左、秦等姓住户。

北新街今仍存**清真寺**，又称东寺，与奈河西清真寺街清真寺相对应。寺坐东向西，始建于民国九年（1920），由民族实业家马伯声创建。1966至1994年关闭，1995年重建，有《重建碑》。寺内设有礼拜大殿、南讲堂、北讲堂、水房、殡仪室、碑亭等。碑亭内仍存马伯声"清真寺"题额。现为泰安城回族教务活动中心之一。寺内陈广武老人（清真寺管委会主任）精神矍铄、和善可亲、思路清晰，对北新街一带所知甚详。

北新街清真寺内景

清真寺是回族聚居地一大特色。人们初到一地，先安顿下来，继之便是创建清真寺；一旦建成，又会吸引更多的回族同胞来此居住。此为以教坊（清真寺）为中心的居住方式。当地没有清真寺的回民，便作为他处清真寺的"高目"，属所在清真寺教务管理的范围。一般的清真寺，西设礼拜大殿，坐西向东；另设南、北讲堂，为料理教务和教学之所；东建水房，供礼拜前沐浴；附设其他设施。

在北新街上，有一位著名的民族实业家——马伯声。

马伯声（1890—1966），又名马一骏、马玉骏，原籍德州。其父马仁德，于清光绪年间逃荒至泰安，在西门外以卖包子为生。夫唱妇随，乐善好施，人称"马善人"。马伯声出生于泰安城打水胡同内，当地人将其故居称马家大院，位于今电业大厦一带。尽管家境拮据，马伯声仍求学不辍，先在泰安城天书观上学，后得回族拔贡杨茂洲资助就读于杨氏义塾，再入教会学校萃英中学。第一次世界大战期间，马伯声考取华工翻译，游历加拿大、英、法等国，目睹西方工业文明，激发起实业救国的决心。民国八年（1919）马伯声回国后，先在济南英美烟草公司任职，后在保险公司任职，又从创办仁丰纱厂开始，创办了一系列经济实体，成为山东工商巨子。

马伯声心系桑梓，为家乡办了许多实事。民国十五年（1926），其创建泰安私立仁德学校，校长冯晓亭。学校位于圣泉街路北，校门向西，教学楼黑砖瓦顶二层，前设走廊及绿栏杆。今旧址仍有残存。学校从济南、曲阜等地聘请优秀教师任教，贫困家庭子弟可免费就读，免费发放教材和校服。有校歌云："教泽普及，仁德厚矣。民智开兮，万古春！"学校从最初的3个班、60余名学生和教职员，发展至十八年（1929）一至六年级8个班的完全小学，在校生300余人，教师12名。同时，马伯声还创办平民识字班、扫盲夜校，鼓励沿奈河摊贩和苦力们接受教育。其本人生活起居一如普通百姓。时寓居泰山的冯玉祥经常到学校视察讲话。泰安城民众感其情怀，赠以"普沾教泽"匾。日寇侵占泰安后，学校被迫停办。

在办学的同时，马伯声还于民国十八年（1929）在学校对面（奈河西）创建仁德面粉厂。工厂固定资本5万元，流动资本6万元，备有柴油引擎1部，是泰安城较早的机器工厂。面粉厂有"泰山""山虎"等商标，年产面粉约7.2万袋，质优价廉，行销本县四乡及外地，定期向贫困户免费发放，盈余部分用于办学支出。

历年的军阀战争，特别是民国十九年（1930）阎、冯之战，泰山山林浩劫、惨不忍睹。马伯声联合乡绅，创办泰山森林公司，植树造林，以护泰山。又在广生泉垦荒150余

马伯声《山东省泰安县建设计划刍议》

亩，购入苹果、桃、柿、杏、梨等以建果园。至今人们仍称此一带地名为"苹果园"。在马伯声创办的诸多实体中，多以"仁德"为字号，其父马仁德，可见其孝。对于泰安和泰山建设，马伯声还曾撰写《山东省泰安县建设计划刍议》（1945年出版），甚至还提出了创建"泰山博物院"和"风景宣传所"的详细规划与设想，颇具现代理念。

解放战争期间，马伯声旅居香港。1949年11月返回天津居住。1966年春病故，享年76岁。

民国泰安城工商业小记

老泰安城工业素不发达,机器工业更显幼稚,产品大多出自手工业作坊。商业因旅游而较为发达,但受时局影响时盛时衰。金融业同受此波动。

食品业。主要包括面粉、糕点、榨油等行业。据民国二十三年(1934)统计,城内机器工业以面粉业最为发达。有泰山孤贫院面粉厂,建于民国十年(1921)前后。院方募捐500美元,从美国购置磨面设备及25马力柴油发电机1套,日产面粉百余袋,工人以院内孤儿为主,是可知泰安城最早的机器面粉工业。为扩大生产,孤贫院又将设备增至5台。面粉除院内自用、救助当地贫民外,还供应泰安城市场,并为张宗昌、马鸿逵等驻泰部队加工军用面粉。民国三十一年(1942)孤贫院院长安临来去世后停业。另有仁德面粉厂等。糕点制作以创办于清宣统二年(1910)的兰芳斋店铺最为有名。民国年间又相继开办"联方斋""大方""同昌""泰昌""继聚成""公光永"等字号店铺,还有专做清真糕点的泰隆店铺。榨油业亦兴旺。多以手工油坊为主,分散于各街巷。民国二十一年(1932),泰安城仁昌号油坊开始使用机械榨油,有铁榨机9部,16马力柴油发动机1台,可谓该行业使用机械生产的先例。

纺织缝纫业。民国十八年(1929),当局在岱庙中山市场设织布厂,其前身是贫民工厂(再前为感化院)。改厂后使用铁机、木机和毛中机等机械设备;资本3500元,厂基31亩,房屋22幢,用工30余人;主要出口粗、细布,毛巾和袜子等。再有孤贫院于20世纪30年代初创办的制衣厂。该院以马鸿逵捐款购置缝纫机5台,后增至19台,又添加制袜机;主要加工军服、制服、衣袜等。又有民国十八年(1929)郭洪山、田怀年在灵山街开办的志诚织袜厂,二十七年(1938)岳中桂在二衙街开办的织袜店,二十九年(1940)贾德镇在上河桥西侧开办的德镇毛衣袜厂,同年宋某人在上河桥南侧开办的华光织袜厂,三十五年(1946)阎成泉、吴如青等4人参股开办的同兴毛衣社等较为知名。缝纫业俗称裁缝铺、成衣铺,民国初年泰安城有10户左右,多为手工缝制;民国中期有20余户,大部分使用缝纫机制作;中华人民共和国成立前,泰安城有裁缝店铺47家。

制革业。包括制革、皮件、皮鞋等,主要以土法熟制毛皮面料,或用牛皮、骡马皮加工鞣制成皮条、皮鞭、弓弦、车马挽具等皮件制品。民国二十年(1930),泰安城西打水胡同创建有鲁大制革厂,厂基1亩,房屋8间,年制牛皮300余张,品牌"法兰皮",是泰安城最早的制革厂。稍后孤贫院增置制鞋设备,聘请专门师傅,制造"洋皮鞋"。

编织刺绣业。编织主要有织席、编筐等,是重要的家庭副业,产品多来自城边农村。民国时泰安城有发网公司,在东、西、北三关各设一处;其中在北关者名泰昌发网公司。有帽辫公司,泰安城外30里的杨柳村几乎家家为之,每年营业额在10万元左右。县立第一高等女子学校设有专门的帽辫传习所。刺绣业亦有量产,孤贫院建有刺绣工房,人员多时达百余人,所产刺绣品销往美国,卖价可观。

铜铁木业。制铜业有城东关铜器行一条街,制铁业有奈河东顺河一条街。除此外,制铁业还有泰安城东关的德兴炉坊,清同治二年(1863)由莱芜口镇刘陈村人许建中创办,后由其子许凤德任掌柜。民国三十五年(1946),坊址迁至城西南黄家崖头,易名同聚炉坊。泰光铁工厂,民国十二年(1923)由孟玉法等在财源街开办。义聚铁厂,民国十九年(1930)由冯玉岱、马永祥、冯焕东合办。成兴铁工厂,民国二十五年(1936)由庞鑫成兄弟4人合办。后3家主要承办面条机、弹花机和旧式水车等业务。木业城乡皆有,以乡为主。民国年间泰安城木匠铺有10余家,店名以店主姓名为字号。较有名气的有"蔡毓荣""吴兴海""杨小梦""刘传穆""侯东阳""王怀庆""张敬笃"等店铺,各店均有祖传手艺绝活,制作精细,雕刻精美,有的产品甚至行销国外。城东关泰山孤贫院教堂木工由蔡毓荣承办。

印刷业。民国时期,泰安城私营图书出版兴起,有石印局、印刷所、书社、书斋等,多数门店印刷、字画、书籍、文具兼营。如清宣统三年(1911)招远人刘慧庭在西门外路南创办承文新书局,门面3间,以印售教科书和线装古书为主,兼营文具,在同业中影响较大。"承文"系刘氏祖辈在高密创号,在泰安、济南、青岛、潍坊、周村等设局,皆以此号。民国十二年(1923),泰安五里井人李克功在双龙池东路南创办泰安新华书局,设临街店房3间,为济南商务印书馆代销图书和经销大陆书社的出版物。民国十七年(1928),泰安人李筱颜兄弟在大关街创办大陆书社。李氏兄弟6人,办社以长兄和六弟为主,故名"大陆"。该社人员多时达31人,曾承印《高淑濂胎产方案》、高宗岳著《泰山药物志》、聂钦《泰山道里记》("仅好书斋"刊)。同年泰安宅子村人刘春常等在大关街合资创办合记印刷所,后更名为惠东印刷所,雇员最多时达20余人,曾刊印徐芝房著《中国社会探源》。中华人民共和国成立前夕,泰安城计有印刷业户11家,从业人员46人,拥有石印机11台,铅印机10台。

电业。以民国十三年(1924)城西顺河街葫芦套胡同的泰安电灯股份有限公司为泰安城最早。

商业。自津浦铁路通车后,客旅频繁,商贾云集,城厢内外店铺林立。民国十三（1924）至十四年（1925）为鼎盛期。主要商品有祭品、酒、油、酱菜、杂粮、土产、洋货、金银首饰、笔墨纸砚等。杂货类诸如"聚泰恒"（城内，代理五州药房）、"鸿泰恒"（西关）等；绸缎类诸如"济盛永"（西门大街）、"源庆隆"（西门大街）、"裕亨泰"（西关）；茶庄诸如德隆茶庄；银楼类诸如"人和"、"裕宝"、"至宝"、"兴华"、国货公司（以上均在大关街）等；书坊诸如"岱济"（兼营洋广杂货）、"文和堂""翰墨林"（以上均在大关街）等。每年商品输入以棉花、豆饼、高粱、豆子、洋布为大宗，输出以花生、姜、小麦、豆油、山楂、柿饼为主。城南有粮食专业市场。十四年（1925）冬因受战事影响，商业顿形凋零。省政府驻泰安期间，人口增加，商业为之一振。十九年（1930）再因兵燹摧残。后战乱频仍，日本侵略，至百业萧条，规模商铺往往赔累倒歇，难以为继，肩挑手提小贩尚勉强维持。

（以上据民国十八年胡君复编撰《泰山指南》、民国二十三年中国实业部国际贸易局《中国实业志·山东》、1992年《泰安市粮食志》、1997年《泰安地区志》、2006年8月汪新海主编《泰安市社会福利院志》等）

据当地老者回忆，早先北新街一带地势南低北高，人们为了居住方便，一层层圈起来，梯次平整，类似于梯田的样子。早年又无统一规划，便以家族为单元，出现了许多小街小巷小园区。

李家胡同，位于奈河东涘，南起大关街向北约60米，沿奈河走势南北稍斜，因李姓聚居得名。

张家胡同，东西走向，西起圣泉街向东约50米，因张姓聚居得名。

林家荡子，北新街北段向西，今大桥旅舍及建设银行一带，因林姓聚居得名，又称林家园。

丁家荡子，圣泉街西段南侧，今电业大厦西部一带，因丁姓聚居得名，又名丁家园，俗称老九家子，概9户人家居此。

马家园，位于今北新小区5号楼一带，因马姓聚居得名。

又据当地老人讲，北新街北段，今北新东街向西原有一条胡同，斜至奈河东岸，狭窄逼仄，当地人称**王八胡同**。

北新街北首旧有**迎仙桥**。桥原在老泰山饭店院内，南北走向，初为石砌，后改为粗柏木和钢轨铺成的一孔木桥。桥下为金山南麓奔赴奈河的广生泉水。今桥、水无存。

北新街南段路西、奈河东畔旧有**清虚观**。观创建不详，祀元武七宿，殿庑庭宇最称幽旷。明嘉靖年间、清康熙年间重修，有明人萧大亨、清人赵弘文碑记。清道光年间犹存，至民国年间已略无遗迹。（据道光《泰安县志》卷之七《寺观》，第 26-27 页；民国《重修泰安县志》卷二《坛庙祠宇》，第 65 页）

北新街北段路西原有**关帝庙**，由当地民众捐建，规模形制不大，今已无存。

北新街北段路东旧有**孔雀庵**，又名观音堂。庵初建不详，祀观音大士，明、清多次重修，后圮。民国年间由回族士绅杨玉成等众议倡修。20 世纪 70 年代拆建为教育局招待所。

孔雀庵东原有**火神阁**，跨道式建筑，坐落在由北新街向东通往城内的街道上。此阁与南关火神阁相呼应，同样是出于民众对祀司火之神的敬畏。今亦无存。

孔雀庵东北不远有**梳妆楼**，又名白云观。位于旧城西北隅，迎仙桥东，今青年路北首路西、泰安市实验学校北址。该观由周藩奉国将军朱勤鲲创建于明万历三十七年（1609），周府长史周国庠为撰《白云观新建王母阁碑》。观内初祀王母，后增祀碧霞元君。清代重修。清人聂鈫云："城北门外西北隅为白云观，明万历年间周藩奉国将军勤鲲建。祀王母，其后增祀元君。殿设雕栏，楼榭层晖，今改称梳妆院。"（《泰山道里记》，第 49 页）民国《重修泰安县志》亦云："白云观，在城西北。明万历三十七年（1609）周藩建，祀王母，后增祀元君。清乾隆二十三年（1758）重修。今改称梳妆院。"（卷二《坛庙祠宇》，第 65 页）"楼三，各三重，飞阁雕栏，称'梳妆院'。"（《岱览》卷十二《岱阳中》，第 34 页）可见当时的形制与规模。"今存额曰'梳妆院'。"（民国《泰山游览志》，第 6 页）

梳妆院旧影　[法]沙畹摄于 1907 年

周藩是明朱姓宗室在河南的封地。朱元璋创建大明后，自洪武九年（1376）开始将诸皇子封王建藩于各地，以加强对地方的控制。第五子朱橚（sù）于洪武十一年（1378）被封为周王，十四年（1381）就藩开封。其后裔世居于此，嫡传继国者称永宁王。

有明一代，碧霞元君信仰盛行于明宗室中，周藩诸宗亲崇祀尤甚。嘉靖十二年（1533），永宁王朱勤烃为碧霞元君造像，祀于天书观，并自撰《碧霞元君造像记碑》，勒于观内元君殿西壁。周藩又于泰山朝阳洞建天仙行宫，以祀元君。后石坞盛传为元君修道处。隆庆六年（1572），辅国将军朱睦樨于岱阴后石坞建元君庙并制禁约碑，遂成岱阴胜景。

坊传泰山老奶奶在此梳洗完毕，驾着祥云返回山顶碧霞祠。

旧时泰安城妇女在此举办"妈妈会"，进香祈祷还愿。中华人民共和国成立初，主体建筑仍存，后毁圮。

梳妆院东又有**御座**古迹，为乾隆帝驻跸亭。清乾隆三十五年（1770），山东巡抚富明安为迎接高宗南巡，奏请创建。无存。

西关三

提西关绕不开**奈河**。奈河是泰安重要的地理标志和文化标志。

奈河，亦记作渿河、漆河、奈河、耐河等。窃以为前者更具意味，故文中从"奈"。明人汪子卿《泰山志》："渿河，源出岳顶西南诸谷，汇为西溪，由白龙池出大峪口，经天书观左，南流入泮，会汶以达漕河。"（卷一《山水》，第8页）民国《重修泰安县志》云："渿河在城西南二里，源出岱西南石维山之西溪，西南流经龙潭池、大峪，至此而东南入泮。"（卷二《舆地志》，第38页）奈河作为泮河的支流，源于泰山南天门，上游称通天河、黄西河、西溪，大众桥大石峡以下始称奈河。此路为泰山主峰前主要泄洪河道。河水顺峡谷而下，至中天门西转，再南流经长寿桥，由悬崖下落，形成飞瀑，穿黑龙潭水库、大众桥，经老泰安城西部折而南征，出城汇入泮河，全长11.8公里，流域面积34平方公里。

此为奈河主流，还有诸多支流汇入。主要的有白鹤泉水，经运舟街，由城西南汇入奈河。有广生泉水，自金山南麓经迎仙桥赴汇奈河。有金星泉水，经金桥下入奈河。还有双龙池、萧家湾及部分护城河水等亦经奈河南下入泮归汶。

泰城西奈河沿岸旧影，王中华提供

奈河对于泰安城的贡献，不仅是防洪泄洪，供给城内用水，还在于其与城东的梳洗河一左一右，左青龙，右白虎，成拱卫环绕之势。加之护城河水，自乾方（西北方）天门引入，自巽方（东南方）地户流出。诸水萦回，环抱有情，改善了城域空间，符合古代风水的布局。在奈河与老城西南之间有一片龟埠（今市场街片区），"崖起作金黄色，宋时其旁产灵芝数百本，取献本朝。今水流环折而西，而迤逦回抱，峰合气聚，形势家谓为岱麓中星，实环城之护沙也"（[清]卢汉倬《重修迎旭观门坊厅阁碑记》，见《岱粹

243

抄存合编》上卷一《记述》,第 25 页)。

奈河对于泰山的贡献,则是泰山神文化的一条纽带,通连神、鬼、人三界,构筑起地狱、人间、天堂的三重空间。

此河一出世便带着玄幻神秘的色彩。"泰山有三溪,独西溪雄秘莫测,盖其源来自上方,下为瀑布,直注山根,洞洑龙湫而出,高深委折,渊而复流者,至郡城之西,百举武而近,居民饮濯之,而呼曰溇。"([元]王祯《泰安重修灵派侯庙记》,见乾隆四十七年《泰安县志》卷之七《寺观》,第 24 页)

关于河名,清人顾炎武《山东考古录·辨溇河》云:"世传人死魂不得过,而曰奈何。""奈何",怎么办,如何是好,是古汉语中较早出现的一个词语。屈原《楚辞·九歌》:"愁人兮奈何?愿若今兮无亏。"项羽《垓下歌》:"骓不逝兮可奈何?虞兮虞兮奈若何!"唐人王梵志诗:"荒(慌)忙身卒死,即属伺命使。反缚棒驱走,先渡奈河水。""富者办棺木,贫穷席裹角。相共唱奈何,送着空冢阁。"至迟在唐代,民间送葬已经形成"相共唱奈何"的风俗,表达痛失亲人无可奈何的失落之情。此意与人死后灵魂不能过河,而徒唤"奈何"是相通的。随着佛教地狱文化的输入,奈河便被纳入地狱体系,甚至成为地狱的代名词。

奈河作为一条界河,勾勒出泰安三境。奈河西为鬼境,以蒿里山为中心,设有森罗殿(阎罗殿)、三曹、六案、七十五司,俗称地狱。奈河东为人境,即老泰安城,众生之地。从泰安城往北,由泰山一天门始,则步步登天,进入仙境。为附会此说,奈河之水也不能源自南天门了,而是出自地狱,是"北方幽冥大海内流出一股恶水"(《续金瓶梅》第五回)。为此红门西垂刀山西下有一条山峪,被命名为酆都峪。唐仲冕《岱览》:"(垂刀山)西南酆都峪,俗名鬼儿峪,元窅幽森,朝曦罕到,水南流迳金山北,又西南入溇河。"(卷十一《岱阳上》,第 32 页)又,泰山西麓长寿桥下东百丈崖大型花岗岩的崖面上,数条横贯东西的白石纹,名"阴阳界",其上为阳,其下为阴,石滑不可稍立;其下有黑龙潭,深不可测。河水出自潭池,源于地狱一说便有了实证。

作为地狱之河,自然不同于人间凡水。按照冥府的规矩,人死之后要先走黄泉路、过奈河桥,到蒿里山森罗殿过堂受审,六道轮回,再至望乡台,喝孟婆汤,转世投胎。唐人张读《宣室志》是专门记述灵异传奇的小说集子。《卷四》记太原人董观精魂游地狱的情况:"董观,太原人,善阴阳占候之术……于是出泥阳城西去,其地多草,茸密红碧,如毳毯状。行十余里,至一水,广不数尺,流而西南。观问灵习。曰:'此俗所谓奈河,其源出于地府。'观师视其水,皆血,而腥秽不可近。又岸上有冠带袴襦凡数百。习曰:'此逝者之衣,由此趋冥道耳。'又望水西有路二……"(中华古籍资源库,明抄本)"目连阴间寻母"的故事中,对奈河的描写也是骇人耳目,但见无数罪人,脱衣挂在树上,大哭数声,欲过不过,回回惶惶,五五三三,抱头啼哭。"刺史老爹手下的便是我老爹。掌管三河，曰金河、银河、耐河。上三桥，曰金桥、银桥、耐河桥。上等乐善之人金桥上过，中等为善之人银桥上过，下等不善之人从耐河桥过……河中铁犬铜蛇残其骨肉……"（《目连救母劝善戏文》中卷，明万历十年高石山房刻本，第66页）《西游记·第十回》也极力渲染奈河惨象："铜蛇铁狗任争餐，永堕奈河无出路"。以至人鬼共愁："今日流来明日流，奈河流到几时休！"（《续金瓶梅》）

奈河桥是奈河之上的一座小石桥，因奈河得名，为旧志"城厢十二桥"之一。民国《重修泰安县志》云："嘉庆间卢斑募修，道光二年（1822）宋奎重修，光绪七年（1881）[薛心佑] 捐募重修，均见碑记。"（卷二《桥梁堤堰》，第56页）

奈河今貌

奈河诸桥位置及名称小考

城西奈河上主要有北大桥、天书观东桥、汶阳桥、奈河桥、孝感桥、乐善桥、广济桥、金银桥（金桥、银桥）及后来所称的上河桥、下河桥等。

可以确定的几座桥如下：

北大桥，建筑较晚，原为8孔石板漫水桥，西3孔、东5孔，隔以鱼脊分水岭。抗日战争时期已为公路桥，可通汽车。1963年拆建为今泰山大桥。

天书观东桥，旧志"城厢十二桥"之一，因处天书观东奈河上名，当地又称小桥子。初建不详，为石板漫水桥。清季邑令毛澂重修。中华人民共和国成立后因整修奈河拆除。

汶阳桥，又称上河桥，俗呼朝桥子，旧志"城厢十二桥"之一。《岱览》云"（汶阳）桥北为天书观"（卷十六《岱阳之西下》，第14页），乾隆《泰安府志》

云在"天书观前"(卷之六《津梁》,第189页),与《泰安府志·全图·泰安县图》标注一致。此桥东接大关街,西连财政厅街。初建不详,或于明代。"嘉庆元年(1796)邑侯舒辂修,后冲坏,邑人公修,今颇完好。"(民国《重修泰安县志》卷二《桥梁堤堰》,第56页)所谓"邑人公修",为清光绪二十二年(1896)与下河桥、乐善桥同修的善举。中华人民共和国成立后拆除,于其北约50米另建大桥,称上河桥。

乐善桥,旧志"城厢十二桥"之一。东接市场街(原粮食市街),西连房家崖头。初建不详,清光绪间增修。民国《重修泰安县志》云:"乐善桥,清光绪二十二年(1896)官绅倡建。旧本三桥,接筑二,直达彼岸,与上河、下河二桥同修。"(卷二《桥梁堤堰》,第56页)有光绪丙申年(1896)知县秦应逵撰《乐善桥碑》。碑有云:"邑居岱宗之麓,溪水歧出,环城三面,旧皆有桥,直西门曰上河桥,直南门曰下河桥,迤南曰乐善桥。阛阓栉比,往来纷如。桥之创建未知何年……乐善桥为驿路要冲,过者尤夥,旧本三板,水溢而西,终时沮洳。接筑新桥二板直达彼岸,履道坦坦,人占利涉,良快事也。"乐善桥东为金桥,金桥东接洼子街,均为驿路要冲,可知此为乐善桥址。中华人民共和国成立后尚存,20世纪末拆除。此桥由官绅倡建,乃众举善果,故以吉祥嘉言名。

下河桥,据秦应逵撰《乐善桥碑》,此桥在上河桥与乐善桥间,为搭连元宝街(今并入财源街)与财源街之桥。中华人民共和国成立后原桥拆除,于其北约60米新建大桥,仍以下河桥名。

广济桥,在城南里许,道光年间由邑人宋东璧首倡义举,后由许文德、卢徵仕、薛心佑(城西万寿宫道士)、张继洙相继接修,"南北联缀,势合址接,望之若长虹焉……今以数十年未备之工,一旦修举完善,捐资倡义,乃得之"([清]卢汉倬《增修漆河广济桥施财碑记》,见《岱粹抄存合编》上卷二《记述》,第43页)。现扩建为十二连桥,旧址在今址稍北。

金桥,旧志"城厢十二桥"之一。本名金星桥,俗名金桥。(据乾隆四十七年《泰安县志》卷四《建志》,第14页)清乾隆二十五年《泰安府志》云:"(金星桥)在城西南。"(卷之六《津梁》,第189页)。民国《重修泰安县志》云:"金星桥,俗名金桥,城西南隅,与漆河桥相去不过数百米。"(卷二《舆地志》,第56页)明人宋焘《泰山纪事》云:"(白鹤泉)由城西南隅流入灵派侯前金桥下,南入于汶。"(卷二《地集·白鹤泉》,第19-20页)《泰安府志·泰安县图》标注金星桥在金星泉水道上,与其他志书图考中的"金桥"位置一致。综合上述信息,金桥具体在城西南隅,原五哥庙前,灵芝街、洼子街、金桥头街三街交会口处。此桥初建不详，唐人吴道子当年从唐玄宗封禅泰山时曾作《金桥图》（据[唐]郑綮《开天传信记》，2012年中华书局版，第86页）。"明崇祯中僧兴殿重建"（民国《重修泰安县志》卷二《桥梁堤堰》，第56页），时为明崇祯十年（1637）。旧址今称金桥头，之前为一东西斜南的单孔石板桥。奈河水至桥下，当地俗称金河。金桥及桥下河道约于1997年被拆毁填平，仅一碑跌弃于路侧。今岱庙内存有《奉旨重修金桥记碑》。清同治间，泰安知县何毓福活捉安德海即于此桥头附近。此桥民间又有"落河桥""紧桥"之称，旧时桥西南为刑场，犯人至此桥头便紧张得委顿于地，有的甚至跌入水中，需用抬筐抬过去，故有此名。桥西北小区内今仍存石井一口，据说其水源自金星泉，泉脉仍旺。

有争议的主要有奈河桥、金银桥、银桥、孝感桥等。尤其具体哪座桥为传统文化中的奈河桥，以及诸桥之间的接承关系，历来争议不断，以至有今编文集将奈河上几座旧桥统称作奈河桥。

关于奈河桥的位置，说法不一。

一说在城西南奈河上。明人查志隆云："漆河桥，在漆河上，州城西南河津。"（《岱史校注》卷四《山水表》，第46页）但在"图考"中未作标注。清乾隆《泰安府志》云："漆河桥，在西关。"（卷之六《津梁》，第189页）其《泰安府志·全图·泰安县图》标注为在金星桥西南位置。乾隆四十七年《泰安县志》云："漆河桥，俗名银桥，西关下河。"（卷四《建志》，第14页）清人顾炎武《山东考古录·辨漆河》云："其水（奈河）在蒿里山之左，有桥跨之，曰漆河桥。"

一说在灵芝街南首。见清人唐仲冕《岱览》："漆河桥，在灵芝街南（原灵芝街一直延伸至洼子街西首），漆水引城壕水，西受金星泉，径桥下南流入汶。"（卷十六《岱阳之西下》，第19页）此位置与今洼子街西首金桥位置一致。

一说在城西。见明人汪子卿《泰山志》云："城西郭河津曰漆河桥。"（卷一《山水》，第8页）指向不具体，图考中未作标注。

与奈河桥相提并论的还有金银桥。它们之间的关系，历来也是众说纷纭。笔者多次请教当地老者，亦难有定论。

首先是金银桥本身，说法不一。

一桥说，即金银一桥。"金银桥，即漆河桥之西南隅。"（《岱史校注》卷四《山水表》，第46页）在其《图考》"泰山旧图"中标注为"金银桥"，在奈河上、灵派侯庙西南位置（所引同上第16页）。汪子卿《泰山志》云："（城）西南隅河津曰金银桥。"（卷一《山水》，第8页），图考中标注在灵派侯庙西南位置。

二桥说，即金桥、银桥。《岱史》卷一《图考》"泰山新图"标注为"金桥""银桥"。金桥改在灵派侯庙东南,大约今金桥头位置;银桥在速报司西对,大约今上河桥位置。明人萧协中云:"金、银桥,俱建漆河处,银桥在州西,金桥在州西南,今重募修。"(民国《新刻泰山小史》,正文第50页)"今重募修"应指"明崇祯中僧兴殿重建"之役,时为明崇祯十年(1637)。(据民国《重修泰安县志》卷二《桥梁堤堰》)清康熙十年(1671)《泰安州志·泰安州境图》中标注有金、银桥,俱在奈河上,其中银桥在速报司西。(据民国二十五年重刊本)

当然民间还有更多说法。有说金银桥为金、银两桥并列,一高一低,高者为金桥,低者为银桥。也有说高、中、低三桥并列,有日游神、夜游神日夜把守;善人鬼魂走高桥,常人鬼魂走中桥,恶人鬼魂走低桥,一不小心便会被各种水怪拖入水中,撕个破头烂腔。《续金瓶梅·第五回》将奈河桥演绎得愈发魔幻,说东岳府奈河上有金、银、铜三座桥。金桥是供佛圣仙道往来的,银桥是供善人孝子忠义往来的,铜桥也是供生前有好名声、至少轮回不堕大罪者往来的。而且这三桥神出鬼没,该上桥的,桥便出现;不该上桥的,并不见桥,只有茫茫黑水,滚滚红波,臭热油腥,要受那水中折磨。这些说法,可能是受四川酆都奈河桥文化的影响。据泰安城老者讲,原先的金桥,并没那么多讲究,不过一座石板漫水桥,低窄险滑,不留神真可能会跌进水里。

其次关于金、银桥的位置,也有两种说法。

一说在今奈河东的位置,即金星泉水道上。清人聂鈫云:"(灵派侯庙)西有金星泉,水南流,明人建金银桥(或金、银桥,下同),引城濠水入漆河。今僧道作法事,有金银桥、漆河桥,以诳世取财,盖借此傅(附)会耳。"(《泰山道里记》,第49页)也即与金桥(金星桥)位置一致。

一说在今奈河上。明《岱史·泰山新图》、清康熙《泰安州志·泰安州境图》关于"金桥""银桥"的标注及明人萧协中《泰山小史·金银桥》关于二桥位置的表述基本一致,均在今奈河上。

考察各桥的位置及其关系,值得注意的是城西隅奈河河身的变化。对比明、清各"图绘",会发现奈河河道有自东而西的改变。在明末之前,奈河主水道仍由天书观的位置向东南,汇金星泉水,沿灵派侯庙西南下,再东南经金桥下而南,汇入今南湖内。据民国赵新儒《新刻泰山小史》注云:"太山西溪水出黑龙潭下,东流汇香岭诸水,东北行,再折而西,经上河桥穿金桥下流,入漆河,会于汶。今金桥已淤,桥尚存,水由上河桥入南河身,形势大非昔比矣。"(民国二十一年刊本,第50页)民国李东辰《泰山祠庙纪历》云:"奈河于明末时自天书观南流经金星泉,傍(灵派)庙西墙,穿金桥入萧家南院,而会泮河。"(山东省博物馆藏李氏手稿）灵派侯庙在原灵芝街南段路西，今金桥批发城一带。有文献记载此庙在"溱之东涘"。"涘"，水边之意，可知原奈河河身远非今日所见，东西浸漫、或水或滩，宽幅在二三百米。民国吴延文有云："汶阳桥以东，灵芝街以西之南北地带，旧为溱河河身，雨季为巨浸。明永乐间，沿河东湄向西填土，压缩河身，辟为新区。据传汶阳桥建于是时，惟具体年月已不可考。"正是明代以来对河道不断填掩取直西移，一直到清乾隆以后，这片区域才基本定型，西为奈河河道，东为金星泉河道，中间逐渐成为新建居民区，并最终演变为现在的地貌。

结合奈河水道的变迁、历代文献及实地调查，关于奈河桥、金桥、银桥、金银桥、孝感桥，有以下几点推论：

其一，确有具体的奈河桥，也有金桥、银桥、金银桥之设。

其二，奈河改道前，先有金银桥，在奈河故道上。后因金星泉，金、银桥分设。金桥即今金桥头街与洼子街交会口之桥，当地至今仍称金桥头。银桥在速报司以西的奈河上，至晚在乾隆年间改称汶阳桥，后又习称上河桥。赵新儒亦云："银桥俗名上河桥。"（民国《新刻泰山小史》，正文第50页）在采访中也听当地口传金星泉前桥称银桥，与南面金桥同跨金星泉水道上，但缺少文献记载，阙疑。

其三，奈河改道后，河身西移，空出河床辟为生民新区，河道上新架石桥。除旧有银桥外，又于上下河段先后建桥，桥名也不断易换。金桥西南，即粮食市街西首建有石桥，与金桥"相去不过数百米"（民国《重修泰安县志》），西连房家崖头，经炼魔堂，再西即蒿里山地狱。此桥先名奈河桥，后经多次重修，改称乐善桥。乐善桥北所建之桥（元宝街西桥）则演化为奈河桥。据周围居民讲，旧有老人走桥的风俗，在这座石板桥上走一走，既有益长寿，也带有熟悉桥况的意思，百年后过此桥掉不下去。据说此桥下原有一方形池，池底及四壁均为条石嵌砌。民众惮于奈河的传说，每年香会时，纷纷至桥前烧香化纸，施舍钱物，争以金银铜板掷入池内，只求死后护佑过河。也有人以炒米撒入池中供奉饿鬼，可免死后被吞噬之苦。又据老者讲，桥东今中百大厦址旧有孟婆庙，庙东有扒皮台，各设小院。再后此桥又称下河桥，与北面的上河桥相对。奈河之水以西城门大关街为界，分上、下河。另据当地居民，旧时奈河岸堤西高东低，自大关街出城称上河，自财源街进城称下河，亦为一说。

其四，关于孝感桥。此桥也列旧志"城厢十二桥"之一。"孝感桥，西南隅，东北为萧协中醑檀馆故址。"（道光《泰安县志》卷之四《建置》，第14页）醑檀馆在萧家湾内（萧家花园）、奈河故道东，即金桥头以东，而非今奈河水道东（相距有数百米）。在金桥头东南不远、今铜网厂宿舍大门东旧有一桥，4板并列铺设，推为孝感桥旧址。

值得注意的一个问题，有关金、银桥的标注或记载，多出现在明及清初文献中，之后则多称奈河桥。至聂鈫时期（清乾隆年间）金银桥、奈河桥并提；唐仲冕时期（清嘉庆间）以奈河桥替代金银桥；至民国年间，载有奈河桥和金桥。而金桥仅作为"金星桥"的简称，淡化在神道中的色彩。这可能是儒学士子对世俗迷信的抵制和匡正。正如清人宋思仁所云："今僧道作法事，有金银桥、渿河以诳世取财，本此。"（《泰山述记》卷之四《城内外亭台寺庙诸胜》，第18页）

今奈河上泰山大桥　徐勇摄影

"溪水南流驶，晴烟水面浮。逼岩深浴鹭，浚脉远通舟。古渡苹花冷，横津蔓草幽。翛然归汶上，此去总悠悠。"（民国《新刻泰山小史》，正文第49页）一条古老的奈河，留给后人多少回味和传说！

中华人民共和国成立后，多次对奈河进行改造整治。特别是1987、1992、2003年等几次大的改造，垒砌河堤，建滚水坝、橡皮坝，修建花坛、绿地等，并沿河构建游廊、水榭、彩亭，美化了自然生态和周围景观。奈河已不再是望而悚然的地狱之门，而是城市一道亮丽的风景线和老少嬉戏的阳光地带。

西关四

大关街以南、奈河以东,南北街道主要有双龙街、灵芝街、共和街、顺河街等,东西向则有元宝街、金桥头街、市场街等。主街间又有许多巷道胡同交织错落,古迹名胜点缀其间,尽显旧城西隅的人间烟火。

城西门向南为**双龙街**。该街北起大关街东首,南至洼子街西段,长约380米。中华人民共和国成立前,城内居民向西出行,由西城门外南折(原瓮城内),过一栅栏门(原瓮城南门址,瓮城被炸毁后所置),下坡经一南北向石板桥至双龙街。

双龙街又俗称"半边街""半条街"。路东因毗邻护城河无建筑设施,路西则连墙接栋,路北首有刘家大院,再南为耿姓住户(泰济书店老板),再南还有妓院等,今被青年路西侧建筑所占。

原双龙街南首旧有**白虎桥**。桥原在老城墙西南角,今青年路与财源街交会口西南、新华书店址附近,斜跨于护城河上。在老泰安城东南角有同样一石板桥,名青龙桥。两桥之名,取"左青龙、右白虎"之意。白虎桥下为城壕之水,西南汇金星泉水,汇入奈河。

原桥东有**观音堂**,桥西有**关帝庙**。因位置毗邻,有"一步两座庙"之说。皆无存。

双龙街(今青年路)与元宝街(今财源大街)交会处西南、今财源大厦后院原为观音大士院旧址,习称观音堂、水音堂。

据民国《重修泰安县志》云:"观音堂,在治南郊,创建无考。明嘉靖十四年(1535)重修,万历三十一年(1603)萧天[大]亨重修。同治十年知县何毓福重修。"(卷二《舆地志·坛庙祠宇》,第65页)萧氏重修,自万历二十八年(1600)始,"刘太夫人首信公志礼,喜种福田,承捐俸金数百两,揆吉鸠材,襄工重为□新……阅

青年路南段,原双龙街址

三载而工完。堂殿则金碧辉煌，廊庑则楚翼，肩垣则环固。复增置群室，以贮香火之具"（明万历三十一年《重修观音堂碑记》，见周郢《名山古城》，第 265 页）。刘太夫人即萧大亨正室刘氏。因得萧府襄助，此院成为萧府香火院，习称萧家观音堂。随着萧氏衰微，香火院亦颓圮。2002 年在殿前施工时，曾出土石碑两通（另碑为万历三十年《重修观音大士院记碑》），今不知所终。

至民国年间，观音堂改建为**泰安道院**。

泰安道院，又称万字会馆，即红卍字会泰安分会旧址。其初在运舟街，民国三十三年（1944）迁至此处。"卍"音"万"，相传由大周皇帝武则天定其音，作为一种符咒、护符或宗教标志，有吉祥之意；在佛教中此符又被视作佛祖的心印，凝结了佛祖的功德、智慧和慈悲。

世界红卍字会于民国十一年（1922）在济南成立（同年又迁往北平，成立了世界红卍字会中华总会）。其既是慈善机构，受世界红十字会影响，开展济困纾难和战地救护；又是宗教团体，带有宗教道院的性质；会员多是士绅遗老等社会上流。

泰安道院作为济南红卍字会的分支机构，民国十二年（1923）前已建有红卍字会平民工厂。之后，十二年（1923）创办道院国民学校，二十三年（1934）、二十八年（1939）在海子崖购地扩建道院，三十二年（1943）建成大殿。道院原为四合院，坐北朝南，向洼子街和灵芝街（今金桥街）分设院门。正殿面阔 7 间，东西长 25.6 米，南北宽 12 米，主祀老祖（青玄老人，该会信奉的最高神，总摄道、释、儒、耶、回五教），立铜牌"至圣先天老祖道释儒耶回之神位"。院四周设厢房。正殿后为安葬教徒的大土冢，并排建有窑式墓穴。

山东高等法院第四分院（简称**高四分院**）曾设于道院内。高四分院原设于法院街，前身即泰安地方法院，在抗日战争胜利后恢复。其先设于济南，民国三十六年（1947）九月迁至泰安此处。法院下设刑事、民事两庭及看守所、检察处等机构，计七十余人。翌年春，由于革命形势的变化，法院被迫再迁济南。同年九月，济南解放后解散。

抗日战争期间，美以美教会博济医院被日军占领后，曾迁此短暂经营。原国民党军事将领吴化文（泰安城人称"三方面"）曾客居此处。

中华人民共和国成立后，道院东部拆建为新华书店；西部于 1959 年拆建为泰山区直机关幼儿园及职工宿舍（宿舍楼仍存），2000 年左右改建为财源大厦（覆盖幼儿园教学楼及前面住户地基）；仍存大殿（2000 年曾揭顶维修）及中部建筑（多次拆改为饭店、茶馆等场所，今又用作书院）。

万字会馆　徐勇摄影

　　原双龙街上还有**致用学塾**。清光绪二十八年（1902），知县李祖年创设，翌年停办，后无存。

　　双龙街西为**灵芝街**。街北起大关街，越今财源街，南首与洼子街、金桥头相接，长近400米。

　　灵芝街是泰安城历史上的一条名街，因宋真宗封禅时陈灵芝于此而得名，在当地老者那里又俗称灵子街。清人聂鈫云："大中祥符元年十月丁未，法驾入乾封县奉高宫，戊申王钦若等献泰山芝草三万八千余本。此街之所以得名也。"（《泰山道里记》，第50页）明人宋焘《泰山纪事》所记更详："大中祥符元年十月，泰山芝草生，共得三万八千二百五十本。有并五、并三连理，五色重晕如宝盖，上下相连带。凡草木五谷如宝山、神仙、灵禽、瑞兽之象者六百四十二。诏令封禅日，列于天书辇前。封禅毕，送诸名山胜境及赐宰相。"如此多的灵芝草一次性采自泰山？宋焘分析，"则烨烨紫芝与荆棘、蒿草等耳"。以杂草伪之，皆是主导这场封禅盛典的资政殿大学士王钦若所为。宋焘讥王氏"以愚人主，必不足取信于万世矣！"（卷三《地集·神芝》，第14页）。

　　灵芝是一种菌类，外形呈伞状，菌盖肾形、半圆形或近圆形，一直被认为是一种神草、瑞草，一岁三华、扶正培本、延年益寿。《神农本草经》谓其"久食轻身不老，延年成仙",甚至可起死回生。《白蛇传》中许仙被白蛇吓死,白娘子只身赴峨眉山盗取灵芝草,救回许仙一命,演绎了一段不朽的爱情传奇。泰山灵芝则更甚。民国高宗岳《泰山药物志》将其列入三大"奇异物品"之首,"本品形态无一定式,得之甚难"。其曾亲得一株灵芝,"形如云头,又似如意"。除了药效,泰山灵芝更是祥瑞,是天意,是"信使",这也是王钦若为什么费尽心思搜集如此多的灵芝以呈圣上的原因。当然今天的灵芝已经可以人工批量生产。因其形状奇特,除药用外,又可以制作成各式工艺品,多寓"吉祥如意"之意。

由于历史的缘故,加之地理的优势,灵芝街成为一条繁华的商业街,久盛不衰。

这里曾是泰山本土药材集散地。泰山特产药材,如何首乌、黄蔓精、玉竹、杏叶参、汶香附、山查(高宗岳注云:"查"与"楂"同)、金银花、牛黄、玉液水、螭霖鱼、黄鲴鱼、侧柏叶(以上列高宗岳《泰山药物志·特产门》十二大特产)均在此有售。为发展泰山药材业,民国年间曾有提议设立"泰山采药公司","一面以时采撷,一面设法长养。今以山虞不设之故,粗工竭泽而渔,如四叶参、天麻、紫草等物,几于根株悉绝,殊非所以谋长久也"(民国《泰山游览志》,第151页)。

> **按** 泰山特产久负盛名,除药材外,农产品中如花生、麻山果(山楂,亦药亦食)、核桃、牙枣、软枣、柿饼、鲍瓜、摩茄、松蕤等,均为珍品。其他诸如蚕丝、手工编织品(儿童玩具)、铁制品等亦闻名遐迩。保护与开发并举,确为长计良策。

这里又是香客店的集中地。不唯此街,整个西关都是香客店最集中的地方。其原因,香客多来自北部的德州、沧州、宁津、吴桥和南部的兖州、徐州及菏泽、曹县、邹县等地,他们从西部进城,城西便成首选。还有一个重要原因,津浦铁路开通之前,城内客店的标准档次高于城外,越往西档次越低。来泰安拜山进香的多是乡村普通百姓,对食宿的选择自然是越便宜实惠越好。如此每年春天旺季,西关一带便香客云集,各香客店人满为患。这也催生了许多大型香客店,如灵芝街与大关街接合部的宋海扬店。清学者张体乾曾下榻于西关香客店,其所闻言"宋氏客馆",或指此店。该店北向大关街,自备有山轿、戏楼、书场、水井、菜园等,列泰安城"八大香客店"之一,且规模最大。店舍瓦房设计,齐整雅洁,有"住瓦房,宋海扬"之说。

这条街还是笼箩业集中地,笸箩、簸箕、筐、箩、篓等各种藤、篾、竹制品应有尽有。中华人民共和国成立前后又有酒行、丝行、染坊,还有曲艺社、照相馆等,店铺林立,旗幌招展。

"西门外大关街,过护城河桥,路南第一家是道生茶庄;往西有眼镜店、修自行车铺、永春堂中药店。转向南，即灵芝街。路东第一家是先慈唐氏的同学贝四姨（原注：贝文泗，泰安女子师范学堂1924年毕业，曾有毕业证书照片，不知丢在何处）家住房，下一家是馒头（原注：方言'馍馍'）铺。灵芝街北口路西是刘家开的布店。转向南，好像没有人家。再往南，即中华基督教圣公会（原注：英国人办），有几个大门。依次是育英中学，一座三层方形石头楼；1946年泰安城第一次解放后，同城内德国人办天主教堂的大楼一道被拆除。"（据车锡伦信函）

灵芝街今貌俯瞰　徐勇摄影

　　中华人民共和国成立前后，灵芝街居民以宋、张、王、赵姓为众，另有刘、国、徐、卢、米、江、曹、葛、李、牛、孙、姬、程、傅、鲁、江、石、严、郭、关、陆、任等姓人家。随着城市建设和街面改造，灵芝街北口为邮政局封堵，传统的商业迁出或停业，街内多改建为居民区，繁华不再。但街巷并无太大变动，据当地老者讲，基本还是原来的样子。

20世纪五六十年代灵芝街商铺住宅记忆

　　根据王中华、刘承固、阎广兴三位老先生对灵芝街的合力回忆，对20世纪五六十年代灵芝街商铺住宅分布梳理如下：

灵芝街路东由北而南：

北首为"洪济堂"药店。店面平房3间，店门北向大关街。店主姓刘，经营中草药。

再南为刘记银匠楼。二层楼，面阔3间。店主姓刘，原籍章丘。

再南为房记豆汁店。铺面平房3间。

再南为刘记棉花坊。铺面平房3间，为刘氏租房经营。

再南为冯记肉铺。铺面平房3间，主要经营生、熟肉类。

再南为宋家老宅。其为一大四合院，据传房主老辈曾做过道尹。

再南为宿记染房。铺面平房3间，后有院落。

再南为许记张罗店。铺面平房3间。

再南为数户民宅。

再南为刘记馒头店。铺面平房3间，前出厦。

再南为王记张罗店。铺面平房3间。

再南为东西向小胡同，可通海子崖（今青年路）。

再南为刘姓等住户民宅。

再南为郭家大院，路西与基督教堂相对。大院一进，南北、东西各约8间屋的趟子（指长度），砖石结构。中华人民共和国成立初曾为干部速成学校，后改为地委宿舍，今为民居。

再南依次为卜、张、刘等姓宅院。

再南为手工业管理局址。原为阎姓地主大院，南北、东西各长约60米，石板铺路，有大厅房。中华人民共和国成立前已破落，加之此院南临南城墙，攻城时多受摧折，中华人民共和国成立后成为庄稼地和菜园。1965年前后阎姓搬出，北部改造为机关招待所，南部改造为县手工业管理局轻工大楼（内设手工业管理局经理部）。

再南为元宝街东段，原称太平胡同（今并入财源大街）。

过元宝街，灵芝街路东为李家园（院），多李姓宅院，所制膏药有名。

再南为机关幼儿园。原为万字会馆，南北长约70米，东西长约40米，西向灵芝街、南向洼子街均设大门。中华人民共和国成立后，北部改为县机关幼儿园，南部改建为宿舍。

灵芝街路西由北而南：

街北首为萧家点心店。铺面平房3间，设2门，北门向大关街，东门向灵芝街。

再南为刘姓宅院（即所采访刘承国先生家宅）。因院落布局，俗称"刀把子院"。原属宋家地袭，后由刘氏购建宅第。

再南为刘姓住宅。

再南为宋记烧饼铺。铺面平房3间。

再南为宋姓住户。规模七八家，此处宋姓多为明邑贤宋焘后裔。

再南为教会，即原英中华圣公会和教会学校。

再南为元宝街。

再南为徐家园。

再南为吴姓宅第及小饭馆，再早为迎旭观旧址。

再南为小胡同。

再南为袁姓住宅。

再南至金桥头。

灵芝街留给历史的记忆，还有泰山五贤之一宋焘先生及其创办的**青岩居**。

关于泰邑宋氏，据明人宋焘自述："我祖先世居燕都，奠址海岱门，职袭万户。始祖均美，自我明兴定鼎金陵时，已知燕地不可居，迁至岱下，问俗卜圉，谓孝门泌风淳气厚，遂宁止焉。"（[明] 宋焘《宋氏六世始末大略》，《泰山宋氏宗谱》卷一）宋氏一族原籍金陵（南京），居家海岱门外。先人仕于元廷，世袭万户之职。元廷既屋，宋氏家族于洪武初分迁外地。始祖宋均美（字尊五）兄弟3人卜居泰安城西七十里孝门里（今肥城宋家孝门）；后两弟兄一迁沂州，一迁江南苏州。至四世祖宋浩（字孝先）举乡贡生，官至河南卫辉府汲县县丞，致仕后教化乡里，积德累仁。宋浩生7子。长子宋儒（五世祖）举乡贡生，官至山西平阳府芮城县教谕。六子宋佐为礼部儒士、乡饮大宾。其广行善事，足不入城市，不入公门，峨冠博带，徜徉汶滨，寿88而终。宋佐生3子。次子宋邦强（六世祖），字朝刚，号岱田，廪生，为人耿直，好布施，四方求助者络绎不绝，以孝义著称。宋邦强原配曹氏，继配王氏，生5子，第五子即邑名士宋焘。宋邦强也因子宋焘赠文林郎、浙江道监察御史，曹氏、王氏赠孺人。（据《泰山宋氏宗谱》卷一、卷二）至此，宋氏枝繁蔓衍，渐成岱麓巨族。"岱之著姓不下十数，而宋为首称。"（[清] 赵国麟《宋氏族谱序》）

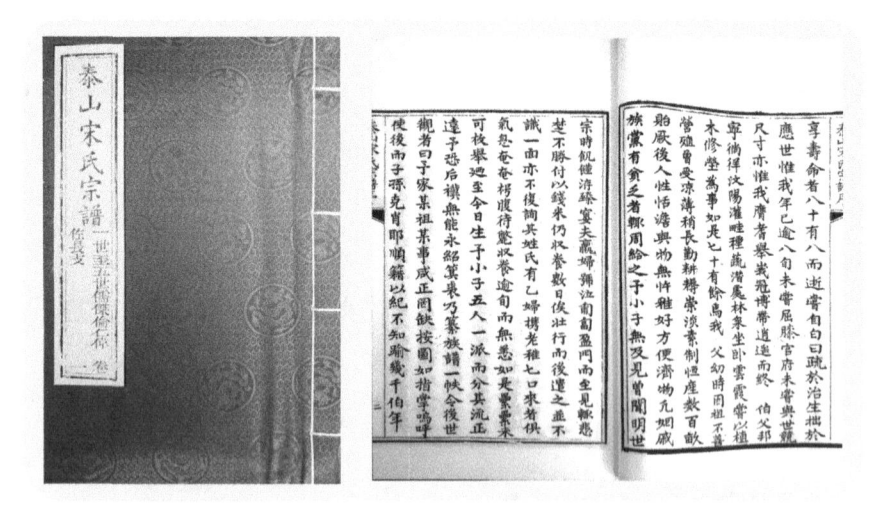

清咸丰元年《泰山宋氏宗谱》

宋焘（1571—1614），字岱倪，号绎田，又号青岩，明万历二十九年（1601）进士，选任庶吉士，改任御史巡按应天兼督学政。"登巍科，入翰林，持绣斧，督学政。其遇可谓荣，其得君可谓专矣。"（[清]赵国麟《青岩书院宋先生祠堂记》，见《岱粹抄存合编》上卷一《记述》，第18页）宋焘为官敢于指陈利弊，忠义直谏，"由此与宰相（朱赓）龃龉矣"（民国《重修泰安县志》卷八《乡贤·宋焘》，第5页）。万历三十五年（1607）又因江西参政姜士昌被贬一事直谏，触怒明神宗，被贬为山西平定州判官；旋即辞归故里，定居于泰安城灵芝街。

"兴来邀夕阳，一尊聊自斟。但觉市廛远，不知萝葛深。醉眼独枕石，涧底听鸣琴。"（[明]宋焘《我思泰山高》）归隐期间，宋焘于灵芝街筑青岩居，潜心治学，"考汶阳之墟，览明堂之址，吊孙石之踪，访六逸之迹"（明万历三十一年任弘烈修《泰安州志·序》），著有《泰山纪事》《落花全韵》《青岩居草》《岩居漫录》《理学渊源》《时习要录》《州志补遗》《岱下小史》等。又致力教育，于青岩居聚徒授业，教化家乡子弟。

万历四十二年（1614）五月二十八日，宋焘因背疽发作而卒，葬于泰安城西上旺村凤凰岭下。其"进不移其所守，退不忘其所志，皎然而不欺，瞩然而不缁，皓皓乎争光日月"（[清]赵国麟《青岩书院宋先生祠堂记》）的品质情怀，得到后世的敬仰与追思。天启年间，都御史邹元标疏请明廷赠封宋焘为光禄少卿，赐诰命，崇祀乡贤。旋即，魏忠贤大兴党狱，削夺追赠。至崇祯初年，才得以恢复正名。清康熙四十九年庚寅（1710），山东学政、翰林院编修黄淑琳疏请清廷恩赐其曾孙宋汉滨为八品奉祀生。（据《泰山宋氏宗谱》卷二《五世祖佐次支》，第15-16页）

"邦有道，则仕；邦无道，则可卷而怀之。"（《论语》）"山环水抱郁层丛，马鬣高眠太史公。浩荡泉流先正派，萧飀岭木古遗风。怀殷著述青岩下，羁脱趋陪紫绶中。莫向东林生感慨，清光犹射夕阳红。"（［清］周文光《拜绛田先生墓》）这也许便是对宋焘先生的写照吧。

宋焘生三子一女，"长之近、次之茂、三之尤，一女适丙戌进士、授巡抚宁下（夏）右副都御史王公讳楫，封夫人"（《泰山宋氏宗谱》卷二《五世祖佐次支》，第15页）。

王楫，字济川，又字梦符，少年时曾受教于宋焘青岩居门下。"万历己未（1619）进士（与《宋氏宗谱》所载不同，此注），任柘城县（今河南柘城县），调安邑（今山西运城），寻迁户部主事，司饷山海关。会兵变，阁部及道蒙难，楫独全。崇祯帝嘉之曰：'噪怨不及，操守可知。'迁固原道，升宁夏巡抚。以廉介执法忤悍将，遇害。"（清乾隆《泰安府志》卷之十七《人物志二》，第514页）崇祯九年（1636），王楫因悍兵哗变遇害，壮志未酬，令人惋惜，以至"朝野伤之"。卒葬其故里范镇柴家庄王家林。

宋焘先生的道德文章及文化人的情怀，在90多年之后，吸引着另一位泰安名士走进灵芝街青岩居，即赵国麟。

清康熙四十七年（1708），赵国麟在未仕前，有感于泰山三贤和宋焘事迹，来青岩居旧址建讲堂5楹，书室数椽，名曰"青岩义社"，"不敢僭泰山书院之名，且以存先生之旧也"（［清］赵国麟《青岩书院宋先生祠堂记》）。约同人讲学其中，来学者尝数十百人。其又亲编刊行所选《本朝元墨文统》与所著《制艺纲目》两书，皆为研讨时文之作，授以青岩学子。时人评价"侍赵公坐一日，抵十年养气"，尊为"青岩先生"。赵国麟中进士后，仍返回乡里，讲学于青岩义社。

康熙五十三年（1714），山东巡抚蒋陈锡祝釐岱下，访泰山书院故迹，已荒废难考。又临视青岩义社，对赵国麟之举十分赏识，与泰安知州石健捐俸增葺学舍，并易社名为**青岩书院**。一时"四方有志之士，不远数百里负笈重茧而至，皆谓今日之青岩，将与白鹿、嵩阳、岳麓、石鼓诸书院，并垂不敝于天壤矣"（［清］赵国麟《青岩书院宋先生祠堂记》）。泰山学风为之一振，青岩书院成为泰山历史上的著名书院之一。为弘扬泰山学人精神，赵国麟又于青岩书院讲堂西偏建室3楹，奉祀宋焘先生神位，以报先生高风亮节，"且使吾党之士欲为圣贤之徒者，得有所观感而兴起焉"（所引同上）。康熙五十八年（1719），赵国麟授长垣（今河南长垣县）县令，离泰赴任。赵国麟离开后，书院稍有荒落，然学风犹存。

清乾隆五年（1740），知府王一夔再次增建重葺，扩大书院规模，延请名师任教，曾聘请壬戌年（1742）考中进士的安邱人刘其旋任书院讲席。王一夔制定书院规章制度，拨存留香税银600两，又拨藩库闲置银1000两，分泰属各当商生息，以备书院之费用。书院一度复兴。乾隆十九年（1754）、二十四年（1759），知府颜希深循前任做法，加上息银646两共存本银2246两，照前生息，以备掌教束脩、士子膏火及夫役工食、修理等费用。乾隆二十九年（1764）起，由于后继乏力，青岩书院"渐就倾圮"。又因宋氏后人需以此为居，遂将书院宅基交还原主。（据民国《重修泰安县志》卷四《学校教育》，第57页）

清道光九年（1829），泰安知县徐宗干在原三贤祠（祀孙复、石介、胡瑗）的基础上，增祀宋焘和赵国麟，并易名五贤祠。

纵观孙复、石介、胡瑗、宋焘、赵国麟泰山五贤，还有明代育英书院的创办者李汝桂等泰山名士，八百年以下，高擎理学旗帜，薪火相传，心源一脉，自成泰山学派，对泰安文风、士风乃至世俗民风产生了深远影响，其流风遗韵至今仍熠熠生辉。

清代后期，灵芝街上还有一位名士——卢汉倬。卢汉倬，字星舫，号诗樵，生于清嘉庆九年（1804），道光丁酉年（1837）拔贡。史料对于他的记载以好学和藏书而闻名。民国《重修泰安县志》记其"幼聪敏嗜学，长于书无所不窥"，并自镌印章一枚："星舫氏愿读尽天下古今书"（卷八《人物志·乡贤二·文学》，第29页）。其好学的程度，有友人随手从书架上抽取一本，他均能一字不遗地背诵，且能指出在某卷某页。"人服其精博。""性矜高，有前明诸生习气。虽困顿棘闱，亦不改本色。"（所引同上）著有《医学管见》等。清咸丰五年（1855），其曾为泰山斗母宫撰《重修斗母宫碑记》。另有《重修迎旭观门坊厅阁碑记》《增修渿河广济桥施财碑记》等。

清末至民国年间，灵芝街又成为英国传教士的处所，创建**基督教堂**，居住长达半个世纪。

清光绪四年（1878），英国基督教圣公会开始在泰安传教。十年（1884），传教士方学志、夏伯里建教堂机构，初称安立甘教会，后称中华圣公会。二十五年（1899）因义和团打击中断。二十九年（1903）恢复，并成为山东境内的中心教区。第一次世界大战期间，英、法政府于民国五年（1916）通过该教会骗募华工近千人，编入英法联军华工军团，至十八年（1919）秋始得回国。泰安城解放前夕，英国传教士离泰回国，由中国籍牧师石蕴升、马嘉乐任会长。

教堂主楼坐北朝南，地上两层，附以石砌地下室。地上主体为砖石混合结构，条石台基，红砖墙体，边角门窗配以

灵芝街教堂今貌

灰砖装饰；木质楼梯地板，拱券回廊；顶部红瓦四坡面，烟囱高耸。主楼前另设一楼，略小，建筑风格一致，为传教士宿舍区。两楼俗称"大小红楼"。每当礼拜日，钟声悠扬，数里可闻。

日军侵占泰安期间，曾以此为据点设立司令部。民国三十二年至三十四年（1943—1945），徐芝房就教会宿舍院创办建华女子中学。中华人民共和国成立后，此处改建为灵芝街小学，现属泰安市基督教会。

教堂附设育英中学和门诊部。

育英中学建于清光绪三十二年（1906）。据《全国中等学校校址一览表》（民国二十四年编报）载："该校民国纪元前六年由中华圣公会创办，它的前身是私塾的小学，始办于1901年左右。"据石经庠回忆，1900年前泰安圣公会就已经有了学校，校址在灵芝街小学（教堂址）及北面一带地方，不过那时还没有正式学校名称。（据石经庠《我所知道的泰安私立育英中学》，见1989年1月《泰山区文史资料》第一辑，第46-54页）所谓"前身是私塾的小学"，应指教会之前办的"洋私塾"，即车锡伦先生儿时就读的"育德小学"。"天主教堂院内同时为育德小学，我小学一、二年级在那里读书。"（据车锡伦先生信函）民国元年（1912）后，附设女校。十三年（1924）实行新学制后，小、中学分设，校址南迁，新建两幢教学、宿舍楼，将各牧区办的中学班合并到泰安城，组建成一所完全中学，正式定名为育英中学。济南"五三惨案"之后，受社会反日浪潮的影响，育英中学于民国十八年（1929）曾出版《育中季刊》，由该校语文教师张建候任主编，收录学生作品，表达反日心声；期刊于当年停办。二十一年（1932）经山东省教育厅审核，认为该校尚不符合"完全中学"的条件，经核准更名为"泰安私立育英初级中学"。二十一至二十三年（1932—1934），学校曾出版《泮水旬刊》，李语唐（时任训育主任）任主编，内容为校内师生文

修复前育英中学旧貌

正在修复中的育英中学 徐勇摄影

艺作品。至二十四年（1935），该校有学生6个班、250人，教员14人。抗日战争至解放战争期间，该校经历两次停办与复课。三十五年（1946）端午节前，终因泰安城战火不断，学校自行停办，再未恢复。

今育英中学旧址仍存，在市农业局宿舍院内，均坐北朝南，砖木结构，欧式风格。前楼地上两层，地下一层，东西长27.5米，南北宽14米，高11.5米。后楼略小，地上两层。当地称二楼为"南配""北配"，"配"或相对于教堂主楼而言。

原灵芝街南段路西旧有**迎旭观**，位于今金桥街与财源大街交会口西南，由道人邱阳虚创建于清康熙四十二年（1703）。

迎旭观布局精巧轩敞，北为玉皇楼，南为关帝阁，中为观音殿。"曲榭回廊，因地势以立制。阁驾衢中而高，用以拱岱。坊面城垣而敞，取其朝阳，此迎旭观之所由名也。"（［清］卢汉倬《重修迎旭观门坊厅阁碑记》，见《岱粹抄存合编》上卷一《记述》，第25页）乾隆十五年（1750）四月，观内遭回禄之灾，但亭阁依然。同治九年（1870）重修，门阁重建，殿阁整新。

玉皇阁立于城外，游人于阁上凭栏远望，可见溪水潆洄，峰峦叠掩；奈河水入泮归汶，浩渺西南；波光与天影混碧，烟林与黛色分青，莫不叹息于旧邑之奇丽。

邱阳虚，字云昇，曲阜人，少年出家，游至泰山，遇到头陀道人武乙真，拜为师父。其师寄栖于王母池，筑室池旁柳树下，静坐终日，时人以为有道之士。从师期间，邱阳虚便着手于迎旭观的创建；前后辛勤数十年，从草屋一间到殿阁巍焕，使城隅寂寞之滨成为清虚洞府之区。其师父也由王母池移养于观内，直至羽化归葬于青帝观旁。清邑人赵国麟有《头陀道人传》以纪其事。（据《岱粹抄存合编》下卷五《传状事略墓表铭碑文》，第166页）

民国元年（1912）泰安教育会会长孟昭章等捐款在迎旭观创办**通俗教育社**，意在改良戏曲鼓词小说，"授之伶人瞽者，令其演唱讲说，资以纠正社会"（民国《重修泰安县志》卷五《政教志》，第54页）。第二年因县知事李汝谦干涉停办。

灵芝街南首为金桥，即清人唐仲冕所云"漯河桥"。金桥西北旧有**灵派侯庙**，在今金桥服装批发城一带，东与迎旭观相邻。

灵派侯庙初称奈河将军庙，又称通泉侯庙，习称五哥庙。民国《重修泰安县志》云："（灵派侯庙）在迎旭观西，其神旧称漯河将军，宋真宗东封驻跸，水泉方涸，俄而涌涨，嘉其神异，赐封灵派侯。庙创于后晋天福六年（941）。"（卷二《坛庙祠宇》，第65页）庙貌巍峨，殿宇壮丽。

奈河将军庙初建于五代后晋时期，当时的老城还仅是"岱岳镇"雏形期，是周围较早的庙宇之一。后晋天福元年（936）有澶州（今河南濮阳县一带）"岳社"香众远备牢醴，来岱朝拜，"东望则天之坛，西临鬼仙之洞。叠嶂重岩倚其后，飞云流水枕其前。得此一方，实为殊胜……天福三年（938）五月十日，建就堂一所三间，四下椽周回行，墙二十四堵，门楼一所，悉以粉饰藻绘……天福五年（940）三月九日，迎入将军、夫人真形两座，厮儿、妮子两人，夜叉一对……"（［后晋］刘光度《奈河将军庙碑》）。成此庙貌，告厥成功。

奈河将军之所以改封为灵派侯，与宋真宗相关。干涸的泉眼因为真宗的莅临忽然就涌出水来，真乃天昭祥瑞，真宗"嘉其神异"而封之。明人萧协中《灵派侯祠》诗云："烟水涟漪映小桥，将军威震涸成漂。龙章宠锡金泥艳，篆结沉氲袅碧霄。"（民国《新刻泰山小史》，正文第 50 页）

灵派侯俗名李琚，"本卫州三用人也，周世宗朝为将，善骑射，于国有功。后因病至重，有问疾者甚众。公无别语，告众曰：'我授山东漆河将军也。'言讫公卒"（《绘图三教源流搜神大全》，第 151 页）。其既是奈河之神，又是水神、泉神。"肤寸兴云，不崇朝而雨，其流泽又能滋於民物，复及万乘，功用显白……郡民云'丐诸神者，每对所祷亦尝有所凭，托而宣其威烈'。故祷谢之徒刲羊豕而焚楮锭者略无虚日。"（［元］王桢《重修灵派侯庙记》，见道光《泰安县志》卷之七《寺观》，第 26 页）特别在宋真宗的推动下，信仰日盛。其神在民间还有惩恶扬善的传说。如在元曲《看钱奴买冤家债主》中，便讲述了灵派侯主张正义、善恶有报、家财物归原主的故事。

灵派侯庙紧靠奈河，位置也很奇特。"州城西南隅，河名曰漆。漆之东涘，地形若龟。庙建于上。"（民国《新刻泰山小史》，正文第 49—50 页）。之所以又称五哥庙，是因元代重修增建时，附建五哥、王母等殿。王母为西王母，五哥为泥瓦匠、石匠、木匠、油漆匠、扎彩匠五匠神。

灵派侯庙历代屡有增修。宋元丰八年（1085），邑人王文重修，并植柏 70 株。元至元十三年（1276），泰安监司嗷撒、州尹孙民献以香火费重修，内附建五哥、王母等殿，王桢（泰安州教授）为之碑记。清康熙十一年（1672），道光八年（1828）、九年（1829）、十年（1830），咸丰七年（1857）俱重修，有碑记。民国十八年（1929），女子师范讲习所并入师范讲习所，迁址于此庙。中华人民共和国成立后此地又曾为机关占用。今遗址无存。

民国十七年（1928）济南"五三惨案"发生后，泰安铁路工会（共产党员王仲修负责）联合泰安社会各界在灵派侯庙成立"泰安城各界反日会"，并举行了声势浩大的群众集会和示威游行。游行队伍从这里出发，一路喊着反日口号；到达遥参亭时，受到军警的阻挠；愤怒的人群将军警们暴打一顿。

灵派侯庙西、奈河东涘旧有**关帝庙**。此庙确址无考，规模布局亦不详，或即明人宋焘《泰山纪事》中所云之关帝庙。因此庙毗邻奈河，颇具灵异。一是为叩头僧所居，二是有关圣救溺的传说，均出自宋氏《泰山纪事》。

关于叩头僧，《泰山纪事》有云："僧，不知何许人也，云游至泰安，栖于灵派侯西关圣庙。夜则跏趺，通宵不寐。昼则周游城市，叩头劝善。人以是呼之为叩头僧。"这是一种苦行修为。"常语人云：我参方五十年矣，盖载内胎生、卵生、湿生、化生，唯人为贵。具此灵性，便可立地成佛，莫能宝山历尽，虚过此生，亟须苦修，胡为等待？因脱其毗卢帽，露顶示人，有一疤在头顶，高寸许。盖以面圈围头顶上，注油燃灯供佛所致也。其苦行如此……后游清源，预告人圆寂之期，瞑目月余，端坐而化。"（卷一《天集·仙释》，明万历刻本，卷末）

同样发生在此庙的关圣救溺，则与邑人徐楚和有关，也是讲得煞有其事："万历癸卯（1603），泰山大水，漂没千余家，溺死数千人，徐文学楚和居址，适当其要害之冲。是日也，大雨如注，文学晨眠未醒。一女才数岁，俄见长髯赤面伟丈夫，绕舍而走，大呼曰：'起走！起走！'女惊怖，大叫。文学及其室中人皆惊寤，但闻人声喧哄，势若万马奔腾，而大水至矣。亟由窗棂登屋，但见左右庐舍，荡然一空，浮尸无数，顺流而下。文学立在高处，始则水势泛涨与腰齐，既而没肩，浸入口角。文学昂其头，闭其口，与水波相荡漾。水溢一寸，必无生理。倏然水如泻下，骤落数尺。凡邻舍远近，乱石堆积，旷无人烟，惟文学全活。一家之屋并街头关圣庙，岿然独存。文学后乃新其祠宇，朝夕虔事焉。别集叩头僧所栖关圣庙，即此。"（《人集·关圣救溺》，明万历刻本，第21-22页）

作为旧邑异闻，并录于此。

西关五

灵芝街向西为**太平胡同**。太平胡同东起原灵芝街中段（今灵芝街与财源街交会口），西至金星泉上桥，长约百米，以吉祥嘉言名。

再西为**元宝街**，东起金星泉上桥，西至下河桥，长约300米。旧时信众朝拜泰山，需置办祭品。此处借香客云集的便利，逐渐成为专营元宝、香烛等祭祀供品的贸易街。祭品中以"金元宝"最为出名，制作商们雕刻一对元宝石，长约130厘米，高约80厘米，置于街头，以为标识，故有街名，也称元宝石街。

元宝街两侧饭店、旅馆、店铺林立，每逢香客集中朝拜的时节，车水马龙，挤挤挨挨，生意非常兴隆。1963年起对此街及东面太平胡同、南海子街进行拓宽改造（仍为沙土路），合称金星路，因路北金星泉得名。"文革"间再更名为红卫路，带有那个时代的鲜明特征。随着财源街的改造延伸，1980年，此街并入财源街，原街名弃用。

元宝街今貌俯瞰　徐勇摄影

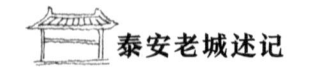

祭品小记

历代祭祀所用祭品也在不断衍化。

最早祭以玉币,后来易以金钱。古帝王礼神之玉,"青帝以青珪,赤帝以赤璋,黄帝以黄琮,白帝以驺虞(原注:疑亦白玉为之),黑帝以玄璜,日月以珪璧。五帝、日月以下,其币各从五方之色"。

汉武帝封禅,有"梨枣钱"。"(百官)置'梨枣钱'于道以求福。光武帝登岱,百官沿袭,多置钱物坛上,亦不扫除。相沿至今。"(《泰山纪事》卷二《地集》"玉币""梨枣钱"条)。

泰山碧霞祠有"混施钱"一说,为四方香客祭礼元君所献,有专门贮纳金帛的东、西"宝库"。

焚化纸钱之俗始于魏晋,盛于唐代。唐人封演《封氏见闻记》云:"今代送葬为凿纸钱,积钱为山,盛加雕饰,异以引柩。古者享祀鬼神,有圭璧币帛,事毕则埋之。后代既宝钱货,遂以钱送死。《汉书》称'盗发孝文园瘗钱',是也。率易从简,更用纸钱。纸乃后汉蔡伦所造,其纸钱魏晋以来始有其事,今自王公逮于匹庶,通行矣。凡鬼神之物,其像似,亦犹涂车刍灵之类。古埋帛,今纸钱则皆烧之,所以示不知神之所为也。"(见《封氏闻见记校证》卷六《纸钱》,燕京印刷所印本,第35页)又据《旧唐书》云:"(王)玙专以祀事希幸,每行祠祷,或焚纸钱,祷祈福祐,近于巫觋,由是过承恩遇。"(卷一百三十《列传》第八十《王玙》,第1页)王玙为唐玄宗时大臣,曾任祠祭祠,可知唐官已用纸钱祭祀。宫廷民间,遂以成风,祭天地鬼神亡灵必有纸钱(又称火纸、冥币等)。

还有以实物献祭的风俗。如以马、帛、"三牲"等为祭品。后又发明彩绘、扎纸等替代品。至今"烧纸"流俗犹盛,社会更加倡导以鲜花代祭亡灵。进庙祈祷,仍有信众施以钱币实物。扎纸之俗亦存,不仅有纸元宝,还有纸人、纸马、纸车、纸楼等,在仿古基础上又有翻新。

元宝街为赵长贵和赵春芳故里。父子称贤,同为泰安名士。

赵长贵(1850—1926)系元宝街赵氏第十二世祖,《赵氏族谱》称其"办理城区上西隅公益事项垂三十年……倡修西门外大关街石路六十余丈……修补泰山上下古迹不胜枚举,绅商各界公送'耆德望重'匾额"(民国《泰安赵氏族谱》卷六,泰安大陆书局版,第28页)。

赵长贵子赵春芳,字子芬,曾任宋哲元(国民党一级上将)秘书,曾书《重修吕祖洞记碑》(清光绪二十九年,鸿胪寺序班钱寅宾撰)《重修玉皇阁碑记》(民国二十二年，邑人李星坡撰）等。

元宝街东段向北，原称**后家池**。

当年"八大香客店"之一的刘汉卿店便分布在后家池一带。清人张体乾《东游纪略》云其规模"可容千人"。据传后家池为刘家戏班乐池所在，时有"待要听，刘汉卿"之说。

后家池北为**十二拐胡同**，"十二拐"极言当时的胡同拐折不直，有夸张的成分。据当地居民称，后家池即十二拐胡同，前者为后者一部分。

后家池及十二拐胡同今已并入元宝社区，北部拆建为单位（岱岳区妇幼保健院），南部改建为居民楼。

后家池有**钱氏公馆**，为名绅钱寅宾故居。

钱寅宾（1850—1928），字敬甫，光绪庠生，授花翎五品衔，议叙知县、鸿胪寺序班，见重于山东学政华金寿（1893至1899年间在任）。曾设"内省学屋"讲学，被时人尊为"名儒良师"，"革命老人"范明枢早年曾受业于钱公门下（后又成为钱公侄婿）。泰山石刻诸如《重整上书院记》《重整泰山盘路记》均出其手笔，并有《内省草堂诗存》、《世济美轩存真家秘底方》（医书）传世。当代著名泰山研究学者周郢（泰山学院教授）即其外玄孙，少时（5岁前）便生活在钱公馆，亦可见其家学传承。

元宝街北、后家池前一带，原有**金星庙**。旧庙址具体在今财源街北、泰山农商行稍东位置。庙始建不详，明万历辛卯年（1591）重修，民国年间毁圮。

金星庙因庙前**金星泉**而名。其泉脉旺盛，泉水南流东折，经灵派侯庙前金桥入奈河。

元代，出于南下对宋作战等目的，元廷在东平、济宁一带构建水利，开通济州渠、会通河等运河河段。由于蓄水不足，断航问题十分严重。"漕运之利钝，全局所系也。"（清光绪六年《重修东平州戴村坝碑文》）永乐九年（1411），明廷疏浚会通河，建筑戴村坝，并引汶、泗等水域沿线的泉源以济漕运。泰山流泉遍布，被纳入统一管理。金星泉等泰安城重要泉水也被列为济运泉源，由奈河等汇泮归汶入漕，以济国家转漕之用。

据当地回忆，金星泉边原建有石桥（当地居民有称此即当年的银桥）和石砌泉池（当地称作荷花池），泉池上原有民国二十五年（1936）冯玉祥"金星泉上池"题刻。后泉池、题刻、泉源均覆埋于路下。地下有水沟，雨季仍有泉水潺潺南流。1985年泰安市五交化大楼奠基时，泉水从楼基处涌出，溢满路面，建筑工人用数吨混凝土才将出水口封住。（据马辉《已消失或失考泰山名泉》）

元宝街中段路北，今中百大厦中部（原房管所址），原有南美**浸信会教堂**。

南美浸信会，又称美国南浸信会，因其施洗方式将全身浸入水中而得名。该会于第二次鸦片战争后进入山东,泰安被视为理想的传教场所。清光绪十六年(1890),该会已在泰安活动,十九年(1893),美国派罗福目、白泰理等12名牧师到泰安布道,并将泰安作为向周边地区发展的基地。(据刘晓焕《抗战前南美浸信会在泰安的传播》,见《泰山区文史资料》,1990年第二辑,第97—102页)。二十四年(1898),教会在泰安城设传教所。三十年(1904),白泰理在元宝街创办礼拜堂,后又设**崇贞学校**。传教士借香会之便,到处设坛布道。尤善用女布道员,设立妇女圣经学院,在女香客和老年人中发展教徒,教徒最多时达至千人。日军占领泰安城期间,美籍牧师被驱逐离泰,教务由当地传教士钱善卿(钱寅宾长子)负责。中华人民共和国成立前停止活动。

泰安城教会学校小记

泰安作为历史名城,为府为县,伴随着国外势力的侵入和外国宗教的输入,其也成了重要的教会中心。各教会在传教布道的同时,也通过办学等方式来发展教众以扩大影响。主要有德国天主教会在西施家胡同举办的育德完全小学,美国美以美教会在登云街举办的萃英中学(萃英小学、德贞女中),英国中华圣公会在灵芝街举办的育英学校(中学、小学),美国基督教神召会在东关举办的孤贫院学校(也称孤儿院学校),美国基督教浸信会举办的崇贞学校等。

办学目的。教会办学是为教会服务的,更进一步说是外国侵略者对我国进行文化和思想侵略的组成部分。虽然教会学校为平民学习提供了机会,甚至通过举办各种慈善活动给孤贫者以救助,但并不能改变其对中国侵略的实质。这是旧中国积弱积贫的表现。

办学课程。一是宗教课,又称道学,为中心学科。二是中国经学,主要包括旧私塾的启蒙课本,如《三字经》《百家姓》《千字文》、"四书""五经"等。三是科学知识课,包括算术、史地、理化、卫生等。

教学管理。一是精神控制,通过各种方式向学生灌输宗教思想,发展教徒。如中华圣公会于民国二十三年(1934)统计,教徒占师生总数的23%,教员则占总数的86%以上。二是对教徒学生给予经济扶持,分免费、半费、自费不等。对教会虔诚、遵守教规、成绩优秀的学生甚至可以公费保送至大学。三是有严格的考试管理制度,违规要受处罚,甚至被勒令退学。四是办学经费,主要靠各国教会拨款和学生缴纳的学杂费。

(上述据《泰安地区教会学校概况》,见1987年《泰安文史资料》第二辑)

元宝街中段有**文曲街**。此街由今元宝社区南大门向北西折至上河桥东大关街,长约370米。清光绪三十一年(1905)废除科举后,以科考见长的文曲星不再为民间崇拜，人们甚至因各界对科举弊制的诋毁迁怒于文曲神，遂以街上的瘟神庙更名为**瘟神街**。后又嫌其名恶，于民国年间更名为新政街、共和街。中华人民共和国成立后，以此街及周围街巷组建为新政村，属泰安县一区泰山公社。"文革"年间又名大众街，1982年复名共和街。中华人民共和国成立前后，街面住户以刘、张、王姓居多，另有钱、范、郭、隋、韩、段、贾、任、乔、姚等姓人家。

文曲街北段原有**瘟神庙**，大体位置在今岱岳区妇幼保健院南侧。

瘟神街片区今貌俯瞰　徐勇摄影

瘟神又称五瘟使者、五帝、五灵公、五福大帝等，说法也怪诞不一，多以五神组合的形式出现，属于道家范畴。据记载，隋开皇十一年（591）六月，文帝于凌空见五神人，三五丈，披五色袍，手各执一物，问于身边大臣张居仁。张奏曰："此是五方力士，在天上为五鬼，在地为五瘟。"五瘟，有春瘟、夏瘟、秋瘟、冬瘟，总管中瘟，各有其名。张居仁又言："如见之者，主国民有瘟疫之疾，此为天行时病也……此行病者乃天之降疾，无法而治之。"果然这一年，国人死者甚众。文帝乃封五神为将军，并于每年五月五日祭之。（据《绘图三教源流搜神大全》，第157页）还有一说，瘟神的原型为南宋人温琼，一名举进士不第的读书人。明人宋濂（政治家、文学家）曾为其作传，称温氏尝"抚几叹曰：'吾生不能致君泽民，死当为泰山神，以降天下恶厉耳。'复制三十六神符授人曰：'持此能主地上鬼神。'"。生前便能降鬼神，死后被活人塑造成瘟神，尊称为"温太保""温元帅"，这大概与其降"恶厉"的志向有关。

观览各教神仙谱系，多是荒诞不经的乖张之语，胡编乱造，诳骗世人。比如五瘟神之一的秋瘟神是赵公明，明清以后又摇身一变成了财神，随意捏造。而百姓却又深信不疑，这里既有统治集团的愚昧，自欺欺人；也有百姓对瘟疫灾害的忌惮，谈瘟色变；还有对当政者的失望，一旦有难，不能求诸人主，则求诸神明。代代相欺，年年供奉，瘟神还是频繁现身。

中华人民共和国成立前，在长江及以南省份，长年流行一种"血吸虫病"的疫情。中华人民共和国成立初"尚有一千万人患疫，一万万人受疫的威胁"，以至"千村薜荔人遗矢，万户萧疏鬼唱歌"（毛泽东《送瘟神·其一》）。在党中央的领导下，一场人民防疫战就此打响，至1958年彻底消灭血吸虫病。主席再次欣然命笔："借问瘟君欲何往，纸船明烛照天烧。"（毛泽东《送瘟神·其二》）进入新世纪，我们又对SARS病毒和新型冠状病毒两次开战，取得胜利。历史证明，面对瘟疫的肆虐，只有靠党和国家的坚强领导、社会各界的勠力同心、人民群众的科学防控，才能共克时艰，战胜瘟疫，送走瘟神。

瘟神庙内还附置**观音堂**。堂创建不详，面阔3楹，清代多次重修。今均无存。

瘟神街北段路东、今邮政局院南有**广生泉浴池**。泡澡搓背修脚，是老泰安城人愿往的地方。中华人民共和国成立后"公私合营"改称"第一池"，"文革"后改称"泰山浴池"。今无存。

瘟神街南段向西，至奈河东岸，原有**葫芦套胡同**。街道曲折多拐，民宅参差不齐，西部入口逼仄，中后部阔绰，其名以形取错落迂回之意。今并入元宝社区。

日寇占据泰安时，曾在此一带建有小型发电厂，老百姓呼之**电灯房**。

民国十三年（1924），北平朱宝森与泰安吕端甫、赵化亭等在葫芦套胡同合资开办泰安电灯股份有限公司，翌年二月正式送电，为泰安城发电之始。抗日战争爆发后，该公司被日军夺占，改称华北电业济南支店泰安营业所。日本投降后，公司由新四军接管，不久因战事停业。（据《泰安市泰山区军事志》第一篇《军事环境》，第154页）中华人民共和国成立后，地区行署机关曾在此办公，后又改为泰安县房管所办公用房。

元宝街西段路北、今中百大厦址原有**玉皇庙**，又传有孟婆庙、扒皮台等，均圮。

再西便到了奈河东岸，沿河南北形成一条街道，因地理方位称为**顺河街**。原街北起上河桥东，南至下河桥东，长约400米。今街南北延展，沿奈河东岸的街道，统称奈河东路。

顺河街留给泰安人最深刻的记忆，是从南到北的铁匠铺和此起彼伏打铁的回响。这里曾是泰安最著名的锻造工业区。

打铁又称红炉业，**铁匠铺**又称红炉坊、炉坊，以火炉、风箱、砧子、大锤、手锤、水桶等为工具，通过淬火锻造，加工各种铁制品。从业者既有开铺设店的，也有走街巷的。至今在乡村仍能见到铁匠师傅们大小锤叮当作响、火星子四处乱窜，为

顺河街今貌

百姓打造各种物件。但毕竟是原始的手工艺，可以列非物质文化遗产名录。

泰安城的火炉业在清朝中期已有相当高程度的发展。初期主要分布于城外。据泰安市原机械电子公司史志办 1987 年统计，最早主要在东更道、东关、南上高、韩家结庄、赵庄、王庄、七里铺、粥店等地。至清后期，陆续会集到奈河东岸，形成一条专业街。此街处奈河东浼，方便取水。每逢铁匠师傅们开工劳作，整条奈河沿岸青烟升腾，炉火燎川，锤铁相击的声音惊煞奈河鬼神。李白《秋浦歌》诗有云："炉火照天地，红星乱紫烟。赧郎明月夜，歌曲动寒川。"这也是对顺河街的写照。老百姓有言："人生三大苦力：打铁、撑船、磨豆腐。"打铁又排在首位，看师傅们挥汗如雨的情形，便知此言不虚。打铁不仅需要力气，还要有技术。在机械制造空白的年代，打造一把好的菜刀、剪子，以及镢、铣、锄、镰等农具，没有好的工艺及大、小锤之间的配合是不成的，而且特别讲究火候。所以当年顺河街赵家铁匠铺的屠宰刀锋利耐用、不卷口，远近知名，外地多个州县上门订货，产品供不应求。还有朱家铁匠铺（朱孟兰掌柜）、蔡家铁匠铺（蔡老二掌柜）、赵家铁匠铺（赵建祥掌柜）等，均有拿手绝活和知名品牌。除了家庭和农用，铁匠铺也打造刀、剑等铁兵器；还制造一种名"二人抬"的土炮，供官绅财主护院，各村土围子、寨子护庄使用。

顺河街红炉业在红火时期曾发展至 30 余家。民国初产业萧条，仅存 4 家，后又恢复至 10 余家。中华人民共和国成立后组建生产合作社，再组成街道办红炉组。1966 年以后，工匠们被招收到工厂就业。至此，顺河街红炉业作为泰安锻造工业的初始篇章，翻作过往。

原顺河街北首有**杨玉成故居**。

杨玉成，字润斋，号西溪山房主人，泰安城西关人。西关孔雀庵毁，众议修复。当时先生有地仅八亩，而以其五捐助之，其见义勇为类如是。其性孝友，仗义疏财，好善乐施，对于地方公益，不分畛域，皆为之。"至其排难解纷，建桥筑路，重修山工庵观祠院，建设回族各地清真寺，种种善举尤不可胜数。"尤其热心教育事业。光绪十九年（1893），其重修泰安文庙、泰山上书院、岱麓书院等。"清季科举初废，学校未兴，先生以培养人才之不可缓也，慨然捐资。"二十八年（1902），杨玉成联合泰安城名绅在城西南万寿宫创办县立岱麓两等小学堂，为境内第一所完全小学。二十九年（1903），在上河桥附近创建杨氏义塾，同年改为杨氏私立两等小学堂。三十年（1904），又在岱麓书院设泰安中学堂。"泰邑私立学校乃继之而起，皆其倡导力也。"杨氏善举，乡邦民众皆谓之"善士"。（据民国二十二年《杨先生润斋善行碑》，河北省定县王承曾撰文，旧中毕业生王玉琨书，碑仍存岱岳区粥店常家庄清真寺内）

相较于元宝街北，其南更显错杂，排布也不规则，基本上以家族为单元，形成宽窄、走向各具形态的街巷和大小不等的园区。

元宝街向南旧有**驴市**，向南至粮食市街，长约 190 米，因地处骡马牲口交易的大市场得名。1958 年公社化时，此处建金星大队。1984 年改为金星村，建有机关宿舍和居民区；因名不雅，以街北金星泉更名为金星泉街。

驴市东、西沿元宝街南侧错落分布着众多居民点和古建筑。

驴市东有**张家园**，又名张家花园。据传此处为张姓财主庄园，后为财源街五交化大楼等建筑占堵，今仍有零星老屋残存。中华人民共和国成立前后，此处居民以张、霍姓为众，另有姜、黄、吴、李、郝等姓人家。

驴市西有**徐家园**，又名徐家花园。旧址在今望山宾馆及水利局宿舍一带。

徐家园西为**刘家园**，又名刘家花园。旧址在今粮食市小学西侧，奈河小区 1、2 号楼一带（一说无此街巷，备注阙疑）。

徐家园为范明枢故里。范明枢（1866—1947），本名炳辰，又名昌麟，字明枢。其早年留学日本，回国后创办劝业所，在多处分办学区，发展农村教育，宣传进步思想，被誉为"齐鲁四大教育家"之一（另三位为鞠思敏、于丹黻、王祝晨）。民国二十一年（1932），范明枢被关押，同年被冯玉祥救出并聘为讲师。之后范明枢协助冯玉祥创办泰山武训小学，并担任总校校长；分校建至 14 处，使平民子弟有了上学的机会。抗日战争爆发后，范明枢奔走抗日，曾以 70 岁高龄，请人以巨幅白布绘制抗日救国的图文标语，用独轮车推着走村串巷，唤醒民众，被誉为"抗日寿星""泰山青松""革命老人"。二十九年（1940），山东省临时参议会成立，范明枢当选为议长。三十四年（1945），山东省参议会成立，其仍为议长。1946 年，范明枢加入中国共产党，翌年病逝于乐陵县，享年 82 岁。1950 年迁葬泰山脚下，墓址位于第一所泰山武训小学（今冯玉祥小学）前。今墓石栏环围，翠柏环掩。墓碑由 3 石组成，中碑阳刻"故山东省参议会范议长明枢之墓"，左碑阳刻林伯渠题"革命老人永垂不朽"，右碑阳刻谢觉哉题"永远是人民的老师"；3 碑阴刻公葬委员会于 1950 年 12 月为其撰写的生平。另有"精神不死"碑刻等。

徐家园与刘家园之间为**万寿宫**，旧址在今粮食市小学一带。

万寿宫，即许真君庙，位于奈河东涘。清康熙六十一年（1722）由江西人出资创建，后多次重修。许真君，名逊，字敬之，东晋江西南昌人，这也是江西人出资建庙的原因。许真君青年学道，得"三清"之法；后从政，吏民悦服；后得道成仙，家人、房宅及鸡犬升天。泰安祀之，是为防奈河水泛滥。乾隆六年（1741）、道光四年（1824）、宣统元年（1909）俱重修。

薛心佑在万寿宫任住持期间，宫观兴盛，多行善举，在泰安城广有赞誉。

薛心佑，青州人，乾隆末偕兄来泰，入万寿宫为道士。初庙貌颓败，师父酗酒，道众饥寒。薛氏打柴砍草供养其师，多方发展生产，庙渐饶裕。其任住持后，以庙事

万寿宫旧址今貌

委其徒，自己则仗义疏财，专心善事。常年配药给病者疗疾，在庙内设义塾以教附近子弟，费用皆由庙出。收治弃儿，由庙出资托人抚养。建义冢收殓无主尸骸，使孤贫者入土为安；并沿奈河北岸筑堤，不使骨骸浸没暴露。本地拟修奈河桥，薛氏捐钱以为首倡。时有卢星舫碑记，感叹"士大夫反出其下，有以哉"！其人相貌魁梧，言行质朴，不识文却识大体，未习相术却知人善任，品评不爽。真可谓"善道人"。咸丰八年（1858），薛氏微恙，急命徒弟准备后事，旋卒，享年87岁。（据民国《重修泰安县志》卷十《人物志·方外志·名僧名道》，第75页）

岱顶亦有万寿宫，但两者毫无瓜葛。后者建于岱顶崇岗东下，又名万寿殿，创建于明万历四十二年（1614）。是年明神宗之母孝定皇太后（慈圣皇太后）薨，神宗尊其母为九莲菩萨，并建万寿宫祀其铜像。至崇祯十四年（1641），崇祯帝仿效神宗所为，增祀其母智上菩萨孝纯皇太后铜像。清时宫已毁圮。

清光绪二十八年（1902），乡绅杨玉成、钱奉祥等就城南万寿宫址创办岱麓两等小学堂，后改泰安县立第三高等小学校（简称"泰安三小"）、县立岱麓高等小学校等，为泰安最早的小学之一。1931年，鲁宝瑛（泰安城升平街人）受中共济南市委委派来泰安恢复党组织，在该校建立中共泰安特支（鲁宝瑛任书记），隶属中共济南市委，下辖泰安、莱芜、新泰、曲阜省立二师等党组织。鲁宝瑛等发展党员，开展革命活动，编辑出版《三小月刊》，以学校为红色基地，重燃革命圣火。（据泰安党史办《中共泰安地方党史大事记》，见1984年3月《东岳志稿》第二辑，第25-26页）

今学校改为粮食市小学，已历百余年，培养出著名书法家欧阳中石、第一位女飞行员将军岳喜翠等诸多人才。

万寿宫西沿老粮食市街有**碧霞宫**，具体位置与形制规模不详。

老泰安城中小学校小记

泰安中小学教育发端于清末，是现代教育的滥觞，是在西学东渐、国家落后挨打、国事颓废，有志之士坚持经世致用、维新图变的背景下进行的一场科举与教育体制改革。

早在同治年间，国家便有同文馆之设。光绪二十四年（1898），清政府颁布《定国是诏》（又名《明定国是诏》），改科举，兴新学，设学堂。"戊戌政变"废止科举改革，但新式学堂已然兴起。二十五年（1899），泰安登云街美国美以美教会创办男、女学堂（学道房、散书房），可视作泰安小学教育的新实验。二十七年（1901），清廷再颁诏令，改科举、兴新学，书院一律改设学堂。同年，泰安城赵家琳、夏象吉等在东关关帝庙建县立初等小学堂。二十八年（1902），朝廷颁布《钦定学堂章程》（两年后重新修订），将学堂分为初等和高等小学堂、中学堂、高等学堂3级，其上还有大学。与科举相衔接，中小学堂毕业等同生员（秀才）功名，高等学堂毕业等同举人功名，大学毕业则与进士同功名。同年（1902），杨玉成、钱奉祥等在万寿宫西院建岱麓两等小学堂。二十九年（1903），知县毛澂在天书观建县立第一高等小学堂。三十年（1904），泰安府将资福寺街岱麓书院改建为泰安府官立中学堂。三十一年（1905）八月初四，清政府颁布《废除科举制谕旨》，全面废止科举制度。三十二年（1906），英国教会中华圣公会在灵芝街举办泰安私立育英中学。宣统二年（1910），美以美教会在原基础上（之前已经增设了中学班）分设泰安私立贞德女子中学和泰安私立萃英中学。

民国元年（1912），教育部规定，初等小学修业4年，高等小学修业3年，中学修业4年。同年有邑人于涵、李春耕在守备署创办女子小学堂。四年（1915），教育部废止"初等小学堂"称谓，改称"国民学校"。十一年（1922），教育部将"国民学校"改称初级小学，并规定小学实行"四二"新学制，初小4年，高小2年，义务教育暂以初小4年为标准；中学实行"三三"新学制，初、高中各3年。同期，萃英中学、育英中学设高中班（民国十二年被省教育厅取消）。二十三年（1934），冯玉祥在泰山创办泰山武训小学，发展高、初级小学14处，21个班。

> 二十六年（1937）底日寇侵占泰安后，各校停办。翌年部分复课，使用日伪教材。在抗日根据地和游击区还创办了一批抗日学校，包括泰西随回民抗日支队流动的伊斯兰抗日学校等。抗日战争胜利，接着是解放战争，直到泰安城解放后，教学才得以恢复。

驴市南段东侧有**盘龙街**，又名蟠龙街。街面走向呈"∩"形，弯折如龙盘卧，故名。这里已经到了前述金桥位置。金桥是多条街巷的交会点，既是北来灵芝街、东来洼子街的终点，又是盘龙街和金桥头街的起点。盘龙街东段南起金桥西，向北约60米，西折约70米，再南折至金桥头街西段，相当于在金桥头街上打了个弯，总长约200米。中华人民共和国成立前后，街面住户以吴、黄、李、刘、金、郝姓为众，另有霍、张、赵、王、宋、梁、白、马、米、林、孟、法、卢、车、田、霍、麻、袁等姓人家。今街已并入金桥小区，仍有部分路段和老房残留。

由金桥头向西稍斜的一条街即**金桥头街**。原西首南侧有大水井一口，后被填埋于地下。

| 原金桥址散存构件一 | 原金桥址散存构件二 |

由金桥头街往西便是**粮食市街**和**市场街**。

粮食市街又称粮市，东起金桥街西首，经今粮食市小区8、9号楼间向西斜北，过今奈河小区3、4号楼间至奈河一段，长约300米，因主营粮食业务而得名。该街历史悠久，至迟在清乾隆年间已具规模。（据乾隆四十七年《泰安县志》卷七《寺观》，第25页）关于来历，民间传说此处原为刑场，盛阴冥肃杀之气，鲜有人居。有人建议经营五谷杂粮，结果生意兴隆，遂成集市。特别是津浦铁路通车以后，其业务覆盖省内外。每年三月二十八（东岳大帝诞辰日）起会，人如山海，是早期泰安城最大的物资交流中心。后老街因小区建设占堵北移。今由粮食市小区8号楼北侧向西，经奈河小

区 3 号楼北侧至今奈河东路，当地居民仍以粮食市街呼之；且多粮行，依稀保留着当年街貌。粮食市街北即前述万寿宫及刘家园。中华人民共和国成立前后，街面住户以李、宋、王、金、马、刘、孟姓为众，另有于、葛、乔、米、戴、夏、屈、张、曹、沙、袁、黄、吴、赵、高、玄、卢、杨、侯等姓业主人家。

由粮食市街斜出一条**木园街**，当地人称"木头园子"，东起粮食市街，西至今奈河东，东西偏北走向，位于今粮食市小区 5 号楼西部及奈河小区 4、5 号楼一带，长约百米，为粮食市街的一条岔路。

市场街晚于粮食市街。民国年间，岱庙内外成为物资交易的大市场，文物遭受严重破坏。中华人民共和国成立后为保护岱庙，将庙内集市迁于粮食市南，形成新的街市。初期市场街为东西折南走向，西起奈河，向东折南至今灵山大街，长约 300 米。街面按物资又分为杂货市、布业市、鸡蛋市、旧货市（破烂市）等诸多交易片区。中华人民共和国成立后西段建有群力剧院，南段建有大众饭店（路东）、蔬菜公司大楼（路西）等。每年农历三月二十八起会（春季物资交流大会），倾城所至，为一时之盛。中华人民共和国成立前后，街面有李、张、夏、王、刘、周、娄、赵、唐、杨、陈、高、朱、吴、孙、马、田、徐、米、于等近百姓氏的业主商户在

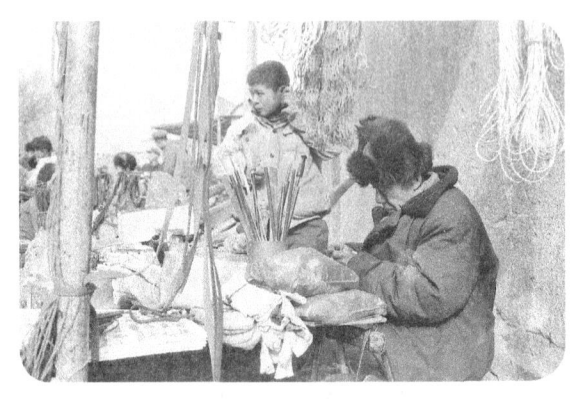

粮食市街今貌

20 世纪 80 年代初的商户，泰安市档案馆提供

市场街片区今貌俯瞰　徐勇摄影

2003年3月改造中的南湖公园，摄于十二连桥，泰山摄影俱乐部提供

南湖公园　徐勇摄影

此居住经营，为客商云集、远近闻名的商业区。

随着发展融合，两街合并一处，统称市场街，辖有金桥、市场、粮食市、奈河四个小区。

市场街西奈河上旧有乐善桥，乐善桥南为广济桥，原桥均无存。今于广济桥稍南改建为南湖大桥，习称十二连桥。

奈河水行至广济桥，河床下沉，河身变宽，形成**南湖**。今改造为南湖公园。湖面浮光跃金、静影沉璧，周围杂树绕堤、百花斗艳，为附近居民健身游乐佳地。

十二连桥西北（原广济桥西）旧有**霍家窑胡同**，在今灵山大街北侧九州家园东南角一带，因霍姓砖瓦石灰窑名。该处业户零星分散，呈家族式，以烧窑为业。20世纪80年代起部分拆除，修筑灵山大街（原称灵山路），其余拆建为新民居。

十二连桥东南原有**张家窑胡同**，在今南湖公园入口广场一带，以张姓砖瓦石灰窑名，仅有张姓等户散居。

另外在老泰安城周边还有翟家窑、巩家窑、生明窑、茶壶窑、兴盛窑等众多窑厂，具体位置待考。窑址虽无存，却以地名的形式保存下来，是对当时生产生活的生动反映。

西关六

奈河以西，旧志称"下西隅地方"，是以古城池而论，东起奈河，西至火车站，南至蒿里、三里、王庄一带，均可以此称谓。

在这偌大区域内，有一条**财政厅街**，东起上河桥（汶阳桥），西过教场街，一直延至平安巷西，又有小路可通火车站，横贯东西，将下西隅分为南北两部分。北部大致可分为天书观、清真寺、教场街、西郊外几个片区；南部大致可以分为财东、财西、火车站、灵应宫、蒿里山几个片区。

"自津浦铁路告成，人民顿形饶裕。"（民国《重修泰安县志》卷一《疆域》，第11页）。在津浦铁路告成之前，这里还属相对荒疏的地带。津浦铁路上奔驰的火车打开了老泰安城发展的空间，城西一跃成为最繁华的地带，城内反而冷清了许多。

财政厅街起初并不长，原称小西关，也称西关街，相对大关街而言。

民国十七年（1928）4月7日，蒋介石下达北伐总攻令。4月28日，泰安城争夺战打响。5月1日，蒋介石由兖州到泰安火车站督战（次日赴党家庄）。2日，北伐军占领泰安城，张宗昌部2000余人在岱庙缴械投降。泰安道尹公署垮散，改建为泰安县政府，实行新官制，任命阎兆曾为泰安县长，结束了旧军阀张宗昌在泰安的统治。21日，南京国民政府明令在泰安组建山东省政府，泰安作为临时省会。6月1日，省政府在泰安省立三中正式成立，主席为第二集团军第一方面军总指挥孙良诚，先由第六方面军总指挥石敬亭代理。石敬亭代理期间设总指挥部于普照寺。10月，孙良诚到任泰安，设总指挥部于红门关帝庙。省政府下设秘书处（设于省立第三中学和资福寺小学）、民政厅（设于泰安商会）、财政厅（设于小西关）、建设厅（设于前营陆殿臣宅第）、教育厅（县政府东院）、农矿厅（设于后营街）、工商厅（设于后营街）、高等法院（设于文化街考棚内）、交涉署（设于东施家胡同）、国民新闻社（北新街杨家宅第）等。国民党山东省党务指导委员会同时迁至泰安城，设省党部于第一小学。山东省警备一旅随迁并驻泰安城及四郊各村警戒。

财政厅进驻小西关办公。由此，小西关便改称为财政厅街。后因街面不断西延，又以教场街为界，分称财政厅东街、财政厅西街，简称财东街、财西街。中华人民共和国成立前后，东街街面住户以王、申、郝、温、沙、金、米、范、滕等姓为众，另有赵、姚、魏、鞠、韩、刘、汪、宋、李、马、国、孙、贾、张、何、孟等姓人家；西街街面住户以贾、夏、刘、许、马为众，另有李、韩、郭、赵、白、宋、徐、孙、张、杨、程、鞠、秦、薛、崔、周等姓人家。

财政厅街东首路北，汶阳桥（上河桥）西，原有两处著名古迹，东为天书观旧址，西为泰山书院旧址。

天书观，民间讹称"天水观"；初名乾元观，名称变更与宋真宗有关。

提及泰山，关联度最高的两位皇帝，一为宋真宗，一为清乾隆。乾隆诗多，真宗传奇多。天书观便是因天书传奇而建。

帝王封禅泰山，必先有祥瑞。天书作为祥瑞，其来历本身就是一段传奇，真宗便是这段传奇的策划者和制造者。"大中祥符元年（1008）春正月乙丑，上召宰臣王旦、知枢密院事王钦若等对于崇政殿之西序。上曰：'朕寝殿中帘幕皆青，绝为之，旦暮间非张烛莫能辨色。去年十一月二十七日，夜将半，朕方就寝，忽一室明朗。惊视之，次俄见神人，星冠绛袍，告朕曰宜于正殿建黄箓道场，一月当降天书，大中祥符三篇，勿泄天机。朕悚然起对，忽已不见。遽命笔志之……建道场……越月（正月）未敢罢去，

天书观旧址

适睹皇城司奏左承天门屋之左角有黄帛，曳于鸱吻之上。朕潜令中使往视之，回奏云其帛长二丈许，缄一物如书卷，缠以青缕三周，封处隐隐有字。朕细思之，盖神之所谓天降之书也'……夏四月辛卯朔，天书又降于大内之功德阁。"（[宋] 李焘《续资治通鉴长编》卷四十九之一《真宗皇帝纪》十一之一）根据天神示谕，泰山封禅，天书共出现3次：前两次在皇宫，时间在大中祥符元年的正月和四月；第三次，也是最重要的一次则现于泰山。

《宋史·礼志》详记其事："大中祥符元年（1008）闰六月八日，封祀制置使王钦若言：'泰山西南垂刀山上，有红紫云气，渐成华盖，至地而散。'其日，木工董祚于灵液之北见黄素书曳林木之上，有字不能识，言于皇城使王居正。居正睹上有御名，驰告钦若。遂迎至官舍，授中使捧诣阙，因建天书观于此。"宋人杨亿《大宋天贶殿

碑》(碑今存岱庙天贶殿院西南碑台)则将天书与真宗直接联系在一起。先有"惟元年仲夏,既望之后夕,上复梦神人,谕以谆谆之意,期以来月,锡符于泰山"。后有"是月之六日也,粤有梓匠,晨诣灵液亭给斤斸(zhú)之役。草露方渥,人迹罕至,忽得黄素于灌莽之上,其文有'皇帝崇孝育民,寿历遐岁'之言,周章震骇,魂思飞越,亟白引进使曹利用、宣政使李神福,即共捧持以诣封禅经度制置使臣钦若、臣安仁,缄縢(téng)载严,骑置来献。皇上周旋钦翼,夙夜斋明,醰粹内充,典章兼举。命廊庙之元宰,暨左右之信臣,分授使前奉导。灵贶驿传云至,诏跸出迎,羽卫星陈,官师景从。弁冕端委,亲拜于苑中。玄图秘文,复遍示于群下。先是阴云待族,大雨濯枝,霈泥治道之是艰,霈服废礼之为惧。是日也,悬宇澄霁,佳气郁葱。昊昊之驭上跻,光华在旦;丛丛之姿迭媚,纷郁垂文。五弦之风载薰,九光之霞成绮;神人胥悦,戡谷来同"。

"黄素书"即天书,自是上等祥瑞(大瑞),堪比河图、洛书。得天书前,天神再次示谕于真宗。得天书当日,天书被不识一字的木匠发现,而后被飞驰进献。皇上隆礼出迎,"亲拜于苑中"。与此相应的是先雨后霁,天现异象。真宗展读天书。书云:"汝崇孝奉吾,育民广福。锡尔嘉瑞,黎庶咸知。秘守斯言,善解吾意。国祚延永,寿历遐岁。"([宋]李焘《续资治通鉴长编》四十九之一)

有此天书,封禅当是尊天行事。真宗自是龙颜欢悦,遂将得天书的地方建为天书观,并将得天书的六月初六这天定为天贶节。"(大中祥符元年)诏以正月三日天书降日(在皇宫第一次得天书日)为天庆节,休假五日,京师于上清宫建道场……(大中祥符二年)以天书降太山日诣天贶殿,建道场设醮,以其日为天贶节,令诸州皆设醮……如天庆节之制。"([宋]李焘《续资治通鉴长编》四十九之二《真宗皇帝纪》十一之二,五十之一《真宗皇帝纪》十二之一,清刊本)早些年,泰安百姓仍有在这天晒衣被、粮食、器具的风俗,有很好的杀虫防蛀效果。有专家考析,天贶殿最初的位置应在天书观内,而非今岱庙之"天贶殿",是有一定道理的。如明人汪子卿《泰山志》云:"天贶殿,在岳顶,宋真宗得天书建,学士杨亿撰碑铭。殿今废,碑存岳祠。"(卷之二《灵宇》,第47页)"岱顶"之说当误,但也说明天贶殿当时并未建在岱庙内,而是在殿圮后将杨亿碑移置于岱庙。

此处先建灵液亭,时间为得天书前的六月份。"五月壬戌,钦若言泰山醴泉出。"(乾隆四十七年《泰安县志》卷之一下,第14页)具体过程:"兖州乾封县民王用地田中,有童儿掊土,得小青钱数十,争取之,钱坠石罅,因发石,有涌泉二十四眼,味极甘美。又枯石河复有涌泉二十五眼。又一眼出层阜之上,经宿势浸盛,又别引数派,双鱼跃其中;有果实流出,似李而小,味甚甘;及古今钱百余。封禅经度制置使王钦若贮水驰驿以献。分赐近臣,诏设栏格谨护之。六月诏建亭,以'灵液'为额。"(《泰

山道里记》引《文献通考》，第 38—39 页）

诏曰："惟乔岳之效灵，涌甘泉而荐瑞。是宜覆之华构，立以嘉名，彰不测之神功，表无疆之善利。泰山所建醴泉亭，宜以'灵液'为额。"

"醴泉，即甘露也。"（《岱览》卷十六《岱阳之西下》，第 15 页）后有明人题"醴泉"刻石立于泉侧（款识不详）。

明人宋焘曾目睹当时的天书观："醴泉今在天书观西，余四五岁时诣观中，犹见泉出石崖下，涓涓不息。崖上有垂杨数株，枝干甚古，大数十围，谈者谓是宋真宗时所植。今树既乌有，而泉又凿深为池，与初见迥异矣。"（《泰山纪事》卷二《地集》，第 13 页）

宋真宗是历史上最后一位封禅泰山的帝王。宋景德元年（1004）"澶渊之盟"后，真宗意欲通过泰山封禅提振时局。民国王连儒分析："缘是时真宗不能得大志于契丹，契丹俗信鬼，真宗思假封禅压服之。"（民国《泰山游览志》，第 82 页）为迎合真宗取得封禅资格，大臣王钦若等可谓煞费苦心，果真"天遂人愿"。非但此处，他处祥瑞亦层出不穷。诸如王母池出醴泉。大中祥符元年（1008）丁丑，王母池水变红紫色；十二月，泰山玉女、白龙、王母池、醴泉出。还有一种鸟，定时在建筑现场督工兴造，"役夫稍憩，即飞鸣作起之声"，工匠们称之"催工鸟"。（据《岱史校注》卷十四《灾祥志》，第 193 页）真宗至泰山，在南天门内甚至还遇见周代谏官唐宸、葛雍、周武。三神仙自天而降，与语甚详；乃封三仙为上元道化唐长君、中元护止葛真君、下元定志周复君，称天门三将军，同列岱岳祭祀；岱顶及山下岱庙均有祀。在玉女池中洗手，一石人浮出水面，乃玉女。"玉女者，天仙神女也，黄帝时始见，汉明帝时再见焉。"（[明]王之纲《玉女传》，见《岱史校注》卷九《灵宇纪》，第 153 页）。于山下奈河将军庙，原本干涸的泉眼中忽然就涌出水来，"俄而涌涨，嘉其神异而封之也"（《岱史校注》卷九《王祯记略》，第 162 页）。还得灵芝、现祥云、出灵鹤等，故有"五典"之说："真宗封禅还，以所得祥瑞，命近臣撰乐章，于朝会宴享则歌之，以纪瑞物之应：一曰'醴泉'，二曰'神芝'，三曰'庆云'，四曰'灵鹤'，五曰'瑞木'。"（[明]宋焘《泰山纪事》卷二《地集·五曲》，第 13—14 页）有直史馆张白，请以泰山诸瑞，命良工巧绘，一本藏于秘阁，一本备于玉清昭应宫图壁。又有丁谓等人上汾阳祥瑞图，与泰山祥瑞并绘于昭应宫。《宋史》中有《符瑞志》，可见祥瑞吉兆在宋廷政治生活中的影响，也可见当时阿谀成风、佞人用事的政治生态。

伴随迭出的祥瑞，大中祥符元年（1008），真宗封泰山，禅社首，得以完成封禅大典。

明正德年间（1506—1521），时人于天书观内建元君殿，又称圣母殿，为碧霞元君行宫。大殿面阔 5 间，东、西庑各 3 间。嘉靖十二年（1533），永宁王朱勤烆为碧霞元君造像，祀于天书观，并自撰造像记碑。同年，河南怀庆、开封府等地方信众募铸铁塔十三级浮屠，献于天书观，俗称明铁塔。抗日战争时期，此塔被炸毁，仅存底层3级；1973年移置岱庙后寝宫西北侧。明万历年间，明神宗朱翊钧在元君殿后建圣慈宫5间，即九莲菩萨殿，奉其母孝定皇太后九莲菩萨铜像，改观额为**天庆宫**。明思宗朱由检又在其后建智上菩萨殿5间，奉其母孝纯皇太后智上菩萨铜像，更观名为圣慈天庆宫。大殿成于崇祯十七年（1644）三月，有按察使左佩玹碑记。也即当年，李自成大军攻陷北京，崇祯帝朱由检自缢于煤山。

民国赵新儒云："崇祯十四年（1641）清兵入关，扰及直、鲁，李自成、张献忠涂炭中原，群盗如毛，国势已岌岌可危，尚为此无益之举。国将亡，听于神，此其例欤。"（民国《新刻泰山小史》，正文第11页）

至此，天书观（圣慈天庆宫）的最终规模为前后四进院落，崇丽可比肩岱庙。前院大山门3楹，左、右各设掖门1楹；3门上置门楼5楹。经过殿进二院。正北月台上建元君殿5楹（一说7楹），东、西各设配殿3楹，配殿前又各置钟、鼓楼。三院正北月台上建九莲菩萨殿5楹，东、西各设配殿3楹。四院正北月台上建智上菩萨殿5楹，东、西各设配殿3楹。四院殿阁巍奂、回庑连廊，粉饰藻绘，气象庄严。大山门外为醴泉，甃以石栏，建有灵液亭。泉北有铁塔13级。院内外佳木葱茏，祥禽时鸣。再北群山巍峨，白云往还。

清乾隆十一年（1746），天书观门楼毁于大火，之后鲜有修葺。咸丰年间，此地已是遍地瓦砾，"内有铜□□□像二，侍立女像各四，外又有坐像，状类美少年，亦范铜为之。而此间又并无半椽，所有铜像皆露处"（清·王相芬《敬迁九莲智上二菩萨像于灵应宫碑记》，见《岱粹抄存合编》上卷二《记述》，第46页）。咸丰五年（1855）四月，由泰安知县张延龄

▎天书观旧影　佚名摄于20世纪二三十年代

县立第一高等小学堂西式藏书楼　佚名摄于1930年左右

主持，将上述铜像迁至灵应宫安放。

光绪二十九年（1903），知县毛澂于其址建**官立高等小学堂**，开办近代教育，在省内颇具影响。学堂还设有图书馆性质的"书仓"，城内阅报所（初建于刘将军庙）、图书社（原在环咏亭）的图书亦收藏于此。民国十八年（1929），高等小学堂更名为泰安县立第一学校。学校占地40余亩，校舍200余楹，在校生280余名。

民国二十二年（1933），时任泰安县县长周百锽将县立师范讲习所从慈善院迁入天书观。第一学校与女子小学合并，改为讲习所附属小学。是年七月份，这里还曾迎接来自东北中学的修学旅行团，计400余人。民国二十三年《泰山游记》记云："说话之间，就到了县立师范传（讲）习所。门口有东北中学的学生军站岗，整齐严肃，十分威武。"（许兴凯《穷逛泰山之三》，第

天书观明铁塔，今存岱庙

16页）当时东北沦陷于日寇。许兴凯（教育家）为青年们作泰山及时政演讲。有云："这泰山是国、家、人民、土地的代表者，我们到此游览，当然有重大的意义。"国之耻，即泰山之耻；民之羞，即泰山之羞。夜色朦胧，泰山风起，学子们共唱《满江红》。

20世纪60年代，在天书观址建县粮食局和榨油厂，遗迹毁圮。1986年通建东岳大街（当时曾在天书观旧址地下发现大量石碑和龟趺，悉埋于路基下面），前半部成为公路、公园，后半部成为单位、宿舍，旧迹荡然。醴泉亦被湮没。原泉边"醴泉"刻石移置于岱庙，今又复制一碑，仍立旧址。

原址新建公园内有1999年4月新立碑刻，云："公元1008年（原注：有泉）一眼出层阜之上，经宿势加倍，又别引数派。真宗诏设栏格谨护之。是年六月六日，诏建亭，以'灵液'为额（原注：载于《宗大诏令集》一七九卷宗，真宗六月庚寅《建灵液亭诏》），此甘泉被命名为醴泉。后世为近居民饮水井。中华人民共和国成立后醴泉边立有碑，上刻'醴泉'二字，现寄于岱庙香水井边。醴泉在修东岳大街时除去，位置在路边人行道上，还存原泉，上井盖在故地。为恢复醴泉景貌，于一九九九年四月重修。"所谓"重修"，并非恢复重建，仅新立此碑及"天书观"标志而已。

天书观西，原还有一处**翠阴亭**，亦创建于宋，清时已圮。

与天书观毗邻的，是清时所建**泰山书院**。乾隆二十九年（1764），知府姚立德、知县程志隆因灵芝街青岩书院渐圮，又因宋氏后人需以此为居，遂将书院宅基还之原主，别购西廓汶阳桥（上河桥）西民舍广建堂宇，书室仍题曰"泰山书院"。因此故，宋时建于凌汉峰下的泰山书院又称泰山上书院，此处又称泰山下书院。姚立德、程志隆分别为之记，立石院中。又建三贤祠，祀孙复、石介、胡瑗三先生。

泰山书院（上书院）自宋代由著名学者孙复与石介二先生创建以

"醴泉"题刻，今存岱庙

来,"能使鲁人皆好学"([宋]欧阳修语),泰山学风千年不泯。历代泰山名士或泰安名宦莫不以"泰山书院"为旗帜,推为泰山学派的代名词和泰山文化的风向标。除此书院,其他诸如明代宋焘青岩居、李汝桂育英书院,清代赵国麟青岩书院、徐肇显徐公书院、徐大榕岱麓书院等,使泰山书院的精神和文脉薪火相传,绵延至今。

清乾隆四十六年(1781),书院迎来一位著名学者——唐仲冕。

唐仲冕(1753—1827),字六枳,又字六幕,号陶山居士,世称唐陶山;原籍善化(今湖南长沙);清乾隆甲午科(1774)举人,癸丑科(1793)进士;历任荆溪(今江苏宜兴)、吴江、吴县知县,擢海州(今江苏东海县)、通州(今四川达县)知州,权松江、苏州、福宁知府,三权江苏按察使,授福建按察使,调陕西布政史、护理巡抚等。

不可割舍的陶山情节。陶山是仲冕难舍的故土、心灵的港湾。乾隆三十三年(1768),仲冕之父唐焕除平阴宰,举家随迁。三十五年(1770)仲冕17岁时,生母谭氏卒于平阴官舍,葬于陶山之阳。自此,仲冕结庐守孝,因以陶山为号,客居于山下的涧北村。三十六年(1771),其读书于陶山东麓的修道书院,自号陶山居士。正是这段时期的潜心研修,三十九年(1774),21岁的唐仲冕乡试中举。五十八年(1793)再度金榜题名,高中进士。由此步入仕途,累官至巡抚。后因年老多病辞官侨居金陵(今南京)。即便宦游外地,仲冕也无时不以陶山人自居,毕生著述均以陶山之名收录。道光三年(1823),老年唐仲冕重返陶山祭母。道光皇帝为表彰他的功绩,特覃恩赐唐母为夫人,在其墓前开神道,立望柱,配石人、石马、石羊、石虎等,遗迹至今尚存。神道碑阴题刻:"道光三年夏四月,陕西布政使唐君仲冕致仕,侨居金陵,来谒曰'慈氏窀穸肥城之陶山,五十年矣,幸遇覃恩'。"道光七年(1827),仲冕病卒于金陵,其子遵遗嘱将其归葬肥城"陶山西",具体位置在陶山西侧牧牛山西麓安子山阳坡。前些年,据说还能从民间见到其墓志铭篆额"皇清诰授通奉大夫护理陕西巡抚陕西布政使司布政使陶山唐公墓志铭"字样,后不知所终。在唐母墓左下方还有唐仲冕妻墓,约在百米处、当地人呼作凤冈的小山梁上。有墓碑尚存,上刻"诰封夫人显妣唐母宁夫人墓"。两墓一左一右拱卫母茔,与青山为伴,以作永久,可见仲冕对其母及陶山的深情。在唐仲冕的影响下,其子唐鉴(1778—1861)亦绳其祖武,与肥城陶山和泰山书院结下不解之缘。在父母卒葬陶山后,唐鉴亦如乃父结庐守制墓侧。其间,钟情留恋于牛、陶山水,与庠生罗维钟等在陶山脚下创建义学岱南书院,教化乡梓,惠及周边子弟。道光三年(1823)至九年(1829),又应山东学政何凌汉之请,主讲泰山书院。时泰安知县徐宗干续修《泰安县志》,东平知州周云风续修《东平州志》,均由唐鉴总纂其成。唐鉴亦进士出身,官至太常寺卿,为清后期理学巨擘,蜚声京门,多次受咸丰帝召对。晚清重臣曾国藩曾受教于其门下。

不可替代的文化贡献。唐仲冕出身于书香门第，世有隐德，为当地名门望族。"家钵传于岩户，庭诰受于苫席。"（[清]吴锡麒《岱览序》，见《岱览》，第2页）仲冕受教其父，经常一起游览泰山，探寻古迹。在父亲的影响下，其博通经籍，知行合一，特别对于当地文化，皆能了然于胸。在陶山守孝和读书期间，仲冕遍游陶、牛二山，以《陶山望杏图》和《牛山叠翠诗》引时人瞩目。乾隆四十六年（1781），仲冕应泰安府之请，出任泰山书院山长，主讲于书院3年。其间，其秉承古人办学精神，在原三贤祠的基础上增祀明儒宋焘与清儒赵国麟，首倡五贤合祀，比五贤祠的创建早了40余年。其还参与泰安知县黄钤重修《泰安县志》的编撰，对于当地山水古建、历史遗存，均能证之以遗文典籍。有鉴于古籍多"各述一门，非岱岳之全""分类杂陈，率多挂漏"，仲冕乃"历扪葛攀罗之险，亲历岱畎"，探访泰山名胜，遍览诸家典籍，效仿《史记》《汉书》体例笔法，于乾隆四十七年（1782）始，五十八年（1793）止，历时12载，完成《岱览》初稿；再经14年的考校删订，至嘉庆十二年（1807），终使这部鸿篇巨制刊行问世。《岱览》全书32卷（另附《首编》《金石录要》《艺文总录》等），将纪传体通史的体例成功引入山志，与记行体例有机结合，开创了志山体例的新篇章；结构宏大、内容丰富、稽考精准，对于泰山学乃至志学的发展有重要影响。时人钱大昕有诗赞曰："东岱寰中秀，图经手自编。群山收一览，五岳独自先。"写就《岱览》初稿这年（乾隆五十八年），仲冕得中进士，开始游外为官。其间涉猎广泛，孜孜笔耕，著述颇丰，收录有《陶山文录》十卷、《陶山诗录》二十四卷，为当时学界一致推崇。

不可湮没的清劲官声。唐仲冕为官多任，又能为官一处，造福一方，兴学一方，多有惠政。其所到之处，多是政通人和，政声播于朝野。清嘉庆六年（1801）仲冕任吴县知县时，曾重修唐寅墓，题"明唐解元之墓"碑。嘉庆七年（1802）至十一年（1806），仲冕擢任海州知州。上任伊始，他便设计捣毁盐枭巢穴，收捕了常窜至海州烧杀抢掠的山东曹、沂一带歹徒，使民众得以安居。同年，仲冕首捐养廉金，发动海州、赣榆、沭阳士民义捐，创建石室书院，招一州二邑诸生肄业。嘉庆九年（1804），其率海州士民开挖甲子河，以巨木为桥，下可行舟，上列红栏，命名为甲子桥。他还延聘当地学者，编纂《嘉庆海州直隶州志》，接续和推动了当地文化建设。作为官员，仲冕还是一位善擢后进的伯乐，特别是对翁氏父子的举荐。仲冕到任海州时，翁咸封（1750—1810）任学正。仲冕支持其领建书院，领修《州志》，人尽其才，对其有知遇之恩。对于翁咸封之子翁心存（1791—1862），仲冕亦慧眼识才，见心存有异才，奇之，授之学。翁心存果不负所望，官至体仁阁大学士，赠太子太保，谥"文端"，入祀贤良祠，成为晚清重臣。此翁便是先后任清同治、光绪两代帝师的翁同龢的父亲。仲冕在政治上的作为可见一斑。正如清朝官员英和于嘉庆十二年（1807）为《岱览》所作的《序》中所言："先生之政事、文学久昭于大江南北，读其书可想见其人。"

数年前，听闻肥城陶阳矿有唐仲冕直系后人，两次前往探访，未得谋面，甚感遗憾。

乾隆五十七年（1792），泰安知府徐大榕、知县嵇承群在资福寺建岱麓书院，并将泰山书院移入城内。

道光七年（1827），知县徐宗干于泰山书院旧址设**醴泉义塾**。"醴泉义塾，道光七年知县徐公宗干创设于西关汶阳桥西偏。房屋大小四十一间。徐公酌定条规至为详密，并于塾内设先贤展子（禽）、林子（放）及乡先达石祖徕（介）、萧岳峰（大亨）、赵拙庵（国麟）诸儒位。每逢朔望，塾师率各幼童叩谒，以昭诚敬而示模范。"（民国《重修泰安县志》卷四《学校教育》，第59页）并以南乡灌庄、东乡社村、南隅河淤等处地租，以及东良甫地方、西门房基等收入"以作塾修脯之用"（所引同上），办学经费得以保障。光绪二十五年（1899）起，义塾由泰安名士王价藩主持长达14年。民国七年（1918），邑人范明枢于醴泉义塾旧址创办女子小学（县立第二女子高级小学校），十八年（1929）有在校女生145名。二十二年（1933），学校与天书观县立第一学校合并为县立师范讲习所附属小学。

马铭初老先生曾就读于当时的师范讲习所。据其回忆，学校分东、西两大区域。其东为四进院落，其中第二院月台上有正殿7楹，三、四院月台上设正殿5楹（均改作教室）。其西为三进院落，前为千秋院、梧桐院，后为两个大四合院。其东即天书观旧址，其西即泰山书院旧址。

西关七

由财政厅街东段（财东街），沿天书观西侧向北有一条长街，名**清真寺街**。

原清真寺街比今天所见要长许多，南起财政厅街，北段逐渐东偏斜至奈河北大桥（今泰山大桥）西南一带。原为两街，南段旧名纸坊街，北段旧名青龙街，民国三十五年（1946）以街西清真寺合称今名。1966年曾名中胜街，1982年恢复今名。因通建东岳大街，南段拆除，北段取直拓宽与岱宗大街接。

作为老区，清真寺街两侧又形成诸多胡同巷道。街东自南而北依次有张家胡同（社区8号楼南侧）、陈家胡同（社区10号楼北侧）、白家胡同（社区清真寺对面）、许家胡同（社区18号楼北侧）等。各胡同自清真寺街向东至奈河西岸，长短不一，均因住户姓氏命名。在张家胡同中段，8号楼东侧，有一条南北向的巷道，因多王姓住户，名王家园。

街西也有不少街巷。

清真寺南，有一条**八卦楼街**，东西折南走向。东起清真寺街，沿3、4号楼南侧至楼西头，又南折至今泰建集团大楼一带。

再西，原有**过街楼街**，南北走向。由今城建档案馆向北，后并入物资小区，拆建为居民楼。

清真寺南，原来还曾有一处**米家胡同**，又称米家园，由清真寺街向西南折至原劳动大厦北侧。

又有**杨家园**，大致与路东张家胡同相对。

再南，则是一条东西偏北走向的**教场后街**，因前临教场街得名。其街东起清真寺街，向西依次接由北而来的米家胡同、八卦楼街、过街楼街，其西首大致在今城建档案馆一带。

以上诸街巷，中华人民共和国成立后以**清真寺街**为主，组建为中胜村，属泰安县一区泰山公社三胜乡；街面住户以沙、王、杨、陈、米、文等姓为众，另有马、白、金、韩、许、李、高、魏、于、樊、丁、弭、法、侯等姓人家。

今除清真寺街还正常使用外，其余或并入社区，或因东岳大街扩建拆除，或为沿街建筑占堵。因格局繁杂，除当地老者还能记其大略，已难得其详。如用作街名的八卦楼，据周郢教授讲述，抗战时期仍存，被日军用作慰安所，其家舅幼年时曾亲见。再如过街楼，委泰安市钟表眼镜行业协会会长王中华先生询其曾居于此街的老同事，也说没见过此楼，好像有一个废弃的"楼茬子"；此处又或为玄帝庙旧址。同时，由于采集不详，上述街巷建筑难免误记漏记，仍待修正。

清真寺街仅存的古迹为**清真寺**，坐落于街道中段路西，东向；又称西寺，与奈河东北新街清真寺（东寺）相对应。

清真寺街片区俯瞰　徐勇摄影

寺创建于元代。明万历己未年（1619）扩建大门、二门。明天启四年（1624）、清同治年间重修。民国元年（1912）改作初级小学校，称清真小学。学校先由于锡福、杨茂周创办，后废弃；再由米凤亭自民国十六年（1927）新建校舍，继续开办教育。中华人民共和国成立后恢复为宗教场所，1985年重修。

寺占地5300余平方米，总建筑5000余平方米。寺内建筑有大殿、讲堂（南、北）、水房、配房、寺门（前、后）等60余间。主体建筑为后窑殿，面阔5间，与窑屋、卷棚连为一体，富丽堂皇，为泰安城回族重要教务活动中心。今寺内仍存明万历己未年（1619）"清真寺"额、明天启四年（1624）《来复铭碑》、清乾隆二十四年（1759）及同治年间《重修碑》等碑刻7通。

清真寺街为徐晃故里。

徐晃（1914—1984），原名许焕国，曾名许友三、许一民。幼年家贫，苦力读书，早年就读于泰安省立第三中学。"九一八"事变后，徐晃作为泰安学生南下请愿团成员，并担任宣传队队长。1933年考入北平西北高中。1935年加入中国共产党。1936年夏考入北京大学。"七七"事变后返回泰安城参加泰安县抗敌后援会工作。之后按照组织安排辗转各地开展党的工作。1954 年后从事外交工作。1981 年起出任驻秘鲁大使。1984 年因病在秘鲁去世。

清真寺今貌

再回至财东街，原清真寺街南首西口。这里早先有一条错落的短巷，因姓氏也称**米家园**。

米家园西，为省财政厅驻泰安城时的办公住所，在今农业银行宿舍一带。财政厅入驻前，此处曾是**张培荣公馆**。

张培荣，字耀臣，河南驻马店正阳县人，曾任兖州镇守使。张培荣本人并无多大建树，所任镇守使也就是师旅长级别的军事将领，却因其于泰山所建无极庙和长寿桥，成为泰山文化中不得不提及的人物。

张培荣任兖州镇守使的时间为民国十二至十七年（1923—1928），约 5 年的时间（其中第一年为曹州镇守使兼代）。其间，其不但在济南置有私邸大院，在泰安小西关也建有公馆。

张培荣夫人侯素敏，字淑泉。张培荣初任兖州镇守使，适逢侯氏"四旬初度"（民国十三年《创建百丈崖长寿桥碑记》），"每入山进香过百丈崖，辄虑其险，因梦圣母现相屹立崖上，觉而金光璀璨，如在目前"（所引同上），乃焚香发愿建桥以利行人。遂以张培荣部属所上寿金 1800 余大洋，在百丈崖上倡建长寿桥。又在竹林寺旧址建无极庙，以祀金母。两项工程同期进行，翌年告竣。现无极庙为山东省重点文物保护单位，长寿桥则成了全国重点文物保护单位。无极庙建好后，侯氏取法号芳缘，自任住持，故又称侯芳缘。

侯氏所为无疑得到张培荣的大力支持。张培荣甚至率领部属官绅，对侯氏顶礼膜拜，尊夫人为"无极真人"。此外，早在民国八年（1919）前后，张培荣便于长寿桥附近置山地200余亩以为林场，又在长寿桥西北建张氏祠堂，还将其父的墓址选在黑龙潭水库附近，以作长久计。然世事难料。民国十四年（1925），张培荣率部接受主政山东的奉系军阀张宗昌的收编，成其部属。十七年（1928），北伐军进兵山东，讨伐张宗昌部。张培荣兵败，弃家逃亡，自此下落不明。侯氏也无法在无极庙安身修行了，遂蛰伏于济南公馆。为保住身家性命和财产，侯氏将济南公馆改为佛堂，名菩提寺，率领家眷出了家。泰安张氏公馆遂被国民政府没收，作为财政厅办公住所。

由财东街再西，人口繁集，南北形成诸多长短、形制不一的街巷。据当地老居民王建军、申立顺、曹振儒等老人回忆，大致得其原貌。

财东街北原有郝家胡同，又名郝家园。其南起财东街财东社区8号楼东头，向北不通一段，时因多郝姓居住得名。

郝家胡同西为王家胡同。其为南起财东街财东社区8号楼中部，向北不通一段。

王家胡同西为牛角胡同。其南起财东街，北行西折，又北行西折至教场街，因弯折如牛角，故名。街南居民又呼之为"北胡同"。对照旧图，与所标注"东教场胡同"方位走向一致，则"牛角"实为东教场胡同别称（但为当地居民所否）。胡同南首早先生意兴隆，路西有连升旅馆，路东有王家客店。上山进香、进城办事的旅客常在此落脚歇息。

再西有秦家胡同，原名王家园。其为一南北短巷，后秦姓居多，故名。

▍街巷旧影 ［美］迈耶摄于1919—1924

又西为徐家胡同。其南起财东街，向北经财东小区3、5号楼，再折西与教场街接，因多徐姓居住得名。此胡同实为旧图所注"西教场胡同"（同样为当地居民所否）。

以上诸巷道均并入财东社区，改造为居民楼，名亦弃用。

财东街南侧，则有申家胡

同，隔街与牛角胡同错对。其由校场小区 3 号楼（今属财源小区）向南，长约 200 米。胡同因申姓居住名（民国旧图标注以"申"为"沈"，此注），部分巷道仍依稀可辨（有老户仍使用此称谓）。胡同里原有一位名人申配行，银行家、留学生，据说曾为王耀武的财政总管。

申家胡同南首西侧为**白家园**，白家园西为**夏家园**，再西有西白家胡同，均以姓氏名。

以上诸巷道均并入财源小区，多数被拆建占堵。

财政厅街南还有一条**官胡同**。当地居民传言胡同内曾出过官爷，故名。关于位置，一说北起今财东街西段，由今校场小区 6、8 号楼间向南至财源街一段；今并入校场小区，北段仍存，南段老巷为居民楼占堵，新巷东折向南至财源街。一说由今财西街东首路南 12 号居民楼（今属财西小区）向南一段，今无存。当地老者各执一说。前说名称仍被使用，后说与民国二十年（1931）《泰安城市图》标注相符。阙疑。

再西，至财东街西首，有一条南北街，即名称仍在使用的**教场街**。

教场街因清雍正年间泰安营练兵于此得名；中华人民共和国成立后，以该街为主组建为西胜村，属泰安县一区泰山公社三胜乡，故此街也称西胜街；"文革"时改为全胜街；1982 年恢复"教场街"之名；1992 年又改称教场路，是为泰安城"东西为街、

教场街今貌，与东岳大街交叉口向北

南北为路"的命名原则，但在老居民口中仍是"街"。中华人民共和国成立前后，街面住户以刘、徐、魏、张、赵姓为众，另有米、朱、黄、李、郝、岳、沙、王、崔、吕、胡、宿、乔、景、毛、董、郭、车、樊、孟、鲁、翟、周、段、鞠、裴等姓人家。

关于"教场"与"校场"，作为街路名称，官方习惯于前者（民国二十年《泰安城市图》便标注为"教场街"）；但作为地名，当地居民似乎更喜欢"校场"称谓，有古意，就连驻地社区牌匾也标识为"校场社区"，以示与"教场"的不同。还有的居民称"校场子""校场门"，代指此街区。作为区别，文中作街路名引用时依"教场"，作地名引用时依"校场"。

早先的教场街并不长，无论是长度还是宽度，要比现在的短得多。根据民国城区图及当地居民回忆，此街初为教场后街至财政厅街的一段。其北，中华人民共和国成立初还是一片荒地。有处河湾，称教场湾；因蛙声聒噪，又称作蛤蟆湾。1984年向北拓宽岱宗大街至财政厅街路段；1991年向南拓延至财源大街路段；1992年再向南延展，将西更道并入其中，延至今灵山大街，全线贯通，形成现在的教场街。

校场也称**演武厅**，是旧时操练、武试和举行军事汇演的场所。当时的校场有多大，暂无相关资料。据当地居民讲述，在今教场街和财源街交会口，原有一大石牌坊，呼作"校场门"。未知是否属实。若果真为校场南门，则原校场南北长度至少北起今东岳大街，南至财源街的距离。校场在清雍正年间还正常使用，至乾隆四十六年（1781）署参将薛廷起、知县黄钤以其地狭隘，率先士伍，捐资改建于南廓外，于南关另置校场（演武厅）。成书于嘉庆十二年（1807）的《岱览》在提及此处时记作"故校场"，可知那时已废。只能以地名的形式保留下来，让人至今犹能想见当年金戈铁马的壮景。

旧校场东北有**旗纛庙**。庙于清雍正年间与故校场同建，另置校场后又与故校场并废。旗纛是古代军队里的大旗。古代军事活动祭军牙六纛之神。旗纛庙设于校场，作为军中专祭之所。祭礼分师行祭祀和岁时祭祀，仪式隆重，由武官戎服率众行祭。据《大清会典》，每岁九月初一行祭，后改为惊蛰霜降日行祭。（据道光《泰安县志》卷之七《坛庙》，第13页）

与旗纛庙相对应的是**马神庙**，约在旧校场西南的位置。内祀马神，配享水神和草神；也是定期祭祀，形式与旗纛祭礼相仿。

废弃后的校场在很长一段时间内成了庙会举办地。由于泰山香会时间长、游客多，除在岱庙周围集中举办外，还会另设"分会场"。"农历三月二十八日是东岳大帝的生日，另外一场宏大的庙会将在西城郊举行（岱庙及城内的庙会正在举行），那时候会有牲口、农产品和农村生活必需品的交易。"（英国传教士慕阿德1908年见闻录，见《泰山编年通史》卷下，第1340页）

此处更为重要的文化遗留是**博罗欢墓**遗址。

清人聂鈫云："（西溪）溪水东折迳元忙兀博罗欢墓北，俗称'土公土母'。"（《泰山道里记》，第38页）又清人唐仲冕《岱览》云："元泰安王神道，在郡治西北三里许，故校场南。泰安王者，莽果博尔欢也。有丰碑，螭首龟趺，穹高屹立。碑北里许有大冢，俗称'土公土母'坟。"（卷十六《岱阳之西下》，第2页）其他诸如清人宋思仁《泰山述记》、清人孔贞瑄《泰山纪胜》均有大致相同的记载。按前二公的记述，一是博罗欢墓神道。按唐氏载，在故校场南，且有丰碑，即神道碑。此碑即《大元太师泰安武穆王神道之碑铭》（以下称《神道碑》），姚燧撰，记博罗欢生平事迹。其形制巨大，螭首龟趺，碑高739厘米，凡3684字。清末龟趺完然，碑则横断仆地，碑阴文磨灭，无一字可见（据说碑仆地时阴面向上，当地多庙会等群众性活动，人们常踩踏其上，故不留一字），阳文亦多漫漶不清，所幸被志书收录。碑于1979年移置于岱庙配天门东南侧。据校场社区老者讲，碑在移走之前，位于财东街西首以北，今弗尔曼大酒店（齐鲁银行）西邻。据此，即使后来有所移动，碑址也应在附近一带。二是博罗欢墓。聂氏称北有西溪水经过，也就是在奈河南。唐氏称在"碑北里许"，二者所指方位一致。按上述神道碑的位置，向北约1里，在今山东农业大学北部，其东北正有奈河水自山峡奔流而下，此处正是博罗欢墓址。三是关于居民所指"校场门"。推测其应是神道门，立于神道南首的石牌坊，而非故校场牌坊。综上，当年的博罗欢墓规制宏大；其神道南起今财源街，沿今教场街北上，一直到今山东农业大学院内；南北间距比旧泰安城还要长。作为臣子，也就是元人才有此规格。随着朝代更迭，加之城市扩建，其墓址很快便被剔除，代之以寺庙、校场、民居等。至清初，惟余石门、石碑及被呼作"土公土母"的大土堆而已。

忙兀博罗欢（1236—1300），"忙兀"为蒙古族的一个部，以部为姓氏，名"博罗欢"，也有文献记作莽果博尔欢。其曾任光禄大

《大元太师泰安武穆王神道之碑铭》，今存岱庙

夫、江浙行省平章政事等，累赐推忠宣力赞运功臣、太师、开府仪同三司、上柱国，加封泰安王，食邑二万户。博罗欢为畏答儿（蒙古大将）曾孙，出身世家，16岁为本部札古忽赤（断事官）。其天性忠义，勇有智略，平居以国事为忧，逢战必身先士卒，所获财物悉与将士，在从元世祖忽必烈对内部征伐和对南宋用兵中战功赫赫，深得忽必烈赏识与褒奖。元大德庚子年（1300），博罗欢卒于临安寓舍，葬于檀州西北太行山，谥号"武穆"，世称泰安武穆王。（据《元史》卷一百二十一《列传第八》《神道碑》，《岱览》卷十六《岱阳之西下》）

泰安之所以有如此规模的墓地，唐仲冕云："好事者为之也。"所谓"好事者"，是指博罗欢的3个儿子。"先公三宿坟莽矣，其忠以事国，孝以绳家，光大而雄伟者。不及今焉镌之金石，将日远日忘，奚以示遗胄于无穷？"（《神道碑》）乃于元延祐四年（1317）在其封地泰安再造墓林，立碑以为永久。后来的事情，也是前人所未能料及的。

▎泰安武穆王祠碑，今存岱庙

博罗欢墓东有**博罗欢祠堂**，在今山东农业大学东院（原泰安水利学校北部），同创于元延祐四年（1317）。祠久圮，《大元太师泰安武穆王祠碑》仍存，1979年移置岱庙炳灵门外南侧。

博罗欢家族笃信佛教。其女伯牙伦选择在泰山东麓、今祝阳镇二王庵村出家为尼。民国《重修泰安县志》云："二王庵在县东十里，祝山东

▎2005年左右的财西街，市档案馆提供

三里余，故址仅存。庵西有元至正十三年（1353）碑，螭头龟趺，峙然特立，文略可读，系叙泰安武穆王女为尼于此。"（卷二《坛庙祠宇》，第 69 页）

由财东街过教场街，往西便是**财西街**，为财政厅街西段。

财西街处于旧校场的位置。校场弃用后，为民居所占，形成许多街巷。

官庙街，在财西街东首路北，至今大唐凯悦酒店附近。其用名不详，或因西面三官庙，或因旧校场内旗纛庙、马神庙。

贾家园，在官庙街内，以多贾姓聚居名。

马家胡同，在官庙街西，以多马姓聚居名。

周家楼，在马家胡同内，应为周姓宅院建筑，至中华人民共和国成立前尚存，并作为地名使用，为当地所乐道。

以上四街巷今已并入财西小区，拆建为居民楼。同时由于采访等缘故，此处街巷建筑或有挂漏误记。

财西街中段，旧有一处**三官庙**。庙创建于明嘉靖元年（1522），祀三官；隆庆四年（1570）重修，中华人民共和国成立初仍存；中华人民共和国成立后因城区扩建拆除。另外还有一处**三义庙**，大殿 3 间，具体位置不详。（见泰山区档案馆土地房屋所有证资料）

清光绪三十二年（1906），有邑人王价藩、马芝峰等在三官庙创办**宣讲所**，用以宣传朝廷及地方政策，教化民心，开启民智。（据《泰山编年通史》卷下，第 1329 页）

王价藩（1865—1934），字荩臣，又字建屏，号退轩，世称退轩先生，祖籍四川成都。其父于咸丰初年卜居泰山下，遂为泰安人。王价藩早年投身教育和社会事业，晚年专注于地方文献搜集整理，以"知退轩"为书斋名，以"仅好书斋"为藏书室号，藏书达 8000 余册，"泰山书之罗致，邑中藏家，殆无能及者"（《仅好书斋藏书记》）。平生所著 17 种、60 册。

王价藩子王亨豫（1890—1948），字次通。其继先人遗志，致力于乡邦文献的搜集整理，重刊康熙十年《泰安州志》4 卷，资助徐守揆校印《石祖徕先生集》，接力亡友侯仲楠校印《孙泰山小集》，并将父子两代经 40 年搜集的泰山文献编抄成册，合辑为《泰山丛书》，凡涵书 40 种、110 卷，并于民国二十五年（1936）刊出《泰山丛书》第一辑（4 种），为泰山文化的发掘、研究和保护做出卓越贡献。王亨豫平生所著 30 种，传世 12 种。

财西街西段，向北至今东岳大街南，有一条胡同名**平安巷**，原名贫民巷。巷长约 140 米，居住者多为在火车站出苦力的雇工贫民。近年对街面进行改造，旧街貌不复存在，巷名仍在使用。

在校场北，原来还有一条东起教场街北、向西斜北的土路，名**教场西街**。

教场西街东段、约今青少年宫东部一带旧有**桃花庵**，当地又称尼姑庵，祀桃花姑姑，香火旺盛。院内原有6棵直径一米多的古柏，中华人民共和国成立前被驻守泰安城的国民党保安军砍伐。

桃花庵西有**元君行宫**，又称泰山行宫，俗呼娘娘庙，位于今青少年宫西部一带。宫创建于明隆庆五年（1571），州守翟涛倡建。有《修建元君行宫碑记》，翟涛撰文，萧大亨篆额。起初庙制狭隘，地处荒僻，仅一室一隅而已。"其中元君，东斑疹，西子孙。"（明《修建元君行宫碑记》）然此庙位于城西入城的要道上，四方走集，"一凡登岱进香悉由于此"（所引同上），进山祈祷的香客先在此礼拜，常年香火旺盛。清乾隆四十八年（1783），郡庠生魏从周等首倡重修，增建醮棚5间，并月台、影壁等。时任

▎社稷坛社主，今存岱庙

教于泰山书院的唐仲冕题额并撰《重修元君庙碑记》（邑庠生郑鸿渐、尚继琏书丹）。碑有云："遥瞻仙云灵怪，朝夕百变，时缭绕于堂殿炉烟之外，则安知金丈翠葆，不与天风冉冉俱下乎？"一时为城西胜景。民国年间庙毁。据当地居民讲，中华人民共和国成立初仍见残址，周围为黄土。明人翟涛《修建元君行宫碑记》和清人唐仲冕《重修元君庙碑记》两碑仍存，20世纪80年代移置岱庙天贶殿东侧。

元君行宫东北为**社稷坛**，在今体育中心一带，创建于清雍正年间。社稷，是土神和谷神的总称。社为土神，是决定风调雨顺的丰收之神。稷为谷神，为五谷之长，农业之神。土地和农业是国运的根本，"社稷"便成为国家的代名词。据《大清会典》，每岁以春秋仲月上戊日祭邑社之神及邑稷之神。"社用石主，半埋土中；稷用木主。"至迟在道光年间俱用木主。"今祭祀俱以木主，及供设、矮案、坛壝北向为异。"（道光《泰安县志》卷之七《坛庙》，第2页；民国《重修泰安县志》卷二《坛庙祠宇》，第61页）道光年间因乡民取土铲挖，坛址损毁严重。道光八年（1828），知县徐宗干将社稷坛交付地保管护，严禁随意损坏；时有柴兰皋记碑（今移存于岱庙大殿东侧）。民国年间祀废。今岱庙炳灵门外北侧存有原社稷坛"社主"，又称"石主"，八面柱体，通高190厘米，每面宽47厘米。

娘娘庙稍西为**雷神庙**，置殿3楹。雷神是主管打雷的神，传说中其形象神通各异。《山海经》中传其生于古雷泽，龙身人头，鼓其腹则雷。（据《海内东经·第十三》，第16页）汉代始立雷公庙。唐代每祀雨师，则以雷师同坛。泰安雷祖像初奉于岱庙三茅殿，后移奉于雨花道院。"因为驿馆，而障以屏，非所以妥神也。"（［清］柴兰彖《新建雷神庙碑》，见《岱粹抄存合编》上卷二《记述》，第41页）清道光三十年（1850），经"道纪禹贞文请于邑侯徐公"（所引同上），移奉于此。

以上诸庙宇，今均无存。

西关八

由奈河向火车站方向，在南面与财政厅街并行的，还有一条街道——**财源街**。其东起下河桥，西至小桥子（哑巴桥）与车站街对接。相对于其他古街，财源街应算是一条因津浦铁路开通而迅速发展起来的新街。

清末，老财源街这片地方仍是一片荒凉，散落着不少坟场林地，只有少数农户居住，以种菜为业，开垦出一些菜园子，故名菜园街。清宣统二年（1910）十一月，津浦铁路泰安段建成通车后，这片沉寂的土地变得热闹起来。四方民众辐辏而至，大小商铺纷纷开门纳客，很快便发展成一条繁华的街市。中华人民共和国成立前后，街面业主居民以黄、张、王、李、刘、孙姓为众，另有梁、程、袁、向、梅、郭、田、姜、赵、卢、马、尚、叶、尹、蔡等众多姓氏人家。

当时街面有协祥酱园、文晟当铺、五州当铺、同聚粮栈、利泰号杂货铺、李安长杂货铺、立泰酱园、茂盛油坊、心中乐饭店、新华药房等知名商号。据今人王中华考证，中华人民共和国成立前，这里还有"亨得利""美华""泰记""庆记""亨得祥"等钟表眼镜商号。"亨得利"商号现仍在使用，位于今财源街西段路南（今财源街与教场街交会口西）。

"协祥"是泰安老字号。其位于下河桥西财源街路北，今财源街三源家电商厦址，以经营酱园为主业。店初创于清道光年间，由泰安省庄柳杭村廪生张清松、武秀才张清桂兄弟二人发起，后邀请张清松同窗、泰安省庄羊楼人梅氏加入。酱园以"齐心协办、吉祥高照"，取名"协祥"，逐步发展成为泰安城著名商号，是后来的泰安酱菜厂的前身。

文晟当铺是泰安城最大的当铺。当铺于清光绪年间由高唐县尹集村郝敬堂创建，时有五六进的大院落。其南大门朝向财源街，院后墙背对小西关街（财政厅街），房屋百余间。大门分3层，最南是铁门，向里为棂子门，再北为木门；门内迎门墙上大书一"當"字。前院为柜房（当房）院，正中有前出厦大瓦房5间；向北为厅房院；再北为号房（放当物）院等。当铺常年从业人员60余人。民国二十六年（1937）日本人侵时停业。

"五州当铺"则是日本人佐藤夫妇开设的一家洋当铺。该当铺开办于民国二十七年（1938），当时泰安已经沦陷于日军。靠着日本人的背景，当铺以典当为名，从事放高利贷、贩卖毒品、承办征收屠宰税等业务,干了不少坑害泰安城老百姓的勾当。该当铺于民国三十四年(1945)关闭。

心中乐饭店同样有名。民国年间,有安徽籍苏姓在财源街经营天津包子铺。由于经营有方,逐步扩建为饭店,名"心中乐"。"公私合营"期间,饭店改为国有。"文革"期间改称工农兵饭店,后仍复旧名。20世纪90年代,在原址建心中乐大酒店,成为当时的地标式建筑。今名称仍在使用。

随着街面的日渐繁荣,"菜园"已是名不符实。时由街上田兴旺、秦凤梧等商户发起倡议,以谐音改为"财源",取"财源茂盛"之义。"文革"期间曾易名为红卫西路,1980年后复名财源大街(比原街名多一"大"字)。由此,财源街犹如泰安经济建设中的一股源头活水,伴随着街道的不断拓展延伸,一度成为一条著名的商业街。现正改造中。

正在建设中的财源街财源门,泰山摄影俱乐部摄影

老泰安城典当银钱业小记

典当机构为当铺,又名当店、押店等。中华人民共和国成立前,泰安城主要有:文晟当铺;普昌当铺,创设于清光绪十五年(1889),创办人黄县丁家,地址

在城南关，不久倒闭；裕鲁当铺，创设于民国二十一年（1932），系济南裕鲁当铺分铺，地址先在城西门外登云街，后迁南关，民国二十六年（1937）停业；五州当铺。

银钱业随工商业发展而兴起。主要机构为银号，亦称钱庄、汇兑庄、放账铺、钱铺、兑换店等。其在老泰安城以升平街、二衙街、大关街最为集中。主要经营存、放款业务。存款主要来自政府财税收入和商贾豪绅私财，放款主要针对油粮、棉布、百货、山货等实力商户。民国前期较为繁荣，中后期由于战乱特别是日军侵占泰安城后，难以为继，纷纷倒闭停业。民国元年（1912），政府组建中国银行，继之成立中央银行、交通银行、中国农民银行等，由官办到官商合办，逐步替代了钱庄银号。中华人民共和国成立前的银钱业机构主要有：久大成银号（西门里）、志诚银号（西门里路北）、协昌银号（西门里路北）、泰茂银号（西门里路南）、裕和银号（西门里）、天泰银号（二衙街北头）、震东银号（二衙街）、天兴公银号（二衙街路口）、泰兴银号（二衙街南头路东）、永兴银号（二衙街南头路西）、谦孚银号（亭子门首）、裕丰厚银号（亭子门首）、乾亨银号（亭子门首）、蚨园银号（大关街西头路北）、松泰银号（大关街路南）、善成银号（大关街路南）、泰丰恒银号（大关街路北）、福聚银号（大关街）、泰记银号（大关街路北）、洪（鸿）增源银号（大关街路南）、裕茂银号（大关街）、元亨银号（大关街）、泰元银号（大关街）、东兴银号（大关街）、福源银号（大关街）、隆祥银号（大关街）、泰源银号（城南关）、裕大银号（地址不详）、裕泰源银号（位置不详）、公义银号（位置不详）、永春和银号（位置不详）、元丰银号（位置不详）、东记银号（位置不详）、广信成银号（位置不详）等。现代银行性质的则有中国银行泰安汇兑所（创设于民国四年，民国七年被裁撤）、山东民生银行泰安办事处（民国二十一年设在泰安城西门里县财政局内，与县金库合署办公）、交通银行泰安办事处（民国二十五年在财源街路南同聚栈设临时办事处，翌年改正式办事处，同年十月份撤销）、山东银行（大关街），济南伪鲁兴银行泰安办事处（民国三十二年设于西升平街路北，三十四年被撤销）、北海银行泰安联合办事处（初设于民国三十七年，后与北海银行泰山一支行合并，改建为北海银行泰安支行，由莱芜迁泰安城财东街，中华人民共和国成立后改建为中国人民银行泰山支行）等。

银洋与铜钱可互兑。可兑换的银洋有济平色银、立人洋、北洋洋、龙洋。市值每元可兑铜子1400文左右。英洋不通用。小洋，如江南、广东等省小洋绝对不用。钞票，唯山东银行钞票通用，外省各银行钞票不通用，仅车站可兑现洋，而且要打九折或九五折。

（上述据1988年《泰安市金融志》、民国二十三年中国实业部国际贸易局《中国实业志·山东》、民国十八年胡复君《泰山指南》等资料）

老财源街西段向北有一条**大车档街**。其南起财源街，北至财西街，长约160米。此街原名大车道，因往来车马聚集，多马车店（旅店）；又因住户多以在火车站拉车运货载客为业，故名。后演化为大车档。由此街中段向东南斜出一无名胡同（1993年拆除），所成夹角形如裤裆，当地人又戏称此街为"大车裆"，亦为一说。今向北延长至东岳大街交通银行南面，改称大车档巷。旧时车马行人多经由此街；特别是津浦铁路通车后，往来客商如流，甚是繁华。

作为载人工具，至民国年间，轿子主要用于游客上山（称山轿、山舆等，俗称轿篮子、滑竿等，多以绳网为椅，木板支背，有别于传统轿子），洋车和一种自制小车（俗称"推车子"）逐渐成为山下交通工具。洋车又称黄包车，可按时计算，也可按里程计算。按时，每小时现洋一角。按里程，自车站至城内中心现洋一角，至城北玉皇阁一角五分，至王母池两角。自制小车档次逊于前者，由车站至城中心京钱二百文，至玉皇阁或王母池现洋一角。（据胡君复《泰山指南》，第41、48页）

民国时期的人力出租车　［美］甘博摄于1919年

民国二十八年（1939），当地建有**大众剧院**，具体在大车档街和财源街交会口东北处，又称大车档剧院、大车档戏园子等。此为当时老泰安城最大的演出场地，场内可容数百人同时观赏。一时名伶荟萃，国内当红艺星常来此演出。中华人民共和国成立后，大众剧院改为泰安剧院；1960年改放映电影；"文革"期间更名为红卫影剧院；1990年复称大众影剧院；街面改造时被拆除。

大车档街旧貌，李鹏提供

大车档街今貌

2010年改造中的财源街和大车档街，泰安市档案馆提供

大车档街旧有**王耀武叔父宅第**，原在街南段路东。宅主人很可能为王耀武堂叔王进生，早年王耀武曾随其赴天津谋生。宅院原有二层小楼（面阔4间），南、北堂屋（面阔6间）等建筑。2013年仍能见二层小楼，之后被拆除。

中华人民共和国成立前后，大车档街面上的**铭德池澡堂**也很出名。澡堂原名天兴园，"文革"后改为大众浴池，后因街面改造被拆除。

大车档街南首路西原有**关帝庙**。

大车档街北首路西原有**火神庙**。民国初年，道会门安清道义会（简称"安清道"或"安庆道"，又名"在礼""三番"，清末传入泰安）在该庙内设立惠得堂办公处，广募道徒。入道者多为地痞流氓一类，通官结匪，鱼肉乡里，百姓苦不堪言。日伪期间，该道又投靠宪兵队和伪政府，甘当日伪特务。民国三十一年（1942），在伪县长江楚杰的支持下，该道又在城南万寿宫设立分会，下设6个支会，道徒1300余人，散布于城乡，无恶不作。1951年被人民政府取缔。（据《泰安市泰山区军事志》第二篇《军事组织》，第208-209页）

由此再北向西，原是一条官道。道侧设有**感恩坊**、**接官亭**。每逢京、省官员来泰安，泰安府、县专人在此恭候，迎于亭内寒暄小歇，而后一路鸣锣开道，向东进城。

财源街西段向南还有一条胡同，当地称**南胡同**，在原财源小学东侧，向南至车站街以东。今已拆建为居民回迁小区。

老财源街西口有**后马路**。此路向西通火车站，为一条土路，因处在车站街的北面，故名。早先马路两侧还是一片荒坡野地，民国十七年（1928），马鸿逵曾于此建练兵场。"七七事变"后，这里筑为简易公路，可直通火车站。1980年后随着财源街的改造扩建，将后马路及下河桥东的元宝街、太平胡同、南海子街诸街巷先后并入其中，一直延伸至东湖，形成现在东起虎山路，西至火车站，南北与虎山路、通天街、青年路、教场街、龙潭路等交会的财源大街。

老财源街西首隔**小桥子**与车站街对接。

小桥子为一单孔石板漫水桥，是老财源街、车站街的交会点。中华人民共和国成立后还由此修一条路通官后门街，作为当时泰安汽车制配厂的专用运输通道。当地又称此桥"哑巴桥"，传为一哑巴叫花子靠乞讨捐建。行善济世，不论出身，其精神世界堪比武训。

车站街东起小桥子，向西至火车站立交道，长约500米。其初名兴隆街，取商业兴隆之意；后因津浦铁路泰安站的开通更今名。中华人民共和国成立前后，街面业主居民以陈、杨、张、王、孟姓为众，另有霍、韩、齐、林、赵、徐、相、沈、金、靳、田、

1979年的车站街市场，泰山摄影俱乐部提供

车站街今貌

卢、闫、孙、马等众多姓氏人家。此街占地理之先日渐兴盛，店铺鳞次栉比。粮栈有"生明""恒昌"，钟表眼镜店有"西记""昌记"，饭店有"桃园春""异兰芳"（中华人民共和国成立后新迁）等知名商号，日夜喧嚣、繁华一片。

"桃园春"是老泰安城人难以抹去的记忆。其初建于民国二十九年（1940），处车站街与财源街交会口，以一家四合院经营。中华人民共和国成立后"公私合营"；1958年青年路修通后迁至今东岳大街和青年路交叉口东南角，曾更名向阳饭店、东方红饭店；20世纪80年代仍用原名；2000年前后仍见以此字号经营；今门面改为麦当劳快餐店。

"异兰芳"也是泰安城一家老字号饭店。其原在大关街西首、今华侨大厦址，始建于民国十七年（1928）。当时山东省政府在泰安组建，泰安城是全省的政治中心，来往官绅名流不断。作为新开张的"现代"酒楼，异兰芳深受上流人士的青睐，生意红火爆棚。中华人民共和国成立后，该店迁至车站街与财源街接合部，另起二层小楼，饭店旅馆兼营；"公私合营"后改为国有；"文革"期间更名为东风饭店；又改为泰安饭店；后因财源街改造拆除。

车站街东段向南还有一条小巷，有老者呼之**宝龙胡同**，长不足百米，与车站街同被拆除改建。

泰安火车站创建于清宣统元年（1909）津浦铁路铺筑通车之际，翌年（1910）建成。同年十一月十九日，车站开始发车，"泰安旧山郡耳目自此后顿然改观，物质文明日益增盛，交通便利之效也"（民国《重修泰安县志》卷五《路政》，第56页）。火车站初称泰安府站，民国撤府后改为泰安县站，民国三十四年（1945）改为泰安火车站，2000年再次更名为泰山火车站至今。站所位于广场东南侧，由钟楼和站房组成。钟楼6层，高约25米，石构建筑，原置大钟。钟楼下为站房，2层，高约12米，石构建筑，每层8间，长约40米，宽约20米。建筑整体为罗马式风格，屋檐下又刻石斗拱，中西合璧，古朴典雅。

泰安火车站，良友全国摄影旅行团、良友图书公司摄影部记者张沅恒摄于1932年

泰山火车站今貌，泰山摄影俱乐部摄影

20世纪90年代的火车站，泰安市档案馆提供

1927年，中共泰安火车站支部在火车站正式成立。支部负责人有王仲修、张俊发、秦少祥、孙建林等，先后发展党员十余名。

由于铁路开通和转运业的发展，泰安汽车运输在民国开始出现。较知名者有汇通公司（1913年成立）、恒昌泰公司（1921年成立）、悦来公司（1913年成立）等，主要从事货运。还萌生了如生明炭栈之类的"堆栈"组织，在车站街有两处房产（一处有瓦房68间，草房16间，一处有瓦房64间），资本额4000元，以栈租营利，年营业额15000元，以炭、花生米、豆饼、杂粮、小麦、油类为大宗。车站附近还有专以客运为主营业务的石发汽车行，民国二十八年（1939）由德国人石发设立，可通兖州、济南等地。

为适应当地经济和社会发展，民国年间，当局在此设立铁路警察局，维持车站秩序，维护周围治安。

警察局北创办有铁路员工子弟小学，开展铁路职工子女教育。

围绕火车站，其南有**青山街**，沿铁路南东西延展，长千余米。此片原是临近蒿里山的大片荒田水地，多系唐氏物业，因修筑津浦铁路取土成洼地，遂称唐家洼，也称"洞子南"（铁路桥洞子南面之意）；火车站建成后，来此经商置业的人家逐年增多，渐成街巷；因紧靠蒿里山，初名山子根街，后名青山街（蒿里山又名青山）；"文革"期间，该街曾更名为英雄街，1982年地名普查时复名青山街；随着街面不

路工街今存老房

断拓展，20世纪80年代，以铁路立交道为界，分为青山街（今青山西街，东起立交道，西至今泰山大街）、东青山街（今青山东街，西起立交道，东至铁路新村）。中华人民共和国成立前后，街面居民以杨、王、吴、屈、赵、刘姓为众，另有田、朱、张、齐、高、孙、丰、毛等众多姓氏人家。

青山街西为**路工街**。此街原名工庄，以所居多津浦铁路职工名；1982年更今名。街北起津浦铁路，南至今泰山大街，长约270米。原由此街可越铁路通火车站台，后封堵。街面原有铁路俱乐部，今仍存泰安老工务段等建筑。此街今属青山小区。

路工街西为**孟家胡同**。胡同东起路工街，向西南至今泰山大街，长约150米（由胡同向北通原火车站小货场一段巷道，当地也称孟家胡同）。原为荒地，因津浦铁路渐成街落，多孟、王、白等姓住户。早年屈家香油、膏药、炒货较为知名。今西段改造为青山小区。

由火车站向北经大众桥向中天门方向有一条公路，始筑于民国二十六年（1937），由韩复榘部第20师师长孙桐萱捐俸数千元修筑，长约7.5公里。民国三十四年（1945），马伯生在《山东省泰安县建设计划刍议》有云："自车站北行经赵家林（今泰安市中心医院址）、大众桥之道路，原可行驶汽车。"所指应为此路。此路为今龙潭路的前身。"1966年始分段修筑，1978年扩建，曾名大寨路，1982年更名泰山西路，1985年因上有黑龙潭更今名。"（《泰山区地名志·行政区划居民地名称》，第9页）

与老财源街齐名的是**茂盛街**。

茂盛街原名围屏街，俗称斜街，由财源街东段向南，至房家崖头与官后门街交会口，长约190米，整体走向呈反"S"形。当年商家合议为菜园街更名时，取"财源茂盛"之意，"菜园"改"财源"，"围屏"改"茂盛"，故有今名。此街至今仍存。

茂盛街原有**王耀武故居**。具体位置在茂盛街北首向南约70米路西，今轻工业局宿舍址。其规模东西长约100米，南北长约50米。20世纪90年代左右，此处拆建为职工宿舍。

王耀武（1904—1968），字佐民，幼名王哲让，国民党高级将领，也是一名抗日名将。

王耀武生于富裕农民家庭，有兄妹4人，耀武行二。父亲与长兄早逝，由其母一手培养成人。其9岁入本村私塾读书，17岁时因家境窘迫辍学谋生。王耀武先在天津做佣工，再到上海当伙计，并得上海国民党军事高官王哲语（因王耀武原名哲让，认其作同族弟兄）襄助，在20岁时考入广州黄埔军校。之后王耀武在东征、北伐、中原大战中崭露头角，深得蒋介石的信任和重用，年仅40岁便当选为国民党中央执行委员会委员。抗日战争时期，其参与和领导了一系列对日作战，战功卓著。其也有反共的一面，如在第一次国内革命战争期间参与"围剿"红军；在第二次国内革命战争期间，受命经略山东，与解放军先后打响莱芜战役（1947年2月）、孟良崮战役（1947年5月）、济南战役（1948年9月），最终在寿光境内被俘。经过改造，于1964年被特邀为全国政协委员。1968年7月3日，王耀武病逝于北京。1980年7月29日，中共中央统战部、全国政协委员会为其和溥仪、廖耀湘3人补开了追悼会，骨灰安放于北京八宝山陵园。

再南有**弥陀寺**，今亦无存。弥陀即阿弥陀佛，为无量寿佛，光明无量，寿命无量，遍照十方，是西方极乐世界的教化之主，与释迦、药师并称三尊。

茂盛街南首为**宫后门街**，因经灵应宫后大门名。中华人民共和国成立初曾名新街，"文革"期间改称革新街，1982年复今名。

宫后门街东为房家崖头，以谐音讹称"黄"家崖头；又称"上崖子"，为一条由奈河西涘向西长约120米的上坡路段。

宫后门街西接文盛街，为一条由灵应宫西北角向西约百米的路段，街以吉祥嘉言名。

随着城市建设和路面改造，宫后门街、房家崖头、文盛街3街合而为一，统称宫后门街。

房家崖头中段，向南有一深巷，**称刘家园**，又名刘家胡同，今存约60米。当地老者言，此巷原长百余米，向东隔奈河即粮食市街和市场街，巷南口有石砌戏台，每年物资交流大会期间便在此搭台唱戏。今南段已改造为社区居民楼。

宫后门街东段路北有**观音堂**。

观音堂西有**炼魔堂**，又称岱岳禅林，创建于明嘉靖年间。清人聂鈫云："（奈）河西涘为炼魔堂，一名岱岳禅林，嘉靖间主簿州人张思齐同弟思周、思尊（pò）以禳父疾建。有提督肥城李邦珍记。"（《泰山道里记》，第51页）又据旧志云："理发业界相率祀之，不审所据何意。"今俱无存。

宫后门街中段向北，原有**杨家胡同**，北起财源街，南到宫后门街，以杨姓首居名。杨家胡同东有**小场园胡同**，以与东面茂盛街间有片私人场院名。其走向南北西折再斜南，居民以家族的形式围住在一起。其间又有数条小巷。今已全部拆除重建，各胡同巷名亦被弃用。

宫后门街大槐树

宫后门街向南，有**东更道**、**西更道**左右分列，分至今灵山大街，各长约 300 米。两道为旧时夜间打更所经之路，故名。东更道中华人民共和国成立后曾名东更新街，后复原名。中华人民共和国成立前后，自东更道向东至奈河居民以霍、刘、赵、李、张、左、朱、郭姓为众，另有孙、宋、韩、石、卢、郑、何、马等众多姓氏人家。今东更道北首仍存古槐 1 株，枯水井 1 口，仍可见残旧老屋。中华人民共和国成立后，西更道更名为更新街，也称西更新街，原居民以孙、李、张、秦、刘、牛、萧、巩等姓为众，另有赵、王、周、何、陈、董、黄、怀、苏、朱、宋等众多姓氏人家。今西更道路面因教场街向南扩建并入。

东更道仍存老房子

原西更道北段西侧有一条与之并行的街道，名**西新街**，应是民国年间津浦铁路通车后新建居民区，其中有迁来居住的筑路工人。后街名弃用。

原西更道南段，有一条南北偏西的巷道，也称**斜街**。其东北起原西更道，西南延至津浦铁路线附近，房舍错落，甚至有的是临时搭建的"工棚"。

东、西更道之间为灵应宫，俗称铜庙。（据庄俞《重游曲阜泰安记》，见胡君复《泰山指南》，第 61 页）

泰山碧霞元君有上、中、下三庙。上庙为岱顶碧霞祠，中庙为山麓红门宫，下庙即此城南**灵应宫**。

灵应宫今貌俯瞰　徐勇摄影

灵应宫南门

　　清人聂鈫记云："灵应宫，元君下庙也。庙创无考，万历三十九年（1611）奉敕拓建，赐今额。有张邦纪碑。其制前后殿庑回廊周密，中为崇台，四门，上起铜楼，号'金阙'。殿宇、栏楯、像设，皆范铜镀金为之。旧在岱巅，其后移遥参亭，复置于此。"（《泰山道里记》，第51页）民国《重修泰安县志》亦云："灵应宫，在社首山东，为元君下庙，明万历中敕建，规模宏敞，有张邦纪碑记。前后殿各五楹。前殿于民国五年（1916）毁于火，融化铜像二尊。现存元君铜坐像及由天书观移来九莲、智上两菩萨铜像，并铜站像八尊。南有崇台，上为金阙，栋宇栏楯及坐立各神并范铜镀金为之，万历时钦造。旧在岱顶火池之上，后移置于此。今金阙四壁易以木，立像二，移图书馆保存。"（卷二《坛庙祠宇》，第65页）

　　灵应宫原称天仙祠、天仙圣母祠，初创不详。《泰安灵应宫志略》云："父老传闻，系明永乐间道士周思德奉敕创建也，考无实据，故从略。"（《伪山东省公署呈请修葺圣贤陵庙及泰山灵应宫等古迹案》，二史馆全宗号二〇〇五，案卷号245）民国李东辰考："创建于明正德间。"（《泰山祠庙纪历》，山东省博物馆藏李氏手稿）今人周郢进一步考证："灵应宫之创建年代，应不迟于明朝中期。初为皇宫香火院，与内廷关系甚密。万历拓建后日益鼎盛……其初可能创始于明永乐间道士周思德，万历朝大举拓建，入清之后，灵应宫继续获得清皇室之护持。民国初期，清隆裕太后大太监小德张与日伪华北政务委员会王揖唐等次第捐资重修。"（周郢《历史档案中的泰山灵应宫》）

　　明嘉靖年间，灵应宫已颇具影响。天书观嘉靖十二年（1533）铸铁塔（今存岱庙）、岱岳区夏张朱家庄嘉靖二十三年（1544）《重修全真观碑记》（今存全真观旧址）均有灵应宫主持题名。隆庆六年（1572），知州李逢旸与生员张重光等重修灵应宫。万历三十九年（1611）奉敕扩建。此役与万历帝生母慈圣皇太后（孝定皇太后）有关。明人张邦纪在《重修泰山灵应宫碑记》中云："其（天仙祠）殿宇创造年久，修葺未易，非惟狭小，亦底倾颓。圣母（慈圣皇太后）闻之，请于皇上，乃捐内帑金钱修之。于是广大其规摹，壮丽其制度，大殿遵其旧址，而配殿、山门、神库、道房之类，井然咸具，焕然一新。甫兴工而众悦，再阅岁而告成。乃赐额曰'敕建护国灵应宫'。此一役也，始于万历三十一年（1603）三月朔，竣于三十三年（1605）四月十八日。"（[明]张邦纪《重修泰山灵应宫碑记》）落款"万历三十九年岁次辛亥孟夏十八日立"（《岱览》卷二十《岱麓诸山》，第18页）。是年为最终竣工立碑之期。重修后，明廷又于灵应宫内置藏经楼，内眷宦官募铸铜钟一口。

灵应宫，"北京咸侯宫之香火院也"（李东辰《泰山祠庙纪历》，山东省博物馆藏李氏手稿）。据周郢考，咸侯宫或即咸安宫之讹，为明内廷宫室，后来天启帝乳母客氏即居于此。灵应宫出自明廷，与皇宫有密切关联，而犹以万历神宗朱翊钧及其生母为甚。

神宗在位48年，是明朝在位时间最长的皇帝。他给世人最大的印象就是"不郊不庙不朝者三十年，与外廷隔绝"。朱翊钧幼年聪慧，穆宗对他喜爱有加。其母李贵妃又与当时陈皇后关系融洽，以至陈皇后听到朱翊钧的脚步就会心情愉悦。隆庆二年（1568），年仅6岁的朱翊钧被立为太子。隆庆六年（1572），穆宗龙驭上宾，朱翊钧正式即位，改元万历。故此在万历皇帝的背后，有两位皇太后，一位是陈皇后，尊为"仁圣皇太后"，另一位则是他的生母李氏，尊为"慈圣皇太后"。万历对其生母感情甚笃，极尽孝道，即使后来不再临朝，每年十一月慈圣皇太后寿诞，仍要亲临皇极门接受百官庆贺。

万历作为谜一般的皇帝，不断在泰山及周围广有构建，楼殿峛崇，金碧辉荧，号称极盛。既为其母祈福纳祥，又为自身修道布诚。如在泰山碧霞祠建"金阙"事。慈圣皇太后曾患眼疾，万历皇帝祷告于泰山元君。其母痊愈，神宗还愿，于万历四十二年（1614）在岱顶碧霞祠更元君像为镀金铜像，并敕令铸造铜钟、铜亭（金阙，又称天仙金阙、金殿等）。慈圣皇太后生前便被宫人奉为九莲菩萨，死后更以此号被尊为圣母，"圣母升遐，宜与元君在天帝左右"（明万历四十三年方从哲撰《敕建泰山天仙金阙记碑》，铜碑在岱顶碧霞祠内，仍存），"神游东岱，逍遥胜境，位并碧霞"（明内廷刊《太上老君说自在天仙九莲至圣应化度世真经》，见周郢《泰山碧霞祠明代铜碑考》，《碑林集刊》2014年10月，第133页），与泰山碧霞元君比肩同尊。继之在岱顶建万寿宫，在岱麓天书观建九莲殿，加以奉祀，并改观额为天庆宫。非但如此，万历皇帝还自建铜像，奉母于庙堂。"独美少年像，土人呼为某太子，无考。"（[清]王相芬《敬迁九莲、智上二菩萨像于灵应宫碑记》，见《岱粹抄存合编》上卷二《记述》，第46页）。此像很可能便是万历为自己所铸。其还在岱西陶山（肥城、长清交界）一带先建报恩宫、群仙殿，继建护国永宁宫。护国永宁宫是供奉万历皇帝的。据清光绪十七年《肥城县志·古迹志》记载："前殿三楹，以奉关帝圣像。后殿如前，乃万历皇帝金容。"报恩宫是供奉元君的。而"十二重楼同时鼎新"，为慈圣皇太后祈福所建。再在长清境内五峰山重修洞真观（保国隆寿宫），并于观内构建九莲殿。

后来的崇祯皇帝与万历在泰山奉祀方面有同工之妙。崇祯十三年（1640），明思宗追尊其母孝纯皇太后刘氏为智上菩萨。十四年（1641）祀于岱顶万寿宫。十七年（1644）又奉祀于天书观。此工程一直到崇祯十七年（1644）李自成进北京仍在进行。

入清后，灵应宫因皇室护持而久盛不衰。清顺治五年（1648）将岱顶碧霞祠金阙移置宫内。"先是泰山之上有金殿，明季移入遥参亭，而州城再破（清顺治变民滕天凤等攻破泰安州城），伯（赵弘文）曰：'木受金克也。'遂毅然请之上台，移灵应宫中。"（[清]李素《朴翁赵老伯老先生大人八旬初度叙》，见[清]赵弘文《光碧堂稿》，清道光三十年翠瑞园刊本，第12页）康熙二十八年（1689），圣祖皇帝南巡，曾入灵应宫致祭，谕官府拨款维护。康熙年间重修，时有皇三子允祉（康熙第三子）"应灵宫"题额。乾隆三十五年（1770），高宗皇帝南巡，于宫东建**驻跸亭**。咸丰五年（1855）将九莲菩萨和智上菩萨诸铜像移奉宫内。天书观于清乾隆三年（1738）毁于大火，宫殿失修久圮，铜像暴露荒郊。"（天书观）塔迤北，遍地瓦砾，内有铜□□□像二，侍立女像各四，外又有坐像，状类美少年，亦范铜为之。"（[清]王相芬《敬迁九莲智上二菩萨像于灵应宫碑记》，见《岱粹抄存合编》上卷二《记述》，第46页）移像的同时，又对灵应宫山门诸工程募化重修。

清末，灵应宫渐次衰微。同治六年（1867），捻军首领、太平天国遵王赖文光所部（东捻军）渡运河入鲁，进至泰安城附近，驻扎于灵应宫中，并在城外山麓往来游弋。（吴延文口述史料；见郭豫明《捻军史》，上海人民出版社2001年版，第427页）民国五年（1916），灵应宫大火，熔化铜像2尊，宫内建筑损毁严重。十二年（1923）十一月一日，宫内再遭大火。（据民国《重修泰安县志》卷一《灾祥》，第58页）十五至二十年（1926—1931），张宗昌、石敬亭、吉鸿昌、马鸿逵等部先后驻军于此。"（民国二十年）二月二十一日，灵应宫大门，前明建设，几三百年，被军人拆毁无踪。"（[清]王价藩《兵事日记》，见《泰山丛书》，曲阜师大图书馆1991年影印本）"民（国）二十年（1931）有清隆裕后大珰（宦官）张某（即小德张，本名张兰德，清朝末代太监总管）捐资八千元重修之。"（民国《新刻泰山小史》，正文第11页）时小德张应马鸿逵（当时驻防泰安）之邀游岱，见灵应宫岁久失修、破瓦颓垣，铜铸法像受淋炙于旷野，乃"倡捐伙助，命工经营。芟刈其榛莽，廓除其芜秽，聚法像于一堂，建数楹以复之"（周兴南《灵应宫保存古迹记碑》，见《伪山东省公署呈请修葺圣贤陵庙及泰山灵应宫等古迹案》）。中华人民共和国成立前最后一次重修在民国三十二年

（1943）。"岁癸未（1943），华北政务委员会王前委员长揖唐（王揖唐）……慨捐巨资，钦为重修。省长唐公（唐仰杜）珍重古迹，督促尤殷。遂鸠工庀材，整残补缺，美奂美轮，气象一新。"（民国三十二年《重修灵应宫碑记》，泰安道尹杜杰撰文，泰安道尹公署秘书王佐书丹，碑仍存宫内）日寇侵占泰安期间，万字会驻此。日军投降后，国民党宁春霖部占据泰安城奈河以东，新四军于奈河以西，形成对峙；泰安县民主政府城市办事处和"军调"小组驻于此。民国三十五年（1946）春，徂徕人仇江泉在宫内开办小学。

中华人民共和国成立后，灵应宫东部被泰安汽车制配厂占用，西部为酒厂占用，西北部为烟酒糖茶公司占用。前大殿用作仓库，殿内铜像弃置露天。2001年起对灵应宫进行部分修复，翌年告成，部分遗迹得以保护。

灵应宫于明万历重修后，为元君三庙规制最大者，也是在泰安城内仅次于岱庙的大型古建筑群。兼之布局与岱庙仿佛，俗有"小岱庙"之称。其规模南至山门（今灵山大街），北至宫后门（今宫后门街），东至东更道，西至西更道，前后曾达五进院落。其坐北向南，沿中轴线自南而北依次为大山门、穿堂、崇台金阙、前大殿、后大殿和宫后门等；两侧配殿杰阁，四隅各置道院一处；各院回廊周密，殿宇崇丽。清人张开东有《灵应宫》诗咏其盛景："绣郭西南路，平原灵应宫。危幡翔海鹤，古殿卧云鸿。金阙青霄外，琼台翠柏中。徂徕山色近，东望最葱葱。"（《全泰山诗》清代卷二，第1841页）今灵应宫分东、西两大区域。东部2011年重建，三进院落，由泰安市道教协会使用。西部2002年重修，二进院落，"南北长153米，东西宽44米，面积6732平方米"（《泰安文物大典》，第85页）。

西部前为大山门。大山门明代为3楹，民国三十二年（1934）重修时改为1楹，今仍1楹。门前仍存石狮一对，分别镌文云："康熙五十□年四月初五日建立"，"本宫住持曹文荘、崔崇和、于文渊、牛智慧置"。入山门进前院。院内东、西设钟、鼓楼；钟楼内原悬明廷内眷宦官所募铸铜钟，今存于岱庙。正北有穿堂，面阔3间，悬山式，有乾隆御书"灵应宫"额（复制）。过穿堂进二院。南北甬路中段建有崇台，下置廊洞。台上原有金阙，民国年间移置图书馆，现保存于岱庙。台北有铜制香炉。再北为前大殿，建于方形月台之上，为宫内主体建筑。大殿面阔5楹，主祀泰山碧霞元君，配祀眼光圣母（眼光娘娘）、送生圣母（送子娘娘）。清咸丰年间从天书观移来的九莲菩萨和智上菩萨铜像便安奉于此殿。元君铜像居中，西向盘膝像为九莲菩萨，东向盘膝像为智上菩萨，"如配享然"（[清]王相芬《敬迁九莲、智上二菩萨像于灵应宫碑记》）；另立8尊侍女铜像。至于"状类美少年"（所引同上）的铜像，则被安置于后殿东楹。如此，宫内原有铜像计12尊。九莲菩萨像于1978年移置遥参亭大殿，1984年移置红门宫弥勒院；智上菩萨像于1978年移置斗母宫；其余铜像移至岱庙保存。大

明铜亭，今存岱庙

殿东为北斗台，台上为北斗殿；西为月老台，台上为月老殿。北斗台南为眼光殿，月老台南为送生殿。再南两侧为庑房回廊。此院原有藏经楼，民国年间已圮，藏经尚存数十册，经十九年（1930）兵燹荡然无存。（据民国《泰安灵应宫志略》，见《伪山东省公署呈请修葺圣贤陵庙及泰山灵应宫等古迹案》）北斗台、月老台下有券洞可通后面院落，尚待修复。

宫内现存碑刻众多。除明正德二年（1507）《御制告文碑》外，多为清康熙至光绪年间的重修记事碑、进香碑和残碑。大殿及北斗台、月老台四壁皆用旧碑削制垒筑而成，似为民国三十二年（1943）重修灵应宫时所为。连残碑计算在内，灵应宫碑刻数量达236通。（据《泰安历史文化遗迹志·古代建筑》，第272页）

灵应宫在明代作为宫廷专属，不可能对全民开放。随着清廷弛禁，信众远近咸至，渐次喧闹；特别是在康熙和乾隆亲临后声名大噪。据传旧有"放不放炮，先问灵应老道"之说，凡对过境官员，是否鸣放礼炮迎送，要先征求灵应宫的意见，很可能是宫东设有乾隆行宫的缘故（也有传言康熙曾在这里出家）。民间传言，灵应宫作为碧霞元君的下庙，每年春节将至，元君下山置办年货，便下榻在这里。收到谁家的东西，谁家来年便会兴旺发达。每逢此时，宫内外更是人头攒动、摩肩接踵。兼之山东、河南、河北等地香社定期组织善男信女，纷至沓来，反映了旧时代的民俗风貌。

西关九

由灵应宫再西,就算到了老城外西南角,仍属"下西隅地方"。此一带过去虽荒凉稀疏,却因蒿里、社首二山而闻名遐迩。

蒿里山,本名高里山,又称亭禅山、宝塔山、英雄山,位于今城区南部,泰山火车站东南侧。"高里山,在县城西南三里。一名亭禅山,汉武帝之所禅也。崔嵬类龟,山阴有鬼仙洞,颇幽深。高里即蒿里,盖古今字。"(民国《重修泰安县志》卷二《泰山》,第22页)对于"高""蒿"之辩,唐人颜师古曰:"此'高'字自作高下之高,而死人之里谓之蒿里,或呼为下里者也。字则为蓬蒿之'蒿'。或者既见泰山神灵之府,高里山又在其旁,即误以'高里'为'蒿里',混同一事。文学之士共有此谬,陆士衡尚不免,况其余乎!今流俗书本,此'高'字有作'蒿'者,妄加增耳。"(《泰山道里记》引注,第52页)以故至民国年间大多学者仍引作"高里";中华人民共和国成立后多数文献则引作"蒿里"。因指向不同而异。

社首山,"居高里山之左,二山相连,高仅四五丈"(民国《重修志》)。

据泰安市史志办《泰安历史文化遗迹志》资料,蒿里山体略成东南西北走向,南北长500米,东西宽400米,面积0.2平方公里,主峰海拔193.2米。社首山,西与蒿里山连属,海拔159米。关于二山的分界点,大致在原食品公司址,以今灵山小区大门向西约80米的南北小道为界。

蒿里、社首虽山势低卑,但在岱岳体系中地位显赫,与泰山阴阳分属,天地相对,如泰山之前庭别院,不可或缺,是泰山文化的重要组成部分。

"自古受命帝王,曷尝不封禅?"(《史记·封禅书》,第1161页)东汉班固《白虎通义》(又称《白虎通德论》)亦云:"王者易姓而起,必升封泰山。何?报告之义也。"([清]陈立《白虎通疏证》,吴则

蒿里山顶今貌

虞点校，中华书局2018年版，第278页）帝王既然"受命于天"，自然要有与天地沟通的方式，封禅一事便成为国家祭祀大典。所谓封，就是在泰山极顶筑坛以祭天；所谓禅，就是在泰山附近小山筑坛以祭地。"天以高为尊，地以厚为德。故增泰山之高以报天，附梁甫之基以报地。明天之命，功成事就，有益于天地，若高者加高，厚者加厚矣。"（《白虎通义》）蒿里、社首两座小山多次以古帝王们的降禅之地而被乾坤俯仰、四海瞩目。

管仲言："周成王封泰山，禅社首。"（《史记·封禅书》，第1165页）对此民国《重修泰安县志》曾有质疑："盖古帝巡守望祀名山大川则有之，听方士之言觅小山而禅之，自秦皇汉武始耳。"史书确切记载禅于社首或蒿里者，有汉武帝刘彻、唐高宗李治、唐玄宗李隆基、宋真宗赵恒。

汉武帝为行封禅事，专设奉高，从元封元年（前110）起的22年间，9次亲临泰山，8次进行封禅或修封祭祀。其中汉太初元年（前104）十月，武帝至泰山；十二月，禅于蒿里山。

唐乾封元年（666）正月，高宗封泰山，禅社首山。时有车鼻、突厥、于阗、儋罗、高丽等国（部落）扈送从封。仪式中最大亮点，祭地以皇后武则天为亚献，一改旧制（在封禅仪式中，按旧例，皇帝首先献上祭品，称初献；然后公卿献祭，称亚献）。明人宋焘《泰山纪事》云："庚午，祀皇地祇于社首山之降禅坛，乃以太穆皇后、文德皇后配。而皇后武氏为亚献，越国太妃燕氏为终献。率六宫以登，其帷帝皆锦绣。群臣瞻望，多窃笑之。君子曰：'高宗受制于武氏，一举有三失焉。'"（卷二《地集》，第6-7页）

唐开元十三年（725）十一月，玄宗封泰山，禅社首山。时日本、新罗、大食等数十国皆遣使随行封禅观礼，声势浩大，四海震动。禅罢诏大臣源乾曜撰《社首坛颂》，镌石社首山；命大臣张说撰《封祀坛颂》，立于旧城南郊唐封祀坛。

宋真宗于大中祥符元年（1008）十月，封泰山，禅社首。次年命大臣王钦若撰《社首坛颂》，立石山下；命大臣王旦撰《封祀坛颂》，立于城南宋封祀坛；命大臣陈尧叟撰《朝觐坛颂》，立于城南朝觐坛下；命大臣杨亿撰《天贶殿碑》，立于天贶殿前。

禅地大典仪式繁琐，历代史志文献多有详细记述。根据《泰山古韵》（泰安市档案馆编）整理，主要有11步骤74项。11步骤先后为准备、导引、行进、近参、盥洗、上香、降神、酌献、亚献、终献、燔燎。大典中有一"泥金检玉"的仪式，即将帝王祭告文书镌之玉册（玉版、玉简、玉牒、玉检等），敛之"金箧"或"玉匮"中，置于大石柜内，指定专人（将作监）封埋于祭坛之下。

玉册作为帝王同神明沟通之物，其事隐秘，牒文不为外人所知。唐玄宗曾就此事询问时任礼官学士贺知章。知章对曰："玉牒本是通于神明之意。前代帝王祈求各异，或祷年算，或思神仙，其事微密，是故外人莫知之。"玄宗听曰："朕令此行，皆为苍生祈福，更无私请，宜将玉牒出示百僚，使知朕意。"（［宋］王钦若等辑《册府元龟》卷三十六《帝王部·封禅第二》，清抄配本）遂将玉册文本公告天下。

宋以后，封禅事止，蒿里、社首二山也再未迎得人间天子的亲临。但它却因另一功能愈加令世人敬畏。

死曰归。人死后魂归何处是个大问题。首先人们将生死大权赋予泰山。"泰山奠位东方，立万物之始，阴阳交代，称五岳长。《福地记》谓其下有洞天，周回三千里，有鬼神之府。蒿里有祠，为绾幽冥之府，而召人精魂。"（［明］朱之蕃《供祀泰山高里祠记碑》；此碑原在蒿里神祠旧址，今存于岱庙配天门西侧）"泰山者，乃群山之祖，五岳之宗，天帝之孙，神灵之府也。"（《绘图三教源流搜神大全》，第46页）晋人张华《博物志》云："太山，天帝孙也，主召人魂，东方万物始成，故知人生命之长短。"（卷一，明弘治刻本，第5页）泰山以其"奠位东方"的独特优势、"五岳长"的独尊地位、"阴阳交代""万物始成"的独具功能，成为"主生死"的万物终始之地。

泰山以道教为主，汉后随着佛教的引入，逐渐出现两教共掌泰山的局面。泰山职能，有一个从治仙到治鬼的延伸过程。"尝考泰山之故，仙论起于周末，鬼论起于汉末。"（［清］顾炎武《日知录》，见黄汝成《日知录校释》，岱麓书社1994年版，第1079页）这段时期，也正是道、佛等宗教信仰在泰山普及和对立杂糅的过程，最后形成"如中国人死者，魂神归岱山也"的共识。（据《后汉书》卷九十《乌桓鲜卑列传》，第2016页）这中间泰山神的职权也愈加拓展，"定生死之期，兼主贵贱之分，长短之事"（《五岳真形图》，今存岱庙东碑廊）。"掌人世居民贵贱高下之分，禄科长短之事，十八地狱六案簿籍，七十五司生死之期。"（《绘图三教源流搜神大全》，第46页）《封神演义》中，姜子牙封周朝武将黄飞虎任东岳大帝之职，"执掌幽冥地府一十八重地

"五岳独宗"题刻，位于岱庙《大宋东岳天齐仁圣帝碑》碑阴

狱，凡一应生死转化人神仙鬼，俱从东岳勘对，方许施行"。种种职权，使泰山神既能上通天庭，也能下掌幽冥，自然也管着人间，成为无所不能的全神，为历代朝野普遍敬奉。

清人俞樾云："神道属天，王者既封泰山以报天，则泰山有神道矣；鬼道属地，王者既禅泰山下小山，如云云、亭亭、梁父、高里诸山以报地，则云云、亭亭、梁父、高里诸山有鬼道矣。"（[清]俞樾《茶香室丛钞》，中华书局1996年版，第324-325页）泰山虽掌治鬼大权，并没有将具体事务放至主山，还是要另寻一个去处，专司"鬼务"。在世人的主导下，蒿里、社首自然就受命于泰山，聚魂敛魄，承担起协助治鬼的职能。《泰山纪事》云："自古登封，多禅社首，以祭地祇，则地府之灵实萃于此。人死，体魂归于地，则此处疑即其总司，乃当时建祠之意。"（卷二《地集·高里山》，第5-6页）此地为鬼之"总司"，这也是帝王降禅于此的原因之一。

蒿里作为"死人之里"，又为古挽歌名。（晋人）崔豹《古今注》曰："《薤露》《蒿里》，并丧歌也。本出田横门人。横自[杀]，门人伤之，为作悲歌，言人命奄忽如薤上之露，易晞灭也；亦谓人死魂魄归于蒿里。至汉武帝时，李延年（西汉著名乐人）分为二曲，《薤露》送王公贵人，《蒿里》（蒿里，山名，在泰山南）送士大夫庶人，使挽柩者歌之，世呼为挽歌……"（见《乐府诗集》卷二十七，元至正元年集庆路儒学刻本，第4页）徐世隆《重修东岳蒿里山神祠记》开篇亦云："蒿里者，古挽章名，田横之客伤横而作者也。"（碑原立于蒿里山森罗殿旧址，1972年移置岱庙至今，保存基本完好；碑文见《岱览》卷二十《岱麓诸山》，第21页）之后，泰山蒿里作为魂归之地得到一致认同。汉《蒿里》歌辞："蒿里谁家地，聚敛魂魄无贤愚。鬼伯一何相催促，人命不得稍踟蹰。"（《全泰山诗》先秦至金元卷，第7页）汉武帝之子（第五子）、广陵厉王刘胥死前歌曰："蒿里召兮郭门阅，死不得取代庸，身自逝。"（《汉书》卷六十三《武五子传》，第2087页）晋人陶潜在《祭程氏妹文》有云："死如有知，相见蒿里。"晋人陆机《泰山吟》最为出名："泰山一何高，迢迢造天庭。峻极周以远，层云郁冥冥。梁父亦有馆，蒿里亦有亭。幽岑延万鬼，神房集百灵。长吟泰山侧，慷慨激楚声。"（《全泰山诗》第一卷，第11页）魂归蒿里和冥府系统的设立，对于泰山主生死、治鬼神和泰岳阴司文化是一次极大补充与完善，进而形成了以泰山为标志的天界，以古泰安城为标志的人界和以蒿里山为代表的冥界，建立了完整的天、地、人三维空间。

蒿里、社首二山文物古迹繁多。

先是**禅地遗迹**。行禅时，历代帝王在山上用土筑成方坛祭地。"（乾封元年高宗）又为降禅坛于社首山上，方坛八隅，一成八陛，如方丘之制。坛上饰以黄，四面依方色。三墠，随地之宜……（乾封三年）又诏名……降禅坛为景云台，以纪当时所见之瑞焉。"(《旧唐书》卷二十三《礼仪志第三·封禅》，第4—5页）至宋时，"社首坛，八角，三成，每等高四尺，上阔十六步；八陛，上等广八尺，中等广一丈，下等广一丈二尺；三壝四门；如方丘制；又为瘗坎于壬地外壝之内"（《宋史》卷一百零四《志第五十七·封禅》，第1700页）。此为当时禅坛的规模。

更为难得的是，被帝王们秘而不宣的玉简还是经不住时光的打磨和后人的惊扰，重出幽宫，频现人间，朝野为之震动。

宋太平兴国间（976—984），一说宋雍熙二年（985），泰山乡民在社首山坛捡得唐玄宗禅地玉册、苍璧，由内宫献于朝廷。太宗赵光义曾诏曰："瞻彼岱岳，奠于鲁郊，升中告成，历代之仪斯在。泥金检玉，前圣之迹犹存。所宜肃恭，常加营护。先有发掘前代石检，隳坏古之坛禅，并令完修如故，州县常谨视之。"（《宋会要辑稿·礼二二》，刘琳等点校本，第1110页）宋真宗封禅，曾参考其制，并于封禅前夕将玉册仍瘗于旧址，诏令整修如旧。明洪武九年（1376），泰安州民于蒿里山中捡得玉匣，内藏16条玉简。经有司献于朝廷，验其刻辞，为宋真宗祀泰山后土文。太祖朱元璋曾亲自参与鉴定，以为"此乃先代帝皇致敬神祇之物"（《太祖高皇帝实录·卷之一百四》，国家图书馆藏明抄本（第五册），第10页；善本书号：13431），下令仍将其简埋藏于旧所。至民国二十年（1931），竟又窥得这千年密匣。国民革命军第十五路军总指挥马鸿逵部在蒿里山施工，修建烈士祠，兵工将王钦若《坛颂碑》用作砧础，并先后掘得唐、宋两份玉册，即原已出土的唐、宋禅地玉册。时任泰安县县长周百锽曾令将唐玄宗玉册制成拓片，交岱庙保古委员会保管，后在抗日战争中佚失。马氏就没有古帝王之胸襟了，携宝至美国。直到其去世后，由其夫人于1971年携至中国台湾，现由台北故宫博物院保管。

周百锽，字汉清，河南商城人，民国十九年（1930）八月起被任命为泰安县县长，他也是国民军北伐之后担任泰安县县长时间最长的一位，前后近8年。任间，其曾剿灭境内王汉卿、郑四等股土匪，捕杀悍匪小白鸡，协助韩复榘围剿巨匪刘黑七。在文化教育方面，其先后3次整修泰山盘路和名胜古迹，蠲免泰山香火会及各庙香火收入提成，将泰安师范讲习所迁至天书观并进行扩建，大力发展城乡教育，协助竺可桢修建泰山气象台等。在政务方面亦能秉公断事，如释放共产党员王厚育的父亲王亦明，将其姑夫罗泽恒（时任县政府秘书，与商人勾结并受贿）逐出泰安。其也有不光彩的一面，比如

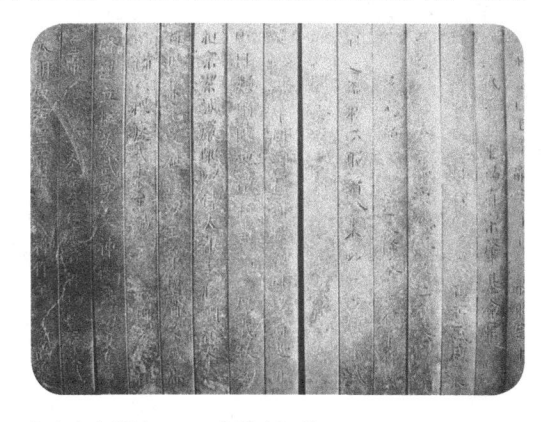

宋真宗禅地玉册，李继生提供

民国二十六年（1937）十二月二十三日，日军攻占泰安城前，周百锽率县政府和县大队人马驻扎城南满庄，扬言上徂徕山打游击，旋即于二十七日夜半携卫士不辞而别，县政府及县大队随即解体，泰安城也于三十一日被侵占。（参考严澄非《北伐至抗战前夕历任泰实验室县长简况》，见1990年《泰山区文史资料第二辑》，第38-40页）

再是**蒿里山神祠**。明人查志隆云："左为阎王庙，在岳南三里蒿里、社首二山之间，有七十五司及三曹对案之神，神各塑像，俗传为地狱云。"（《岱史校注》卷九《灵宇纪》，第160页）具体位置在"蒿里山东南隅，他的东边是社首山和东岳相公庙，这三处全是相连的"（卢逮曾《泰安高里山神祠的七十五司和北京东岳庙的七十六司》，载民国二十五年《北京大学研究所国学门周刊》第二卷，第19期）。随着蒿里鬼都的影响，后人甚至忽略了帝王封禅往事，而将这里认定为阴间冥府所在。加之魔幻般的创造，经年累月勾画出相当完备的"鬼权"系统，以具体化、可视化、世俗化的风格，对泰山治鬼理论进行演绎和推广，形成独特的岱岳阴司文化。

蒿里山神祠又称森罗殿（神祠主建筑），俗称地狱。其创建不详，"庙中有元、明重修碑，皆不能详其创建，盖由来亦久矣"（清乾隆《泰安府志》卷之七《祠祀志》，第201页）。以陆机"神房集百灵"的诗句，可窥远在晋代便已有了相关构建。唐时神祠已蔚然大观。后晋天福九年（944）僧归仁书《总持经咒幢》，立之蒿里山（1959年移置岱庙汉柏院）。宋代继续增修构建。金代山林及神祠因"贞裕之兵"毁。元至元二十一年（1284），先是原东平行台严实委张志纯重修，后由玄门掌教宗师管领诸路道教洞明真人祁志诚竭力助成。翰林集贤学士徐世隆为撰碑记。此次重修，"旧祠百二十楹，近已完缮，次第落成，其塑像辉耀，比旧有加焉"（[元]徐世隆《重修东岳蒿里山神祠记碑》）。作为增建项目，张志纯又于神祠中置"七十五司"神房及像设，再立《蒿里七十五司

元《重修东岳蒿里山神祠记碑》，今存岱庙

碑》及《蒿里七十五神房志》，备载各司职名。至此，形成了森罗殿总领，三曹、六案、七十五司官属分设的机构设置。这是对蒿里神祠最大的一次增修。时徐世隆有诗赞曰："世传蒿里摄灵魂，庙宇烧残弊复新。七十五司阴断事，数千余里远祠人。天神志似张华博，地狱图如道子真。积少成多能事毕，泰山元不厌微尘。"之后，明成化三年（1467）重修，礼部侍郎许彬为撰碑记。嘉靖年间又创建祠门，俗称"鬼门关"。万历十九年（1591）重修，李邦珍为撰碑记。清乾隆二十六年（1761），知县程志隆广栽松柏，培护山体。光绪十年（1884），道士高仙涵等募修十王殿（酆都殿）。光绪十九年（1893），泰安知县毛澂鸠工重修神祠，并在山上植柏300株，茂柏蔽天，游者肃然。

蒿里山神祠七十五司

举意司、速报司、阴谋司、恶报司、门神司、忤逆司、山神司、毒药司、飞禽司、精怪司、地狱司、土地司、僧道司、子孙司、曹吏司、城隍司、注福司、看经司、水府司、放生司、较量司、还魂司、杀生司、发汗司、促寿司、陈状司、推问司、贵贱司、掠剩司、照证司、堕胎司、孤魂司、疾病司、昧心司、长生司、斋戒司、官员司、鬼魅司、医药司、功德司、忠直司、孝顺司、山林司、水怪司、财帛司、银桥司、金桥司、刑戮司、追魂司、注死司、法外司、枉生司、送生司、平等司、鳏寡司、走兽司、贫穷司、失魂司、仁义司、冤枉司、减福司、增福司、送病司、法生司、丝蚕司、总统司、风雨司、注禄司、五谷司、烧香司、驿客司、六道司、修庙司、四生司、勾愿司

（据卢逮曾《泰安高里山神祠的七十五司和北京东岳庙的七十六司》）

围绕神祠，北有**环翠亭**。明人查志隆云："环翠亭，在蒿里、社首二山间。登此北眺岱岳，余三面则鞍牛、徂徕诸山苍翠环峙，故名。"（《岱史校注》卷十一《宫室志》，第178页）亭历史久远，不晚于神祠初建，晋人陆机"蒿里亦有亭"或指此处，至明尚存。明末萧协中时仍能"登此四眺，泰山屏其后，而牛山、徂徕诸山列其前，烟气微茫，山岚翠霭"（民国《新刻泰山小史·环翠亭》，正文第53页）。

亭下有石柱，俗名**望乡台**，为鬼魂回首思过处。下临悬崖，四面如削，原刻有佛像，高可丈余。

西面蒿里山顶原建有**文峰塔**，清道光十二年（1832），泰安知县徐宗干建此塔。塔高7层，甚是巍峨。塔顶奉奎星像设，镇以经书，藏泰邑科甲题名录，钤以碧霞印鉴，旨在倡兴文教，激励泰邑士子科考中举。民国蒋叔南《泰山游记》中"车站之东有小

山，上耸浮图七级"，即此。

蒿里山文峰塔旧影，宋宝绪提供

山顶西北有**对岱亭**，正对极顶，为明万历十四年（1586）山东巡抚李戴至泰山祷雨时与巡按毛在所建。

再下有**古仙洞**，又称鬼仙洞。明人萧协中曾亲往考察："蒿里山之阴，一洞深暗，阴气扑人，绝不敢入。往余同好奇友穷之，命仆执灯，并火种。始入尚宽，稍入则隘，再入一窟如井。命人投之火，不甚深，跃身以下，路亦宽。再一隘，一窟如前，仍不甚深。复入之，亦宽亦隘者再。四壁皆山，其洞若屋，可容三十余人。洞内石床一，石磴二，他无所有。登床扣其洞顶，顶有一窟，窟上巨石塞之，旁无所通矣。虽阴森袭人，然微有氤氲气。静耳听之，风涛声不知何来，或水由地中行耶，是不可知。"（民国《新刻泰山小史·鬼仙洞》，正文第52—53页）

清乾隆三十四年（1769），鬼仙洞口因人工采石被劈去数丈，遂失其旧。此洞今仍可见，然洞顶岩石已被破坏，成一露天

鬼仙洞今貌

石沟。石沟东西拐折,由西口入,顺山势斜至东端,向下有石窟,已被岩石封堵。

鬼都的喧嚣,引各路神祇纷至沓来,分享蒿里山一缕香火。

在社首山,宋代于山顶增创**相公庙**。"神称高里,为东岳辅相,庙北有宋元丰三年(1080)胡元资《高里山相公庙新创长脚竿记》碣。"(民国《重修泰安县志》卷二《坛庙祠宇》,第65页)据《绘图三教搜神大全》,唐代长安蒿里村有一位赵姓人,本农桑耕锄,后进士及第。其为官耿直无私,因向皇上犯颜直谏,怒而触阶死。乡人为立相公祠,唐睿宗延和年间封为直烈侯。其坟在长安西20里,至元明犹存。(据《绘图三教源流搜神大全》,第149页)之后有好事者念蒿里山与赵相公故里重名,遂建相公庙,称蒿里神,并封以东岳辅相之位。元、明、清时,此处又建有三圣堂、药王庙、铁将军庙等,分祀各路神祇。清毛澂重修神祠时,又将相公庙移建于神祠内。"相公庙旧在社首山顶,久废。今庙乃光绪间毛澂所改建。殿庙卑隘,存旧石而矣。庙与蒿里山神祠同一周垣。"(民国《重修志》卷二,第65页)

总上,经过历代构建,蒿里、社首二山形成了以蒿里山神祠为主体,包括森罗殿、阎罗殿、地藏殿、十王殿(酆都殿)、三曹、六案、七十五司、铁将军庙、赵相公庙等,均同一周垣。其左,有三圣堂、药王庙等。其右,有文峰塔、对岱亭、古仙洞(鬼仙洞)。其上,又有环翠亭、望乡台等。各类文物古迹覆于两座不大的山丘,佛道同处,既对立又统一,体现了文化的交融与共生。

神祠内外及山趾则是成群连片的**碑林**,多是由家族、一村或数村集资共立的"宗亲碑"。如同一处招魂牌位,同族(同村或几村)的亡灵可以在碑处集合,接受生者的醮祭祷祝。

蒿里山旧影 [法]沙畹摄于1907年

山麓还建有**戏台**,每年阴历十二月十四至十七日起庙会 4 天。据说十二月十七日是蒿里山神祠落成的日期,每年这天要演戏敬神。庙会又俗称"糖瓜会",因为会上多是卖藕丝糖的,再过几天便是腊月二十三打发灶王爷爷上天言吉祥的日子,赶会的人们可以买回去"上供"(祭祀神灵)用。

作为完整的泰山冥府系统,以蒿里山为中心,向东向北还有辞香岭、地狱界河奈河及河上奈河桥、金桥、银桥,奈河上游的酆都峪(俗呼鬼儿峪),汶阳桥(上河桥)东侧的速报司,泰山入口处的酆都庙,泰山西北麓的思乡岭,泰山百丈崖处的阴阳界等。

蒿里作为阴曹地府、人死魂归之地,管人间死生,较人间善恶。依照鬼论,人死后,勾魂小鬼先将灵魂押至城隍庙或当地土地庙(关帝庙),五七后过奈河桥押至蒿里山报到听审。生前行善者转入长生、忠直等善司,轮回转世;为恶者则被投入刑戮、恶报等司,受尽酷刑。虽涉诳诱,亦足为世俗警励。旧时,亡者亲属要来蒿里山焚纸祭奠,到神灵前讨签,从签文上获知亲人亡灵被投在何司。若打入恶司,要舍钱请道士诵经超度,称作"托司"。正因人死后的种种说教,"自唐至宋,香火不绝。望之者,入则肃然,近则威然,出则怖然,若有追之者"([元]徐世隆《重修东岳蒿里山神祠记碑》)。一直到民国初年,山上建筑仍得到较好保护,"阎罗及三曹、七十五司之属,均居完整"(民国《重修泰安县志》卷二《坛庙祠宇》,第 65 页)。常年香烟霭霭,信众如流。其盛况在俄国学者瓦·米·阿列克谢耶夫《1907 年中国纪行》和法国学者沙畹《泰山:中国人的信仰》中所记甚详。据沙畹所见,沿着神祠围墙的墙壁上,排列着地狱七十五司及其惩治罪人的场面。一至七十三奇数编号的司排列在法庭(森罗殿)之东,二至七十四偶

蒿里山神祠第四十六司 [美]威廉·埃德加·盖洛博士摄于 1919 年

数编号及七十五号排列在法庭之西；这两列鬼司的起点在北墙正中。

接下来便是毁坏。民国十七年（1928），奉系张宗昌部据蒿里山挖战壕，设炮兵阵地，毁山林并文峰塔。紧接着北伐战争泰安战役（1928年4月）爆发，山、城俱遭损毁。民国十八年（1929），时任泰安县县长姚冠廷主持在蒿里山营造"中山纪念林"。"民国二十年（1931）驻军马鸿逵部拆高里山巅塔基，建十九年战役阵亡烈士祠（又称革命纪念馆），屋宇四所、碑亭一、憩亭二，名曰'泰安公园'。瓦木取诸森罗殿各祠宇，石工取石，则毁祠内外各碑碣。社首、高里间，遂成一片荒凉景色矣。"（耿静吾《说岱》）。在这次文物浩劫中，对岱亭被拆毁，王钦若《社首坛颂碑》被凿碎。赵新儒事后捡得《社首坛颂碑》碎石200余块，存之东御座。赵氏自叙云："余事后捡得碎石二百余块，存东御座。其碑载《金石著录》，有考古价值。但捡得之石大者数寸，小者如钱，字皆显然，可见当时刻镂之精。盖刊去有字石面，用为砧础，故致此也。"（民国《新刻泰山小史》，正文第51页）唐、宋封禅玉册也终未能幸免，再次被掘出，挟于马氏，颠沛转徙，流离失所。民国二十七年（1938）日军侵占泰安后，于蒿里山设瞭望所、碉堡群，山林尽毁。民国三十五至三十七年（1946—1948），国、共两军围绕泰安城，进行5次争夺战，蒿里山成必争高地。三十六年（1947），两军在蒿里山激战一昼夜。三十七年（1948），沿蒿里山周遭挖壕沟掩体，纵深数米。激战过后，蒿里山已是一片焦土瓦砾。1951年东面社首山被凿毁取石，现已全部被居民小区覆盖。

按　　今蒿里、社首一带主要居民区有：灵山小区（原灵山庄，建村久远，今有住宅楼12座，600余户，1800余人口）、食品公司宿舍（1974年建，今有住宅楼4座，平房3处，100余户，300余人口）、变压器厂宿舍（1975年建，今有住宅楼4座，80余户，200余人口）、泰安市岱岳区建材厂宿舍（1974年建，今有住宅楼2座，30余户，100余人口）、泰安市市政处宿舍（1976年建，今有平房15处，15户，60余人口）、泰安市自来水公司宿舍（1977年建，今有楼房1座，21户，70余人口）、泰安市五岳重汽有限公司宿舍（1975年建，今有住宅楼2座，平房14处，120余户，390余人口）、铁路新村社区（1956年建，时修建京沪铁路泰安路段，来自18个省份、21个铁路单位的职工及家属居此；初称铁路宿舍，1958年更名为铁路新村，2002年更名为铁路新村社区）。

马鸿逵建革命纪念馆始末

马鸿逵（1892—1970），字少云，回族，甘肃河州（今临夏）人。民国十九年

（1930），中原大战泰安战役打响，马鸿逵所部国民革命军第十五路军经过近3个月的围攻，俘获晋军2000余人，占领泰安城。之后一年多的时间内，马家军驻防泰安，直到次年9月移驻河南。

马氏自云，其自接受"三民主义"以来，悬青天白日旗，负责西北军事工作。十三年（1924）冬，率一旅之众，由绥而陇，苦力支撑近二年之久。十五年（1926）秋，响应北伐，孤军深入，解长安八月之围，而巩固西北革命之基础。此后出关会师，努力革命，屡作先锋。"十九年夏……转战豫鲁之间，始取东明，继守兖州，终克泰安。计大小数十战，死亡二千余人……并地方积匪，次第肃清，得偿誓死救国救民之夙愿。呜呼！此我军参与国民革命经过之略历。"为悼念历年阵亡将士，马鸿逵先在蒿里山高处建革命纪念塔，再立碑刻石（为四边四棱锥形石柱，高2.3米，宽

民国泰安公园旧址

0.8米，正面刻"国民革命军第四军第三次北伐阵亡烈士之墓"，侧面刻"革命尚未成功""同志尚须努力"，背面刻"重于泰山"，上刻国民党青天白日徽，碑座刻"中华民国十七年"字样；仍存于原址）并建筑革命纪念馆一处，"（上缺）厢房六间，六角亭一座，方亭二座"；并购置书籍，陈列其中，以开民智，以慰先烈。工竣，马鸿逵为作《革命纪念馆碑》（残碑仍存于旧址）。

在之后的泰安城解放战中，国共双方多次以蒿里山为据点，展开争夺战，纪念塔、纪念馆被毁坏无存。

蒿里山现已遍植翠柏，郁郁葱葱。西天残阳如血，林中晚风如咽。驻足于此，仍有冥悚之感。

特别值得一提的，此处还是泰安革命的摇篮。1925年共产党员王仲修受党组织委派来泰安开展工人运动。同年冬在蒿里山阎王殿组建泰安铁路工会，王仲修任常务委员，秦少祥负责组织，孙建林负责宣传。这是泰安地区我党领导的第一个工会组织。1926年春共产党员马守愚、王仲修、于赞之、秦少祥等在泰安火车站发展党员。同年春在蒿里山秘密开会，建立了中共泰安支部（泰安苏维埃支部），马守愚任书记，于赞之任组织委员，王仲修、秦少祥任宣传委员。这是泰安地区第一个党支部。1928年6月又在铁路工会的领导下组建了泰安人力车夫工会。

明人萧协中诗云："峰顶平如棋局方，危亭相对岳苍苍。草茵醉雨千畦绿，麦浪随风四月黄。"（民国《新刻泰山小史·对岱亭》，正文第 54 页）时光流年，世事变幻。现在，从灵山大街经过，如非经意，甚至看不出蒿里、社首二山的存在，更遑论其上曾经发生过的故事了。

"托司"与"挂幡"旧俗

"聿古来帝祀群神，亢父主死，梁父主生，岂独草仪逢汉代。为天下人心一哭，德不能化，刑不能威，只可尚鬼学殷时。"（[清]毛澂重修神祠题联）按照泰安的风俗，亲人去世当天，就要到当地的土地庙烧纸祭奠，俗称"豁汤""浇汤"或"浇奠"（祭祀最后要将面汤水泼在地上），然后开始办理丧事。"丧局"俭奢繁简不一，一般多者 7 日、少则 3 天，这个过程称"发送"。过了"五七"，亡者亲属（儿子、侄子等）要到蒿里山祭拜讨签，从签文上获知亲人亡灵被投在何司，有的还要花钱请道士超度"转司"，这个过程称作"托司"。

泰山皮影传人范正安老先生家住蒿里山，早年又在山麓食品公司工作，对中华人民共和国成立前后的神祠仍有较为清晰的记忆。

整个神祠东西约 120 米，南北近 300 米。神祠南为山门，在今灵山大街南侧的位置（灵山大街原为蒿里、社首山麓，后因取土、筑路铲平）。山门外有石牌坊，四柱三门式。柱联云："一生一世此处是头，天庭地狱自己所为"。横批："放过谁"。进大门为三进院落。前院有大殿称五道署，也称五道庙，祀五道将军，为掌管人生死的神灵。另有黑五常、白五常、牛头、马面等。二院有判官阁，中祀判官，旁祀日游神、夜游神。再上台阶进三院，为森罗殿，塑十殿阎君。大殿东、西为廊式建筑，分设七十五司，各司单设供桌香案。森罗殿东别设一院，称挂幡院。人死后亲属要来此举行挂幡仪式，又称托司，查询死者在阴间的去处及待遇。程序是先到挂幡院交纳香火钱，买一个形如伞状的大纸幡，俗称"纸咕嘟子"，上面缀满纸花纸条，每张纸条后面写着编号。死者亲属祭拜完毕，便将燃着的香在纸幡上插。此操作不很容易，要轻拿轻放。插来插去总有一张能"挂"住，也称"抱住"，这就是"挂幡"称谓的由来。根据挂住香的纸条后面的编号，亲属们便拿着去找庙内住持。住持对着编号查阅经书，便能查到死者在阴间被投入哪个司、处境如何等。若是到了善司，皆大欢喜；若是去了恶司，亲属们便嚎啕不止，请求住持给予超度转司，当然还要交一份转司钱。挂幡毕，到西边森罗殿院、去世亲人所在的阴司前烧香化纸、祭祀祈祷。民国年间，赵家公馆赵尔巽去世后，其亲属来挂幡，连挂 3 次，均是"下地狱"，成为轰动泰安城的大事件。民国以来，蒿里山屡遭兵燹，神祠毁坏，恶习被禁。20世纪70年代初仍存石柱、台阶、房基等残迹。1973年建食品公司，旧迹荡然无存。泰山皮影戏中有《石敢当游地狱》曲目，剧情便是依托蒿里山神祠进行设计展开的。

泰安老专家李继生先生又亲至笔者陋室，讲述有关"托司"的记忆。

托司，就是委托阴间的司长提拔照顾死者。民间方圆百里的人家都到蒿里山来托司。

蒿里山是华夏鬼都，中华民族魂系之地，从汉代便有"魂归蒿里"之说。蒿里山和社首山之间的神祠，有75司，两边各37司，中间1司。各司分工明确，有的负责生，有的负责死，有的负责各种刑罚，以警世人不要作恶。人在做，天在看。在世作恶，死后鬼魂仍要受惩罚。恶人来此看了后，迭量合索（方言，"慌忙"之意）地跑，不敢回头，回头怕有恶鬼跟着。

托司在发完丧之后。人死后，先发丧。发丧一般在晚上，长子将纸撕成"纸布嘟子"（纸幡），挑在木棍上，拿到村头或土地庙，插在地上。死者儿女拿着香在上面挂，谁挂住，或者谁挂得多，谁是孝子孝女。这个仪式称"抱香"，即纸幡将香抱住。抱完香后开始哭。哭毕回家准备发丧。

家里要设外柜、里柜。外柜负责记账，里柜负责收钱。主持里柜的一般在村里辈分比较高。大户人家发丧讲究（"隆重""有场面"之意），有"棺罩银楼影护神"之说。"棺罩"，就是用一副木板做的枢子罩在棺材上。人死后，特别外地需要回原籍安葬的，临时停棺在地面上，也称枢子，等到一定时间再送回老家入土安葬。有木枢、土枢之说。我上初中时，泰安二中一名老校长去世，老家离得远，便在粥店东的大崖头上用枢子枢在那里好几年，才运回老家下葬，入土为安。"银楼"，银制的楼模型，送葬路上放在枢子上抬着。"影护神"，很高大，扎成神的模样，套上衣服，里面用草填充起来；有的头部用布制作，下面用草扎起来。影护神一般两个，在棺材两边由人抬着。这些东西可反复使用，谁家有丧事便去租借，但普通人家一般租不起。中华人民共和国成立初，我在老家粥店曾亲见一家用"棺罩银楼影护神"发丧的。当时他娘已经死了五六年了，后来他在济南发迹，回来当了个乡长，给他娘二次发丧，就是用的这些东西。四里八乡的都去看热闹。

"摔老盆"也有讲究。棺材下面垫个砖头，主持喊声"起架"，这时长子便要摔老盆。无长子的，由长孙摔；再次其他儿子；都没有的由最近的侄子摔；再远就是外甥了。谁摔谁就是继承人。农村有时为了摔老盆打架。下葬的时候，儿女看着把棺材放进墓穴里，用大石板盖住，长子长孙便不管了，由外甥亲戚等负责添土圆坟。

发完丧，负责内柜的主事人，便会骑到死者家的屋脊上喊道："某某某，到西天佛爷那里置地去吧！"喊一遍敲一下锣（或铜盆等），连喊三遍。喊完后，开始由长子领着男爷们（外甥也可以去）到蒿里山托司。

托司时，长子（长子不在，由长孙负责）打着纸布嘟子，用白大褂包起来，到蒿里山求老道士抽签。有的老道士爱财，这个时候家里人要提前送些财物行贿老道士，这样才能抽到好签。大部分都能抽到好签。抽了签，给道士磕完头，到对应的司上供烧纸，鼻子一把泪一把地哭，祈求死者在阴间当大官，享福。抽到坏签，不嗞声了（方言，"不说话"之意），打着纸布嘟子回来，也不告诉家里人。回来后，用传盘（托盘）托着纸布嘟子到土地庙或村头那里烧掉，在托司那里烧掉也可以。

民国卢逮曾关于蒿里山托司的介绍（见民国十四年《北京孔德学校旬刊》第16期），一并概述如下。

托司的人们在"五七"之后，带着死者的衣服来到蒿里山庙里，找到看庙的道士，先交上"香钱"，自然是越多越好；再诚心敬意地拿着死者的衣服在两廊下"托"上一遍，七十五司门口都要经过；然后磕头摇签，对号自己的亲属死后到哪个司去了。多数情况，香钱交得多，会摇到好签；交得少，会摇到坏签。这是道士捣的鬼（原注：竹签根本就分好坏两筒），所以穷人很难有求到好签的时候。办完手续，托司的人们便把求到的谶语和死者的衣服包在一起背回家去。这时死者的魂也能同时回家，路上经过大庙小庙都要烧化纸钱，免得开罪哪位神灵再捉回蒿里山去。回到家里还要到死者坟上哭祭一番。求到好签的哭中带有几分安慰，求到坏签的那哭声便更加凄惨了。

社首山东还有**辞香岭**，为社首山向东延伸的一段丘陵。因清光绪三十四年（1908）修筑津浦铁路施工，加之1951年取土采石，被全部平毁，今已为城区街市。明人张邦纪《重修泰山灵应宫碑记》云："其下又有辞香岭，因四方朝山庶士，无不至此辞香者。山旧有天仙圣母祠。"此岭东邻奈河（阴阳界河），西邻蒿里（鬼都）。人死，鬼魂游至此处，泣拜辞乡土，一去永不复，故"辞香"或作"辞乡"解。因"辞乡"过于伤情，又因灵应宫于其上，以谐音演化为"辞香"或有可能。据今人周郢考，在泰安城南20里处（今泰山医学院新校区内）也有一处辞香岭。相传古岭北侧地势低洼，洪波来时，顿成水泊，往泰山朝拜之香客为水所阻，遂于岭上建庙，焚香还愿后即南归，故名辞香岭；又因所祀泰山奶奶慈祥救世，亦称慈祥岭。民国《重修泰安县志》记云："泰山行宫，即元君庙，所在多有，如张侯扈鲁山、夏张太平山、徂阳员外庄、楼德镇二柳泉、西南乡李家店、放城东北五龙山、白峪地方慈祥岭、天平店皆是也。"（卷二《坛庙祠宇》，第 70 页）其中"慈祥岭"即城南之辞香岭。

社首山下有**灵山庄**。庄在今灵山小区址，立村年代不详，因居民多分布于灵应宫、社首山附近名。民国《重修泰安县志》载："灵山庄，城区下西隅地方。"（卷一《疆域》，第 11 页）民国年间庄内建有灵山庄初级小学，开展平民子弟教育。庄东原是一条黄土沟，俗称筒沟，南北纵贯，长约 1500 米，后因修筑铁路及城市建设填平。中华人民共和国成立前后，村内居民以刘、李、马、王、屈、黄、林姓为众，另有路、郅、龚、任、高、陈、宋、卓、米、孟、赵、孙、杨、车、薛、谢等姓人家。

1991 年的灵山大街，泰安市档案馆提供

明人宋焘《泰山纪事》中记有一则关于"卖纸姜翁狗"的乡间传闻。

"卖纸翁姜，家社首山下，年近七旬，惟鬻钱纸以糊其口，每昧爽，负担就道，而所养一苍犬尾随其后，送至市口乃还。"再后，姜翁被一丐子抢劫，苍狗舍身救主，脑被石碎而死，"昔闻姜伏尸痛哭，瘗于田畔。余（宋焘）欲表识其地，令与黄耳齐芳。而二十余年，其瘗处已湮没矣"（卷三《人集·卖纸姜翁狗》，第 25-26 页）。

所记姜翁，即居于灵山庄，以售卖纸钱为业。这说明灵山庄至迟在明代便具村落，村民多以祭品制售为业。

灵山庄内原有一条东西街巷。该巷西起蒿里山东界，东至社首山东界，长约 200 米，后因小区改造拆除。

原街西口（今灵山小区 2 号楼一带）立有**聂氏贞节坊**，当地也称刘家牌坊；今迁至灵山大街北侧，灵山小区门口，仍存。

此坊创建于清乾隆二年（1737），两柱单门，高 6.7 米，宽 4 米。坊额除落款"乾隆二年岁次丙辰立"外，其余已斑驳难读。额上有"圣旨"竖刻。两侧柱联尚清：左曰"松筠成操一生芳节高千古"，右曰"柏舟矢志九天恩荣光万年"。据民国《重修泰安县志》："聂氏，生员刘芬妻，桥沟庄聂之玑女。夫亡抚孤，励志贞守以终。乾隆元年（元年下诏，二年建坊）建坊旌表。"（卷九《节孝》，第17页）

灵山庄为泰安早期共产党员王仲修故里。

聂氏贞节坊　　　　　　　上部特写

王仲修（1899—1933），原名王殿转，幼读私塾，后在泰安火车站当扳道工，再去济南津浦铁路大厂当工人，1924年加入中国共产党。1925年泰安铁路工会成立，王仲修任常委。1926年春，与马守愚等5人组建中共泰安支部。1928年2月，代理泰莱中心县委书记。济南"五三惨案"后，联合社会各界成立"泰城各界反日会"，发动群众举行示威游行。同年6月组织成立人力车工会（袁金贵任会长）。1929年初，任中共泰安特支书记。1933年病逝于家中。（据《泰安地区志》第十三编《人物》，第699-700页）

蒿里山西、今老汽车站附近原为**道士林**，葬蒿里山庙历代道士，民国时犹存。向西则有塔林，俗呼"和尚塔子"。

再西有**三里庄**。据民国《重修泰安县志》载，"三里庄，城区下西隅地方"（卷一《疆域》，第11页）。三里庄于明末立村，距旧城约3里，故名。村南有**三里街**，东西斜南。民国年间庄内建有青山小学。中华人民共和国成立后，该村属泰安县一区泰山公社。中华人民共和国成立前后，庄内居民以张、李、隋、宋姓为众，另有王、韩、谷、姬、方、尹、冷、任、刘、石、苏、崔等众多姓氏人家。2006年旧村改造，三里庄更名为三里新村，属三里社区；村内居民370余户，900余人。

三里街今貌，泰山摄影俱乐部摄影

再远又有**老王庄**。据民国《重修泰安县志》载，"老王庄，城区下西隅地方"（所引同上）。位于今岱岳区粥店街道办事处东南4公里（东至市肿瘤医院，西至过驾院社区，南至下旺村，北至宝盛广场）一带。老王庄（与东邻后建王庄村相区别）曾名王庄、玄王府、涝洼村（中华人民共和国成立后因地势低洼多涝名），1987年因旧名（玄王府）更名老王府村。

玄王府因明仪宾玄大任所建**仪宾府**得名。民国王次通在《岱臆》中云："邑西关相传有仪宾府。仪宾玄姓，得之传闻，莫能详考。偶观崇祯十年（1637）重修金桥碑，题名有仪宾玄大任，并有寿官宋士奇、李朝聘等。"明制，皇帝女婿称驸马，亲（郡）王女婿称仪宾。

玄大任为明天启、崇祯年间夏张玄家楼人。原村西桥畔有玄氏族谱残碑，中有支系：守宾—仪宾玄大任—廷琦、廷玫、廷珍、廷琳、廷珥、廷瑜。史料关于仪宾玄大任的记载不详，已知岱顶碧霞祠天启铜碑碑阴题名有"德府仪宾玄大任"，老泰安城西南金桥原立崇祯十年（1637）重修碑（今存于岱庙，漫漶），题名有仪宾玄大任等。据传玄大任少时家贫，以推车送货为业，一次在赴京送货途中，适逢明宗藩德王之女（郡主）抛球招亲，彩球正中大任，遂招为仪宾。大任受封后在其故里玄家楼村建仪宾府和祠堂，又在"邑西关"（即今老王府村）建仪宾府一处。

民国泰安城文物蒙难记

清廷既屋,民国新立。北洋政府废除清朝府州县制,改为省道县制,遂裁撤泰安府,泰安县衙改为县公署,随即进行了一系列改革。然世事仍不太平,社会仍然动荡,主权仍受外辱。老泰安城在迷茫与期待中接受着时代的洗礼。

民国十四年(1925),张宗昌就任山东军务督办兼省长,在泰安设泰安道尹公署。当年十一月,张部南下,被孙传芳击败,撤回时一部分进入泰安城,驻扎于岱庙等处。随即,豫军岳维俊等部进军山东,在泰安开战,史称鲁豫战争泰安之役。两军据蒿里山、金山、火车站等处对垒,城内民居古建受损严重。豫军回撤后,张宗昌不断增兵泰安城,驻扎于岱庙及各寺庙内,泰安城文物遭受破坏。

民国十七年(1928)4月,蒋介石下令北伐,与张(宗昌)孙(传芳)联军打响泰安之役。北伐军据蒿里山、西眼光殿、普照寺等高地向城内鸣炮示威。张部徐海春旅关闭四门,拒城死守。后在城内商民的斡旋下,北伐军入城,徐旅2000余人在岱庙缴械投降。泰安城免遭炮火,文物得以粗安。

北伐军胜利后,驻军泰安城,改县公署为县政府,设县党部于城隍庙。同年5月21日,南京国民政府明令在泰安组建山东省政府,以孙良诚为主席。因其督师前线,暂由石敬亭代理。泰安虽属大县,骤然增加如此庞大的机关和几万随行人员(含军队),办公和居住问题突出。省政府在泰安不到一年的时间内,泰安城文物遭受了一次前所未有的洗劫。省直属机构分布城内外,为解办公急需,将泰山上下和城内外古建筑上的历代匾额、楹联摘取下来,打制成桌椅板凳;其中有不少是御制御书的匾额,也成为桌椅板材。泰安古物董事会(1928年成立)形同虚设。

孙良诚、石敬亭均为冯玉祥部下。石敬亭在代理省政府主席期间设总指挥部于普照寺,所属部队分散在各寺庙古建。孙良诚为做好接任主席的准备,于民国十七年(1928)9月中旬,先令所部第三军进驻泰安城,替换石敬亭所部。10月1日,孙良诚正式到任,任命所部第二十二师师长程心明为泰安警备司令,司令部设于岱庙唐槐院,院内唐槐等古木碑碣倍受摧折。孙良诚及其第一方面军总指挥部则驻于红门关帝庙及山西会馆,入山首庙一变而成省署首脑之地。之后,孙良诚所辖马鸿逵第四、石友三第五军陆续进驻泰安城,各寺庙古建成为兵营。

孙良诚当年仅36岁,人称"娃娃主席",赳赳一介武夫。其于泰安城最大的作为,莫过于对古建文物的破坏。从其到任至离开泰安城5个月的时间(1928年

3月，孙良诚突接冯玉祥密令，率部离泰赴豫），对文物的破坏就没有停止过。其令驻泰部队会同县公安局开展拆庙毁神破除迷信运动，还专门为此成立了临时军政执法处，从省财政划拨专款10万元，坚持先拆后建、边拆边建，非要搞个"旧貌换新颜"不可。除岱庙外，其他古建，诸如遥参亭、龙王庙、旧府署、资福寺、城隍庙、西武庙（关帝庙街）、迎春庙、观音堂、青云庵、会真宫、蒿里山神祠、五福庙、孔雀庵、玉皇阁、关帝庙（北庙）、永福阁、白鹤泉行宫等均遭拆毁。直到省政府迁往济南，泰安城文物才得喘息之机。

民国十九年（1930）5月，中原大战爆发，泰安战火再燃。6月，晋军驻兵泰安城，驻扎于岱庙、文庙等处，士兵在唐槐院喂马、做饭，唐槐几近枯死；又在泰安城内外、泰山上下遍修工事，文物遭到极大破坏。蒋军马鸿逵部（第十五路军）围攻泰安城期间，曾出动飞机对城内进行轰炸；又从城西密挖地道，将西城门及瓮城炸毁。

中原大战后，驻守泰安的马鸿逵部在蒿里山修建烈士祠，将山上文物毁坏殆尽；挖出的唐玄宗、宋真宗禅地玉册，被马氏据为己有。韩复榘主政山东期间，对泰安文物还算关照，指示泰山各处均为古迹，自应格外尊重，泰安城内外的文物得到临时保护和修复。但多已残垣断壁，难复其旧。仍有乡邦名贤，不忍荒凉，发动民间力量进行了有限保护。

抗日战争爆发。日本鬼子为占据泰安城，多次出动飞机对城内外进行狂轰滥炸，民舍古建倒塌无数。民国二十六年（1937）12月，韩复榘弃鲁窜逃。至月底，泰安沦陷于敌手，日伪组织"维持会"成立，后又成立伪泰安公署。1938年1月，中共山东省委在徂徕山举行誓师大会，发动抗日武装起义。日军为加强防卫，逼迫5000余民工在泰安城挖壕沟、筑城墙，拆毁民舍和文化古迹。旧泰安城置于日军和汉奸的残酷统治之下。

民国三十四年（1945），日本宣布无条件投降。国民党军宁春霖部进驻泰安城，分驻于各寺庙内，拆门毁匾，伐倒古木，城内文物受损严重。

之后便是接连而至的5次解放泰安城之战。国民军据城顽抗，利用古庙建筑，修筑各类工事。为防我军作攻城掩体，将城外附近的民舍和庙宇推倒拆除。车轮滚滚，再坚强的防守也挡不住时代的步伐、人民的力量。中华人民共和国成立后，泰安城终于迎来和平的曙光，设立了泰安县古物保管委员会，对文物古建给予及时有效的保护。但除岱庙还可勉强观瞻外，泰安城内几乎已找不到完整的文化古迹了。

故老泰安城文物古建，实毁于民国年间。

（上述据民国二十一年赵新儒《新刻泰山小史》、2011年《泰安市泰山区军事志》、严澄非《北伐战争的泰安之役》、吴延文《山东旧省政府在泰安》等）

附录

泰安老城

泰安城老街老巷（桥）统计

名称	走向	经纬度标识	大致位置	现状
城内				
升平街	东西稍斜南	东首：N36°11′29″；E117°07′52″ 西首：N36°11′27″；E117°07′23″	今东岳大街中段	改建
仰圣街	南北	南首：N36°11′32″；E117°07′36″ 北首：N36°11′47″；E117°07′36″	今仰圣街北段	改建
后营街	东西	东首：N36°11′43″；E117°07′41″ 西首：N36°11′43″；E117°07′35″	今后营街	仍存
罗家胡同	南北	南首：N36°11′43″；E117°07′41″ 北首：N36°11′47″；E117°07′41″	今关帝庙街北	仍存
庙前街	南北	南首：N36°11′40″；E117°07′41″ 北首：N36°11′43″；E117°07′41″	今庙前街	仍存
文化街	东西	东首：N36°11′40″；E117°07′41″ 西首：N36°11′40″；E117°07′36″	今文化街	仍存
法院街	东西	东首：N36°11′40″；E117°07′50″ 西首：N36°11′40″；E117°07′41″	今法院街	仍存
东马场道	南北	南首：N36°11′40″；E117°07′46″ 北首：不详	今法院街北	无存
运粮街	南北	南首：N36°11′28″；E117°07′41″ 北首：N36°11′40″；E117°07′41″	今运粮街	仍存
米廒街	东西	东首：N36°11′37″；E117°07′45″ 西首：N36°11′37″；E117°07′41″	今东岳大街泰山区委院北	无存
资福寺街	东西	东首：N36°11′32″；E117°07′41″ 西首：N36°11′32″；E117°07′36″	今资福寺街	仍存
东迎翠街	南北	南首：N36°11′28″；E117°07′36″ 北首：N36°11′32″；E117°07′36″	今仰圣街南段	改建
东太尉街	南北	南首：N36°11′28″；E117°07′33″ 北首：N36°11′32″；E117°07′33″	今遥参亭东	改建
西太尉街	南北	南首：N36°11′28″；E117°07′31″ 北首：N36°11′32″；E117°07′31″	今遥参亭西	改建

续表

名称	走向	经纬度标识	大致位置	现状
西迎翠街	南北	南首：N36° 11′ 27″；E117° 07′ 27″ 北首：N36° 11′ 32″；E117° 07′ 27″	今岱西街南段	改建
岳阳街	东西	东首：N36° 11′ 32″；E117° 07′ 36″ 西首：N36° 11′ 32″；E117° 07′ 27″	今岱庙前	改建
白衣堂街	东西	东首：N36° 11′ 30″；E117° 07′ 27″ 西首：N36° 11′ 30″；E117° 07′ 22″	今岱西街西	仍存
福全街	南北	南首：N36° 11′ 31″；E117° 07′ 27″ 北首：N36° 11′ 47″；E117° 07′ 27″	今岱西街中北段	改建
祥符街	南北	南首：N36° 11′ 30″；E117° 07′ 23″ 北首：N36° 11′ 37″；E117° 07′ 23″	今岱西社区内	改建
北顺城街（城内西北）	南北	南首：N36° 11′ 27″；E117° 07′ 21″ 北首：不详	今青年路北段	改建
福兴街	东西	不详	今岱西社区内	无存
青龙街	东西	东首：N36° 11′ 37″；E117° 07′ 27″ 西首：N36° 11′ 37″；E117° 07′ 23″	今岱西社区内	残存
南顺城街（城内东）	南北	南首：N36° 11′ 25″；E117° 07′ 52″ 北首：N36° 11′ 29″；E117° 07′ 52″	今虎山路中段	改建
振文街	南北	南首：N36° 11′ 25″；E117° 07′ 50″ 北首：N36° 11′ 29″；E117° 07′ 50″	今升平小区内	残存
棋盘街	南北折东	北首：N36° 11′ 25″；E117° 07′ 50″ 东首：不详	今升平小区内	无存
关帝庙街	东西	东首：N36° 11′ 25″；E117° 07′ 52″ 西首：N36° 11′ 25″；E117° 07′ 43″	今升平街东段	改建
卧虎街	南北	南首：N36° 11′ 25″；E117° 07′ 47″ 北首：N36° 11′ 29″；E117° 07′ 47″	今升平街北	改建
卧龙街	南北	南首：N36° 11′ 25″；E117° 07′ 43″ 北首：N36° 11′ 28″；E117° 07′ 43″	今升平街北	仍存
龙王庙街	东西斜南	东首：N36° 11′ 25″；E117° 07′ 43″ 西南首：N36° 11′ 22″；E117° 07′ 37″	今升平街中段	改建
财神庙街	东西折南	东首：N36° 11′ 22″；E117° 07′ 37″ 西首：N36° 11′ 20″；E117° 07′ 33″ 南首：N36° 11′ 18″；E117° 07′ 37″	今升平街西段	改建
东施家胡同	南北	南首：N36° 11′ 23″；E117° 07′ 41″ 北首：N36° 11′ 28″；E117° 07′ 41″	今升平街北	无存

续表

名称	走向	经纬度标识	大致位置	现状
西施家胡同	南北	南首：N36°11′22″；E117°07′37″ 北首：N36°11′28″；E117°07′37″	今升平街北	仍存
中顺城街（南城门内）	东西	东首：不详 西首：N36°11′15″；E117°07′33″	今财源街北	无存
西顺城街（南城门内）	东西	东首：N36°11′15″；E117°07′33″ 西首：不详	今财源街北	无存
通天街	南北	南首：N36°11′15″；E117°07′33″ 北首：N36°11′28″；E117°07′33″	今通天街	仍存
英武街	东西	东首：不详 西首：N36°11′18″；E117°07′33″	今英武街	残存
望山街	南北	南首：N36°11′18″；E117°07′43″ 北首：N36°11′23″；E117°07′43″	今升平小区内	残存
运舟街	南北	南首：N36°11′19″；E117°07′28″ 北首：N36°11′27″；E117°07′28″	今运舟街	仍存
全福街	东西斜南	东首：N36°11′19″；E117°07′28″ 西首：N36°11′18″；E117°07′25″	今运舟街南	改建
南顺城街（城内西）	南北	南首：N36°11′15″；E117°07′21″ 北首：N36°11′27″；E117°07′21″	今青年路北段	改建
明德街	东西	东首：N36°11′22″；E117°07′28″ 西首：N36°11′22″；E117°07′21″	今运舟街西	仍存
府前街	东西南北	东首：N36°11′19″；E117°07′33″ 西首：N36°11′19″；E117°07′28″ 南首：N36°11′15″；E117°07′31″	今全福街南	改建、残存
城北				
傅公街	南北	南首：N36°11′47″；E117°07′36″ 北首：N36°11′55″；E117°07′36″	今岱北广场东	改建
盘山街	东西折北	东首：N36°11′55″；E117°07′36″ 北首：N36°12′37″；E117°07′20″	今红门路	改建
青龙桥（城北）	东西	不详	今东青龙街	无存
东青龙街	东西斜南	东首：N36°11′50″；E117°07′49″ 西首：N36°11′49″；E117°07′36″	今东青龙街	仍存
西青龙街	东西斜南	东首：N36°11′48″；E117°07′36″ 西首：N36°11′47″；E117°07′23″	今岱北广场内	无存

续表

名称	走向	经纬度标识	大致位置	现状
西海子（城北）	东西	东首：N36°11′47″；E117°07′36″ 西首：N36°11′47″；E117°07′23″	今岱北街西段	改建
东海子（城北）	东西	东首：N36°11′47″；E117°07′49″ 西首：N36°11′47″；E117°07′36″	今岱北街东段	改建
城南（东南、西南）					
南海子街（城南）	东西稍斜南	东首：N36°11′17″；E117°07′54″ 西首：N36°11′16″；E117°07′22″	今财源大街东段	改建
南关街（村）	南北	南首：N36°10′32″；E117°07′35″ 北首：N36°11′16″；E117°07′34″（原路段）	今南关大街北段	改建
洼子街	东西稍斜南	东首：N36°11′10″；E117°07′34″ 西首：N36°11′09″；E117°07′20″	今洼子街	仍存
萧家湾	东西	东首：N36°11′06″；E117°07′29″ 西首：N36°11′06″；E117°07′20″（萧家湾街东西首方位）	今洼子小区内	改建
孝感桥	东西	N36°11′06″；E117°07′20″（桥东）	今洼子小区西	无存
汪家胡同	南北	南首：不详 北首：N36°11′10″；E117°07′28″	今洼子小区内	改建
王家湾（赵家湾）	—	N36°11′03″、E117°07′34″一带	今洼子小区南	无存
贾家场	—	N36°10′54″、E117°07′35″一带	今南关大街北段路西	无存
大路	东西斜北	东首：N36°10′52″；E117°07′35″ 西首：N36°10′59″；E117°07′27″	今南关大街北段路西	残存
西胡同	东西折北	东首：N36°10′57″；E117°07′35″ 西首：N36°10′59″；E117°07′29″	今南关大街北段路西	残存
青龙桥（城南）	东西	N36°11′15″；E117°07′54″	今虎山路、财源大街交会处	无存
五马街（庄）	东西	东首：N36°11′08″；E117°08′28″ 西首：N36°11′10″；E117°07′33″（原路段）	今五马街西段	改建
凤凰桥	东西	N36°11′11″；E117°07′55″	今五马街与虎山路交会处	无存
邓家小庄	—	N36°11′08″、E117°07′42″一带	今五马小区内	改建

续表

名称	走向	经纬度标识	大致位置	现状
章家庄	—	N36°10′45″、E117°08′02″一带	今章家花园小区	改建
陈家胡同	南北	南首：N36°11′10″；E117°07′41″ 北首：N36°11′17″；E117°07′41″	今五马小区北	残存
南坛路	南北	南首：N36°10′56″；E117°07′48″ 北首：N36°11′10″；E117°07′49″	今五马小区及南	残存
贾家胡同	东西	东首：N36°10′55″；E117°07′42″ 西首：N36°10′55″；E117°07′35″	今南关大街北段路东	仍存
兴隆官庄（街）	东西	东首：N36°10′51″；E117°07′42″ 西首：N36°10′51″；E117°07′35″	今南关大街中段路东	仍存
祈丰桥	东西稍斜	不详	今五马小区东南	无存
城东（东北、东南）				
东关街（村）	东西稍斜	东首：N36°11′31″；E117°08′23″ 西首：N36°11′29″；E117°07′53″	今东岳大街中东段	改建
环水桥	东西	N36°11′30″；E117°08′10″	今东岳大街中东段	改建
东皋桥	东西稍斜	N36°11′39″；E117°08′24″	今东岳大街中东段	无存
迎春桥	南北	N36°11′33″；E117°08′24″	今东岳大街中东段	无存
永福街	南北斜东	南首：N36°11′37″；E117°07′55″ 北首：N36°11′46″；E117°07′56″	今虎山路北段路东	无存
水巷街	东西	不详	今云海小区内	无存
永福花园街	东西稍斜	东首：N36°11′38″；E117°08′11″ 西首：N36°11′37″；E117°07′55″	今云海小区、社会福利院、杆石桥社区内	残存
王家大院	—	N36°11′32″；E117°08′01″	今云海小区南	无存
北海子街（城东）	南北	南首：N36°11′29″；E117°07′55″ 北首：N36°11′37″；E117°07′55″	今虎山路北段路东	改建
青云庵街	东西	东首：N36°11′48″；E117°08′02″ 西首：N36°11′48″；E117°07′55″	今虎山路北段路东	仍存
杨家胡同（城东）	南北东折	南首：N36°11′29″；E117°07′58″ 北首：N36°11′34″；E117°08′03″	今云海小区内	无存
李家胡同（城东）	南北	南首：N36°11′29″；E117°08′03″ 北首：N36°11′38″；E117°08′03″	今云海小区、社会福利院内	无存

续表

名称	走向	经纬度标识	大致位置	现状
封家园	东西偏斜	东首：N36°11′36″；E117°08′23″ 西首：N36°11′31″；E117°08′11″	今东关社区内	残存
娄家园	南北稍斜	南首：N36°11′31″；E117°08′11″ 北首：N36°11′38″；E117°08′12″	今东关社区内	改建
米粉胡同	南北	南首：N36°11′31″；E117°08′13″ 北首：N36°11′38″；E117°08′13″	今东关社区内	无存
封家园东巷	南北	南首：N36°11′32″；E117°08′15″ 北首：N36°11′38″；E117°08′15″	今东关社区内	无存
南海子街（城东）	南北	南首：N36°11′20″；E117°07′55″ 北首：N36°11′29″；E117°07′55″	今虎山路中段路东	无存
范家胡同	南北	南首：N36°11′20″；E117°07′58″ 北首：N36°11′29″；E117°07′58″	今范家胡同	仍存
柴家胡同	南北	南首：N36°11′20″；E117°08′03″ 北首：N36°11′29″；E117°08′03″	今柴家胡同	仍存
赵家胡同	南北	南首：N36°11′20″；E117°08′07″ 北首：N36°11′30″；E117°08′07″	今赵家胡同	残存
俞家胡同	南北偏斜	南首：不详 北首：N36°11′30″；E117°08′17″	今东岳大街东关社区路南	无存
城西（西南、西北）				
大关街	东西斜南	东首：N36°11′27″；E117°07′22″ 西首：N36°11′25″；E117°07′09″	今东岳大街中段	改建
汶阳桥（原银桥，今上河桥）	东西稍北斜	N36°11′23″；E117°07′09″（桥东首）	今奈河上	改建
双龙街	南北	南首：N36°11′10″；E117°07′22″ 北首：N36°11′27″；E117°07′22″	今青年路中段	无存
白虎桥	东西稍斜	N36°11′12″；E117°07′23″	今青年路、财源大街交会处	无存
灵芝街	南北稍斜	南首：N36°11′10″；E117°07′19″ 北首：N36°11′26″；E117°07′20″	今青年路中段路西	改建
文曲街/瘟神街	南北斜西	南首：N36°11′14″；E117°07′11″ 北首：不详	今元宝社区内	改建
十二拐胡同	南北偏斜	南首：不详 北首：N36°11′25″；E117°07′14″	今元宝社区内	无存

续表

名称	走向	经纬度标识	大致位置	现状
葫芦套胡同	东西斜北	东首：N36°11′17″；E117°07′11″ 西首：不详	今元宝社区内	无存
后家池	南北折西	南首：N36°11′14″；E117°07′16″ 北首：N36°11′18″；E117°07′16″ 西首：不详	今元宝社区内	无存
顺河街	南北弯斜	南首：N36°11′11″；E117°07′04″ 北首：N36°11′23″；E117°07′10″	今顺河街北段	改建
元宝街	东西稍斜南	东首：N36°11′13″；E117°07′13″ 西首：N36°11′12″；E117°07′03″	今财源大街中段	改建
太平胡同	东西稍斜	东首：N36°11′14″；E117°07′20″ 西首：N36°11′13″；E117°07′13″	今财源大街中段	改建
金星泉上桥	东西	N36°11′13″；E117°07′13″	今财源大街中段	无存
盘龙街	南北回折	南首（东）：N36°11′09″；E117°07′19″ 南首（西）：N36°11′08″；E117°07′16″	今金桥小区内	残存
金桥头街	东西斜南	东首：N36°11′09″；E117°07′19″ 西首：N36°11′07″；E117°07′14″	今金桥小区内	改建
金桥	东西稍斜南	N36°11′09″；E117°07′19″	今金桥小区内	无存
粮食市街	东西偏北	东首：N36°11′07″；E117°07′14″ 西首：N36°11′09″；E117°07′05″	今粮食市小区内	改建、残存
市场街	南北折西	西首：N36°11′05″；E117°07′06″ 南首：N36°11′02″；E117°07′14″	今市场小区内	仍存
奈河桥 （下河桥）	东西稍南斜	N36°11′11″；E117°07′04″（桥东首）	今奈河上	改建
乐善桥 （原奈河桥）	东西稍斜北	N36°11′05″；E117°07′05″（桥西首）	今奈河上	无存
驴市街	南北	南首：N36°11′07″；E117°07′13″ 北首：N36°11′14″；E117°07′13″	今金星泉街	仍存
张家园	东西	不详，约 N36°11′11″、E117°07′15″ 一带	今金星泉街东	无存
徐家园	南北	约 N36°11′14″、E117°07′09″ 一带	今金星泉街西	无存
木园街	东西斜北	东首：N36°11′07″；E117°07′08″ 西首：N36°11′08″；E117°07′05″	今粮食市小区内	无存
刘家园 （市场街）	东西	约 N36°11′11″、E117°07′03″ 一带	今奈河小区内	无存
广济桥	南北斜西	N36°11′00″；E117°07′10″（桥西南首）	今奈河上	改建

续表

名称	走向	经纬度标识	大致位置	现状
霍家窑胡同	南北	N36°10′59″、E117°07′10″一带	今九州家园内	无存
张家窑胡同	南北	N36°10′58″、E117°07′21″一带	今南湖公园内	无存
登云街	南北	南首：N36°11′27″；E117°07′20″ 北首：N36°11′50″；E117°07′20″	今青年路北段	改建、残存
北新街	南北斜东	南首：N36°11′30″；E117°07′12″ 北首：N36°11′46″；E117°07′14″	今北新街及南北	改建
圣泉街	南北折西	南首：不详 西首：N36°11′30″；E117°07′12″	今北新街东	残存
打水胡同	东西	东首：不详 西首：N36°11′28″；E117°07′12″	今北新街东	无存
李家胡同（城西）	南北	南首：N36°11′26″；E117°07′17″ 北首：不详	今北新街西	无存
迎仙桥	南北	N36°11′47″；E117°07′14″	今北新街北	无存
北大桥	东西	N36°11′40″；E117°07′02″（西首）	今北新街西	改建
天书观东桥	东西	N36°11′28″；E117°07′10″（西首）	今北新街西	无存
李家荡子	南北斜	不详	今北新街西	无存
张家胡同（北新街小区）	东西	不详	今北新街社区内	无存
林家荡子	—	约N36°11′36″；E117°07′06″附近	今北新街西	无存
丁家荡子	—	约N36°11′27″；E117°07′12″附近	今北新街南	无存
马家园	—	约N36°11′35″；E117°07′11″附近	今北新街社区内	无存
王八胡同	东西拐斜	东首：N36°11′43″；E117°07′10″ 西首：不详	今北新街西	无存
财政厅街	东西斜南	东首：N36°11′23″；E117°07′07″ 西首：N36°11′13″；E117°06′41″	今财政厅街	改建
教场后街	东西斜北	不详	今清真寺小区内	无存
清真寺街	南北斜东	南首：不详 东首：N36°11′40″；E117°07′02″	今清真寺街及南北	改建
张家胡同（清真寺小区）	东西	东首：N36°11′28″；E117°07′05″ 西首：N36°11′28″；E117°07′00″	今清真寺小区内	无存

续表

名称	走向	经纬度标识	大致位置	现状
陈家胡同	东西	东首：N36°11′30″；E117°07′05″ 西首：N36°11′30″；E117°07′00″	今清真寺小区内	无存
白家胡同	东西	东首：N36°11′32″；E117°07′05″ 西首：N36°11′32″；E117°07′00″	今清真寺小区内	无存
许家胡同	东西	东首：N36°11′34″；E117°07′05″ 西首：N36°11′34″；E117°07′01″	今清真寺小区内	无存
杨家园	—	不详	今清真寺小区内	无存
八卦楼街	东西折南	不详	今清真寺小区内	无存
过街楼街	南北	不详	今物资小区内	无存
王家园（清真寺小区）	南北	不详	今清真寺小区内	无存
米家园	南北斜西	南首：N36°11′22″；E117°07′07″ 北首：不详	今清真寺小区内	无存
郝家胡同	南北	南首：N36°11′20″；E117°06′59″ 北首：不详	今财东社区内	无存
王家胡同	南北	南首：N36°11′20″；E117°06′57″ 北首：不详	今财东社区内	无存
东教场胡同	南北折西	南首：N36°11′19″；E117°06′55″ 北首：不详	今财东社区内	无存
秦家胡同	南北	不详	今财东社区内	无存
西教场胡同	南北折西	南首：N36°11′18″；E117°06′51″ 北首：不详	今财东社区内	无存
教场街	南北	南首：N36°11′17″；E117°06′49″ 北首：N36°11′24″；E117°06′49″（原路段）	今教场街中段	改建
官庙街	南北	南首：N36°11′15″；E117°06′48″ 北首：不详	今财西街东段路北	无存
贾家园	—	不详	今财西街东段路北	无存
马家胡同	南北	南首：N36°11′15″；E117°06′44″ 北首：不详	今财西街东段路北	无存
平安巷	南北	南首：N36°11′15″；E117°06′45″ 北首：不详	今财西街西段路北	改建

续表

名称	走向	经纬度标识	大致位置	现状
申家胡同	南北	南首：不详 北首：N36°11′18″；E117°06′54″	今财源小区内	无存
白家园	—	不详	今财源小区内	无存
夏家园	—	不详	今财源小区内	无存
西白家胡同	南北	不详	今财源小区内	无存
官胡同	南北	不详	见正文	残存
大车档街	南北	南首：N36°11′09″；E117°06′46″ 北首：N36°11′15″；E117°06′46″	今大车档巷南段	改建
财源街	东西斜南	东首：N36°11′11″；E117°07′03″ 西首：N36°11′07″；E117°06′41″	今财源大街西段	改建
小桥子 （财源街）	东西稍斜南	N36°11′07″；E117°06′41″	今财源大街西段	无存
南胡同	南北	南首：不详 北首：N36°11′08″；E117°06′46″	今财源大街西段路南	改建
车站街	东西斜北	东首：N36°11′07″；E117°06′41″ 西首：N36°11′12″；E117°06′22″	今财源大街西段路南	改建
车站北马路	南北	南首：N36°11′12″；E117°06′22″ 北首：不详	今龙潭路	改建
后马路	东西偏斜	东首：N36°11′07″；E117°06′41″ 西首：不详	今财源大街西段	改建
宝龙胡同	南北	南首：不详 北首：N36°11′08″；E117°06′46″	今财源大街西段路南	无存
茂盛街	南北拐斜	南首：N36°11′05″；E117°06′58″ 北首：N36°11′11″；E117°06′60″	今茂盛街	仍存
宫后门街	东西	东首：N36°11′05″；E117°06′58″ 西首：N36°11′05″；E117°06′50″	今宫后门街中段	改建
房家崖头	东西上坡	东首：N36°11′05″；E117°07′05″ 西首：N36°11′05″；E117°06′58″	今宫后门街东段	改建
文盛街	东西	东首：N36°11′05″；E117°06′50″ 西首：不详	今宫后门街西段	改建
刘家园 （奈河西）	南北	南首：不详 北首：N36°11′05″；E117°07′02″	今宫后门街东段路南	残存
东更道	南北	南首：N36°10′56″；E117°06′58″ 北首：N36°11′05″；E117°06′58″	今东更道	仍存

续表

名称	走向	经纬度标识	大致位置	现状
杨家胡同（城西）	南北	南首：N36°11′05″；E117°06′52″ 北首：不详	今宫后门街中段路北	无存
小场园胡同	南北拐折	南首：N36°11′05″；E117°06′54″ 北首：不详	今宫后门街中段路北	无存
西更道	南北稍斜	南首：N36°10′54″；E117°06′52″ 北首：N36°11′05″；E117°06′50″	今教场街南段	改建
西新街	南北	南首：不详 北首：N36°11′05″；E117°06′50″	今教场街南段路西	改建
斜街	南北斜西	不详	今教场街南段路西	无存
青山街	东西	东首：N36°11′04″；E117°06′18″ 西首：N36°11′04″；E117°06′06″	今青山街（青山中街、青山西街）	仍存
路工街	南北	南首：N36°11′03″；E117°06′05″ 北首：N36°11′12″；E117°06′05″	今青山小区内	仍存
孟家胡同	东西斜南	东首：N36°11′06″；E117°06′05″ 西首：不详	今青山小区内	残存
灵山庄（街）	—	N36°10′49″；E117°06′43″（今社区前方位）	今灵山小区	改建
三里庄（街）	—	N36°10′54″；E117°06′03″（村内）	今三里社区	改建

注 1.老街老巷统计下限原则为中华人民共和国成立前街巷，个别因难以界定顺延至上世纪60年代左右。

2.关于现状：①仍存，指原街道名称、位置、规模（长、宽等）基本保持不变或变化不大（现地面均已硬化，两侧建筑均拆建，不作为统计依据；下同）。②残存，指原街部分基本保持不变或变化不大，部分被占堵或改建。③无存，因为建设等各种原因，原街道消失或失去了作为街路的功用，名称亦弃用。④改建，指因为道路拓宽、延长等原因，原街路亦作相应拓宽、延展、移动（名称沿用）、合并等，名称沿用或弃用。

3.文中地理方位数据采自手机版"指南针"，由于受气压、磁场等影响，数据不精准，仅作参考（后同）。

泰安城古建名胜（部分）统计

名称	经纬度标识	大致位置	现状
城内			
城池	N36°11′16″-36°11′47″； E117°07′23″-117°07′54″	见正文	无存
迎暄门	N36°11′30″；E117°07′54″	今虎山路与东岳大街交会处	无存
文庙	N36°11′30″；E117°07′51″（南侧）	今东岳大街泰山区委院东	无存
社学	N36°11′28″；E117°07′51″（文庙前）	今东岳大街泰山区委院东路南	无存
泰安州/府署	N36°11′30″；E117°07′46″（南侧）	今东岳大街泰山区委院	无存
侯公祠	N36°11′30″；E117°07′40″	今运粮街南首路西	无存
赵公祠	N36°11′32″；E117°07′40″	今运粮街南首路西	无存
鲁家大院	N36°11′30″；E117°07′38″（前）	今运粮街南首路西	无存
城隍庙	N36°11′30″；E117°07′37″	今仰圣街南首路东	无存
昭忠祠	N36°11′30″；E117°07′37″	今仰圣街南首路东	无存
二公祠	N36°11′30″；E117°07′34″	今仰圣街南首路西	无存
朱公祠	N36°11′29″；E117°07′30″	今东岳大街遥参亭西	无存
徐公书院	N36°11′29″；E117°07′28″	今东岳大街遥参亭西	无存
岳晏门	N36°11′27″；E117°07′23″	今青年路与东岳大街交会处	无存
包公祠	N36°11′27″；E117°07′22″	今青年路、东岳大街交会处	无存
吴僖科第坊	不详	今运粮街、东岳大街交会处东	无存
萧大亨进士坊	不详	今岱西街、东岳大街交会处一带	无存
萧大亨恩褒坊	N36°11′28″；E117°07′23″	今岱西街、东岳大街交会处西	无存
遥参亭	N36°11′30″；E117°07′31″（南侧）	今遥参亭址	仍存
遥参亭坊	N36°11′30″；E117°07′31″	今遥参亭坊址	仍存
岱庙	N36°11′40″；E117°07′30″（庙中）	今岱庙址	仍存
信道堂	N36°11′36″；E117°07′34″	今岱庙内	重建

续表

名称	经纬度标识	大致位置	现状
岱庙坊	N36°11′32″；E117°07′32″	今岱庙坊址	仍存
张于陛孝行坊	不详	今仰圣街南段	无存
仰圣门	N36°11′47″；E117°07′35″	今仰圣街北首	无存
常平仓	N36°11′37″；E117°7′44″	今东岳大街泰山区委院北	无存
资福寺	N36°11′35″；E117°07′37″	今运粮街泰安第六中学校址	无存
岱麓书院	N36°11′34″；E117°7′38″	今运粮街泰安第六中学校址	残存
普济堂	N36°11′32″；E117°7′37″	今资福寺街路南	无存
昝家花园	N36°11′34″；E117°7′36″	今资福寺街路北	无存
考院	N36°11′40″；E117°07′43″（南大门）	今法院街路北	无存
关帝庙（庙前街）	N36°11′40″；E117°07′40″	今庙前街北首	无存
县丞署	不详	今岱西街南首路西	无存
白衣堂（城内）	N36°11′30″；E117°07′23″	今白衣堂街	无存
育婴堂	不详	今岱西街南段路西	无存
县商会（二衙街）	不详	今岱西街南段路西	无存
关帝庙（福全街中）	不详	今岱西街中段路西	无存
关帝庙（福全街南）	不详	今岱西街南段路西	无存
莲花庵	N36°11′40″；E117°07′25″	今青年路泰山区委院内	无存
法华寺	N36°11′42″；E117°07′23″	今青年路泰山区委院内	无存
长春观	N36°11′43″；E117°07′22″	今青年路泰山区委院内	无存
养济院	不详	今青年路北段一带	无存
双龙池	N36°11′29″；E117°07′31″	今东岳大街双龙池址	仍存
五三惨案纪念碑	N36°11′29″；E117°07′31″（原址）	今东岳大街遥参亭院内	仍存
县署/萧大亨故居	N36°11′19″；E117°07′31″	今通天街"老县衙"址	重建
宫保坊	N36°11′21″；E117°07′32″	今通天街中段	无存

续表

名称	经纬度标识	大致位置	现状
三朝元老坊	N36°11′19″；E117°07′32″	今通天街"老县衙"东	无存
两部尚书坊	N36°11′19″；E117°07′27″	今通天街"老县衙"西	无存
守备署	N36°11′23″；E117°07′33″	今通天街泰安市第一实验小学址	无存
狱署	N36°11′23″；E117°07′35″	今通天街泰安市第一实验小学址	无存
梅花馆/马神庙	N36°11′17″；E117°07′29″	今府前街西	无存
安科科第坊	不详	今通天街北段	无存
泰安门	N36°11′16″；E117°07′32″	今通天街、财源大街交会处	无存
张仙庙	N36°11′26″；E117°07′51″	今升平街东段	无存
会真宫/关帝庙	N36°11′22″；E117°07′48″	今升平街中段	无存
参将署	N36°11′19″；E117°07′48″	今升平街中段	改建
龙王庙	N36°11′23″；E117°07′41″	今升平街中段	无存
刘将军庙	N36°11′23″；E117°07′39″	今升平街中段	无存
财神庙	N36°11′21″；E117°07′37″	今升平街西段	无存
英武庙	N36°11′18″；E117°07′32″	今英武街、通天街交会处	无存
和圣祠	N36°11′19″；E117°07′38″	今财源大街北、泰安军分区院西	无存
萧公生祠	N36°11′19″；E117°07′37″	今财源大街北、泰安军分区院西	无存
二贤祠	N36°11′18″；E117°07′37″	今财源大街北、泰安军分区院西南	无存
崔公祠	N36°11′18″；E117°07′38″	今财源大街北、泰安军分区院西南	无存
观音堂（英武街）	N36°11′18″；E117°07′37″	今英武街残段东首路南	无存
德天主教堂/育德小学	N36°11′22″；E117°07′33″	今西施家胡同南段	无存
白氏私立小学	不详	今升平街中西段路南	无存
王公祠	不详	今运舟街中段	无存
关帝庙（运舟街）	N36°11′23″；E117°07′28″	今运舟街、明德街交会处	无存
邵氏义塾	N36°11′18″；E117°07′25″	今全福街西段	无存

续表

名称	经纬度标识	大致位置	现状
城北（东北、西北）			
灵官庙	不详	今北关小区内	无存
普慈庵	N36°11′48″；E117°07′33″	今傅公街中段路西	无存
厉坛	不详	今岱北广场北部	无存
张瑞福孝行坊	不详	今岱北街一带	无存
玄帝庙	N36°11′55″；E117°07′31″	今红门路南首路东公园内	无存
白衣堂/浙江公所	N36°11′55″；E117°07′33″	今红门路南首路东公园内	无存
酆都庙（慈善院）	N36°12′02″；E117°07′32″	今红门路岱宗坊东	无存
岱宗坊	N36°12′00″；E117°07′28″	今红门路岱宗坊址	仍存
凤凰台	不详	今红门路岱宗坊西林校操场内	无存
乾隆行宫/农桑会	N36°12′02″；E117°07′26″	今红门路泰安军分区第二干休所址	无存
白鹤泉/封家池	N36°12′08″；E117°07′26″	今红门路岱宗坊北约百余米路西	无存
白鹤亭	N36°12′08″；E117°07′26″	今红门路岱宗坊北约百余米路西	无存
玉皇阁/坊	N36°12′08″；E117°07′26″	今红门路东山东农业大学植物园西侧（今址）	无存
金母殿	不详	今红门路泰安军分区第二干休所北	无存
痘神殿/人祖殿	不详	今红门路泰安军分区第二干休所北	无存
北斗殿	不详	今红门路泰安军分区第二干休所北	无存
大王庙	N36°12′16″；E117°07′20″	今红门路山东农业大学东校区宿舍院西北（泰安烈士陵园东南）	无存
三皇庙	N36°12′07″；E117°07′29″	今红门路山东科技大学西南	无存
八腊庙	N36°12′07″；E117°07′25″	今红门路山东科技大学西南	无存
先医庙	N36°12′07″；E117°07′25″	今红门路山东科技大学西南	无存
升元观	不详	今红门路山东科技大学西	无存

续表

名称	经纬度标识	大致位置	现状
施天裔祖茔	N36°12′17″；E117°07′27″	今红门路山东农业大学树木园内	无存
后土殿	N36°12′23″；E117°07′26″	今红门路与环山路交会口东南	无存
涤尘泉	N36°12′22″；E117°07′26″	今红门路与环山路交会口东南	无存
关帝庙（红门路）	N36°12′33″；E117°07′19″	今红门路关帝庙址	仍存
山西会馆	N36°12′33″；E117°07′18″	今红门路关帝庙西	仍存、改建
憩亭	N36°12′33″；E117°07′20″	今红门路关帝庙东	改建
虎山	N36°12′42″；E117°07′42″（山顶）；海拔314米	今虎山址	仍存
东眼光殿	N36°12′42″；E117°07′42″；海拔314米	今虎山顶	改建
乾隆射虎碑	不详	今虎山顶	无存
虬仙洞	N36°12′31″；E117°07′31″；海拔302米	今虎山西下	仍存
飞虬岭	N36°12′25″；E117°07′33″	今飞虬岭址	仍存
岩岩亭	不详	今飞虬岭上	无存
小蓬莱	N36°12′30″、E117°07′32″一带	今虎山水库址	改建
风动石	不详	今飞虬岭上	无存
王母池	N36°12′23″；E117°07′28″	今王母池（王母池宫东）	仍存
虬在湾	N36°12′25″；E117°07′33″	今虬在湾（王母池宫东）	仍存
群玉庵	N36°12′24″；E117°07′32″	今王母池宫址	仍存
飞鸾泉	N36°12′22″；E117°07′32″	今王母池宫前	无存
梳洗楼	N36°12′24″；E117°07′33″	今王母池宫东	无存
朝阳泉	N36°12′21″；E117°07′32″	今朝阳泉址	仍存
朝阳桥	N36°12′22″；E117°07′33″	今朝阳桥址	仍存
吕祖洞	N36°12′23″；E117°07′33″	今吕祖洞址	仍存
高子羔祠	不详	今吕祖洞南	无存
曹公渠	不详	今梳洗河上段至今双龙池	残存
将军石诸刻	不详	今梳洗河上段	仍存

续表

名称	经纬度标识	大致位置	现状
岱岳观/老君堂	N36°12′24″；E117°07′28″	今老君堂址	残存、重建
香井	N36°12′24″；E117°07′22″	今老君堂西	无存
范希贤墓	不详	虎山南麓	无存
高岳墓	不详	虎山南麓	无存
高霖墓	不详	虎山南麓	无存
金山	不详	今金山址	仍存
西眼光殿	N36°12′19″；E117°07′03″	今金山顶	无存
眼光泉	N36°12′18″；E117°07′02″	今金山顶	无存
青帝观	N36°12′11″；E117°07′05″	今泰安革命烈士陵园址	无存
真君殿	不详	今泰安革命烈士陵园内	无存
骆驼石	N36°12′13″；E117°06′56″	今金山西麓	仍存
广生泉	N36°12′02″；E117°07′05″	今金山路广生泉盆景园内	仍存
城南（东南、西南）			
先农坛	不详	今五马村一带	无存
祈丰桥	不详	今五马村一带	无存
关帝庙（城东南）	不详	今五马村一带	无存
关帝庙（五马庄）	不详	今五马村一带	无存
营院子	N36°11′13″；E117°07′57″	今东湖公园内	无存
章氏私塾	不详	今章庄花园小区内	无存
泰阴碑	N36°11′15″；E117°07′45″	今泰安军分区院南	无存
泰阴亭	N36°11′15″；E117°07′45″	今泰安军分区院南	无存
白骡冢	不详	或在今东湖公园内	无存
唐封祀坛	N36°10′38″；E117°08′02″	今泰安迎春学校（中学）南	无存
宋封祀坛	N36°10′52″；E117°08′18″	今灵山大街华伟家园院内	无存
九宫贵神坛	N36°10′52″；E117°08′18″	今灵山大街华伟家园院内	无存
南坛	N36°10′56″；E117°07′48″	今灵山大街泰安第一人民医院南	无存

续表

名称	经纬度标识	大致位置	现状
瑞云亭	N36°10′56″；E117°07′51″	今灵山大街巨菱枫景园西	无存
演武厅	N36°10′51″；E117°07′44″	今南关大街东园林小区一带	无存
荼臼	N36°10′51″；E117°07′34″	今兴隆街、南关大街交会处	无存
感恩亭	N36°10′32″；E117°07′35″	今南关大街南关加油站一带	无存
武氏贞节坊	N36°10′29″；E117°07′37″	今南关大街南关加油站东南	无存
观音堂（南关）	N36°10′32″；E117°07′36″	今南关大街南关加油站西北	无存
火神庙（南关）	N36°10′48″；E117°07′36″（庙门）	今南关大街火神庙址	残存
萧家观音堂/泰安道院	N36°11′12″；E117°07′21″	今财源大街财源大厦南	残存、重建
醒檀馆	不详	今萧家湾内	无存
会丰镖局	不详	今洼子街内	无存
赵家公馆	N36°11′06″–N36°11′10″；E117°07′30″–E117°07′34″	今洼子街东段路南	无存
马家公馆	N36°11′11″；E117°07′29″	今洼子街中段路北	无存
卢公馆	N36°11′07″；E117°07′22″	今萧家湾北	无存
准提庵	N36°11′00″；E117°07′34″	今南关大街、灵山大街交会口西北	无存
义地	N36°11′01″；E117°07′30″	今南关大街、灵山大街交会口西北	无存
滇池	N36°10′54″、E117°07′28″一带	今灵山大街汇丰嘉园内	无存
关帝庙（汪家胡同）	不详	今洼子小区内	无存
土地庙（洼子街）	N36°11′09″；E117°07′24″	今洼子小区内	无存
二郎庙	N36°11′10″；E117°07′20″	今洼子街西段	无存
吕祖阁	不详	今洼子街西段	无存
城东（东北、东南）				
永福阁	N36°11′39″；E117°07′53″	今虎山路东索道公司宿舍南	无存

续表

名称	经纬度标识	大致位置	现状
关帝阁（永福街）	不详	今虎山路东索道公司宿舍北	无存
青云庵	N36°11′48″；E117°07′54″	今青云庵街青云庵小区内	无存
关帝庙（青云庵街）	N36°11′47″；E117°07′56″	今青云庵街青云庵小区内	无存
夏家香客店	N36°11′46″；E117°07′56″	今泰安师范附属学校址	无存
夏家铜器店	不详	今云海小区北段及北一带	无存
文昌阁	不详	或在今云海小区内	无存
风伯雨师庙	不详	或在今云海小区内	无存
关帝庙（杨家胡同）	N36°11′34″；E117°07′58″	今云海小区内	—
范希贤孝行坊	N36°11′27″；E117°07′58″	今范家胡同北东岳大街上	无存
范家祠堂	N36°11′27″；E117°07′58″	今范家胡同内	无存
蔡氏贞节坊	N36°11′26″；E117°07′58″	今范家胡同内	无存
张氏贞节坊	N36°11′26″；E117°07′58″	今范家胡同内	无存
赵家祠堂	N36°11′28″；E117°08′06″	赵家胡同北首路东	无存
封尚章科第坊	不详	今东关社区南东岳大街上	无存
泰山孤贫院	N36°11′31″；E117°08′04″	今泰安市社会福利院址	残存、改建
泰山孤贫院学校	N36°11′46″；E117°07′56″	今泰安师范附属学校址	改建
毛家园	N36°11′33″；E117°08′03″	今泰安市社会福利院内	无存
观音堂（东关）	N36°11′32″；E117°08′12″	今梳洗河杆石桥东北	无存
关帝庙（城东）	N36°11′26″；E117°08′15″	今梳洗河杆石桥东南	无存
迎春庙（城东）	N36°11′34″；E117°08′24″	今东岳大街、迎春路交会处东北	无存
义地（城东）	N36°11′36″；E117°08′27″	今东岳大街、迎春路交会处东北	无存
城西（西北、西南）			
观音堂（白虎桥）	N36°11′13″；E117°07′23″	今青年路、财源大街交会处	无存

续表

名称	经纬度标识	大致位置	现状
关帝庙（白虎桥）	N36°11′13″；E117°07′22″	今青年路、财源大街交会处	无存
关帝庙（西南郊）	不详	今市场街内	无存
致用学塾	不详	今青年路中段路西	无存
迎旭观	N36°11′13″；E117°07′19″	今金桥街、财源大街交会处西南	无存
关帝阁（灵芝街）	N36°11′12″；E117°07′19″	今金桥街中段	无存
灵派侯庙	N36°11′12″；E117°07′16″	今金桥头西北	无存
五哥庙	同上	今金桥头西北	无存
王母殿	同上	今金桥头西北	无存
青岩书院	不详	今灵芝街北段	无存
英中华圣公会教堂	N36°11′20″；E117°07′19″	今灵芝街中段	改建
育英中学	N36°11′17″；E117°07′19″	今灵芝街南段	残存
宋海扬香客店	不详	今灵芝街北	无存
刘汉卿香客店	N36°11′15″；E117°07′16″（南侧）	今财源大街元宝社区及北	无存
浸信会礼拜堂	N36°11′14″；E117°07′08″	今财源大街元宝社区西	无存
瘟神庙	N36°11′20″；E117°07′12″	今财源大街元宝社区内	无存
观音堂（瘟神街）	N36°11′20″；E117°07′12″	今财源大街元宝社区内	无存
关帝庙（粮食市街）	不详	今市场街粮食市小区内	无存
白衣堂（城西）	不详	今市场街市场小区	无存
万寿宫	N36°11′12″、E117°07′09″一带	今财源大街粮食市小学校址	无存
碧霞宫	N36°11′12″；E117°07′06″	今市场街粮食市小区	无存
金星庙	N36°11′14″；E117°07′13″	今财源街泰山农商行附近	无存
金星泉	N36°11′14″；E117°07′13″	今财源街泰山农商行附近	无存
玉皇庙	N36°11′14″；E117°07′07″	今财源街中百大厦址	无存
孟婆庙	不详	今财源街中百大厦址	无存

续表

名称	经纬度标识	大致位置	现状
扒皮台	不详	今财源街中百大厦址	无存
关帝庙（元宝街）	不详	今财源大街元宝社区内	无存
张培荣公馆／省财政厅	N36°11′21″；E117°07′02″	今财东街东段路北	无存
王耀武公馆	N36°11′07″；E117°06′58″	今茂盛街中段	无存
弥陀寺	不详	今茂盛街南段	无存
观音堂（宫后门街）	N36°11′05″；E117°06′57″	今茂盛街、宫后门街交会处西北	无存
岱岳禅院	不详	今宫后门街中段路北	无存
灵应宫	N36°10′56″–N36°11′05″；E117°06′52″–E117°06′58″	今灵山大街灵应宫址	残存、重建
御座	N36°10′54″；E117°06′59″	今灵山大街灵应宫东	无存
关帝庙（西更道）	不详	今教场街南首路西	无存
关帝庙（大车档街）	不详	今大车档巷南首路西	无存
火神庙（城西）	不详	今大车档巷中段路西	无存
大众剧院	N36°11′11″；E007°06′46″	今大车档巷、财源大街交会处东北	无存
王耀武叔父公馆	N36°11′09″；E117°06′46″	今大车档巷南段路东	无存
泰安火车站	N36°11′11″；E117°06′21″	今泰山火车站址	残存、改建
聂氏贞节坊	N36°10′49″；E117°06′43″	今灵山大街灵山小区门口（今址）	仍存
社首坛	N36°10′52″；E117°06′47″	今蒿里山东	无存
蒿里山神祠	N36°10′51″；E117°06′41″	今蒿里山东	无存
铁将军庙	N36°10′51″；E117°06′41″	今蒿里山东	无存
对岱亭	不详	今蒿里山上	无存
后晋经幢	不详	今蒿里山东	仍存

续表

名称	经纬度标识	大致位置	现状
相公庙	N36°10′49″；E117°06′45″	今蒿里山东	无存
三圣堂（社首山）	不详	今蒿里山东	无存
药王庙（社首山）	不详	今蒿里山东	无存
环翠亭	N36°10′51″；E117°06′32″	今蒿里山东	无存
望乡台	不详，或在 N36°10′50″、E117°06′32″一带	今蒿里山上	无存
玉仙石	不详	今蒿里山上	无存
鬼仙洞	N36°11′00″；E117°06′23″	今蒿里山上	残存
文峰塔	N36°10′55″；E117°06′26″	今蒿里山上	残存
蒿里山烈士祠	N36°10′52″；E117°06′26″	今蒿里山上	残存
宋焘仕宦坊	不详	今青年路、东岳大街交会处西	无存
速报司阁	N36°11′26″；E117°07′12″	今东岳大街上河桥东	无存
美国基督教会（登云街）	N36°11′33″；E117°07′19″	今青年路北段路西	残存、改建
萃英中学	N36°11′41″；E117°07′16″	今青年路北段路西泰安一中校址	残存、改建
关帝庙（登云街）	不详	今青年路北段路西	无存
观音阁	不详	今青年路北段路西	无存
清真寺（北新街）	N36°11′39″；E117°07′10″（东大门）	今北新街清真寺址	仍存
仁德学校	N36°11′29″；E117°07′12″	今北新街南段路东	残存
孔雀庵	N36°11′43″；E117°07′11″	今北新街北段路东	无存
清虚观	N36°11′31″；E117°07′07″	今北新街北段路西	无存
关帝庙（北新街）	不详	今北新街北段路西	无存
火神阁（城西北）	不详	今北新街北段路东（今北新东街）	无存
梳妆院	N36°11′50″；E117°07′18″	今青年路北首路西	无存

续表

名称	经纬度标识	大致位置	现状
御座	不详	今青年路北首一带	无存
杨氏义塾	不详	今东岳大街上河桥一带	无存
天书观	N36°11′25″；E117°07′08″（观南）	今东岳大街上河桥西	无存
醴泉	N36°11′25″；E117°07′08″	今东岳大街上河桥西	无存
灵液亭	N36°11′25″；E117°07′08″	今东岳大街上河桥西	无存
泰山书院（城西）	N36°11′27″；E117°07′04″	今东岳大街上河桥西	无存
醴泉义塾	N36°11′27″；E117°07′04″	今东岳大街上河桥西	无存
翠阴亭	不详	今东岳大街上河桥西	无存
博罗欢祠堂	不详	今岱宗大街山东农业大学东院	无存
博罗欢墓	不详	今岱宗大街山东农业大学院内	无存
清真寺（清真寺街）	N36°11′32″；E117°07′00″	今清真寺街清真寺址	仍存
玄帝庙	不详	今清真寺街路西	无存
旗纛庙	不详	今教场街中段路西	无存
马神庙（城西）	不详	今教场街中段路西	无存
周家楼	不详	今财西街东段路北	无存
三官庙（城西）	不详	今财西街中段路北	无存
三义庙	不详	今财西街财西小区内	无存
关帝庙（财政厅街）	不详	今财西街西首路北	无存
社稷坛	不详	今教场路北段体育中心广场内	无存
娘娘庙	N36°11′26″；E117°06′40″	今东岳大街北青少年宫院内	无存
桃花庵	N36°11′26″；E117°06′41″	今东岳大街青少年宫院内	无存
雷神庙	不详	今东岳大街青少年宫西	无存
接官亭	不详	今东岳大街、龙潭路交会处附近	无存
感恩坊	不详	今东岳大街、龙潭路交会处附近	无存

注　关于现状：①"无存"指原建筑消失或原使用属性改变的情形。②"仍存"指原自然地貌或建筑总体得以保存，或经重修、重建并沿用原名情形。③"残存"指原建筑部分得以保存的情形。④"改建"指对原自然地貌或建筑进行改造，同时名称弃用情形；在原址改建为居民区或其他建筑，使用性质发生改变的，不在此范围。⑤"重建"指在原址重新建造并沿用原名，但相比原建筑有明显改变的情形。

索　引

泰安古代教育小记…………………………………………………027
赵弘文泰山诗文情怀…………………………………………………030
明清之际的泰安城小记………………………………………………031
秦泰山刻石小记………………………………………………………053
岱庙乾隆御赐葫芦瓶历险记…………………………………………054
泰山庙会小记…………………………………………………………056
历史上的帝王泰山封禅与祭祀小记…………………………………063
孔子与泰山……………………………………………………………070
后唐《冥福院地土牒碑》及伪齐《崇法院公据碑》………………075
中华人民共和国成立前恤政及慈善事业小记………………………080
民国商会小记…………………………………………………………088
岱岳寺及舍利塔………………………………………………………090
清泰安县署主要组成（含驻泰及派驻单位）………………………100
民国泰安机关团体（含驻泰及派驻单位）…………………………101
旧泰安城武备小记……………………………………………………111
泰安城香客店小记……………………………………………………126
虎山新撰楹联小记……………………………………………………156
环水小考………………………………………………………………164
民国时期几次重要战事………………………………………………174
古代忠节小记…………………………………………………………199
洼子街采访随记………………………………………………………200
夏家铜器行和香客店小记……………………………………………205
［清］陈荣昌《泰安令毛君兴学记》（节选）……………………208
20世纪五六十年代大关街商铺住宅记忆……………………………225
民国泰安城工商业小记………………………………………………238
奈河诸桥位置及名称小考……………………………………………245
20世纪五六十年代灵芝街商铺住宅记忆……………………………255
祭品小记………………………………………………………………266

泰安城教会学校小记…………………………………………………………………268
老泰安城中小学校小记………………………………………………………………274
老泰安城典当银钱业小记……………………………………………………………300
蒿里山神祠七十五司…………………………………………………………………321
马鸿逵建革命纪念馆始末……………………………………………………………325
"托司"与"挂幡"旧俗………………………………………………………………327
民国泰安城文物蒙难记………………………………………………………………333

泰安老城及周边待考地名

城内：兴华街

城东：池家洼、双碑（东关头）、贾家门、胡家胡同、五里井、三龙坛、三顺麻店

城西：郭家园、灯笼街、津浦路街（首义街）

城南：双井园

城北：死贼沟、粽子石、烟袋石、万坑崖（一作"湾坑崖"）、麦秸沟

不详：瓜王庙、黑古洞、黑水湾、江南义地、磨石沟、扁食湾、柳叶地、黑虎石（或在北关）、蛮子林、兴盛窑、姚湾、国家楼、虎皮岭、西公林、东公林、舍西太林（一作"舍西台林"）、鳖盖子、母猪窝、包袱地、陶家湾、棋盘地、倒流水、破大桥、巩家窑、马家园、姜家园、圆圆坟、茶壶窑、油饼石

主要受访及参审人简介

（以姓氏笔画为序）

王中华，77岁，老泰安城大关街人，泰安市钟表眼镜协会会长，全国亨得利、亨达利协会理事，高级技师和经济师，泰安亨得利钟表眼镜有限公司（原市钟表眼镜公司）书记、经理、董事长。1964年参加工作，1983年任公司经理、书记至今。曾荣获"振兴泰安"劳动奖章和市"劳动模范"及市"优秀共产党员"等荣誉称号，曾当选市、区人大代表，党代会代表，政协委员。其自幼在大关街长大，在灵芝街上学，对两街区十分熟悉。

冯力，57岁，笔名"苍耳"，泰安范镇人。自中学时代便求学于泰安城，大学毕业后一直在泰安市区工作生活，见证了泰安城日新月异的变化，是泰安城市文化建设的参与者、见证人。曾主持文学期刊《大汶河》《岱岳钟灵》，著有《去意徘徊》《飘逝的面灯》等，作品多见于《青年思想家》《山东文学》《时代文学》等。

皮桂森，61岁，山东临清人，泰安市老字号"皮家香油"食品有限公司创始人，泰安市传统食品协会监事长。其于1978年慕名至泰山脚下，从事传统工艺香油、芝麻酱的生产与销售业务，创设"皮家"香油品牌，从走街串巷的商贩到个体经营商户，从小作坊老板到实体经济董事长，见证了泰安城区40余年的发展变化，是泰安改革开放的受益者、现代化技术发展的见证者和传统行业变革的参与者。

朱正伦，77岁，泰安道朗人，高级政工师，中国民间文艺家协会会员、中国乡土诗人协会会员、海口市作家研究会会员、泰安市民间文艺家协会副主席、泰安市齐鲁文化促进会顾问。其早年入伍，转业后供职于泰山景区管委会，先后任中天门景区管委书记、区长，泰安市博物馆书记、馆长等。在全国多家报纸杂志发表有关泰安、泰山的各类文章20余篇。先后出版《泰山野菜宴谱》《泰山故事》《岱下天葩》《泰山饮食文化》《腾飞的白马石》，修审多部泰安、泰山专著。《泰山玉女图》获省级相关评比一等奖，《历代帝王封禅泰山》雕像被省市电视台及央视转播。

刘承固，78岁，泰安城灵芝街人。1967年从泰安电力学校毕业后分配至甘肃省电力工业局送变电工程公司，1978年7月调回泰安，在泰安果品公司工作，1982年任公司冷库主任，1984年任公司副经理，1986任公司党总支副书记、副总经理。

刘义成，71岁，山东邹平人，泰安市齐鲁文化促进会顾问。1973年入伍，先后在解放军第八十八医院、原济南军区后勤第十一分部服役25年，转业后历任泰安市卫生局党委副书记、泰安市中心医院院长兼党委书记，见证了泰安主城区40余年的变化，是泰安医疗改革的参与者与见证者。著有《从普通士兵到职业院长》《奋进与探索——一个非医学背景终生务医人的自传》，主编专著8部，被省军级以上报纸杂志刊用100余篇，获得全国"劳动模范"、全国"十大杰出医院院长"等荣誉称号。

刘兴顺，59岁，汉族，泰安北上高人，泰山学院泰山研究院教授，泰安市奉高文化研究院、齐鲁文化促进会顾问。研究方向为泰山文化、中国传统文化。先后出版《泰山国家祭祀史》等著作6部，在《人民日报》（海外版）、《人民政协报》、《南道文化研究》（韩国）发表《儒家礼制与泰山祭祀形制关系研究》等学术论文50余篇。获教育部、山东省高等学校优秀科研成果等多项科研奖励。参与中央电视台、山东电视台《国宝档案》《见证泰山》《封禅之路》《大泰山》等节目录制。曾赴日本、韩国参与"东亚山岳文化研究会年会"等学术活动，并做"明代泰山孔子庙考论"等主题报告。

宋宝绪，93岁，1962年入伍，在部队期间主要从事军事测绘工作。1983年以团县级转业至地方，在山东省煤田地质局工作，1992年在地质局老干部处退休。其穷40年之功，绘泰山"界画"130余幅，为泰山文化研究做出卓越贡献。

李继生，85岁，泰安城西郊南黄水湾村人。少年时代在新泰、济南求学，1962年调回泰安县第一实验小学任教，之后在郊区（今岱岳区）电影公司、泰山管委、泰安市史志办公室任职，一直围绕着泰安工作生活。1986年应命撰写5万余字的泰山申遗资料。曾担任山东省《泰山志》编纂办公室主任、山东省华促会泰山世界遗产研究会会长、齐长城研究会会长等，著有《古老的泰山》《泰山游览指南》《东岳神府岱庙》等作品。

李鹏，49岁，泰安范镇人，自1990年起在泰城求学、工作，是泰城变化的见证者。中国文学艺术基金会形象大使，齐鲁文化大使，泰安市岱岳区文化文史研究会副会长，泰安市岱岳区文化创意协会副会长，泰安市齐鲁文化促进会副会长兼秘书长，是首批"泰山工匠"获得者。先后搜集并审获27项省市区级非物质文化遗产项目。主编《范镇志》《唐北埠村志》，参编《泰山故事》《泰山古今轶事》，策划《界画泰山》，复立"孔题季札子十字碑"，承接国务院第二次全国地名普查"留住泰安地名"项目，山东省"留住传统食品文化"社科项目，岱岳区"弘扬岱岳文化、爱我大美岱岳"系列专题片，岱岳区"传统村落文化遗产研究挖掘"项目等。

吴绪伦，字"天一"，号"种德园主人"，77岁，东平县吴家前河崖村人，泰安市齐鲁文化促进会顾问，曾获国家一级书法师、国家高级书法师、"德艺双馨"艺术家、"国学杰出贡献艺术家"、"全国优秀艺术家"等荣誉称号。1986年4月调入泰安市委党史办工作，曾任中共泰安市委党史办公室副编审、助理调研员、党支部书记。其书法书论专著有《心画集》《钢笔字训练》《最新金曲钢笔字帖》等。

陈相元，别号"泰山居士"，76岁，泰安后省庄人，泰安市奉高文化研究院院长，主任编辑。从事国内新闻工作30余年，先后在泰安县文化馆、《泰安日报》社和《人民日报》社任职。先后参与《泰山之子》等丛书专刊编辑工作，发表各类文学作品及泰安泰山专著千余篇。先后荣获山东省戏剧创作奖、山东省好新闻奖、全国报纸广告论文一等奖。其绘画作品分别获得1996年广州国际佛教绘画艺术博览会金奖、2000年世界华人艺术展金奖、中华人民共和国成立六十周年"泰山杯"奖，荣获"泰山书画百家"称号。退休后，潜心于绘画创作和文史研究，尤其是对泰安奉高古城历史研究独树一帜，成果丰厚。

张用衡，73岁，老泰安人，泰安市齐鲁文化促进会顾问，知名泰山学者。自幼受泰安、泰山文化的熏陶，长期在泰山管委从事宣教工作，历练成一位博学的泰山文化宣传者和普及者。常年专注于泰山研究，出版有《世界遗产·泰山》《岱宗览胜》《泰山游》《国之魂魄——泰山》《游遍泰山》《泰山古树名木》《泰山景观全览·泰山2100景》《泰山石刻全解》《泰安南部崛起的新城》等有关图书20余种，合计近千万字。

张均康，60岁，泰安市泰山区中上高村人。1978年在泰安十九中就读，1980年在泰安师专化学系学习，1982年7月起先后在泰安市化工机械厂、泰安市重工业公司、泰安市泰山区职工教育办公室、泰山区计经委、泰安市经委、泰安市财办、泰安市行业资产管理中心、泰安市行业管理办公室工作。对泰安城旧貌十分熟悉，对泰安的城市发展变化、经济结构调整有亲身体验和感受。

卓延顺，76岁，泰山区灵山村人，泰安市奉高文化研究院顾问。退休前在下港公社、泰安县广播站、郊区（岱岳区）广播电视局工作，先后出版50万字自传体小说《老铁的儿子》、30万字散文集《扫描》。一直在泰山脚下工作学习生活，熟悉了解老泰安的一街一巷一经典。

范正安，71岁，泰安城元宝街生人。自幼师从著名皮影大师刘玉峰，自创皮影演出的独门绝技"十不闲"，成为国家级泰山皮影非物质文化遗产传承人，曾四次代表国家到联合国进行演出。始终以宣传泰山文化为己任，推陈出新，将皮影艺术推向一个新高度。

周郢，54岁，生于泰安、成长于泰安，自幼热爱泰安泰山，是泰安泰山变迁的亲历者，来泰安工作生活近40年。泰山学院教授，泰山研究院首席专家，享受国务院政府特殊津贴，全国人大代表。已出版《泰山志校证》《泰山与中华文化》《泰山国山议》《碧霞信仰与泰山文化》《泰山文化历程》等著作10余种，在《历史研究》《文学遗产》《中国史研究》《世界宗教研究》《红楼梦学刊》《光明日报》等报刊发表论文300余篇。

其中《泰山编年通史》列入国家社科后期资助项目，并获山东省社科成果特等奖。

袁明英（已故），78岁，泰安汶阳人，山东省劳动模范，书法家，高级书法培训师，金石学家，拓片技艺传承人。1990年，他由肥城县副县长调任泰安市一轻局副书记、副局长，历任泰山联合大学党委书记、泰山学院副校长、市人大教科文卫主任退休。现任泰山世界遗产委员会泰山研究所所长、泰山文化协会副主席、泰山石刻研究院院长、泰安市齐鲁文化促进会首席顾问等。对泰安泰山十分熟悉。先后主持编著《泰山石刻》《考寻泰山石刻随录》《泰山石刻书外拾锦》《泰山石刻盘点》《凌汉洞天》《泰山石敢当造像》《古刻新觅》《我与欧阳中石先生交往中的那些人那些事》等。

唐昭林，75岁，泰安唐北埠村人，泰安市齐鲁文化促进会首席顾问。1968年入伍，1969年加入中国共产党，先后在泰安县（市）武装部、宁阳县武装部、泰山区武装部任职。转业至泰安市政府办公室，先后任政府办公室副科级秘书，综合科科长，政府法制处处长，市政府副秘书长兼调研室主任、秘书长。2006年3月任泰安市人大常委会副主任、咨询，2013年7月退休。

贾民浦，75岁，泰安城南关人，泰安方言发言人，网红大咖（抖音名"老贾啦泰安"），因宣讲泰安优秀传统文化被央视评为"2018全国十大快乐老人"。其自幼拜师学习传统建房手艺，走百家，串百巷，对老泰安城及周边区域十分熟悉。年轻时经常在泰山当挑山工、拾柴火，是一位地道的老泰安人，是泰安、泰山变化的见证者。

阎广兴，77岁，泰安城大关街人。1955年入灵芝街小学就读，1961年考入泰山中学（原济南附中），1963年在泰安商业系统青年路照相馆参加工作，1987年调入泰安市第一轻工业局系统工作，1993年调入泰安酿酒总厂工作，1997年退休。

温兆金，61岁，泰安大汶口人，泰安市泰山文物考古研究所副研究馆员，泰安市社科联社会科学专家。专注于泰山文化及泰山历史，泰安古城文明起源、建制与沿革等方面的研究，承担并完成多项学术课题，先后在《中国文物报》《大众日报》《山东博物馆馆刊》《泰山学院学报》《泰安日报》等发表论文20余篇，破解泰山、泰安等多项历史重大谜案。

主要参考书目

《山海经》（[晋]郭璞注，中华古籍资源库藏，明刻本，善本书号：12274）

《淮南子》（[汉]刘安著，清乾隆戊申年校刊本）

《汉书》（[汉]班固著，中华书局，1999年出版）

《后汉书》（[南朝宋]范晔著，中华书局，1999年出版）

《史记》（[汉]司马迁著，中华书局，1999年出版）

《风俗通义》（[东汉]应劭著，商务印书馆，民国二十五年版本）

《帝王世纪》（[晋]皇甫谧撰，商务印书馆，民国二十五年版本）

《续资治通鉴长编》（[宋]李焘，中华古籍资源库藏，清刊本，善本书号：03395）

《通鉴纪事本末》（[南宋]袁枢编撰，沈志华主编，改革出版社，1994年出版）

《周礼》（商务印书馆，民国二十五年刊本）

《隋书》（[唐]魏徵等著，中华书局，1999年出版）

《旧唐书》（[后晋]刘昫等撰，浙江书局，清同治十一年刻本）

《宋史》（[元]脱脱等撰，中华书局，1999年出版）

《元史》（[元]宋濂等撰，中华书局，1999年出版）

《水经注》（[北魏]郦道元著，商务印书馆，民国二十四年发行本）

《绘图三教源流搜神大全》（阙名撰，明刻本，上海古籍出版社，1990年6月重刊，合刊本）

《搜神记》（[晋]干宝撰，上海古籍出版社，1990年6月重刊）

明弘治四年《泰安州志》（[明]胡瑄修，李锦等撰，国家图书馆藏原刻本，善本书号：CBM0821）

明万历三十一年《泰安州志》（[明]任弘烈修，国家图书馆藏万历刻本）

清康熙十年《泰安州志》（[清]邹文郁修，朱衣点、陈五典等纂，民国王亨豫重刊，民国二十五年铅印本）

清乾隆二十五年《泰安府志》（[清]颜希深修，成城等纂，泰安市地方史志办公室整理，线装书局，2017年出版）

清乾隆二十五年《泰安县志》（[清]程志隆修，李成鹏等纂，乾隆二十五年刻本）

清乾隆四十七年《泰安县志》（[清]黄钤裁定，萧儒林、赵浣等编纂，乾隆四十七年刻本）

清道光八年《泰安县志》（[清]徐宗干裁定，蒋大庆、柴兰皋等编纂，道光八年刻本）

民国《重修泰安县志》（葛延瑛、吴元禄监修，泰安县志局，民国十八年印本；济南慈济印刷所承印）

《泰山志》（[明]汪子卿著，明嘉靖三十三年藏本）

《泰山志》（[清]金棨辑，清嘉庆刻本）

《岱史校注》（[明]查志隆著，马铭初、严澄非校注，青岛海洋大学出版社，1992年出版）

《泰山纪事》（[明]宋焘著，明万历刻本）

《新刻泰山小史》（[明]萧协中著，赵新儒校勘，民国二十一年刊本）

《泰山道里记》（[清]聂鈫著，雨山堂刻本）

《岱览》（[清]唐仲冕著，果克山房，清嘉庆十二年刻本）

《泰山纪胜》（[清]孔贞瑄著，商务印书馆，民国二十五年发行本，合刊）

《泰山述记》（[清]宋思仁著，乾隆庚戌年镌本）

《泰安县乡土志》（[清]杨承泽主编，清光绪三十三年丁未铅印本）

《山东通志》（《山东通志》刊印局，民国四年铅印本）

《岱粹抄存合编》（[清]王价藩、王亨豫辑录，刘焕美点校，山东人民出版社，2018年出版）

《泰山游览志》（王连儒著，砺志山房发行，泰济印刷局，民国二十二年再版）

《泰山指南》（胡君复编纂，上海商务印书馆，民国十八年发行）

《泰山》（黄培炎、庄俞著，商务印书馆，民国四年发行）

《泰山游记》（许兴凯著，北平读卖社，民国二十三年印行）

《民国泰山（研究卷）》（朱俭选编，五洲传播出版社，2017年出版）

《泰安城市图》（民国二十年七月制）

《泰安赵氏家谱》（清道光三十年第五次修纂，李武刚藏本）

《泰山宋氏宗谱》（清咸丰元年修纂，李武刚藏本）

《梁氏金石志》（《前梁氏族谱》，民国三十六年修纂，李武刚藏本）

《施氏族谱》（民国二十四年修纂，李武刚藏本）

《展氏族谱》（1954年修纂，李武刚藏本）

《泰安李氏族谱》（民国二十五年修纂本）

《泰安范氏族谱》（2012年范氏第五次续修合卷，范卫国藏本）

《夏氏族谱》（2019年修纂本）

《泰安戚氏家谱》（2012年修纂本）

《王氏族谱》（2013年修纂本）

《山东省志·泰山志》（山东省地方史志编纂委员会编，中华书局，1993年出版）

《泰安地区志》（泰安市地方史志编纂委员会编，齐鲁书社，1997年出版）

《泰安市志》（泰安市泰山区、郊区地方史志编纂委员会编，齐鲁书社，1996年出版）

《泰安市志（1985—2002）》（泰安市地方史志编纂委员会编，方志出版社，2010年出版）

《泰山区地名志》（泰安市泰山区地名委员会编，刘玉朴主编，泰安市新闻出版局，1995年出版）

《泰安大全》（刘秀池主编，山东友谊出版社，1995年出版）

《泰山封禅与祭祀》（汤贵仁著，齐鲁书社，2003年出版）

《泰安历史文化遗迹志》（泰安市史志办编，方志出版社，2011年出版）

《泰安文物大典》（刘康主编，泰山出版社，2013年出版）

《泰安馆藏文物精品集》（王新民主编，山东科学技术出版社，2019年出版）

《泰山神文化》（袁爱国著，山东大学出版社，1991年出版）

《明代名臣萧大亨》（周郢著，中国文联出版社，1999年出版）

《名山古城》（周郢著，五洲传播出版社，2015年出版）

《泰山编年通史》（周郢著，山东人民出版社，2021年出版）

《泰山何以独尊》（鹿锋著，山东画报出版社，2021年出版）

《泰山石刻》（袁明英主编，中华书局，2007年出版）

《岱庙碑刻研究》（陶莉著，齐鲁书社，2015年出版）

《泰安城古韵》（泰安市档案馆编，宗成泰主编，中华炎黄文化出版社，2009年出版）

《泰山历代石刻选注》（姜丰荣编注，青岛海洋大学出版社，1993年出版）

《宗教与庙宇》（刘慧著，齐鲁书社，2000年出版）

《全泰山诗》（袁爱国主编，泰山出版社，2011年出版）

《泰山石刻全解》（张用衡著，山东友谊出版社，2015年出版）

《泰山景观全览》（李传旺、张用衡编著，山东画报出版社，2009年出版）

《泰安文史资料》分辑（泰安市政协文史资料委员会编）

《东岳志稿》分辑（泰安市史志办编）

《泰山研究论丛》分集（李正明、张杰主编，青岛海洋大学出版社，1989年出版）

《泰山区文史资料》分集（政协泰安市泰山区文史资料委员会）

《泰山学院学报》分刊（泰山学院学报编辑部，双月刊）

《泰安卫生志》（赵之兴主编，山东科学技术出版社，1991年出版）

《泰安市金融志（1840—1985）》（《泰安市金融志》编写组，1988年编纂）

《泰安市粮食志》（《泰安市粮食志》编纂委员会，齐鲁书社，1992年出版）

《泰安市社会福利院志》（1916—2006）（汪新海主编，2006年8月印刷）

《泰山孤贫院史料集》（郑新道编撰，2016年9月印制）

《泰安市泰山区军事志》（泰山区军事志编纂委员会编，柴皖斌、冯钦秋主编，2011年版本）

《泰山国家祭祀史》（刘兴顺著，山东人民出版社，2017年出版）

《泰山故事·封禅祭祀篇》（刘兴顺著，山东人民出版社，2020年出版）